Schultz-Roth · Ullstein Hundebuch

Ulla Schultz-Roth

Ullstein Hundebuch

Haltung, Intelligenz und Charakter
der Hunderassen

Ullstein Berlin · Frankfurt/M. · Wien

Druck: Süddeutsche Verlagsanstalt
und Druckerei, Ludwigsburg
Printed in Germany 1974
ISBN 3 550 17025 4

1. Auflage April 1972
2. Auflage Dezember 1972
3. Auflage Mai 1974

142 farbig und 2 schwarz-weiß abgebildete Hunde. Alle Darstellungen auf den Farbtableaus haben den gleichen Maßstab: 1 cm im Druck entspricht 16,7 cm in der Natur
17 Zeichnungen im Text. Sämtliche Zeichnungen Robert Scholz, Glücksburg

Inhalt

Was man zum Züchten wissen muß

Die Merkmale der Hunderassen

Anhang

Wer sich der Hundehaltung verschreibt, teilt diese Leidenschaft ebenso mit noch lebenden wie mit längst vergessenen Königen, aber auch mit Hirten, Bergleuten, Bauern und Stadtbewohnern. Die ganze Menschheit hat Anteil an der Züchtung des Tieres, das dem Menschen am nächsten steht.

Wie konnte sich gerade der Hund diesen Platz erobern? Bestimmt nicht allein wegen seiner Nützlichkeit. Seine Anpassungsfähigkeit und sein soziales Verhalten stimmen so gut zur Natur des Menschen, daß es kein Wunder ist, wenn er immer wieder vermenschlicht wird. Und ist es denn eigentlich so schlimm, wenn wir ihm diesen verzeihlichen Irrtum antun? Vielleicht ist das Voll-anerkannt-werden durch die nächste Umwelt sogar die Voraussetzung für die sonst oft kaum erklärlichen Spitzenleistungen mancher Hunde. Denn nur da, wo er höchste Wertschätzung genießt, zeigt der Hund so recht, was in ihm steckt. Und überall dort, wo er gering geachtet wird, ist es auch mit seiner Bedeutung nicht weit her.

Nur durch Verständnis und richtige Behandlung entsteht die enge Bindung zwischen Herrn und Hund, die nicht nur das Letzte aus dem Tier herausholt, sondern es auch die widernatürliche Untätigkeit ertragen läßt, zu der es das Großstadtdasein oft zwingt.

So sieht der Hund aus

Im Körperbau gleichen einige der normalwüchsigen Hunderassen so sehr dem Wolf, daß großer Sachverstand und Erfahrung nötig sind, um beispielsweise Skeletteile des Deutschen Schäferhundes oder mancher nordischen Rassen von denen ihrer Wolfsvettern zu unterscheiden. Andererseits ist durch die Domestikation, die Entwicklung zum Haustier, eine solche Formenmannigfaltigkeit geschaffen worden, daß man ohne Bindeglieder an der gemeinsamen Abstammung von Wolf und Hund zweifeln könnte. Und doch steht heute der Deutsche Schäferhund seinen Wolfsahnen nicht näher als die Französische Bulldogge.

Es sind immer wieder die gleichen Prinzipien und Regeln, nach denen diese vielen Formenspiele aufgebaut sind. Die Zahl der Knochen und ihre Anordnung entsprechen bei allen Hunderassen denen des Wolfes. Auch der Teckel mit seinem langen Rücken besitzt die gleiche Zahl von Rückenwirbeln wie der kurzrückige Terrier. Es wäre kein Nachteil, hätte er mehr, denn der Rücken mit seiner gewissen Anfälligkeit ist sein schwächster Punkt.

Körperbau

Von Abstammung und Körperbau her ist der Hund ein Lauftier, dazu geschaffen, durch schnellfüßiges und ausdauerndes Traben ohne Pause längere Strecken zurückzulegen und durch raumgreifenden Galopp die Beute zu erjagen. Kräftige Muskellagen ohne Fetteinlagerung, ein geräumiger Brustkorb, kräftige Läufe und ein starkes Raubtiergebiß mit langen Zahnreihen kennzeichnen die meisten Rassen noch heute als Laufraubtiere. Die Abweichungen von der Normalform betreffen neben dem Haarkleid vorwiegend die Form des Schädels, die Proportionen von Gliedmaßen und Rücken sowie die Körpergröße und die Wuchsform ganz allgemein.

Die *Schädelform* des normalwüchsigen großen Hundes ist länglich keilförmig mit geringem Absatz (Stop) zwischen dem schmaleren Gesichtsteil und dem kräftigen Hirnschädel. Ausgeprägte Jochbogen lassen Raum für kräftige Kaumuskeln, für die am Unterkiefer und am Schädel reichlich Ansatzflächen zur Verfügung stehen. Bei vielen, vorwiegend den großen Rassen, läuft der Hirnschädel nach oben in einen Kamm (Crista) aus und vergrößert damit die Ansatzmöglichkeit. Bei Rüden ist diese Scheitelleiste stärker ausgeprägt als bei Hündinnen. Den Zwerghunden mit dem relativ größeren und mehr gewölbten Schädel (»Apfelkopf«) und schwächerer Kaumuskulatur fehlt sie ganz. Daß dies eine »technische Reaktion« und keine Rasseneigentümlichkeit ist, beweist der Teckel. Er hat bei seinen größeren Gewichtsschlägen eine ausgeprägte Scheitelleiste, bei den Zwergen aber gar keine.

Der Gesichtsschädel, *»Fang«* genannt, wird nach vorn durch einen Nasenknorpel bis über die Zahnreihen hinaus verlängert. Diese Doppelröhre enthält wie die knöchernen Nasenhöhlen die hochempfindliche Nasenschleimhaut, ein stark durchblutetes nervenreiches Organ, der für den Hund wichtigste der fünf Sinne.

Der *Unterkiefer,* der bewegliche Teil des Schädels, besteht, anders als beim Menschen, aus zwei nicht fest miteinander verwachsenen Hälften, die v-förmig aufeinander treffen. Das Kiefergelenk läßt ein weites Öffnen des Fanges zu und auch eine gewisse seitliche Verschiebung, wenn auch in viel geringerem Maße als beim Menschen und bei pflanzenfressenden und daher die Nahrung mahlenden Säugetieren.

Das vollständige *Gebiß* besteht aus 42 Zähnen. Durch eine bis drei Wurzeln sind sie tief im Kiefer verankert: Kronen mit ein bis fünf Spitzen und scharfkantigen Höckern machen sie zu gefährlichen Waffen. Im Idealfall stehen die Zähne so übereinander, daß die Spitzen der unteren Zahnreihe auf die Lücke zwischen den Zähnen der oberen Zahnreihe treffen. Die Zahnreihen des Oberkiefers berühren mit den Innenflächen der Zähne die Außenfläche der Unterkieferzähne. Dadurch wird eine schneidende Wirkung erzielt. Werden beim Zubeißen auch noch die langen, scharfkantigen und bei geschlossenem Fang aneinander vorbeilaufenden Fang- oder Eckzähne in die Weichteile des Opfers geschlagen, so kann es schwer aus eigener Kraft loskommen.

In jeder Hälfte des Ober- und des Unterkiefers stehen in vorderster Reihe drei einwurzelige Schneidezähne, deren Bedeutung für die Nahrungsaufnahme gering ist. An sie schließt sich je ein Eckzahn, der *»Fangzahn«,* an, mit dem *Reißzahn* in Höhe des Mundwinkels die

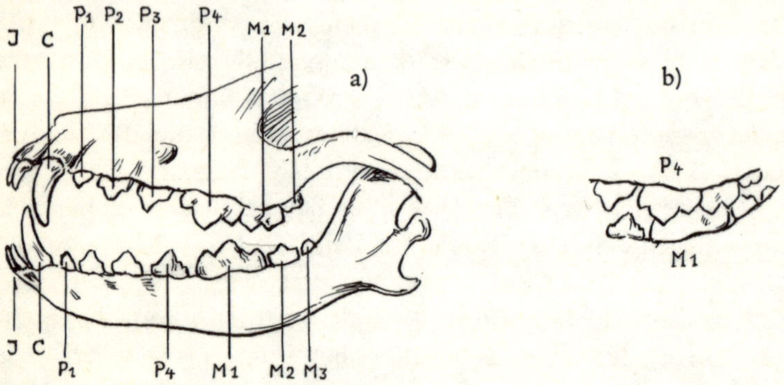

Normale Zahnstellung (Teckel) a) bei leicht geöffnetem Fang: I = Schneidezähne, C = Fangzahn (Eckzahn), P_1 – P_4 = Vordere Backenzähne (Lückenzähne), M_1 – M_3 = Hintere Backenzähne, P_4 im Oberkiefer und M_1 im Unterkiefer = Reißzähne. b) bei geschlossenem Fang

gefährlichste Waffe des Hundemaules. Die in einer Reihe stehenden Backenzähne sind von sehr unterschiedlicher Größe. Die vorderen vier, die Praemolaren, nehmen von vorn nach hinten an Größe zu. Im Oberkiefer ist der vierte Praemolar als Reißzahn der größte Zahn der Backenzahnreihe. Dahinter stehen im Oberkiefer noch zwei Molaren (hintere Backenzähne), ziemlich breite, quergestellte dreiwurzelige Zähne mit scharfkantigen Kauflächen. Im Unterkiefer folgen den vier Praemolaren jeweils drei Molaren, der vorderste von ihnen überragt als Reißzahn die anderen Zähne der Reihe. Die beiden anderen Molaren sind viel kleiner.

Die vorderen kleineren Praemolaren, wegen ihres fehlenden Zahnschlusses auch *Lückzähne* genannt, haben schon manchem Hundezüchter großen Kummer bereitet. Manchmal fehlen einige von ihnen und das gilt, vor allem auch weil dieser Mangel erblich sein kann, meist als arger Schönheitsfehler. Funktionell spielt ihr Fehlen gar keine Rolle, solange nicht auch größere Zähne in Wegfall gekommen sind. Seltsamerweise betrifft diese Erscheinung kaum die bulldoggenartigen Rassen, die in ihren kurzen Kiefern so wenig Platz haben, daß die Zähne kulissenartig angeordnet sein müssen. Häufiger ist sie gerade bei Rassen mit besonders langem Fang und unbegrenztem Raum für die Bezahnung. Seltener fehlt auch einmal ein Schneidezahn.

Der normale Zahnschluß der Schneidezähne trifft beim Wolf und bei den meisten normalköpfigen Hunderassen aufeinander wie eine Zange *(Zangengebiß)* oder die oberen Schneidezähne greifen knapp über die unteren *(Scherengebiß)*. Mit dem Abschleifen der Schneidezähne im Laufe der Jahre wird oft aus dem Scheren- ein Zangengebiß.

Treten die Unterkieferzähne vor die Schneidezähne des Oberkiefers, so spricht man von *Vorbiß*.[1] Bei den langschädeligen Rassen ist dies ein Fehler, der die betroffenen Tiere von der Zucht ausschließt. Bei den kurzköpfigen Rassen, z. B. den Bulldoggen mit ihrem stark verkürzten Gesichtsschädel, ist der Vorbiß in mehr oder weniger starker Ausbildung ein allgemein verbreitetes Rassemerkmal. Bei allen Rassen gilt als Fehler, wenn die Schneidezähne des Unterkiefers hinter den oberen Schneidezähnen zurückbleiben und sie nicht mehr berühren. Dann spricht man von *Unterbiß*.[1] Ist der Fehler so stark ausgeprägt, daß die Zähne dabei den Gaumen berühren, kann auch die Futteraufnahme beeinträchtigt sein.

Beim vielseitig ernährten Hund treten alle Zähne in Aktion: Mit den Schneidezähnen werden Fleischteile von großen Knochen abgenagt, die dabei mit den Pfoten gehalten werden. Die Fangzähne reißen freßgerechte Stücke aus großen Fleischteilen, wobei die Praemolaren Hilfestellung leisten können. Mit dem Reißzahn und seinen Nachbarn werden Knochen zerbissen, und die hinteren Backenzähne zermahlen alles, wenn auch nur recht grob, was nicht gleich verschlungen wird.

1 Da der Unterkiefer der bewegliche Teil des Schädels ist, sollte nur noch diese Bezeichnung verwendet werden; andere Formulierungen sind irreführend.

Gebißfehler sind eindeutig erst nach dem Zahnwechsel festzustellen. Dann darf man auf kein »Zurechtwachsen« von Fehlern mehr rechnen. Beim *Milchgebiß* kann durch verschieden starkes Wachstum von Ober- oder Unterkiefer noch eine Änderung eintreten. Kurzköpfige Rassen mit Vorbiß kommen meist mit normalem Kieferschluß auf die Welt. Ein leichter Vorbiß bei den Milchzähnen z. B. bei Teckeln, kann mit dem Zahnwechsel verschwinden. Dagegen läßt ein starker Unterbiß keine Hoffnung auf spätere Besserung zu.

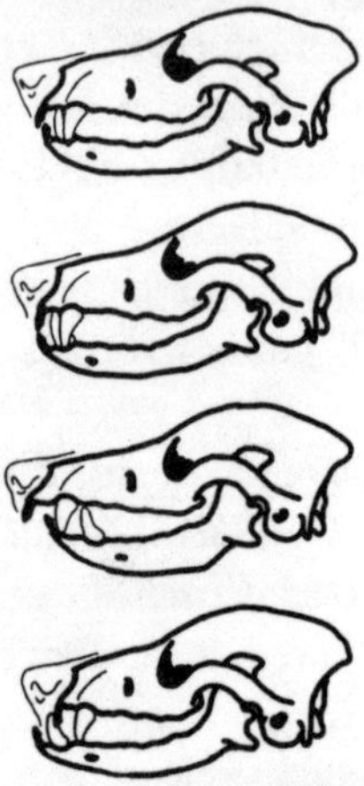

Gebißformen und Gebißfehler (Teckel). Es sind nur die mittleren Schneidezähne eingezeichnet und die Eckzähne angedeutet.

Normale Gebißformen sind Scheren- und Zangenbiß. Vorbiß gilt bei kurzköpfigen Rassen (z. B. Bulldoggen) als normal, sonst als Fehler. Der Unterbiß ist bei allen Rassen ein Gebißfehler.

Schon beim Neugeborenen sind die Zähnchen angelegt, in der dritten Lebenswoche brechen sie durch das Zahnfleisch hindurch. Je weiter beim Welpen die Milchzähne auseinander stehen, desto älter ist das Hundekind. Beim Hundekauf aus nicht ganz zuverlässiger Quelle kann dies ein wichtiger Anhaltspunkt sein. Dann nämlich, wenn ein ganz junger Großpudel als vierteljähriger Zwergpudel verkauft werden soll. Mit acht Wochen setzt, bei den Schneidezähnen beginnend, der *Zahnwechsel* ein. Die bleibenden Zähne sind bereits vorher im Kiefer gebildet. Nur wenn die Aufzucht in der Säuglingsperiode reichliche, vollwertige Ernährung zu bieten hatte, werden die

Zähne so angelegt, daß sie ein ganzes Hundeleben lang gesund bleiben. Mit sechs bis sieben Monaten werden als letzte Zähne die Fangzähne gewechselt. Dabei bleiben nicht selten alte und neue Zähne zunächst nebeneinander stehen. Dies ist für die zweiten Zähne weiter kein Unglück. Denn die Mutter Natur hat durch Einschmelzen des größten Teils der Zahnwurzel das Hindernis für den bleibenden Zahn verringert. Der Tierarzt zieht die überzähligen Milchzähne schmerzlos mit einem Handgriff, doch auch Frauchen kann mit Hilfe eines Hohlschlüssels den harmlosen Eingriff selbst vornehmen. Es blutet dabei ein bißchen, ist aber völlig ungefährlich.

Im weiteren Leben ist es nicht mehr so einfach, das Alter des Hundes am Gebiß abzulesen. Zu viele Faktoren wirken dabei mit: Die Veranlagung, die Art der Fütterung und nicht zuletzt, ob Steine oder Metallteile apportiert oder beknabbert wurden.

Bei den Zwerghunden fallen die Schneidezähne früher aus als bei normal großen Rassen. Denn bei ihnen ist der Platz für die Zahnwurzeln begrenzt, die Zahnkammern gehen ineinander über, so daß der Halt für den einzelnen Zahn geringer wird. Bekommen solche Hündchen auch noch Knochen zu futtern, so dauert es gar nicht lange bis die Zähne ins Wackeln kommen und herausfallen.

Das *Rumpfskelett* mit sieben Halswirbeln, 13 Brustwirbeln mit ihren Rippen, sieben Lenden- und drei Kreuzwirbeln modelliert den Hundekörper. Nur wenn die Dornfortsätze der vorderen Brustwirbel der Muskulatur genügend Ansatzfläche bieten, hat die Rückenlinie den erwünschten Schwung, ist straff in ihrem vorderen Abschnitt, dem Widerrist, und verläuft harmonisch von der Halslinie zum eigentlichen Rücken hin. Bei den kurzen, senkrechtstehenden Dornfortsätzen des zehnten und elften Brustwirbels ist ein kritischer Punkt des Rückens. Dort zeigt sich eine »Delle«, die oft stärker ausgeprägt ist als erwünscht. Der Teil des Brustbeins mit den dazugehörigen Rippen, der vor den Vorderläufen liegt, bildet die »Vorbrust«. Für die nach hinten harmonisch verlaufende Brustlinie ist ein knorpeliger Fortsatz des Brustbeins von Bedeutung. Nur wenn er ohne Knick die Fortsetzung des Brustbeins markiert, zeigt die Brust-Bauch-Linie den erwünschten eleganten Schwung. Die *Rute* wird von 20 bis 23 Schwanzwirbeln gehalten.

Typisch ist die Ausbildung der *Läufe*. Die Schulterblätter sind

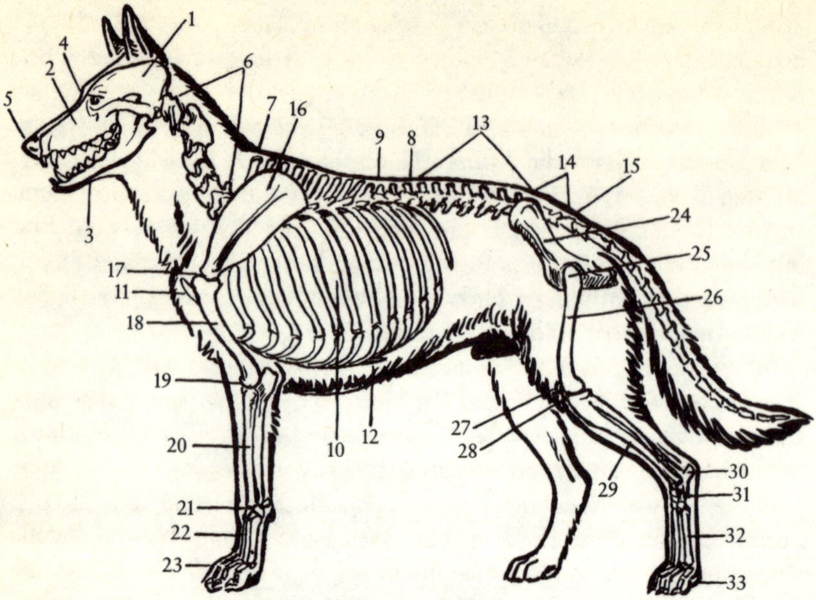

Skelett eines Schäferhundes. 1 Hirnschädel, 2 Gesichtsschädel, 3 Unterkiefer, 4 Stirnabsatz (Stop), 5 Nasenknorpel, 6 Halswirbel (7), 7 erster Brustwirbel, 8 13. Brustwirbel, 9 Wechselwirbel, 10 Brustkorb, 11, 12 Brustbein, 13 Lendenwirbel (7), 14 Kreuzbein, 15 erster Schwanzwirbel, 16 Schulterblatt, 17 Schultergelenk, 18 Oberarmbein, 19 Ellenbogengelenk, 20 Unterarmknochen (Speiche vorn, Elle hinten), 21 Vorderfußwurzelgelenk, 22 Vordermittelfuß, 23 Zehenglieder mit Krallen, 24 Becken, 25 Hüftgelenk, 26 Oberschenkelbein, 27 Kniescheibe, 28 Kniegelenk, 29 Unterschenkelknochen (Schienbein vorn, Wadenbein hinten), 30 Fersenbein, 31 Hinterfußwurzelknochen, 32 Hintermittelfußskelett (4 Knochen), 33 Zehenglieder.

Schulterblatt und Oberarmknochen bilden bei kurzbeinigen Rassen einen rechten Winkel, beim Chow-Chow einen steilen Winkel. Bei allen anderen Rassen ist die hier gezeichnete Winkelstellung normal.

lediglich durch Muskeln und Bänder mit dem Rumpf verbunden, dem Hund fehlt ein Schlüsselbein. Daher ist besonders beim heranwachsenden Tier darauf zu achten, daß diese elastische Haltevorrichtung nicht überdehnt wird, wie dies durch zu frühes Springen und vor allem durch Hochheben »unter den Armen« geschehen kann. Die Winkelung der einzelnen Gliedmaßknochen zueinander ist wichtig.

Nur beim Teckel und anderen Kurzbeinern bilden Schulterblatt und Oberarm einen rechten Winkel, bei höherläufigen Tieren ist er wesentlich größer. Während gestreckte Läufe mit steiler Winkelung bei einigen Rassen, z. B. dem Chow Chow, erwünscht sind, betrachtet man sie bei anderen Rassen als Schönheitsfehler. Beim reichlich ernährten Tier ist die Winkelung nicht immer leicht festzustellen, denn der Oberarm liegt nicht frei, er ist in den Rumpf einbezogen. Erst die Ellenbogen sind gut sichtbar. In der Bewegung allerdings verrät sich die steile Stellung der Läufe durch trippelnden, stelzenden Gang. Den wesentlichen Teil des freien Vorderlaufes bilden die Vorderarmknochen Elle und Speiche. Die in zwei Reihen angeordneten sieben Vorderfußwurzelknochen verbinden sie mit den steil gestellten Vordermittelfußknochen. Durch den elastischen Bau der Vorderläufe wird weich federnd der Körper aufgefangen, der durch die Hinterläufe nach vorn bewegt wird.

Hüftgelenk, Becken und Oberschenkel bilden eine durch kraftvolle Muskulatur verbundene Einheit, die dem Rumpf fest angefügt ist. Die freien Teile des Hinterlaufes beginnen mit dem Unterschenkel, bestehend aus Schienbein und Wadenbein, die Verbindung zum Mittelfuß stellt das Sprunggelenk her, von dessen sieben Knochen das Fersenbein stärker ausgebildet ist. Dieses Gelenk ist wesentlich an der raumgreifenden Bewegung beteiligt. Senkrecht zum Boden stehen die vier recht langen Knochen des Hintermittelfußskeletts.

Nur *Zehen* und *Krallen* berühren den Boden und lassen im Schnee mit einem Blick den Unterschied zur Pfote der Katze erkennen, die im Lauf ihre Krallen eingezogen hat. Derb behäutete, weich elastisch gefederte Sohlenballen ermöglichen ein weiches Auffangen des springenden Körpers. Die Hundekrallen sind recht derb. Sie schleifen sich durch Laufen und Graben ab, werden aber nie so spitz, daß sie als Waffe verwendet werden könnten. Je vier Zehen am Vorder- und am Hinterlauf stehen auf dem Boden. Am Vorderlauf hängt die kleine Daumenzehe als funktionsloses Anhängsel in Mittelfußhöhe.

Gelegentlich tritt zu den vier Zehen des Hinterlaufs als »Rückerinnerung« an fünfzehige Urahnen eine einfache oder auch doppelte *Afterklaue,* fälschlich oft *»Wolfsklaue«* genannt (Abb. S. 141). Der Wolf hat diese fünfte Zehe im allgemeinen nicht.

Kurze, geschlossene Pfoten werden als *»Katzenpfoten«* bezeichnet.

Durch die steilere Stellung werden bei dieser Pfotenform die Krallen recht gut beim Laufen abgeschliffen. Die *»Hasenpfote«* dagegen ist länger und flacher (Abb. S. 141).

Die *Muskeln* sind kräftig entwickelt. Bei richtig ernährten und gut trainierten Tieren werden die Konturen der einzelnen Muskelgruppen nicht durch Fetteinlagerungen verwischt. Trocken bemuskelt lautet der Fachausdruck, wenn sich die Muskelpakete beim kurzhaarigen Hund deutlich voneinander abheben.

Beinstellung und Fehler der Hinterhand

normale Stellung kuhhessig o-beinig

Schwächer ist dagegen der Halteapparat aus *Sehnen* und *Bändern* ausgebildet. So ausdauernd die Hunde auch in der Bewegung sind, so schwer fällt ihnen längeres Stehen. Deshalb legen sie sich so viel wie möglich hin, selbst wenn sie gar nicht müde sind.

Haut und Haar

Die Haut liegt dem Körper bei den meisten Rassen locker und verschiebbar auf. Bei manchen liegt sie an einigen Stellen besonders lose und bildet Falten. Sehr eng schmiegt sie sich bei den Windhunden an die trockene Muskulatur an. Ein zu weiches, loses Fell im Nacken verleitet manchen Hundebesitzer dazu, es als »Aufheber« seines Tieres zu mißbrauchen. Eine besonders humane Art, mit dem Hund umzugehen, ist dies nicht. Je größer oder je feinerhäutig das Tier ist, desto mehr Unbehagen, ja Schmerzen verursacht ihm diese Behandlung. Nur im Notfall sollte man den Hund im *Nackenfell* festhalten, um ihn am Weglaufen zu hindern. Hochheben sollte man ihn so auf keinen Fall.

Einzelne steife, dicke Tasthaare an den Lippen und den Überaugenbögen sowie auf den Backen- und Kehlgangswarzen können durch sensible Nervenendigungen an ihren Wurzeln nächtliches Zurechtfinden im dichten Unterholz erleichtern.

Die über den ganzen Körper verteilten *Fellhaare* kommen büschelförmig aus den Haarbalgtrichtern hervor. Kräftige Haupt- oder Leithaare mit je zwei schwächeren Nebenhaaren bilden als Grannen- oder Deckhaare die sichtbare Oberschicht des Felles und bestimmen seine Färbung. Die um sie herum gruppierten sechs bis zwölf kürzeren und schwächeren Beihaare dienen als Wollhaare oder Grannenwollhaare dem Kälteschutz.

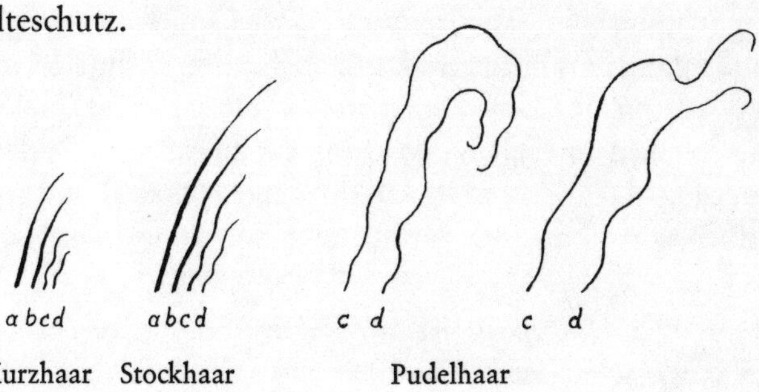

Haarformen. a Haupt- oder Leithaar, b Nebenhaar, c Grannenwollhaar, d Wollhaar

Manchen extrem kurzhaarigen Rassen, so einigen Windhunden, fehlen die Wollhaare. Wollhaarige Rassen wie die Pudel besitzen höchstens einige schwach ausgebildete Haupt- und Nebenhaare, die zwischen den üppigen Wollhaaren untergehen.

Je nachdem, in welcher Form und Länge die einzelnen Haarsorten ausgebildet sind, entsteht die Vielfältigkeit des Haarkleides. Das *Stockhaar* des Deutschen Schäferhundes entspricht noch am ehesten dem Wildhundhaar. Derbe, glänzende Deckhaare überragen die dichten Haare der Unterwolle. Je nach Länge der Deckhaare unterscheiden wir kurzstockhaarige und langstockhaarige Hunde. Aus dem Kurzstockhaar wird, je nach Deckhaarlänge und Unterwolle, das *Glatthaar* oder *Kurzhaar* von Terrier und Teckel bis zum extremen kurzen Haar der kurzhaarigen Windhunde. Verlängerte Deckhaare bei reichlich Unterwolle bilden das *Langhaar,* wie es der Neufundländer zeigt. Seidiges Langhaar ohne viel Unterwolle ergibt das Langhaar des Setters und das *Seidenhaar,* wie beim Yorkshire-Terrier. Derbe, steif abstehende Deckhaare mit dichter Unterwolle hat der Spitz. Leicht gelockt ist das weiche *Wellhaar* des Barsois, das von den zarten Woll- und Grannenwollhaaren gebildet wird, ohne wesentliche Beteiligung der Deckhaare. Auch beim Pudel besteht das Fell praktisch nur aus den Wollhaaren der Unterschicht. Durch eine mehr oder weniger ausgeprägte Drehung des Haarschaftes kommt es zur Lockenbildung und zum *Kraushaar.* Dieses weiche Haar neigt zum Verfilzen, wenn es nicht regelmäßig ausgekämmt wird. Durch stärkere Spiraldrehung vereinigen sich die einzelnen Haare zu Strähnen oder Schnüren, in denen auch das abgestorbene Haar fest verbunden bleibt. Dadurch können die Schnüre beim Schnürenpudel oder ähnlich beim ungarischen Puli bis bodenlang herabhängen. Doch auch beim Wollpudel und beim Bedlington-Terrier werden abgestorbene Haare nicht gleich abgestoßen. Sie bleiben im Fell hängen, bis sie ausgekämmt oder ausgebürstet werden. Das *Zotthaar* verschiedener Schäferhundrassen hat einen ähnlichen Aufbau. Bei geringerer Kräuselung ist es im ganzen derber.

Rauhhaar oder *Drahthaar* ist ein kurzes, besonders derbes Stockhaar oder starkes, längeres Kurzhaar mit sehr kräftigen Deck- und gut ausgebildeten, kürzeren Wollhaaren. Charakteristisch dafür ist die Bildung von Bart und Augenbrauen, an denen kurz behaarte Rauhhaarteckel sich von Kurzhaarteckeln unterscheiden. Das Deckhaar des rauhhaarigen Hundes liegt meistens in einer Richtung und bildet eine geschlossene Decke über der Unterwolle. Steht es nach verschiedenen Richtungen, so spricht man von offenem Haar. Es ist bei vielen Jagdhundrassen unerwünscht, da es bei der Wasserarbeit die Nässe bis in die tieferen Haarschichten oder gar auf die Haut dringen läßt. Bei manchen Rassen bezeichnet man ein offeneres Drahthaar als *Stichelhaar.* Als Rauhhaar wird beim Terrier meist ein drahtiges *Wirrhaar* benannt, bei dem die Deckhaare nicht gleichgerichtet, sondern wechselnd eingepflanzt und gekrümmt sind. *Strupphaar* ist eine Mischung aus hartem Wirrhaar und Stockhaar. Es ist nicht leicht, sich unter diesen Bezeichnungen zurechtzufinden, da bei den verschiedenen Rassen gleiche Haarform verschiedene Bezeichnung haben kann, oder unter dem gleichen Namen je nach Rasse andere Haarformen gemeint sein können. Einflüsse von Jahreszeit, Haarpflege und Haltung wandeln das Fell oft zusätzlich ab.

Die Haut des Hundes bringt nicht nur das Haar hervor, sondern auch Krallen, Ballen und Hautdrüsen. Die *Krallen* sind ständig wachsende Hornscheiden, deren Pflege auf Seite 104 beschrieben ist. Außer auf den vier Zehnenballen ruht das Gewicht auf dem größeren herzförmigen Sohlenballen, fettreichen Bindegewebspolstern. Nicht zum Auftreten benutzt werden am Vorderlauf der kleinere Fußwurzelballen und der winzige Afterkrallenballen. Durch reichlich absondernde *Schweißdrüsen* im Ballenpolster hinterläßt der Hund bei jedem Schritt eine Duftvisitenkarte. Diese Schweißdrüsen sind auch die einzigen, die wirklich Schweiß absondern. Die übrigen, über den ganzen Körper verteilten Schweißdrüsen sind so verkümmert, daß sie ihren Namen nicht verdienen. Wird es dem Hund zu warm, so kann er durch Hecheln mit heraushängender Zunge nicht nur den Wärmeüberschuß, sondern auch erhebliche Mengen Feuchtigkeit von sich geben. Ein Hund im Auto kann die Scheiben mehr beschlagen lassen als ein Mensch.

Talgdrüsen an jedem Haarbalg fetten Haut und Haar geschmeidig ein und schützen den Hund davor, daß beim Schwimmen das kalte Wasser direkt bis auf die Haut kommt. Häufiges Baden und Waschen mit Seife entfernt diesen Schutz und läßt das Tier anfällig werden gegen Regen und Wasser. Gleich drei Sorten von *Analdrüsen* (Anal-, Zirkumanal- und Analbeuteldrüsen) liefern die Duftstoffe, die bei der Darmentleerung, aber auch beim Wedeln, der Umwelt mitgeteilt werden.

Zu den Hautdrüsen gehören auch die *Milchdrüsen,* die mit vier bis fünf Paar Zitzen das Gesäuge bilden. Es entwickelt sich einige Wochen vor der Geburt der Jungen, in schwächerem Maße, auch wenn kein Nachwuchs erwartet wird, zwei Monate nach der Läufigkeit. Nach dem Absäugen verschwindet das Drüsengewebe wieder völlig, nur die Zitzen können bei älteren Hündinnen mit zahlreicher Nachkommenschaft etwas vergrößert bleiben.

Färbung

Die ursprüngliche Färbung ist eine *Wildfarbe* in allen möglichen Abstufungen von Grau wie beim Wolfsspitz über gelbliche bis zu rötlichen Tönungen. Das Merkmal der Wildfarbe ist die Ringelung des einzelnen Haares, das an seiner Basis, am Schaft und an der Spitze verschieden gefärbt sein kann. Nicht selten schwankt die vorherrschende Farbtönung zwischen Sommer- und Winterfell. Manche Schäferhunde und Nordlandhunde zeigen noch diese Wildfärbungen, aber auch die »Saufarbe« beim Rauhhaarteckel gehört in diese Gruppe.

Bei den schwarzen Färbungen ist zwischen reinem Schwarz ohne alle Abzeichen und zwischen Schwarz-Lohfarbe, englisch Black-and-Tan oder beim Teckel Schwarzrot genannt, zu unterscheiden. In dem einen Fall ist das Fell einheitlich schwarz mitsamt aller Unterwolle, bei den Tieren mit roten Abzeichen an den Läufen, der Brust, der Schnauze und über den Augen kann auch die Unterwolle gelblichgraue Töne zeigen. Kräftiges, leuchtendes Rot kann sich über gelbe Färbungen zur zarten Sandfarbe aufhellen. Schwarze Hunde können blaue oder schokoladenbraune Farbschläge entwickeln, jeweils mit oder ohne rote oder gelbrote Abzeichen oder Brand. Die weiße Färbung tritt nicht nur in einer Art auf. Rein weißes Haar kann rosafarbener Haut oder graupigmentierter entspringen. Die weiße Grundfarbe kann ganz rein sein oder Farbtupfen bis zu mehr oder weniger großen Flecken oder Platten tragen, in allen Farben, die auch sonst bei Hunden vorkommen.

Neben reinen Färbungen gibt es die *Stromung*, schwarze, unregelmäßige Querstreifen auf rötlichem Grund wie beim Boxer, eine *Schimmelung*, meist mit schwarzen oder braunen Platten wie beim Vorstehhund oder die *Tigerzeichnung* wie bei der Deutschen Dogge oder dem Tigerteckel. Da es sich dabei immer um rundliche Fleckung handelt, ist die Bezeichnung »Tigerung« irreführend.

Alle Farben können mit verschieden ausgedehnten weißen *Abzeichen* vorkommen. Kleinste Flecken treten vorwiegend an der Brust oder an den Pfoten auf, am Kopf oder am Schwanzende. Bei den Schweizer Sennenhunden ist ein bestimmtes, nicht weit ausgedehntes Muster von Weiß üblich, andere Rassen, wie die Bulldoggen, kennen alle Übergänge von einfarbig mit und ohne Abzeichen über Dunkel mit ausgedehnten weißen Partien bis zum vorwiegenden Weiß mit großen oder kleinen Flecken, den ausgesprochenen Scheckenhunden.

Mit der Haarfarbe gekoppelt ist häufig auch die *Pigmentierung* von Nase, Augen und Krallen. Normalerweise ist der Nasenspiegel schwarz, Augen und Krallen sind dunkelbraun. Bei einigen Farben, so beim braunen oder blauen Dobermannpinscher, kommt es nicht zur vollen Pigmentierung. Die Nase ist dann braun, manchmal noch heller, die Augen sind hellbraun, manchmal bernsteinfarben und die Krallen heller bis farblos. Kommen solche Aufhellungen von Nase und Augen bei Tieren mit dunkelpigmentiertem Fell vor, so betrachtet man dies meist als fehlerhaft. Die meisten weißen Hunderassen werden übrigens mit schwarzer Nase und dunklen Augen gezüchtet. Echte *Albinos* mit weißem Haar und roten Augen entsprechen bei keiner Rasse dem Standard, den festgelegten Rassekennzeichen.

Ohrformen und Rute

Vielgestaltig ist das Aussehen der Ohren, klangvoll die Bezeichnung der verschiedenen Formen. Durch in der Haut sitzende Muskeln wird die Ohrstellung je nach Stimmungslage verändert. Der aufmerksame Hund »spitzt« die Ohren, er stellt sie nach vorn oder richtet sie an der Basis etwas auf. Das ängstliche oder gescholtene Tier legt sie an. Beim Zahnwechsel kippen die bereits aufgerichteten Spitzen, bei Krankheit hängen sie ausdruckslos herab.

Die ursprüngliche Form ist ein aufrechtes Stehohr mit abgerundeter Spitze. Eine Hautverdoppelung an der äußeren Kante des Ohrgrundes bildet die Ohrtasche. Ziemlich groß wird das *Stehohr* des Schäferhundes, klein und hochangesetzt trägt es der Spitz. Nach der Blume wird das Stehohr mit runder Spitze das *Tulpenohr* benannt, ganz ähnlich ist das *Fledermausohr* der Französischen Bulldogge, ein längliches Stehohr, oben rund. Das *Kippohr* ist zunächst wie ein Stehohr angesetzt, seine Spitze kippt mehr oder weniger stark nach vorn über. Diese Ohrform wird bei vielen Rassen in ein künstliches Stehohr verwandelt. Je nach Rasse wird ein bestimmtes Stück in einem gewissen Winkel an der äußeren Kante abgeschnitten, das Ohr wird

Ohrformen. Als fehlerhaft gilt, wenn beide Ohren in Stellung und Ansatz sich nicht völlig gleichen. Nur während des Zahnwechsels können solche Unregelmäßigkeiten vorübergehend erlaubt sein. Die Bezeichnung Tulpenohr wird selten verwendet und durch den Namen Stehohr ersetzt. Beispiele: Scotch und Skye Terrier.

kupiert. Durch Narbenbildung wird beim stehengebliebenen Teil die erwünschte aufrechte Stellung erreicht.

Das *Hängeohr,* der Behang, ist bei allen Jagdhundrassen zu finden. Es ist je nach Rasse verschieden dick und schwer, wird mit der Vorderkante an der Wange glatt anliegend oder in charakteristischen Falten getragen wie beim Bluthund. Die Höhe des Ansatzes und die Rundung der Kante können recht verschieden sein. Hängeohrige Hunde hören bei starkem Wind schlechter als stehohrige, vor

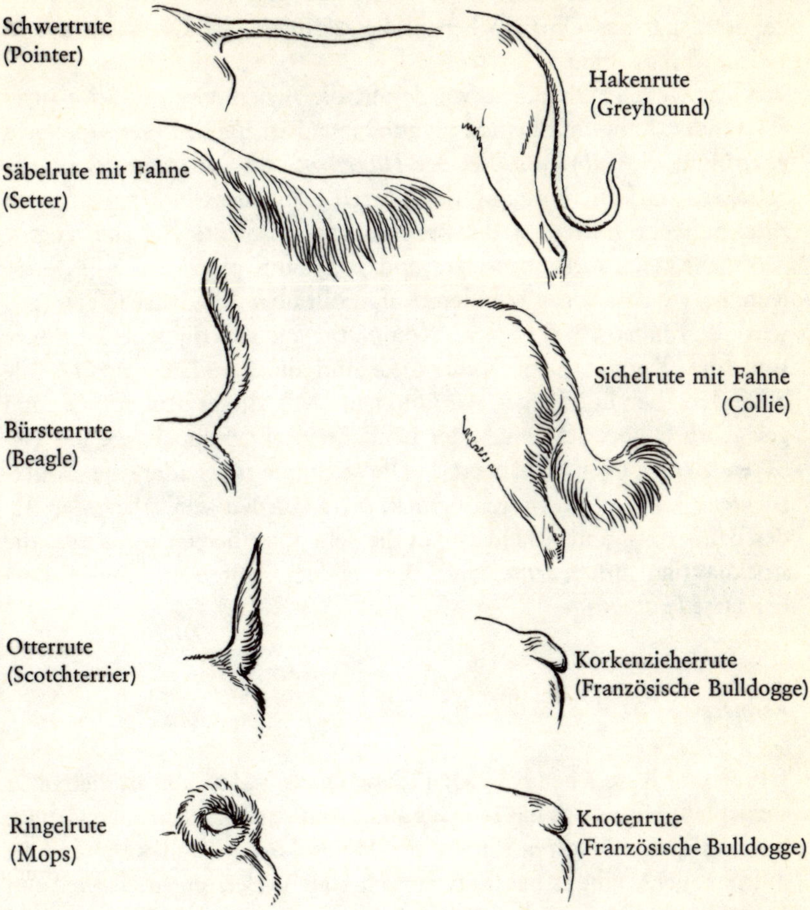

Rutenformen. Die kurzbehaarte Schwertrute des Pointers kann eine Aalrute sein, desgleichen jede andere Rutenform sehr kurz behaarter Hunde. Beispiele von Fahnenrute sind die Säbelrute und die Sichelrute. Der Mutzschwanz ähnelt sehr der Knotenrute, ist jedoch weniger verdickt.

allem täuschen sie sich leicht in der Richtung, aus der der Ruf ihres Herrn kommt.

Klein und hoch angesetzt ist das *Knopfohr* oder *Klappohr,* bei dem wie bei einem kleinen Behang die Ohrmuschel nach vorn überfallend den Ohreingang verdeckt. Das kleine, dünne, hochangesetzte *Rosenohr* der Englischen Bulldogge ist so gebogen und nach rückwärts gefaltet, daß das Ohrläppchen und das Innere der Ohrmuschel teilweise sichtbar sind.

Nicht weniger Phantasie wurde auf die Benennung des Schwanzes verwendet. Lang und gerade herabhängend ist die *Schwertrute,* leicht gekrümmt die *Säbelrute.* Bei der *Hakenrute* ist die Spitze scharf abgebogen, starke Krümmung des ganzen Schwanzes bildet die *Sichelrute.* Seltener hört man die Bezeichnung *Otterrute* für eine gerade getragene, sehr dick angesetzte und sich dann plötzlich verjüngende Rute bei stockhaarigen Hunden. Aufgerollt über dem Rücken getragen wird die *Ringelrute* der Spitze. Von Natur aus verkrüppelte Schwänze sind die *Knopf-* oder *Knotenrute* und die *Korkenzieherrute,* die besonders bei Bulldoggen vorkommen. Mit dieser Rutenform sind gelegentlich Verwachsungen der Lendenwirbel gekoppelt, die das Gebären der Jungen erschweren. Die *Stummelrute* oder der *Mutzschwanz* können angeboren oder kupiert worden sein. Nach der Art der Behaarung unterscheidet man die sehr kurz behaarte *Aalrute,* die stockhaarige *Bürstenrute* und die an der Unterseite seidig lang behaarte *Fahnenrute.*

Kupieren

Ohren und Rute sehen bei vielen Rassen ganz anders aus als die Natur sie geplant hatte. Das hat seinen guten, weit zurück reichenden Grund. Sie sind die anfälligsten Punkte des Hundekörpers und wenn es hart auf hart geht, gibt es bei ihnen am ehesten Verletzungen. Sogar beim ganz normalen täglichen Tageslauf, auch ohne Beißereien und Kämpfe, bringt das durch Zäune und Hecken streifende kurzhaarige Tier immer wieder Schmisse an den Behängen nach Hause.

In früheren Zeiten, als die Jagd noch mit »kalter Waffe«, also ohne Gewehr und auf nächste Distanz ausgeübt werden mußte, sind die

Ohren der Jagd- und Kampfhunde wohl nie heil gewesen. Dieser unangenehme Dauerzustand führte dazu, daß man zu allen Zeiten und an mehreren Stellen der Welt dazu überging, die unnötigen und den Verletzungen am meisten ausgesetzten Körperteile einfach abzuschneiden. Aus Ägypten sind gestutzte Hunde mindestens seit 3000 Jahren bekannt. Dabei wird man schon vor Jahrtausenden eine weitere Annehmlichkeit dieses Kupierens entdeckt haben: die Ohren waren jetzt der Luft zugänglich, und die Zahl der Ohrenkrankheiten ging rapide zurück. Deshalb kürzte man auch einigen Schoßhundrassen die Behänge. Wahrscheinlich hat das dauernde Kratzen an kranken Ohren und der üble Geruch schon empfindliche Gemüter des Altertums verdrossen.

Daß kurzerhand auch das Anhängsel des Hinterteils, die Rute, gestutzt wurde, wird jeder Mensch einsehen, der erlebt hat, wie aussichtslos es ist, eine aufgeschlagene Schwanzspitze, etwa der Deutschen Dogge, gesund zu pflegen.

Im Laufe der Zeit wurde das Kürzen von Ohren und Schwanz ein Rassemerkmal, das in seiner Ausdehnung auch der Mode unterworfen wurde. Diskussionen darüber, ob es nötig ist, oder ob es als Tierquälerei verboten werden müsse, existieren nicht erst seit gestern. Bereits Alcibiades (450 – 404 v. Chr.) eckte damit an. Er hatte für 70 Minen – das dürfte wohl heute dem Preis eines Rolls Royce entsprechen – einen Hund gekauft und ihm zum Ärger der Athener die Rute gestutzt.

Daß ein Eingriff, wie das Kürzen von Rute oder Ohren, nur völlig schmerzlos und vom Fachmann, also am besten vom Tierarzt ausgeführt wird, sollte selbstverständlich sein. Wann und wie es gemacht wird, steht auf den Seiten 185 und 190. Mode hin, Aussehen her – für das Tier bringt dieser »Verlust« nur Vorteile. Es schlägt sich keine Schwanzspitze auf, es reißt sich keine Behänge kaputt und die Aussicht, an einem chronischen Ohrenleiden herumzukratzen, sinkt erheblich: bei 28 % der Hunde mit Hängeohren stimmt nicht alles in den warmen, feuchten Gehörgängen, bei den stehohrigen Vertretern nur bei 10 %.

Ob die Freunde der heute noch kupierten Rassen nach einem Kupierverbot ihren Lieblingen die Treue halten, läßt sich nicht voraussehen. Für den Gebrauchshund bedeutet es gewiß keine Verbesserung, und der beliebte Boxer wird dann sicher häufiger aus dem Wohnzimmer verbannt, wenn er die Kaffeetassen vom Couchtisch wedelt. Und für seltenere Rassen kann es sogar das Aussterben bedeuten, wenn sich mehrere Züchter von ihnen abwenden.

Das Gehirn

Im Vergleich mit dem menschlichen Gehirn zeigt das des Hundes weniger komplizierte Windungen. Es ist nicht nur absolut, sondern auch relativ leichter. So wiegt das Gehirn eines großen Tieres mit etwa 135 Gramm nur ein Zehntel des Menschengehirns. Durch die lange Zeit der Haustierhaltung mit den veränderten Anforderungen hat sich der Bau des Hundegehirns unwesentlich zugunsten des Stirnhirns verändert. Lediglich bei extrem rundköpfigen Rassen mußte aus Platzgründen ein gewisser äußerlicher Umbau stattfinden, der die geistigen Fähigkeiten kaum berührt hat. Spitzenleistungen in der Nasenarbeit dürfen von solchen Hunden allerdings nicht mehr erwartet werden.

Sinnesorgane

Von den Sinnesorganen ist der *Geruchssinn* für das Nasentier Hund das, was uns Menschen die Augen bedeuten. Das Riechhirn nimmt einen wesentlich größeren Teil des Gesamtgehirns ein, die Riechschleimhaut ist nicht nur ein Vielfaches dicker, sondern sie erreicht durch eine komplizierte Fältelung auch eine Ausdehnung, die im Vergleich zum Menschen das Dreihundertfache ausmacht – oder mehr, wenn man die unterschiedliche Körpergröße berücksichtigt. Die Riechfähigkeit hängt von der Ausdehnung der Riechfläche, aber nicht von der Länge der Nase ab. Durch jahrhundertelange Zuchtwahl auf besondere Nasenleistung hin wurden Rassen gezüchtet, die Unglaubliches leisten können. Bei Jagdhundprüfungen werden die erfahrensten Könner auf 48 Stunden alter Schweißfährte angesetzt, und viele finden zum Ziel, gleichgültig ob Regen oder Wind die Fährte angegriffen und darüberwechselndes gesundes Wild ablenkende Duftnoten darübergelegt hat. Wir können zwar experimentell herausfinden, daß der Hund wenige Tausendstel Gramm Fleischsaft oder Hündinnenurin erkennt, daß er aromatische Säuren in millionenfach stärkerer Verdünnung registriert als der Mensch, aber es ist uns immer noch ein Rätsel, woran selbst der ungeschulte Junghund erkennt, in welcher Richtung die Fährte oder Spur läuft.

Daß dieses hochempfindliche Sinnesinstrument pfleglich behandelt und geschont werden sollte, wird leider viel zu wenig beachtet. Weder im Ernst noch im Spiel darf auf dieses sensible Organ geschlagen werden. Was an Insektensprays und anderen Chemikalien, Parfum und Auspuffgasen gedankenlos der Hundenase zugemutet wird, ist oft eine schlimmere Quälerei als andere Haltungsfehler, gegen die zu Felde gezogen wird. Schon der grobnasige Mensch bekäme, würde er sich in Hundenasenhöhe begeben, schnell »die Nase voll«.

Der *Gesichtssinn* spielt bei den Windhunden eine größere Rolle als bei anderen Rassen. Diese früher auf Sicht jagenden Tiere orientieren sich recht gut mit dem Auge. Bei einigen Rassen scheint die Fähigkeit, etwas mit den Augen zu erkennen, von der Erfahrung und Intelligenz abzuhängen. Die Stellung der Augen ist etwas nach außen gerichtet, nicht gleichlaufend nach vorn wie beim Menschen. Dadurch ist zwar das Gesichtsfeld größer, die Sehschärfe jedoch geringer. So spielt für das Erkennen die Bewegung eine große Rolle. Dabei werden auch kleinste, dem Menschen unbewußte Gesten registriert, besonders wenn die Erfahrung gelehrt hat, daß sie den Aufbruch zu einem Spaziergang ankündigen. Vielleicht unterschätzen wir das Sehvermögen des Hundes. Es reicht immerhin aus, um einen Artgenossen im fahrenden Auto zu erkennen, von dem nur der Kopf durch das andere Wagenfenster zu sehen ist. Und das ist keine geringe Leistung. Auch würden kaum Hunde vom Fenster aus stundenlang in den Garten oder auf einen Fluß mit Schiffsverkehr gucken, wenn sie nichts Interessantes erblickten. Auf weitere Entfernung allerdings wird auch der Herr nur an der Art seiner Bewegung erkannt.

Wie ausgeprägt der *Farbsinn* ist, läßt sich schwer prüfen. Sicher werden Farben zumindest von manchen Hunden erkannt und unterschieden und nicht nur Helligkeitsstufen. Gut ausgeprägt ist das *Dämmerungssehen* durch eine lichtreflektierende Schicht des Augenhintergrundes. Sie läßt bei Lichteinfall in gedämpftem Licht das Auge grünlich oder orangenfarbig aufleuchten.

Der *Gehörsinn* ist dem menschlichen zweifellos überlegen. Er ist feiner ausgeprägt und nimmt auch für das Menschenohr unhörbare

Töne mit hoher Schwingungszahl (über 20 000 Schwingungen pro Sekunde) auf. Die »unhörbaren« Hundepfeifen entwickeln solche höheren Töne. Das feine Hörvermögen auch sehr leiser Geräusche bleibt selbst während des Schlafens erhalten. Gekoppelt mit feinem Unterscheidungsvermögen und Intelligenz macht es den Hund zum idealen Wächter, der den nächtlichen Einbrecher anzeigt, das vom Wind schlagende Fenster aber unbeachtet läßt. Schult der Mensch durch entsprechendes Reagieren die Wachsamkeit, so kann auch das Luxushündchen den Schritt und die Stimmen von 20 bekannten Menschen im Haus dulden, bei fremden Schritten jedoch anschlagen. Sinn für die Technik beweist der Hund, der das Motorengeräusch der eigenen Familienkutsche von allen anderen Autos unterscheiden kann. Daß er am Schlüsselklappern sein Frauchen von anderen Hausbewohnern herausfindet, ist ja fast selbstverständlich. So wie das Gehör des Treckerfahrers oder Maschinenarbeiters nachläßt, kann das Ohr des Hundes unter lauten Geräuschen – Großstadtverkehr, langdauernder lauter Musik – abstumpfen.

Sehr fein ist auch der *Geschmackssinn*. Diese Tatsache wird meist durch Freßgier und Futterneid überdeckt, läßt den Einzelhund jedoch oft recht mäkelig erscheinen. Bereits durch geringe Mengen von Süßstoff werden Backwaren abgelehnt, sogar von hungrigen Tieren. Beim Geschmack scheiden sich die Geister, der Hund liebt als Nachfahre von Aasfressern eine uns Menschen unangenehme Geschmacksrichtung.

Über den ganzen Körper ausgedehnt ist der *Tastsinn*. Am höchsten entwickelt ist er am Kopf mit seinen Tasthaaren, in den empfindlichen Lefzen, an den besonders schmerzempfindlichen Ohren und den Pfoten.

Außer mit den herkömmlichen Sinnesorganen sind dem Hund Wahrnehmungen möglich, die der abgestumpfte Kulturmensch allenfalls bei der Verschlechterung seines Rheumatismus bemerkt. Ängstliche Hunde werden bereits lange vor Ausbruch eines Gewitters unruhig, schwere Erdbeben wurden von Hunden Stunden früher registriert als vom Seismographen und in Lawinengegenden kennt man kein besseres Warngerät als den Hund.

Innere Organe

Die tierische Nahrung ohne viel pflanzliche Ballaststoffe bewirkt, daß der Hund mit einem recht kurzen *Darm* auskommt. Die Darmlänge beträgt bei ihm nur das Fünffache der Körperlänge, während sie beim Schwein das 15fache, bei kleinen Wiederkäuern sogar das 25fache beträgt. Das macht erklärlich, daß schwerverdauliche Nahrungsstoffe nicht ausgenützt werden können. Der einkammerige *Magen* besitzt ein gehöriges Dehnungsvermögen, das für den Wildhund von Vorteil ist, beim Rassehund besser nicht auf die Probe gestellt werden sollte.

Das umfangreichste Organ des Bauchraumes, die *Leber,* ist am größten bei gut genährten mittelalten Tieren und kann mit einem Gewicht von 127 bis 1350 Gramm bis zu 6 % des Körpergewichts betragen. Die *Bauchspeicheldrüse* ist verhältnismäßig klein, die *Milz* dagegen relativ groß. Sie kann bis zu 16 % der gesamten Blutmenge speichern, die bei körperlichen Höchstleistungen in die Blutbahn ausgeschüttet werden. So wie das Vollblutpferd eine doppelt so schwere Milz hat als das Kaltblutpferd, hängen auch beim Hund Größe und Gewicht der Milz weitgehend von der Rasse und vom Funktionszustand ab.

Verhältnismäßig klein, glattwandig und von regelmäßiger Bohnenform sind die *Nieren.* Die *Harnblase* liegt der Bauchwand direkt auf und hat ein bemerkenswertes Speichervermögen. Sie kann bei starker Füllung bis zum Nabel reichen.

In ihren *Geschlechtsorganen* zeigen die Hunde manche Besonderheit. Die Gebärmutter besteht aus zwei schlauchförmigen Hörnern, die bei mittelgroßen Hündinnen bleistiftdick sind. Bei Scheinträchtigkeit können sie sich erweitern und mit wäßriger Flüssigkeit füllen. Die lange muskulöse Scheide wird durch die sogenannte »*Schnalle*« nach außen hin gut begrenzt. Während der Läufigkeit schwillt dieses kleine Geschlechtsteil an und wird weich und nachgebend. Auch vor der Geburt oder bei Scheinträchtigkeit erweitert es sich. Die Eierstöcke sind länglich und recht klein, knapp zwei Zentimeter lang.

Die ziemlich kleinen Hoden liegen in einem feinhäutigen Sack außerhalb des Körpers. Beim Neugeborenen befinden sie sich noch in der Bauchhöhle. Bleibt einer oder beide Hoden dort zurück, so spricht man von *Kryptorchismus.* Er wird bei allen Rassen als Fehler betrachtet, der von der Zucht ausschließt. Denn Kryptorchismus ist erblich;

er wird auch durch die Mutter vererbt. Der Penis wird von einem Knochen gestützt, der einem offenen Rohr gleicht und die Harnröhre umschließt. Charakteristisch für den Hund sind paarige Schwellkörper, die beim Deckakt hart kugelförmig anschwellen und zum »Hängen« führen (s. S. 177).

Eine für ausdauerndes Laufen leistungsfähige *Lunge* erwirbt der Hund durch regelmäßiges Training an der frischen Luft. Bei Zimmerhunden in der Großstadt können Rußpartikelchen die Lunge dunkel färben. Auch das *Herz* entwickelt sich nur durch reichliche Bewegung in der Jugend zu seiner bemerkenswerten Größe. Mit 1 bis 2 % des Körpergewichts ist es größer als bei anderen Tierarten. Am höchsten wird das relative Herzgewicht mit bis zu 2,7 % bei Rennhunden.

Wie der Haushund entstand

»Durch den Verstand des Hundes besteht die Welt.« So steht es in einem der ältesten Schriftwerke der Menschheit, dem Zend-Avesta, in dem die Hymnen und Meditationen Zoroasters (um 550 v. Chr.) überliefert sind. Die seither vergangenen zweieinhalbtausend Jahre sind für die Geschichte des Hundes eine kurze Strecke. Die meisten Forscher halten ihn für das älteste Haustier des Menschen. Nach neuesten Forschungen muß er sich dieses Erstlingsrecht mit Schaf und Rind teilen, es ihnen sogar abtreten, zum mindesten im Vorderen Orient. In dieser Ecke der ältesten menschlichen Kulturen begann vor vielen Jahrtausenden das friedliche Zusammenleben von Mensch und Tier. Schon 1825 erkannte der große französische Naturforscher George Cuvier, daß vornehmlich wildlebende Herdentiere die Stammformen der Haustiere waren. Diese Tierarten, die bereits in der freien Natur darauf eingestellt sind, sich einem Leittier unterzuordnen, konnten sich leichter an die menschliche Führung anpassen. Intelligenz und ein ausgeglichenes Naturell dürften weitere Voraussetzungen gewesen sein, denn weder die geistig stumpfen Beuteltiere noch die allzu lebhaften Affen haben bisher auch nur einen Schritt zur echten Haustierwerdung getan.

Eine Ausnahme ist die Katze. Als Einzelgängerin liebt sie ihre Freiheit mehr als den Anschluß an den Menschen und verwildert am schnellsten. Von den klassischen Haustieren ist sie mit einem Alter von nur 3000 Jahren eines der jüngsten.

Die Geschichte der Haustiere ist eng verknüpft mit der Geschichte der Menschheit. Höhere Kulturstufen erreichte der Mensch erst durch die Gewinnung des Haustiers.

Der Hund verhalf dem Menschen zu vielem, was sonst unmöglich gewesen wäre. Ohne Hunde würde es keine Lebensmöglichkeit in den von Eis und Schnee beherrschten arktischen Gebieten gegeben haben, und auch bei der Erforschung der Antarktis konnte alle moderne Technik nicht immer den harten, genügsamen, nie versagenden Schlittenhund ersetzen. Manches Großstadtkind hat nie eine Kuh gesehen, der Hund dagegen hat seinen Platz an der Seite seines Herrn auch in den größten Steinwüsten behauptet.

Abstammung

Die ersten Schritte zum Haushund liegen so weit zurück, daß es bisher schwierig war, eine genaue Zahl an Jahren anzugeben. Dieses Zusammenkommen ist an mehreren Stellen zu verschiedenen Zeiten vor sich gegangen. Der Hund ist also nicht von einer Quelle aus in andere Erdteile exportiert worden. Etwas aber ist überall auf der Erde gleich: In der Steinzeit gab es einen Haushund, der sich von wilden Hundearten unterschied. In Mitteleuropa ist er bereits in der Mittelsteinzeit, dem Mesolithikum nachgewiesen. Weil aber die allgemeine Kulturentwicklung im Vorderen Orient jener im rauheren europäischen Norden vorauseilte, ist anzunehmen, daß die Priorität in der Hundehaltung den Völkern Südwestasiens zukommt. Die Anfänge der Haustierhaltung reichen hier 8000 bis 11 000 Jahre zurück. Sicher ist, daß überall eine bestimmte Kulturhöhe mit der Haltung von Haustieren verbunden war. Sicher ist auch, daß in den kulturgeschichtlich ältesten Schichten Nordeuropas der Hund als das erste Haustier auftritt.

Die Frage, welche Wildtierarten als Stammeltern der vielen Hunderassen anzusehen sind, bewegt bis in die jüngste Zeit hinein Forscher und Hundefreunde. Daß der Fuchs als Vorfahr nicht in die engere Wahl kommt, hat sich schon zu Beginn der Haustierforschung herausgestellt. Er zeigt zwar einige äußere Ähnlichkeit mit seinen zahmen Vettern, doch bestehen nicht nur im Wesen grundlegende Unterschiede. Der Fuchs als Einzelgänger zeigt wenig Interesse am Anschluß an Artgenossen oder gar an den Menschen. Die längliche Form seiner Pupille ist ein Kennzeichen dafür, daß im Gegensatz zur runden Pupille von Wolf, Schakal und Hund die Abspaltung der Füchse von der gemeinsamen Stammform erdgeschichtlich viel früher erfolgt sein muß. Diese Annahme wird auch durch die geologische Forschung bewiesen. Trotz aller Bemühungen von seiten der Menschen kam bisher keine erfolgreiche Paarung zwischen Fuchs und Hund zustande.

Schwieriger war die Antwort darauf, ob dem Goldschakal ein Platz in der Ahnenreihe der einen oder der anderen Hunderasse zusteht. Denn auch die Schakale sind gesellig lebende und jagende Tiere, die sich zuweilen sogar freiwillig in der Nähe des Menschen aufhalten und Kontakt zu ihm suchen. Nachzucht aus der Verbindung Schakal-Haushund läßt sich ohne Schwierigkeiten erzielen. Die so gewonnenen Mischlinge haben ihrerseits keinerlei Probleme bei der Fortpflanzung. Sie sind also nicht unfruchtbar, wie Maultier und Maulesel. Dennoch ist es nicht sehr wahrscheinlich, daß der Schakal als Stammvater der Hunde in Betracht kommt. Sein Gebiß zeigt gewisse Unterschiede zu dem von Wolf und Hund — natürlich nur zu den Rassen mit normaler Schädelform. Auch die Gehirngröße unterscheidet sich von beiden. So bleibt also als einziger *Vorfahr des Haushundes* der Wolf übrig oder besser gesagt die Vielzahl der Wolfsrassen. Denn überall, wo wir Zeichen früherer Hundehaltung finden, da gab oder gibt es auch den Wolf.

Der Gedanke macht uns Unbehagen, aber die Küchenabfälle (Kjökkenmöddinger) aus der älteren Jungsteinzeit, vor rund 7000 Jahren in Norddeutschland und Dänemark, beweisen es: Die ersten Haushunde bereicherten den steinzeitlichen Mittagstisch. Wir wollen dies aber unseren fernen Vorfahren nicht allzusehr verübeln, ihr Leben war zweifellos härter und entbehrungsreicher als das unsere. Und mancher Jäger des zwanzigsten Jahrhunderts gedenkt nach einem erfolglosen Jagdtag voll Mitgefühl seiner Vorgänger. Auf sie wartete damals kein gefüllter Kühlschrank. Eine moderne Parallele demonstrierte in der Hungerzeit nach dem zweiten Weltkrieg eine alleinstehende Frau; sie ließ ihren mit aller Liebe aufgezogenen Hund schlachten, auf Trichinen beschauen und verzehrte ihn, weil er charakterlich unbrauchbar war.

Nützlichkeitserwägungen spielten beim früheren Zusammenkommen von Mensch und Hund kaum eine Rolle. Es begann wohl ganz zufällig. Ein einzelner Wolf, jung und anpassungsfähig, wird vom Rudel abgekommen sein. Er war ohne stärkere Artgenossen verloren in des Wortes wahrster Bedeutung. Da fand er Reste an den Lagerplätzen der Menschensippen. Er fand Wärme an den verlassenen Aschenplätzen, und er erkannte, daß die Nähe des Menschen ihm die Sicherung des Lebensunterhalts bot. Der zweibeinige Jäger merkte bald, daß sein wilder Begleiter des Nachts warnte, wenn andere Raubtiere sich näherten. Er erkannte auch, daß der Wolf mit seinen schärferen Sinnen ihm an Wachsamkeit überlegen war. Und so wird auch der Mensch das Seine getan haben, um Wildhunde an die Nähe seines Lagerplatzes zu binden. Das einzelne Tier, das seinen »Leitwolf« suchte, der Menschenmann, der gern diesen Meutenführer abgab, sie fanden bald, daß sie sich ergänzten. Sie erkannten ihre Vorteile.

Manches verwaiste Wolfsbaby wird als Spielzeug für Frau und Kinder ins Lager geschleppt worden sein, nachdem der Jäger in Notwehr die Mutter erlegt hatte. Die drolligen, hilfsbedürftigen Welpen regten den Mutterinstinkt der Menschenfrau an. Sie wurden vielleicht mit an die Brust gelegt, wie dies bis heute bei manchen Naturvölkern mit jungen Hunden und Schweinen der Brauch ist. Anpassungsfähig und gesellig, blieben die heranwachsenden Jungtiere in engem Kontakt mit dem Menschen, schliefen, wie sie es im Wolfsrudel getan hätten, an seiner Seite. Und auch der Steinzeitmensch wird sich gefreut haben, in kalten Nächten seine Füße im molligen Wolfsfell vergraben zu können.

Zunächst mag nur Freude am Besitz der Grund zur Hundehaltung gewesen sein. Noch heute ist dieser Besitzerstolz bei ostafrikanischen Hirtenvölkern der einzige Sinn ihrer großen Herden, und bis zu Caesars Zeiten lebte das Haushuhn in Britannien nicht der Eier wegen, sondern als Luxusgeschöpf.

Der erste Nutzen für den neuen Herrn war sicher die Wachsamkeit und der Schutz für die Familie, wenn die Steinzeitjäger auf Jagd auszogen. Der Wachhund war entstanden.

Es blieb nicht aus, daß der Hund mit den Jägern auf Beute ausging. Dabei erlebte sein Herr eine angenehme Entdeckung: Der Hund zeigte ihm durch seine feine Nase die Fährte des Wildes. Er trieb dem Menschen wohl auch so manches Beutetier zu. Denn von Natur aus war es dem Wolf eingegeben, im Rudel zu jagen. Der Erfolg bestätigte ihm: ein Wolf allein hat wenig Jagdglück, nur im Zusammenspiel mit Partnern, auch wenn es menschliche Jäger sind, wird der Hunger gestillt.

Vielleicht aber ist der Jagdhund erst auf Umwegen über den Hirten- und Hütehund entstanden. Denn es ist möglich, daß die eben erst gezähmten Tiere von der Leidenschaft des Jagens ferngehalten wurden, um ihre Verwilderung zu verhindern.

Eine altorientalische Fabel erzählt von der Entstehung des Jagdhundes. Nimrod, der erste Jäger, ein Urenkel Noahs, sah, daß er allein machtlos dem großen Raubwild gegenüber stand. Und er erkannte, daß der Hund mit seinen feinen Sinnen, seiner Gewandtheit und seinem Mut ihm sehr helfen könnte. Doch erst nach langem Mühen konnte er den Hüter der Herden durch frisch erlegtes Wildbret an sich locken und an der Jagd teilnehmen lassen. Nimrod verschwieg den Anteil des Hundes an den jagdlichen Erfolgen und schlug ihn auch noch, weil er meinte, der Hund sehe ihn deshalb vorwurfsvoll an. Als Strafe für das Verlassen der ihm anvertrauten Schafe wurde der Hund zum Sklaven des Jägers und mußte die Hand lecken, die ihn mißhandelte.

Züchtungen

Der Wolf ist eine sehr plastische Tierart. Er neigt im Gegensatz zu Fuchs und Katze dazu, Veränderungen in der Körper- und vor allem in der Schädelform zu entwickeln. Bei Wölfen in Zoologischen Gärten treten solche Abweichungen oft schon nach wenigen Generationen auf. In der freien Natur wird sich durch den Kampf ums Dasein, auch durch größere Freizügigkeit in der Fortpflanzung, eine Neuerscheinung nicht so leicht durchsetzen können. Anders dort, wo der Mensch seine Hand im Spiel hat. Im Schutz der Menschenmeute entfällt der Kampf mit den Artgenossen. Die Ernährung ist gesichert, auch dann, wenn die plötzliche Änderung vom Üblichen das Tier benachteiligen würde. Zudem wird schon dem frühen Menschen die Lust am Spielen und Experimentieren eigen gewesen sein. Er wird also gerade diejenigen Hunde zur Nachzucht ausgewählt haben, die sich vom Wolf unterschieden.

Die Änderungen im Äußeren (wie auch im Wesen) sind zumeist die Folge von plötzlich auftretenden Erbänderungen, den Mutationen des Erbgutes. Sie werden an die Nachkommen weitergegeben und können mit der »Zuchtwahl« durch den Menschen neue Rassen bilden. Die wichtigste Zutat dazu ist die Zeit. Geduld muß man haben. Und beides, Zeit und Geduld, war vorhanden. Die Entwicklung vom Wolf zu den verschiedenen Rassen des Hundes hat Jahrtausende gedauert. Sie ist auch heute noch im Fluß. Allerdings wird es immer schwerer, etwas ganz Neues zu züchten. Wie in der Mode ist alles schon einmal dagewesen. Viele extreme, sich ähnliche Rassen sind unabhängig voneinander an verschiedenen Stellen und zu verschiedenen Zeiten gezüchtet worden.

Schon frühe Hundeknochenfunde in Europa können verschiedenen Rassen zugeordnet werden. Zu Beginn der jüngeren Steinzeit in Nordeuropa scheint der Hund außer in England und Dänemark auch in Norwegen und Rußland der Begleiter des Menschen gewesen zu sein. Diese nördlichen Hunde gleichen nach den Ausgrabungen den heute noch zur Jagd gezüchteten Elchhunden – 7000 Jahre sind nicht nur für eine Hunderasse ein bemerkenswertes Alter.

Besondere Berühmtheit hat der Pfahlbauhund der Schweiz erlangt. Dieser *»Torfspitz«* spezialisierte sich schon als reiner Wachhund, der beim und im Haus, einem Bauwerk auf Pfählen, blieb. Des geringen Platzes wegen hatten die damaligen Hundezüchter bereits die Größe reduziert und die Hunde auf Spitz- oder Terrierformat gezogen. Die weiter nördlich gehaltenen Tiere gehörten einer größeren Rasse an.

Auch Abweichungen im Gebiß, die manchem modernen Züchter das Leben schwer und für manchen Hund den ersehnten Schönheitspokal unerreichbar machen, traten schon bei den Pfahlbauhunden auf, und zwar bei 40 % der untersuchten Schädel. Diese Unterschiede von der normalen Zahnzahl oder -stellung müssen aber weder heute noch damals unbedingt als Degenerationszeichen angesehen werden. Sie kommen auch bei wildlebenden Wölfen vor. Da sie im allgemeinen nur die kleinen Zähne betreffen, die zwischen Eckzahn und Reißzahn liegen, haben sie nur eine geringe Bedeutung, und ihr Fehlen hat auf die Funktion des Gebisses keine oder kaum eine Wirkung.

In der prähistorischen Zeit, vor 6000 bis 8000 Jahren, gab es auch in Ägypten schon drei verschiedene Rassen: Spitze, Jagdhunde und Doggen. Wir kennen sie recht gut von bildlichen Darstellungen und aus Küchenabfällen. Auch in Mesopotamien gab es vor mehr als 5000 Jahren schon verschiedene Rassen.

Selbständig, ohne Anschluß an altweltliche Hundezuchtgebiete, entstanden die Hunde Amerikas. Daß die Inkas lange vor der Entdeckung Amerikas verschiedene Rassehunde, ja auch Schoßhündchen hatten, wissen wir längst. In alten Inkagräbern bestattete Hundemumien zeigten neben schäferhundähnlichen auch an Teckel und Mops erinnernde Formen. Erst in den letzten Jahren aber hat man allerfrüheste Funde mit Hilfe der Radio-Carbon-Methode auf das Jahr 8420 v. Chr. zurückdatieren können. Diese natürlich noch recht wolfähnlichen Tiere dürften echte Übergangsformen vom Wildhund zum Haustier darstellen.

Ausgesprochen hochgezüchtete Rassehunde gab es schon vor mehr als 5000 Jahren, von denen kräftige *Bulldoggen* im alten Babylon besonders bemerkenswert waren. Mit 80 cm Schulterhöhe, also mehr als tischhoch, würden sie heute unseren Deutschen Doggen an Höhe nicht nachstehen, sie an Masse aber übertreffen. Ob die im 4. vorchristlichen Jahrtausend in Ägypten gehaltenen Doggen babylonische Importe waren, können wir nur vermuten. Auf Darstellungen erscheinen sie ebenso groß wie die Löwen, zu deren Jagd sie verwendet wurden. Offenbar änderte sich dann die Hundemode in Ägypten zugunsten der schlankeren Rassen. Denn über lange Zeit war ausgesprochener Favorit ein bestechend eleganter Windhund mit Stehohren und Ringelschwanz. Dieser »*Tesem*« ist die einzige der altägyptischen Rassen, deren Name uns überliefert ist. Er muß ungeheuer schnell gewesen sein, wurden von ihm doch die windschnellen Antilopen erjagt. Ähnlich hohe, spitze Stehohren besaß auch die kurzläufige, teckelähnliche Rasse. Pointerartige Jagdhunde, Haus- und Hirtenhunde hatten dagegen oft Hängeohren oder sie waren sogar kupiert. Daß für dieses Kürzen der Ohren bereits vor Jahrtausenden nicht nur Nützlichkeitserwägungen – geringere Gefahr der Verletzung des Jagdhunds durch wehrhaftes Wild – ausschlaggebend waren, zeigt ein kleines Schoßhündchen mit ebenfalls kupierten Ohren.

Auch das prähistorische Mittelostafrika besaß seine eigene Jagdhundrasse. So bleibt Australien der einzige Kontinent, dem echte eingeborene Hunde fehlen. Woher sollten sie auch kommen, besitzt Australien doch statt echter Säugetiere nur Beuteltiere und somit keinen echten Wolf. Immerhin ist dieser Mangel längst ausgeglichen. Verwilderte Haushunde bildeten eine neue Tierart, den *Dingo*. Längst von einheitlichem Aussehen, ist in ihm wieder ein Wildhund entstanden.

Nur wenige der vielen Rassen sind ausgestorben; selbst der 1864 von Brehm, dem Altmeister der Popularzoologie, in der ersten Auflage seines berühmten Tierlebens totgesagte Mops erlebt in unseren Tagen sein come back. Und alles deutet daraufhin, daß auch heute und in der Zukunft neue Rassen entstehen.

Natürlich gibt es Moderichtungen, die die eine oder die andere Rasse zum erklärten Liebling nicht nur der Damen werden lassen. Diesen Modetrend hat es immer gegeben. Bezeichnenderweise zielte er selten auf »praktische«, sondern meist auf Rassen mit aufwendiger Pflege – die Pudel heute, die Drahthaarfoxterrier vor einigen Jahrzehnten, Langhaarteckel und Afghanische Windhunde – oder von extremer Körpergröße. So waren vor hundert Jahren die am häufigsten gehaltenen Rassen die Deutsche Dogge als Begleiter der Studenten und der Bernhardiner, der »Barryhund«, als Spielgefährte und Beschützer der Kinder. Geht man noch weiter zurück, so trifft man über die Schoßhunde der alten Damen – Mops und Pinscher – auf die Zwerghündchen an europäischen und asiatischen Fürstenhöfen. Daß damals wie heute die Hundehaltung zum Teil Selbstzweck war, erkennen wir aus den uns überlieferten Fütterungsanweisungen. Die geringen Mengen, die die kleinen Tierchen zu sich nahmen, mußten von erlesener Qualität sein.

So verhält sich der Hund

Bewegungen

Der Hund ist für ausdauerndes, schnelles Laufen gebaut. Die Schubkraft dazu geht von den starken Hinterläufen aus, die Vorderläufe fangen den Körper auf, dessen Schwerpunkt vorn liegt. Der Brustlinie gegenüber soll der Bauch hochgezogen wirken. Beim überfütterten Hund mit gleichmäßig tonnenförmigem Körper liegt der Schwerpunkt zu weit hinten; er wirkt plump und bewegt sich schwerfällig. Schritt, Trab, Galopp und Sprung sind die allen Rassen geläufigen Gangarten. Der Paßgang dagegen ist eine weniger übliche Fortbewegungsart.

Im *Schritt* berühren jeweils zwei oder drei Beine gleichzeitig den Boden. Das Vorderbein der einen Seite wird angehoben, wenn das gleichseitige Hinterbein auf den Boden kommt, und bevor es wieder aufgesetzt wird, hebt sich das Hinterbein der anderen Seite. Der Schritt des Hundes kommt dem *Schnüren* des Fuchses nahe, bei dem die Pfoten beider Seiten gerade hintereinander gesetzt werden und der Rumpf sich kaum bewegt. Bei massigeren Hunden werden die Läufe beider Seiten weiter auseinander aufgesetzt. Dadurch kommt es zu seitlichen Schwankungen des Körpers. Freiwillig halten sich nur größere oder ältere Hunde im Schritt, sonst fallen sie lieber in die natürlichere, etwas schnellere Fortbewegungsart, den *Trab*.

Es gibt vier Formen des Trabens, den natürlichen, den geworfenen, den geschwungenen und den übereilten Trab. Dabei arbeitet die ganze Rumpfmuskulatur mit, das Tier ermüdet weniger als im Schritt. Der Rücken bewegt sich leicht auf und ab, aber gerade nach vorn ohne seitliche Schwingungen. Für die Entwicklung des Junghundes ist ausreichendes Traben die wichtigste Gangart. Das kleine Tier kann man im Dauerlauf angeleint neben sich hertraben lassen, für den

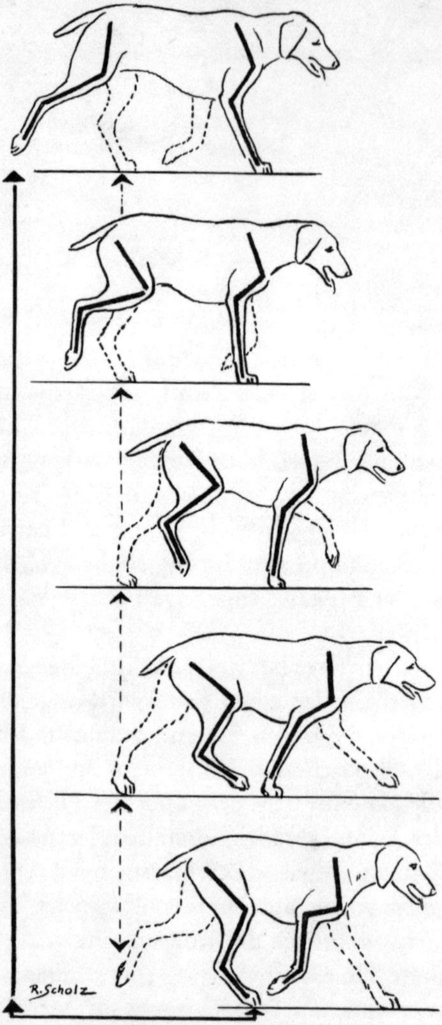

Natürlicher Trab. Von den vier Trabformen ist der natürliche Trab oder Zotteltrab diejenige Gangart, die den Hund am wenigsten ermüdet, die also am längsten durchgehalten werden kann. Im allgemeinen berühren zwei Beine gleichzeitig den Boden.

mittelgroßen bis größeren Hund ist das Training neben dem Fahrrad die beste Gewähr für optimale Entwicklung und Gesundheit. Wie man den Hund dabei führt, wird auf Seite 140 beschrieben.

Der natürliche oder *Zotteltrab* strengt den Hund am wenigsten an. Die diagonalen Schenkel werden nicht ganz gleichzeitig vorwärts bewegt, sondern der Vorderfuß wird etwas früher hochgehoben und wieder aufgesetzt als der Hinterlauf, so daß beide Trittsiegel aufeinander liegen.

Von den quadratisch gebauten Hunden mit kurzem Rücken und steiler Beinstellung wird der geworfene Trab bevorzugt, bei dem sie die diagonalen Gliedmaßenpaare gleichzeitig bewegen. Zwischen dem Abstoßen des einen und dem Aufsetzen des anderen Beinpaares schwebt der Körper einen Augenblick in der Luft.

Beim geschwungenen Trab bleibt der Körper bei ebenfalls gleichzeitiger Aktion des diagonalen Beinpaares immer mit zwei Läufen auf dem Boden. Dabei wird der raumgreifende Hinterlauf innen bzw. außen vor den noch fußenden Vorderlauf der gleichen Seite gestellt. Dadurch liegt die Längsachse des Körpers etwas schräg zur Laufrichtung. Dies ist die Trabart der Vorstehhunde und anderer Rassen mit längerem Rücken.

Der schnellste, aber auch am meisten ermüdende Trab ist der übereilte Trab, bei dem ebenfalls der Hinterlauf vor den Vorderlauf gesetzt wird; er berührt aber etwas eher den Boden als der diagonale Vorderlauf. Da sich das andere Beinpaar in diesem Moment schon vom Boden gelöst hat, berührt dann nur das eine Bein den Grund.

Im Schritt wie im Trab legen viele Rassen gelegentlich zur Abwechslung einige Paßgangphasen ein. Dabei werden beide Gliedmaßen einer Seite gleichzeitig gehoben, der Körper also jeweils von zwei rechten oder zwei linken Läufen getragen. Es entsteht ein seitlich schaukelnder Gang, dem jede Eleganz fehlt. Deswegen wird diese Gangart von den Züchtern nicht gern gesehen.

Die schnellste Fortbewegungsart ist der *Galopp*, der auf kurze Strecken bei den Greyhounds eine Geschwindigkeit von 66 Stundenkilometern erreichen kann, ein Tempo, das nur vom Geparden und der Hirschziegenantilope um ein weniges überschritten wird. Bei der schnellsten Form des Sprunggalopps, dem *Renngalopp*, wechseln stark gekrümmte und gestreckte Schwebephasen miteinander ab. Der Körper berührt jeweils mit einem Beinpaar den Boden. Nach dem Abstoßen durch die Vorderläufe werden die Hinterbeine so weit nach vorn geworfen, daß sie weit vor die Vorderbeine kommen, wodurch sich die Wirbelsäule stark krümmt. Nach dem folgenden Abstoßen schnellt der Körper wie ein gespannter Bogen nach vorn. In der Schwebephase ist er völlig gestreckt und wird weit vorn von einem, dann erst vom zweiten Vorderlauf aufgefangen.

Fast gemütlich wirkt neben diesem Renngalopp des Windhundes der langsame Galopp, der dem Pferdegalopp gleicht. Gefußt wird mit diagonalen Beinpaaren. Dadurch fehlt die starke Krümmung und Streckung der Wirbelsäule in der Schwebephase.

Der mittelschnelle Galopp zeigt wieder die hintere und die vordere Zweibeinstütze, allerdings ohne die stark gestreckte Schwebephase. Die Krümmung des Rückens beim Vorwerfen der Hinterläufe ist weniger ausgeprägt, und in einer Phase befinden sich drei Beine gleichzeitig auf dem Boden.

Im schnellen oder *Kreuzgalopp,* dem *Hundegalopp,* fußt zur selben Zeit das gleichseitige Beinpaar.

Weitsprünge werden in der gestreckten Schwebephase des Galopps genommen. Eine Dressurübung ist der Klettersprung über einen hohen Bretterzaun, bei dem das Hindernis durch Anspringen und Festhalten mit den Vorderläufen bewältigt wird. Frei springt der Hund beim Hochsprung. Weit- und Hochsprünge beanspruchen mehr noch als der Galopp die Vorderläufe. Sie belasten die Sehnen und Bänder des Vorderfußwurzelgelenks erheblich. Deshalb darf der Junghund auf keinen Fall zu früh zur Sprungausbildung herangezogen werden. Auch beim erwachsenen Hund soll man sie nicht übertreiben. Dem Hund macht das Springen Spaß; er kennt darin sein Maß ebensowenig wie beim Fressen.

Auch mit dem Galopp sollte man bei Jungtieren langrückiger Rassen zurückhaltend sein. Die körperliche Entwicklung wird durch ausdauernden, raumgreifenden Trab gleichmäßiger gefördert. Schwächen und Stellungsfehler der Gliedmaßen und des Rückens werden dadurch weitgehend verhindert.

Ausdrucksformen

Wenn dem Hund auch die Sprache im menschlichen Sinne fehlt, so kann er sich doch recht deutlich ausdrücken und seine Gefühle und Wünsche äußern. Seine Artgenossen verstehen ihn, sein Herr sollte sich die Mühe machen, die ausdrucksvolle Hundesprache ebenfalls zu kennen, um »Übersetzungsfehler« zu vermeiden. Daß der Hund bellt und mit dem Schwanz wedelt, weiß jedes Kind. Aber was läßt sich alles damit ausdrücken!

Bei aller Vielseitigkeit des Ausdruckes fehlt angenehmerweise den meisten Hunden eine menschliche Eigenschaft: die Geschwätzigkeit.

Das *Bellen* des Haushundes klingt anders, wenn er ein verdächtiges Individuum im Garten entdeckt, als wenn ein Fremder an der Haustür klingelt. Hell und freudig klingt das Begrüßungsbellen bei der Rückkehr von Frauchen. Schriller und aggressiv wird Scheinbeute, der summende Staubsauger, ein Radfahrer oder ein Spielzeug namentlich vom jüngeren Hund angesprochen. Nicht zu verwechseln ist das Bellen des sich allein unbehaglich fühlenden Tieres und wieder anders die Aufforderung zum Spiel an den zwei- oder vierbeinigen Spielgefährten. Kurzes Anschlagen bedeutet: Achtung, ich glaube, da stimmt etwas nicht. Der laut jagende Jagdhund informiert seinen Herrn, ob er auf der Spur eines Hasen jagt, Raubwild aufgespürt hat oder gar auf Schwarzwild gestoßen ist. Laut und wütend-klagend kann das Bellen sein, wenn der Teckel in einen Graben gefallen ist.

Wenig angenehm empfindet man das *Winseln* und *Jaulen,* das Unbehagen beim alleingelassenen, angebundenen oder eingesperrten Tier ausdrückt. Es kann Langeweile signalisieren, zum Spaziergang auffordern, körperlichen Schmerz bei Krankheit bekunden oder seelisches Unbehagen wie Liebeskummer.

Einen Rückfall in die Sprache der Wolfsahnen stellt das *Heulen* mit schräg hochgehobenem Kopf dar. Es kann dem Mond gelten oder uns unbekannte plötzlich aufwallende Gefühle ausdrücken. Fängt ein Hund zu heulen an, dann fallen unfehlbar alle anderen Hunde in Hörweite in das schaurig-schöne Konzert ein, was sie beim Bellen und Jaulen nur dann tun, wenn sie gleicher Meinung sind.

Der rohe Hund gibt seine Lautäußerungen von sich, wie sie ihm in den Sinn kommen und so lange sie ihm Spaß machen. Das ist oft länger als die Nerven der Nachbarn etragen mögen. Es gehört zur guten Erziehung, dem Tier nicht das Maul zu verbieten, sondern ihm klarzumachen, daß es verstanden wurde, und daß damit der Zweck seiner Stimmäußerung erreicht ist. Nur das Jaulen und Bellen aus Langeweile und mangelnder Selbstbeherrschung, also ungenügender Erziehung, stellt man besser ganz ab. Wie, steht auf Seite 130. Man prüfe aber immer, ob nicht doch ein anderer Grund als reine Unerzogenheit vorliegt.

Das *Knurren,* meist in Verbindung mit dem Zähnefletschen, ist eine Androhung, daß der Hund bereit ist, auch zu beißen. Ist der Angeknurrte ein Fremder und verhält er sich richtig, indem er sich zurückzieht, dann passiert weiter nichts. Es handelt sich ja um eine Warnung. Der anständige, also unverdorbene Hund beißt nie willkürlich. Der Wachhund im Haus, der verdächtige Geräusche durch Knurren meldet, ist der angenehmste. Er erweckt die Aufmerksamkeit seines Herrn, ohne durch lautes Bellen die Geräusche zu überdecken. Hunde, die knurren, sind frei von Angst und würden auch beißen. Sie schützen im Notfall ihre Familie. Daher sollte das Knurren Fremden gegenüber nicht aberzogen, sondern der Hund von Fremden ferngehalten werden.

Das Anknurren von Familienmitgliedern ist ein Ausdruck von Rangordnungsstreitigkeiten oder von Angst um das Futter. Zu unterscheiden ist zwischen dem aggressiven Knurren und dem Knurren des ängstlichen Hundes, denn entsprechend muß die Reaktion darauf sein. Anknurren von Familienmitgliedern soll unterbleiben. Dem ängstlichen Fiffi wird es durch das Gefühl der Sicherheit abgewöhnt, dem angriffslustigen Rüden dadurch, daß man ihm zeigt, wer der Herr im Hause ist. Wie das geschieht, steht auf Seite 135. Mancher freundliche Hund hat schon Prügel bezogen, weil seine Leute sein Knurren falsch ausgelegt haben. Es gibt nämlich ein grunzendes, mit einem grinsenden Entblößen der Zähne verbundenes Knurren als Zeichen des Sich-wohl-Fühlens und der Freundschaft. Erst wenn man überhaupt weiß, daß es neben der feindseligen auch diese freundschaftliche Form des Knurrens gibt, ist es möglich, aus der Situation heraus unter Berücksichtigung des Wesens dieses Tieres zu erkennen, was geknurrt wird.

Ein ausdrucksvolles Stimmungsbarometer ist der Schwanz. Durch horizontales Hin-und-her-Bewegen wedelt er die Duftstoffe seiner Analdrüsen dem Gegenüber in die Nase. Da es sich um den speziellen Eigengeruch handelt, stellt der Hund sich durch *Wedeln* einem fremden Lebewesen vor und gibt zu erkennen, daß er sich in freundschaftlicher Absicht nähert. Wedeln bedeutet Begrüßung und kann sehr viel ausdrücken. Ein knappes, steifes Bewegen mit geringem Ausschlag zeigt Reserviertheit, die jederzeit in Feindseligkeit umschlagen kann, wenn der Angewedelte die Höflichkeitsgeste nicht erwidert. Stürmisch von einer Bauchseite auf die andere schlagend ist das Wedeln zur Begrüßung des Herrn. Dabei wird es oft vom ganzen Hinterteil fortgeführt. Der Hund mit kurzkupierter Rute, wie der Boxer, versteht es besonders ausdrucksvoll, mit dem Hinterviertel zu wedeln. Zwischen dem zurückhaltenden und dem stürmischen Wedeln gibt es jede Abstufung in der Stärke. Daneben zeigt das Wedeln Interesse und Erkennen an, beim Ausblicken aus dem Fenster, bei freudiger Erwartung von etwas Angenehmem, bei Anblick oder Witterung von Wild, wenn das Tier angesprochen wird und in vielen anderen Situationen.

Je nachdem in welcher Höhe die Rute gehalten wird, kann die Aussage des Wedelns erhöht werden. Immer ist dabei von der normalen Haltung der Rute aus zu urteilen. Die für den Windhund mit seiner runden Kruppe hohe Haltung zeigt die gleiche Höhe wie die bereits recht gesenkte, sonst nach oben getragene Rute des Terriers. Wedeln bei erhobener Rute drückt Jagdpassion beim Finden von Wildwitterung aus, aber auch die Bereitschaft zum Spielen oder zum Angriff. Es zeigt immer eine aktive Stimmungslage an.

Wedeln mit eingezogenem oder stark gesenktem Schwanz zeugt von einer gewissen Ängstlichkeit, die der Mensch fälschlicherweise oft als »schlechtes Gewissen« vermenschlicht. Es drückt die Angst des Hundes vor Strafe aus, die er in ähnlichen Situationen erlebt hat und die er erwartet, aber durch freundlich-unterwerfende Schwanzbewegungen vermeiden möchte. Meistens hatte er den Ruf seines Herrn wohl vernommen, den Verlockungen einer Katzenhetze oder der Begrüßung eines Artgenossen jedoch nicht widerstehen können. Allenfalls kann dieses unsichere Verhalten als Bitte um freundliche Behandlung (vermenschlicht: um Verzeihung) gedeutet werden.

Der steif erhobene, unbewegliche oder vor Erregung leicht zitternde

Schwanz (natürlich nur bei Rassen, die ihn nicht ohnehin ständig nach oben tragen) bedeutet Angriffslust ohne freundliche Entschärfung durch Wedeln. Je nachdem, ob die Rute gesenkt oder auch wieder erhoben wird, läßt sich ein Stimmungswechsel des Hundes ablesen. Der eingekniffene Schwanz, im äußersten Fall zwischen den Hinterläufen hindurch bis zum Bauch eingezogen, bedeutet Angst, Unterwerfung, also eine passive Stimmung, aber auch direkt Panik bei unbekannten Bedrohungen. Beim von Natur aus mutigen und starken, aber auch beim fröhlichen Familienhund auf der Sonnenseite des Lebens dauert das Einziehen des Schwanzes meist nur kurze Zeit, bis die Schrecksekunde überwunden ist und die Welt wieder mit Zuversicht betrachtet wird. Außer bei ängstlich veranlagten Tieren bleibt die gedrückte Stimmungslage nur bei verdorbenen, verprügelten oder sonstwie eingeschüchterten Hunden längere Zeit erhalten.

Aus der frühesten Bewegung des Hundebabys, dem Milchtritt gegen das mütterliche Gesäuge, entwickelt sich beim Welpen die Bittgeste an die Mutter. Dieses bettelnde Pfoteheben wird auch Frauchen gegenüber fortgeführt. Das *Pfötchengeben* ist kein Akt der Dressur, auf den der Hundeerzieher Grund hat, stolz zu sein. Er ist eine natürliche Ausdrucksform des Welpen, die nicht durch dauerndes Üben ins Erwachsenenalter übernommen werden soll. Wird es immer wieder von Fremden gefordert, so kann durchaus die Entwicklung des Selbstbewußtseins verzögert werden.

Zeichen der bedingungslosen Unterwerfung ist das Auf-den-Rückenlegen des Welpen und Jungtieres. Die stammesgeschichtliche Bedeutung liegt in einer Hemmung des stärkeren Tieres, die ungeschützte Bauchseite seines Gegners zu verletzen. Hunde, die dann noch zubeißen, zeigen einen solchen Defekt in ihrem sozialen Verhalten, daß man sie besser in den Hundehimmel schickt. Denn ihrem Besitzer bereiten sie wenig Freude und die in den Bauch gebissenen, meist jungen Hunde erleiden einen Schock. Manche Hunde legen sich zeitlebens in der Freude der Begrüßung vor Familienmitgliedern auf den Rücken, oft mit unwillkürlichem kleinen Bächlein. Abgewöhnen kann man ihnen das allenfalls durch Nichtbeachten, ein Schelten würde diese Freudentränen eher verstärken. Denn der Hund sieht keinen Grund für Frauchens Unmut, er will ja gerade besonders lieb sein.

Durch *Anspringen* äußert der Hund seine große Freude und bringt seinen Herrn dadurch in Gewissenskonflikte. Denn es geht nicht immer ohne Spuren auf der Kleidung ab. Großen Hunden sollte man dieses Anspringen möglichst in der Jugend abgewöhnen (s. S. 142), sie können auf Treppen und abschüssigen Wegen damit nicht nur Kinder zu Fall bringen, sondern auch Erwachsene. Außerdem könnte es mit dem angreifenden Springen verwechselt werden, das zwar selten vorkommt, aber sehr gefürchtet wird. Angriff soll das Springen gegen den Zaun oder am Zaun hoch darstellen, hinter dem sich ein Artgenosse befindet. In Wirklichkeit ist das nur ein Scheinangriff, der beim Öffnen der Pforte nicht verwirklicht wird.

Will das Tier sich beim Springen größer machen, um mehr aufzufallen, so bezweckt es mit dem *Ducken* und *Kriechen* ein Kleiner- und Unauffälligerwerden. Das Kriechen mit eingeknickten Beinen bedeutet Angst. Das Ducken, soweit es nicht im Spiel vor dem Sprung vorgenommen wird, zeigt Vorsicht. Das Tier möchte sich vor unbekannten oder unheimlichen Gegenständen oder einem Abgrund durch viel Boden unter den Füßen absichern. Die Hinterläufe sind breitgestellt und soweit nach hinten gezogen, daß im Falle der Gefahr ein einziger Satz seitlich nach hinten die Flucht gewährleistet. Durch langsames gespannt-gestrecktes Voranschieben des Körpers wird eine nähere Inaugenscheinnahme möglich, ohne die Rückzugssicherung aufzugeben.

Das *Lecken* von Händen und Gesicht geliebter Menschen betrachtet der Hund als Ausdruck familiärer Zusammengehörigkeit und als Liebesbeweis. Da es von keiner plötzlichen starken Gemütsbewegung eingegeben wird, sondern von stiller Zärtlichkeit, ist das aus hygienischen Erwägungen nötige Abgewöhnen durch Zurückziehen der Hände und ein bestimmtes »Nein« nicht schwierig.

Diese Ausdrucksformen des Körpers werden ergänzt durch bestimmte *Ohrhaltung* und durch das sehr typische *Aufstellen der Nakken- und Rückenhaare* bei angriffslustiger Stimmung. Der knurrende Hund, der die Nackenbürste stellt und die Zähne entblößt, spricht eine Warnung aus, die ernstgenommen werden muß. Aufgestellte und nach vorn gerichtete Ohren deuten Aufgeschlossenheit an, je nach den anderen Ausdruckszeichen aufmerksam, freundlich oder aggressiv. Angelegte Ohren können Furcht ausdrücken oder – in Verbindung mit einem entsprechenden Gesichtsausdruck – zum Spiel auffordern.

Das lebhafte *Mienenspiel* des Familienhundes ist nicht nur ein Ausdruck der Haustierwerdung. Es ist immer ein Zeichen dafür, daß es dem Hund nicht an sozialen Kontakten mangelt. Zwingerhunde und vernachlässigte Tiere sind viel stumpfer in ihrem Gesichtsausdruck. Das bedrohende Hochziehen der Lefzen und Zähnefletschen sind eine Drohgebärde, die von den meisten Menschen, von den Vierbeinern sowieso, verstanden wird. Dagegen ist eine andere, ebenfalls den Wildhunden eigentümliche Mimik den wenigsten Hundebesitzern vertraut: das *Lachen*. Es entblößt durch Hochziehen der Oberlippe nur die Vorderzähne und nicht wie beim Fletschen und Knurren auch die gefährlichen Teile des Gebisses. Die feine Haut des Nasenrückens wird dabei krausgezogen. Dieses Lachen zur Begrüßung lieber Menschen kann das ganze Hundegesicht aufhellen, es kann auch nur einseitig verzogen sein. Geringgradiges Lachen ohne Entblößen der Zähne, das Grinsen, drückt die gleiche freundlich-freudige Stimmung aus.

Hunde *träumen* viel, wahrscheinlich viel mehr und intensiver als der Mensch. Wir wissen sogar, wovon der Hund träumt. Auch wenn er es uns nicht hinterher erzählen kann, verrät er es uns, wenn er zu unseren Füßen schläft. Meistens spielt in diesen Träumen das Laufen und Jagen die Hauptrolle. Die Beine bewegen sich dann so intensiv, daß das ganze Tier zuckt. Auch Schoßhündchen, die nie ein Kaninchen gewittert haben, zeigen durch Jiffen und Bellen, wovon sie im tiefsten Inneren träumen. Ja, junge Jagdhunde, die noch gar nicht richtig laufen oder Laut geben können, gehen im Schlaf bereits auf die Jagd. Und ein Jagdteckel, der seinem Herrn Kummer bereitet, weil er nur stumm hinter dem Wild herjagt, findet im Schlaf plötzlich die richtigen Worte.

Durch Lernen erworben sind individuelle Ausdrucksgesten, mit denen der Hund etwas ihm Erwünschtes bewirken oder beschleunigen möchte. Er bringt Frauchen die Futterschüssel oder legt die Leine vor die Füße seines Herrn, um ihn zum Spazierengehen aufzufordern. Solche und ähnliche Handlungen kann das Tier aus eigenem Antrieb heraus vollbringen, sobald es spezielle Erfahrungen damit registriert hat.

Jedes höhere Lebewesen wird gebildet aus den *Anlagen,* die es von seinen Eltern und ferneren Vorfahren ererbt hat und die durch Umwelt und Erfahrung entwickelt oder verkümmert sind. Die Grundlagen für die körperlichen und geistigen Eigenschaften unserer Haushunde sind bei gesellig lebenden Raubtieren mit enormem Laufvermögen und einer uns unfaßlichen »Traditionsgebundenheit« zu suchen. Nach jahrzehntelanger Pause sind nach dem zweiten Weltkrieg einzelne Wölfe, die bis zu 70 km in einer Nacht zurücklegen

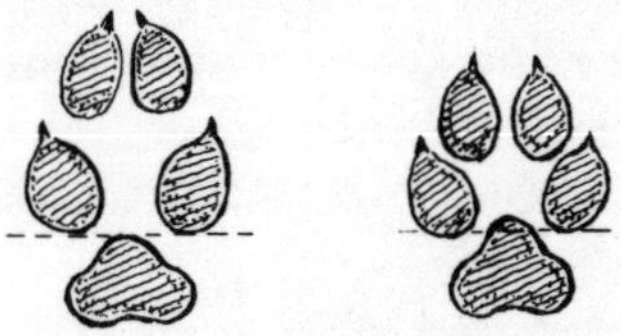

Wolf Hund

Trittsiegel von Wolf und Hund

können, auf uralten überlieferten »Wolfspässen« von Osteuropa, vielleicht von Polen oder auch von Rußland, bis nach Westdeutschland gezogen. Unbemerkt gelang es ihnen, über vielbefahrene Straßen und Flüsse hinweg dichtbesiedelte Gegenden zu durchwandern. Fünf Monate dauerte es 1948, bis der »Würger von Lichtenmoor« erlegt war, obwohl nicht nur gerissenes Wild, sondern noch 58 Rinder und rund 100 Schafe unübersehbar seine Anwesenheit anzeigten. Zunächst beschuldigten die Jäger der heimgesuchten Reviere große wildernde Hunde, bis die erlegten Wölfe Gewißheit brachten.

Mag Züchterkunst bei vielen Rassen das Äußere so verwandelt haben, daß auf den ersten Blick nicht die geringste Ähnlichkeit mit den Wildhundahnen zu erkennen ist, in seinem Wesen und Verhalten hat auch das verwöhnteste Schoßhündchen noch etwas von einem Wolf. Nichts ist verkehrter für das Verständnis des Hundes als eine übertriebene Vermenschlichung, mit der wohlmeinende Tierfreunde immer wieder versuchen, sein Verhalten zu erklären.

Der Hund betrachtet uns zwar als Rudelgenossen, er lernt es aber nicht immer leicht, sich unserem Lebensrhythmus anzupassen. Er muß dazu manche Regung unterdrücken, die ihm seine angeborenen Instinkte eingeben. Wir sollten auf sein hündisches Wesen eingehen und es bei der Erziehung als Grundlage nehmen und ihn nicht in die Rolle eines vierbeinigen Menschen zwingen. Der Hund schenkt uns seine ganze Zuneigung, zum Dank dafür sollten wir versuchen, ihm gerecht zu werden. Das bedeutet nicht, ihn zu verhätscheln und zu verweichlichen, sondern ihn in einer Umgebung leben zu lassen, in der er sich zurechtfindet und in der seine angeborenen Verhaltensweisen richtig gedeutet werden. Hat er dazu eine Aufgabe, und sei sie noch so klein, und bietet ihm das Leben gelegentlich Höhepunkte, dann besitzt er alles, was wir ihm geben können. Durch die auf Seite 177 näher beschriebenen Besonderheiten seines Geschlechtslebens können wir ihn mit einigem Geschick leicht um seine sexuelle Erfüllung betrügen, ohne daß er sie vermißt.

Wenn zwischen Mensch und Hund ein Problem auftaucht, müssen wir zu einer Lösung unser abstraktes Denkvermögen anstrengen, denn der Hund hat keines. Wenn wir nicht weiter wissen in der Hundeerziehung, wenn das Tier uns Rätsel aufgibt, sollten wir versuchen, uns in die Lage des Wildhundes hineinzudenken. Dann werden wir vielleicht manchen Fehler, der einer Ungerechtigkeit unserem Hund gegenüber gleichkommt, vermeiden. Andererseits aber sollten wir zurückhaltend sein beim Verurteilen anderer Hundebesitzer. Es muß nicht gleich alles »Tierquälerei« sein, was manchem naturfernen Großstädter unverständlich ist. Bei hundegemäßer Haltung, auch wenn vielleicht Pflege und Unterbringung Wünsche offen lassen, kann das Tier gesünder sein und sich wohler fühlen als der überfütterte, beschäftigungslose Liebling, dessen Bewegungs- und Frischluftbedürfnis auf Autostraßen unbefriedigt bleiben.

Die ererbten Wesenszüge entsprechen zum größten Teil noch dem ursprünglichen Leben in der Meute. Wo Lebewesen in einer Gemeinschaft leben, da müssen bestimmte Regeln gelten, Verhaltensformen, die von allen Artgenossen geäußert und verstanden werden können. Diese Verhaltensweisen, die Instinkte, sind auch unseren domestizierten Tieren angeboren. Sie reagieren entsprechend unwillkürlich auf die Reize der Umwelt. An der Erziehung liegt es, diese Instinkte zu nutzen oder sie, wo sie unerwünscht sind, abzuschwächen oder zu unterdrücken. Immer muß das Tier aber das Gefühl der Sicherheit behalten, die Gewißheit, daß es in seiner Meute sicher und geborgen ist. Dann wird es um so eifriger seine Fähigkeiten in den Dienst dieser Meute stellen. In der Praxis heißt das, daß nur ein solcher Jagdhund, Diensthund, Blindenführhund usw. Höchstleistungen zu vollbringen in der Lage ist, der in einer intakten Gemeinschaft lebt, dessen Herr ihm Verständnis und eine Behandlung angedeihen läßt, die der Hund versteht. Eine vorzügliche Ausbildung allein genügt nicht. Sie ist zwar die Voraussetzung für die Leistung, doch kann der beste Hund nur so gut sein wie der Herr, der ihn führt. Spitzenleistungen des Hundes sind nicht käuflich, sie müssen vom Hundeführer erarbeitet werden.

Zwei Grundtriebe sind für das Leben des Wildtieres unerläßlich: Der *Selbsterhaltungs-* und der *Arterhaltungstrieb.* Bei einer geselliglebenden Tierart besteht der Arterhaltungstrieb nicht nur aus dem Fortpflanzungstrieb, sondern auch aus weiteren instinktiven Verhaltensweisen, die dem Schutz der Gemeinschaft dienen. Sie können so stark ausgeprägt sein, daß der sonst bei jedem Tier sehr mächtige Selbsterhaltungstrieb verdrängt wird. Der Ernährungstrieb spielt bei einem Raubtier eine bedeutendere Rolle als bei einem grasfressenden Lebewesen, dessen Tisch immer gleichermaßen gedeckt ist. Der Trieb zu jagen, Beute zu machen, ist tief im Hund verwurzelt. Er kann in einer plötzlich auftretenden Situation zum Durchbruch kommen. Katzen, laufende Kinder oder Radfahrer veranlassen den Hund, sie zu verfolgen, sofern er nicht durch Erziehung gelernt hat, diesen Trieb zu unterdrücken. In dem Augenblick, in dem das Kind stehen bleibt, wird es nicht mehr als »Beute« betrachtet. Das Interesse des Hundes erlischt. Beim Jagdhund wird der Trieb, Beute zu machen, einerseits gefördert, dann aber teilweise wieder aberzogen, wie beim Hasenreinmachen des Vorstehhundes, oder als *Apportiertrieb* in den Dienst der »Meute« gestellt.

Für ein Laufraubtier ist der *Bewegungstrieb* Voraussetzung zum Leben. Ihn zu befriedigen, ist ebenso wichtig wie richtige Ernährung. Beim Jungtier äußert er sich als *Spieltrieb,* der unverkennbar die Zeichen des Beutemachens enthält. Unermüdlich schlägt sich schon der Welpe die »Beute« um die Ohren, sei es ein alter Pantoffel, ein Bettvorleger oder ein Handbesen. Der Verfolgungstrieb äußert sich beim

Spielen mit einem Ball oder etwas, das sich durch die Luft werfen und wieder einholen läßt. Beim Spielen zeigt der Hund gleichzeitig den Geselligkeitstrieb. Er spielt ungern allein, wenn nicht wenigstens ein – auch unbeteiligter – Zuschauer in der Nähe ist.

Zur Selbsterhaltung dienen auch *Flucht-* und *Verteidigungstrieb*. Wenn ein Rückzug unmöglich ist, neigt das ängstliche Tier zum Beißen, dem *Angstbeißen*. Diese Scheinschärfe darf nicht mit echter Schärfe verwechselt werden. Sie dient nur der Selbsterhaltung, während die echte *Schärfe* eine sozial positiv zu bewertende Eigenschaft darstellt.

Für das Zusammenleben mit dem Menschen ist der Fluchttrieb eine unangenehme Eigenschaft, die im Straßenverkehr sehr gefährlich werden kann. Er läßt sich im Lauf der Zeit abgewöhnen, wenn der Hund lernt, daß ihm in der Nähe seines Herrn nichts Böses geschieht. Es muß jedoch verhindert werden, daß jemand den Hund neckt oder ihn durch plötzliche, dem Tier unbekannte und unverständliche Bewegungen und Haltungen in Angst und Schrecken versetzt, eine unangenehme Angewohnheit, die manche Menschen für witzig halten.

Die natürliche *Schärfe*, der Mut, sind bedeutender für die Erhaltung der Gemeinschaft als zur Selbsterhaltung. Diese Eigenschaft wurde bei manchen Rassen als *Kampftrieb* schon im frühen Altertum gepflegt und gefördert. Sie ist in unseren heutigen Rassen verschieden stark ausgeprägt. Oft sind es gerade die kleinsten Hündchen, die am meisten Draufgängertum zeigen. Da viele Besitzer die Naturschärfe ihrer Tiere aus Furcht vor Schaden so bald wie möglich unterdrücken und der Erbgang verlorene Schärfe nicht wieder zum Durchbruch kommen läßt, geht der Kampftrieb im allgemeinen immer mehr zurück. Diese Erkenntnis darf jedoch nicht zur Unvorsichtigkeit verleiten, denn wenn die Schärfe nur durch Erziehung in der Jugend unterdrückt wurde, kann sie im fortgeschrittenen Alter bei Gelegenheit plötzlich zum Durchbruch kommen. Es ist immer daran zu denken, daß sie eine der Wesensgrundlagen des Hundes darstellt.

Als *Schutztrieb* in mäßig ausgeprägter Stärke tritt eine gewisse Schärfe bei vielen Tieren zutage. Dieser Trieb dient in erster Linie dem Schutz der Familie und hängt in seiner Intensität davon ab, ob Junge zu verteidigen sind. Daß eine Hündin mit Welpen mehr Schärfe zeigt als sonst, ist erklärlich. Doch auch die Rüden entwickeln einen stärkeren Beschützerinstinkt nicht nur bei der Anwesenheit von Hundebabies, sondern auch wenn ein kleines Menschenkind die Familie bereichert. Eifersucht auf das neugeborene Kind ist eine dem artgemäß gehaltenen Tier fremde Eigenschaft. Wenn sie vorkommt, handelt es sich meist um einen jahrelang maßlos verwöhnten Hund, der seine natürlichen Verhaltensweisen »verlernt« hat. Es kommt auch vor, daß der Schutztrieb des Hundes stark zunimmt, wenn ein Familienmitglied erkrankt. Ein vorher gutmütiges Tier greift dann jeden Fremden an, der sich dem Patienten nähert.

Den *Wachtrieb* besitzen auch die von der Veranlagung her weniger scharfen Hunde. Er ist kein so elementarer Trieb wie mancher andere. Daher schwächt er sich oft von selbst wieder ab, wenn keine Reaktion von seiten der Besitzer auf das Melden von etwas Ungewöhnlichem erfolgt. In der Hundemeute ist die natürliche Reaktion auf das Ankündigen einer Gefahr die Bereitschaft der ranghöheren Tiere zum Angriff. Der Mensch, der die Wachsamkeit seines mit im Haus lebenden Tieres erhalten und fördern möchte, muß sich daher so verhalten, wie der Hund es erwartet. Wachhunde, die außerhalb des Hauses untergebracht sind, üben ihr Amt meistens viel sicherer aus. Vielleicht liegt das mit daran, daß ihr Bellen von irgendeinem anderen Hund aufgenommen und unterstützt wird. Die Wachsamkeit läßt sich unschwer in bestimmte Richtungen lenken, sei es daß man sie nur während bestimmter Tagesstunden oder für gewisse Teile von Haus oder Garten wünscht.

Zum *Meutetrieb* gehört die Anhänglichkeit an den Herrn, die auch den schlecht gehaltenen Hund immer wieder nach Hause zurücktreibt. Nicht das gute Futter, das warme Zimmer oder das weiche Lager sind die Anziehungskraft, nicht einmal die gebotene Zärtlichkeit, sondern weit mehr die richtige, dem betreffenden Tier angemessene Behandlung, die sogar eine Portion Strenge enthalten kann. Der weiche, ängstliche Hund braucht die schützende, sichere Ruhe seines Herrn, der aktive, unternehmungslustige wird am festesten durch gemeinsame Arbeit oder durch seine Beschützerrolle an die Familie gebunden. Die Anhänglichkeit an Herrn und Familie kann vorübergehend gelockert werden, wenn starke Triebe wie der Geschlechtstrieb oder der Jagdtrieb durch plötzlich sich bietende verlockende Gelegenheit Oberwasser bekommen.

Der *Hütetrieb* steckt nicht nur in den Hütehunden, in gewisser Ausprägung besitzen ihn wohl die meisten Rassen. Man sollte an ihn denken, wenn Familienmitglieder sich auf der Straße trennen und in verschiedenen Richtungen ihre Wege fortsetzen. Dem Hund ist ein solches Verhalten unverständlich. Er wird, unangeleint, versuchen, seine Angehörigen zusammenzuhalten. Das hat im Stadtverkehr schon manchem Vierbeiner das Leben gekostet.

Nur einmal im Jahr erwacht bei den Wildhunden der *Fortpflanzungstrieb,* dann aber in einer Stärke, die alle anderen Triebe nebensächlich werden läßt. Der domestizierte Hund hat für die Aufzucht seiner Jungen keine strenge Bindung an die günstigste Jahreszeit nötig. Die Hündinnen können bis zu zweimal im Jahr in einen Zustand geraten, der sie nicht nur ihre gute Erziehung vergessen läßt, sondern auch ihren männlichen Artgenossen völlig durcheinanderbringt. Durch die so seltene Möglichkeit zur Fortpflanzung versucht die Hündin auf der Höhe ihrer Hitze oder Läufigkeit (daher auch der Ausdruck) zu entlaufen, um zu einem Partner zu gelangen. Der Rüde wiederum wird alles versuchen, um zum Ziel zu kommen. Er kennt dann weder Hunger noch andere angeborene oder gar anerzogene Gewohnheiten und scheut weder weite Wege noch stunden- und nächtelanges Warten in schlechtestem Wetter. Dort aber, wo die läufige Hündin in Hausgemeinschaft mit einem eigenen Rüden wohnt, wird ein Versuch, ihre Gunst zu erringen, von fremden Kavalieren gar nicht erst gemacht. Hier handelt es sich ja nicht um eine Einzelhündin, sondern um eine »geschlossene Meute«.

Bei allen Gelegenheiten, bei denen von männlichen Hunden eine Arbeitsleistung verlangt wird, besonders auf Prüfungen, stiftet die liebesbereite Hundedame so viel Unruhe und Ablenkung, daß ihr Besitzer sie aus Fairness zu Hause lassen sollte.

Alle angeborenen Triebe und Instinkte werden in ihrer Intensität von ebenfalls ererbten Eigenschaften verstärkt oder abgeschwächt. Ausdauer und Temperament sind ausschlaggebend für Bewegungs- und Jagdtrieb, ein temperamentvolles Tier wird alle Verhaltensweisen ausgeprägter zeigen. Körperliche und wesensmäßige Härte, oder bei ihrem Fehlen Weichheit, können vorhandene Anlagen erheblich beeinflussen. Ein robuster, harter Kerl muß nicht unbedingt auch scharf sein, er kann die größte Gutmütigkeit an den Tag legen. Beim weichen Tier kann ein vorhandener Kampftrieb so wenig zur Geltung kommen, daß er unbemerkt bleibt. Für eine gesellig lebende Tierart sind Einzelwesen von verschieden stark ausgeprägter Robustheit besonders wichtig. Da die psychischen Wesensgrundlagen aller Tiere einer Gruppe gleich sind, treten durch die verschiedengradige Härte individuelle Unterschiede auf, die das Zusammenleben reibungsloser gestalten. Denn würde ein Rudel nur aus im Nehmen und Geben harten Tieren bestehen, so würde es durch dauernde Rangordnungskämpfe übermäßig geschwächt. Die Anwesenheit von weniger harten bis ausgesprochen weichen Tieren gewährleistet eine für längere Zeit stabile Ordnung, die nur von gelegentlichen Rangkämpfen einzelner nahezu Gleichrangiger geringfügig gestört wird. Für die Erhaltung der Art ist ein Rudel mit verschieden harten Einzeltieren günstig. Auch miteinander wildernde Hunde sind meist von verschiedenem Temperament, wobei sehr oft das kleinere Tier dem größeren überlegen ist.

Der junge Hund entwickelt seine Persönlichkeit im *Spiel*. Alle aktiven Verhaltensweisen werden spielend erprobt und vorweggenommen. Durch das ausdauernde, hingebungsvolle Toben werden Gewandtheit und Entwicklung der Muskeln gefördert, die Sinne geschärft und vor allem das Selbstbewußtsein gestärkt. Ein Junghund muß ohne Gelegenheit zum Spielen verkümmern, ängstlich und scheu werden, weil ihm Bestätigung und Erfolg fehlen, die ihm das Spiel vermittelt. Beim Kampfspiel fühlt er sich als großer Held, beim Jagdspiel als erfolgreicher Jäger. Nicht immer geht es dabei ohne Krach ab, das Angriffsspiel ist nun einmal mit Bellen verbunden. Frauchen sollte dafür Verständnis aufbringen.

Solange der Welpe Geschwister zum Spielen hat, kommt er mit wenig Spielzeug aus. Das vierbeinige Einzelkind benötigt den menschlichen Spielgefährten, teils als Zuschauer, teils als aktiven Teilnehmer. Die Meinungen darüber, ob der arbeitende Hund durch Spielen mit dem Menschen verdorben wird, gehen auseinander. Diese Gefahr ist gering, wenn der Erzieher Ausbildung und Spiel auseinanderhält, das Spiel als Belohnung und Ausgleich betrachtet. Bei Rassen, die schon in jungem Alter in eine straffe Erziehung oder Dressur genommen werden, darf man nicht auf das Spielen verzichten. Sorgt der Herr selbst dafür, daß der Hundejüngling seinen Spieltrieb befriedigen kann, so geht nicht nur der Zwang der Arbeit, sondern auch das Angenehme von ihm aus; die innere und äußere Bindung wird gefestigt. Ausgebildete erwachsene Tiere mit geregelter Tätigkeit spielen nur mehr wenig. Für reine Luxushunde bleibt das Spiel zeitlebens ein Höhepunkt des Tageslaufes. Da es für diese bewegungsarm gehaltenen Tiere einen wesentlichen Anteil an der körperlichen Ausarbeitung darstellt, sollte es auf keinen Fall vernachlässigt werden.

Beim älteren Junghund läßt sich der Bewegungstrieb nicht nur im Spiel befriedigen, er muß sich richtig austoben können. Wird ihm die Möglichkeit dazu vorenthalten, so wird er jede Gelegenheit nützen, sich Bewegung zu verschaffen. Bei mangelnder Aufsicht entwickelt er sich dann nur zu leicht zum Streuner, vor allem wenn er dabei noch jagen kann. Jagd- und Bewegungstrieb sind so elementare Verhaltensweisen, daß sie dem wildernden Hund nicht wieder abzuerziehen sind.

Sind die Triebe bei den einzelnen Hunden oft verschieden stark ausgeprägt und lassen sie sich gelegentlich auch durch Erziehung unterdrücken, so steuern die *Instinkte* auf immer gleiche Weise den Ablauf des Hundelebens. Während also die Triebe allgemeine elementare Regungen darstellen, regeln die Instinkte das Verhalten des Lebewesens bis in alle Einzelheiten. Jedes Muttertier, gleich welcher Tierart, besitzt den *Brutpflegetrieb,* der es dazu zwingt, die hilflosen Jungen aufzuziehen. Wie diese Pflege im einzelnen vor sich geht, ist durch Instinkte geregelt, die für den Hund andere Verhaltensweisen vorschreiben als für Katze oder Marder. Die mütterlichen Pflegeinstinkte sind genau der Entwicklung der Welpen angepaßt. Sie laufen zwar nach einem bestimmten Schema ab, doch dieses ändert sich fortlaufend, so wie die Aufzucht des Wurfes dies erfordert. Die Mutterhündin leckt die Neugeborenen trocken und regt dabei Atmung und Darmtätigkeit an, sie nährt die Kleinen liegend, während sie ihnen einige Wochen später das Gesäuge stehend anbietet. Sie nimmt die Verdauungsprodukte ihrer Kinder auf, damit das Nest sauberbleibt. Sie erbricht ihr Futter in die Kinderstube, wenn die Welpen alt genug sind, um feste Nahrung zu sich zu nehmen. Instinktiv verhalten die Jungen sich still, wenn die Alte sie im Fang trägt und instinktiv kriechen sie aus dem Nest, um ihre Pfützchen abzusetzen, wenn sie kräftig genug dazu sind. Aus Instinkt vergräbt auch der wohlgepflegte Luxushund gern einen Knochen im Garten »für schlechte Zeiten«, würgt er zu hastig verschlungenes Futter wieder aus, um es in Ruhe nochmals zu verspeisen. Er frißt *Gras,* wenn er sich den Magen verdorben oder Unverdauliches verschluckt hat. Der Hund dreht sich mehrmals um sich selbst, bevor er sich legt, genauso als ob er im hohen Gras eine Mulde schaffen wollte. Das Beinchenheben des Rüden mit der Kennzeichnung seines Wohnbereiches geschieht ebenso instinktiv wie das Liebesspiel bei der Paarung.

Ganz ohne Niederschlag auf das Wesen sind die vielen Jahrtausende des Zusammenlebens mit dem Menschen nicht geblieben. Der Mensch hat seinem vierbeinigen Freund einige Eigenschaften angezüchtet, die diese Freundschaft festigten. Sie sind stammesgeschichtlich viel jünger und daher noch nicht so tief verankert wie die von den wilden Vorfahren stammenden älteren Wesenszüge. Sie können also durch falsche Haltung leichter verschüttet werden.

Die wichtigste dieser während der Haustierzeit erworbenen Verhaltenseigenschaften ist das *Zutrauen* dem Menschen gegenüber, die *Kontaktfähigkeit* und damit auch die *Führigkeit,* die Fähigkeit also, sich nicht nur unterzuordnen, sondern auch den Wünschen des Menschen nachzukommen. Diese Führigkeit darf nicht mit Lernfähigkeit und Intelligenz verwechselt werden. Sind alle drei Eigenschaften vorhanden, können geistige Höchstleistungen vollbracht werden. Ein leichtführiger Hund braucht nicht intelligent zu sein. Ein Tier mit rascher Auffassungsgabe, das selbständig denken, einmal Erlebtes auch auf neue Situationen anwenden kann, mit hoher *Intelligenz* also, ist nicht immer leicht zu erziehen. Der Teckel alten Schlages ist ein treffendes Beispiel dafür. Seine jahrhundertelange Verwendung als Bauhund mit viel Eigeninitiative verschaffte ihm den Ruf, zwar hochintelligent aber eigenwillig zu sein. Und tatsächlich ist die Erziehung des Teckels zwar durchaus möglich, sie stellt aber weit höhere Anforderungen an den Erzieher als die des Pudels.

Eine Besonderheit, das *Vorstehen* der Hühnerhunde, gehört noch hierher. Dieses durch Erbänderung entstandene jagdliche Verhalten, das die Wildhunde noch nicht kannten, hat der Mensch als erbliche Eigentümlichkeit den Vorstehhunden angezüchtet.

Durch Dressur oder Ausbildung erworbene Kenntnisse sind nicht erblich, ebensowenig Erfahrungen, die der Hund ohne Hilfe des Menschen gesammelt hat. Dieses Wissen muß von jedem Tier wieder neu erworben werden. Doch gibt es eine gewisse Weitergabe von Kenntnissen von der Mutter auf ihre Jungen oder von älteren Hunden auf jüngere Hausgenossen. Durch die Mithilfe älterer Artgenossen kann die häusliche Erziehung und die Abrichtung des Junghundes wesentlich erleichtert werden. Eine Vererbung ist dies jedoch nicht.

Soziales Verhalten

Die strenge soziale Rangordnung des Wolfsrudels gilt auch noch bei unseren Haushunden. Harmlose Raufereien der nestjungen Welpen bilden die ersten Vorübungen zu ernsthaften Rivalenkämpfen. Das wenige Wochen alte Hundebaby erprobt die ihm angeborenen Verhaltensmuster, durch die die Rangstellung des Einzelindividuums in der Gemeinschaft festgelegt wird. Die Mutter sieht den manchmal lautstarken und recht wütenden Balgereien ihres Nachwuchses gelassen zu. Noch ist alles nur Spiel, wenn auch die gleichen Ausdrucksformen dabei gezeigt werden, die die Kämpfe ranghoher Rüden so hart werden lassen.

Für den herangewachsenen, körperlich ausreifenden Junghund bietet das weitere Aufwachsen in der Gemeinschaft der Geschwister nicht immer die Gewähr für eine sonnige Jugend. Denn die *Rangordnungskämpfe* werden härter und ernster, die geborenen Meutenführer lassen ihre Vorrangstellung die schwächeren Geschwister bei jeder Gelegenheit fühlen. Das kann, bei nicht sehr sorgfältiger Fütterungsweise, wenn also der ganze Wurf zusammen aus einem Napf gefüttert wird, auch zu körperlicher Unterentwicklung einzelner »Prügelknaben« führen. Schwerer wiegt, daß die dauernd unterdrückten ranguntersten Verlierer in ihrer geistigen Entwicklung so verkümmern, daß mit ihnen nicht mehr viel anzufangen ist. Aber auch die Gewinner entwickeln sich in eine für die Zusammenarbeit mit dem Menschen nicht förderliche Despotenstellung.

Durch gezielte Versuche wurde diese Tatsache erst in den letzten Jahren von Brüll nachgewiesen. In der Praxis muß sie schon jahrhundertelang bekannt sein; denn die mittelalterlichen Feudalherren hielten ihren Kampf- und Jagdhundnachwuchs nicht in den eigenen Zwingern, obwohl dort die Kontrolle viel leichter gewesen wäre. Sie gaben die Halbwüchsigen zu den Bauern. Mit einer guten Portion Lebenserfahrung und Selbstbewußtsein kamen die Jungerwachsenen dann zurück zu weiterer Ausbildung. Ob es sich um Meutehunde, Dienst- oder Blindenführhunde handelt, diese Methode der Aufzucht von Jungtieren in einer Pflegefamilie hat sich bis heute glänzend bewährt. Der in dieser sozialen Umgebung groß gewordene, geistig geschulte Hund lernt nicht nur schneller, sondern es kommt dabei auch nicht zur Ausbildung extremer Rangordnungsstufen, die Jungtiere aus Hundemeuten oft zu unangenehmen Gefährten für den Menschen machen.

Werden mehrere Hunde in einer Familie gehalten, so sind die Rangordnungskämpfe selten sehr ausgeprägt, wenn der Herr seinen Tieren gegenüber die Rangspitze behauptet. Er schützt die schwächeren und pfeift die dominierenden Tiere zurück. So bleibt die bestehende Rangordnung über längere Zeit recht stabil, und es herrscht Frieden in der kleinen Meute. Selbstverständlich wird das ranghöhere Tier die beste Stelle im gemeinsamen Hundekorb behaupten, dem schwächeren seinen Knochen wegnehmen und andere kleine Vorrechte beanspruchen. Das ist völlig normal, denn in der Hundevorstellung existiert kein Verständnis für volle Gleichberechtigung. Dafür bildet sich eine gewisse Arbeitsteilung heraus. Ein bestimmter Hund, meist ein rangniederer, schlägt zuerst an, wenn die Hausglocke läutet oder sonst Außergewöhnliches zu melden ist. Den ranghöheren Tieren obliegt dann der Schutz. Sie bellen weniger oder später, sie beißen oft den Fremden, ohne selbst die Entscheidung getroffen zu haben. Das schwächere Meutenmitglied verläßt sich auf diesen Schutz, es sieht sich sogar nach dem Beschützer um, bevor es bellend auf fremde Hunde oder Menschen losgeht. Beim Rüden wird die Schutzfunktion und damit die Schärfe durch eine gleichzeitig gehaltene Hündin wesentlich erhöht. Zwei mäßig scharfe Tiere sind zusammen viel schärfer als jedes für sich allein. Sie sind auch schwerer zu bändigen und zurückzurufen als jeder einzeln. Der Schutztrieb der Hündin verstärkt sich naturgemäß, wenn sie Babies hat oder auch nur welche haben könnte, also bis zwei Monate nach der Läufigkeit.

Den Welpen gegenüber sind nicht nur Hündinnen, sondern auch erwachsene Rüden von rührender Duldsamkeit. Sie lassen sich das Futter abjagen und gehen bereitwillig auf die Spielwünsche des Nachwuchses ein.

Es ist ein Irrtum anzunehmen, daß der verwöhnte Einzelhund ein weiteres vierbeiniges Familienmitglied ablehnt. Ein Welpe wird meist ohne weiteres in die Gemeinschaft aufgenommen. Gegen einen älteren Hund, der der Hausgemeinschaft zugeführt werden soll, benimmt sich das eingewöhnte Tier zunächst ablehnend oder gar bösartig. Es bedarf jedoch nur weniger Tage der Gewöhnung, dann ist meist nicht nur der Frieden gesichert, sondern auch das Zusammengehörigkeitsgefühl gewachsen. Jeder Hund will ja als Hund leben und verstanden werden, und welches Lebewesen könnte ihn besser verstehen als ein Artgenosse? Längere Spaziergänge mit beiden Tieren fördern das Wachsen des *Meutegefühls,* denn bei dieser Gelegenheit können sich die beiden auf neutralem Gebiet kennenlernen und beim Zusammentreffen mit fremden Hunden ein beginnendes Meutegefühl festigen. Es ist ein geringer Unterschied, ob man dem eingewöhnten Rüden eine Hündin zugesellt oder einen anderen Rüden. Der Neuankömmling wird unsicher sein, zunächst also an rangniedere Stelle kommen. Hündinnen sind meistens etwas weniger geneigt, sofort Freundschaft zu schließen. Doch auch bei ihnen müßte bei richtiger Leitung durch den Menschen der häusliche Frieden in einigen Tagen gesichert sein.

Treffen fremde Hunde auf neutralem Gebiet zusammen, so vollzieht sich eine bestimmte *Begrüßungszeremonie.* Trifft der Rüde auf eine Hundedame, so wird er sie immer liebenswürdig anwedeln und mit ihr zu spielen versuchen. Außerhalb ihrer Läufigkeit wird er auf wenig Gegenliebe stoßen.

Rüden oder Hündinnen unter sich legen Reserviertheit und ablehnende Vorsicht in ihr steifbeiniges Einandernähern. Die Rute wird steif nach hinten oder oben getragen, und wenn nicht der eine Partner durch Wedeln ein Friedensangebot macht, wird durch Aufrichten der Nacken- und Rückenhaare, schließlich durch Zähnefletschen und Knurren, eine deutliche Drohung ausgesprochen. Selten kommt es zum Kampf. Oft unterwirft sich der Schwächere im wahrsten Sinne des Wortes, er legt sich auf den Rücken und bietet dem kampflosen Sieger Kehle und Bauch ungeschützt dar. Die Rangordnung ist somit festgelegt; sie bedarf keiner weiteren Kämpfe. Auch wenn keiner der beiden bereit ist nachzugeben, wird es selten Ernst. Meist bewegen sich beide Tiere steifbeinig umeinander herum, bemüht, den anderen unter dem Schwanz zu beriechen, oder sie entfernen sich mit allen Zeichen des *Imponiergehabes* langsam voneinander, betont ausgeprägt das Bein an allen in Betracht kommenden Markierungspunkten hebend. Der Herr stützt das Selbstbewußtsein seines Hundes, wenn er dieses Zeremoniell nicht zu früh durch Heranrufen stört. Das wohlerzogene Tier würde in Konflikt zwischen ererbter Verhaltensweise und erlerntem Gehorsam geraten. Denn der Gegner könnte sein Gehorchen als Rückzug auslegen. Es gibt allerdings auch Situationen, in denen der Ruf des Herrn willkommener Anlaß ist, ohne Prestigeverlust und ungeschoren an Leib und Ansehen einer brenzligen Lage zu entkommen, dann nämlich, wenn der Rüde sich als der Schwächere fühlt.

Selten kommt es zu Beißereien oder ernsthafteren Auseinandersetzungen. So gefährlich diese Kämpfe aussehen, sie gehen doch meist glimpflich aus, denn die Hundehaut kann allerhand vertragen. Für die Erhaltung der Art hat die Natur vorgesorgt, daß es zwar Sieger und Unterlegene, aber keine Schwerverletzten oder gar Getöteten gibt. Nur freche Teckel und Terrier müssen gelegentlich mehr einstecken als ihnen guttut. Die selbstbewußten kleinen Erdhunde überschätzen häufig ihre Kräfte und Möglichkeiten und werden dann von weit überlegenen Gegnern als Gleichberechtigte behandelt.

Der Rüde, der das Glück hat, mit seiner eigenen Hündin eine kleine Meute zu bilden, kommt im allgemeinen besonders günstig davon. Da Hunde vollendete Kavaliere sind, zeigen sie sich der Hündin gegenüber von ihrer besten Seite und erkennen das Besitzrecht des anderen an. Tiere, die mit den Zeichen der größten Erbitterung das eigene Grundstück zu verteidigen scheinen, sind in Wirklichkeit gar nicht auf einen Kampf versessen. Sie wollen den fremden Artgenossen nur einschüchtern und fernhalten und ignorieren dabei die offene Gartenpforte oder das Loch im Zaun.

Das ererbte Verhalten des Hundes ist auch seinem menschlichen Rudelgenossen gegenüber normal. Das Auf-den-Rückenlegen des jungen wie des älteren Tieres zeigt mehr noch als Spieltrieb freundschaftliche Unterwerfung.

Mit zunehmendem Alter verliert sich diese Subordinationsbereitschaft bei einigen Tieren mehr und mehr, besonders bei den bereits im Welpenverband dominierenden Knaben. Nun kommt für Herrn, Hund und Familie eine Zeit der mehr oder weniger sichtbaren Rangordnungskämpfe. Je größer die Rasse, desto wichtiger ist es, daß sich der durch sein kräftiges Gebiß im Vorteil befindliche Vierbeiner dem Herrn und den Familienmitgliedern unterordnet. Diese Rangordnungsstellung, die der Hund jedem Familienangehörigen gegenüber genau einschätzt, bleibt nur bei konsequenter Haltung bestehen. Zeigt sich irgendwo eine Schwäche, so ist der Hund sofort bereit, seinen Rang zu verbessern. Meinungsverschiedenheiten der Menschen untereinander werden klar erkannt und durch Ungehorsam dem Unterlegenen gegenüber honoriert. Einen Ehekrach trägt man besser nicht in Anwesenheit des Hundes aus! Hausangestellte sollten in seinem Beisein besonders höflich behandelt werden. Denn mit feinem Gespür erkennt das Tier die Rangstellung der Menschen untereinander und weiß, wer wem Anordnungen zu geben hat. Der wesensstarke Hund wird bei Streitigkeiten unter den Menschen seiner Hausgemeinschaft dem Stärkeren zu Hilfe kommen. Er wird die Unterlegenheit des anderen mit Ungehorsam, wenn nicht gar durch Beißen quittieren. Die zum Meutenführer geborenen Hunde beschenken ihren Herrn mit besonders ausgeprägtem Schutztrieb. Sie sind mehr als andere Hunde bereit, auch ihr Leben zum Schutz ihrer Familie aufs Spiel zu setzen.

Bei der Zucht der Modehunde – wenn auch nicht nur bei ihr – wird leider zu wenig Wert auf Wesen und Charaktereigenschaften gelegt. Die steigende Nachfrage und die Aussicht auf finanzielle Vorteile verleiten dazu, auch ängstliche, wesensschwache Tiere zur Fortpflanzung zu bringen. Den Ausdruck »Zucht« vermeidet man dann lieber, denn darunter versteht man ein immerwährendes Auslesen und Weiterentwickeln. Durch anonyme Verkaufsformen im Hundehandel kann allenfalls eine Gewähr für Gesundheit und Rassereinheit ohne äußerliche Fehler gegeben sein. Der Hund soll aber nicht wie ein Bild oder ein schöner Teppich unsere Wohnung schmücken, er teilt unser Leben mit allen seinen Wesenseigenschaften.

Während die den Rassehunden in jahrhundertelanger Züchtung angewölften Verhaltensformen, die das Zusammenleben mit dem Menschen beeinflussen, am ehesten verlorengehen, wenn sie nicht pfleglich den Rassen erhalten werden, bleiben die tiefverwurzelten Triebe vorherrschend. Der Fluchttrieb, das Mißtrauen vor Unbekanntem kann dann als übermächtig das Verhalten des Hundes bestimmen. Ein ängstliches, scheues Tier, das in jedem Augenblick unvermittelt die

Flucht ergreifen kann, wird man in der durch den motorisierten Verkehr bestimmten modernen Umwelt kaum je von der Leine lassen. Das arme Geschöpf ist somit seiner Angst ausgeliefert, es kann nicht, wie sein Instinkt es ihm eingibt, die Flucht ergreifen. Hat es das Pech, keinen Besitzer zu finden, der ihm Verständnis und Sicherheit schenkt, so wird seine innere Unsicherheit verstärkt, Mißtrauen und Nervosität nehmen überhand. Durch den gehemmten Fluchttrieb wird der Selbstverteidigungstrieb ausgelöst, als letzten Ausweg aus seiner Angst sieht das Tier den Angriff, es wird zum *Angstbeißer*. Im Gegensatz zu Hunden mit Selbstsicherheit und echter Schärfe sind die Angstbeißer unberechenbar. Sie leben nicht nur selbst ständig in Furcht, sobald sie die Sicherheit ihres Heimes verlassen, sondern sie halten auch ihre Besitzer in ständiger Angst vor unvorhersehbaren Zwischenfällen. Wenn es sich dann noch um große Rassen handelt, was zum Glück nicht die Regel ist, können unangenehme Beißer entstehen. Das sind dann die Tiere, die unter Mißachtung aller bei Hunden üblichen Verhaltensformen und Anstandsregeln ohne jeden Grund über andere Artgenossen, auch Welpen, herfallen und sie übel zurichten. Der einzige Ausweg, der für solche bemitleidenswerten Wesen in ihrem eigenen und im Interesse ihrer Umwelt gegeben ist, bleibt ihnen meistens verschlossen. Denn diejenigen Hundefreunde, die Erfahrung, Verständnis und Geduld besitzen, aus ihnen noch wenigstens annehmbare Hausgenossen zu machen, ziehen es verständlicherweise vor, ihr Leben mit glücklicher veranlagten und sorgfältiger gezüchteten Vierbeinern zu teilen.

Der Hund in der Familie

Hundekauf

Es ist ein langer Weg, den Mensch und Hund gemeinsam gegangen sind. Auf vielen Gebieten enger Zusammenarbeit und Zusammenlebens waren beide nicht nur Herr und Diener, sondern auch Kamerad und Freund. Daraus entstand jene Partnerschaft, die bis heute die Grundlage der Beziehungen zwischen Mensch und Hund geblieben ist. Der seelische Kontakt überwiegt bei weitem den wirtschaftlichen Nutzen, den wir auch im Zeitalter der fortschreitenden Technisierung aus den erstaunlichen Fähigkeiten der vierbeinigen Freunde und Helfer ziehen.

Auf der Jagd, als selbständig denkender Wächter, als Blindenbegleiter, als Hütehund, bei der Polizei und in vielen anderen Berufen kann keine Maschine den Hund ersetzen. Doch auch dort, wo der materielle Nutzen des Hundes in den Vordergrund gestellt, das Tier also aus reinen Zweckmäßigkeitserwägungen gehalten wird, kommen nur dann seine Anlagen zu höchster Entwicklung, wenn sein Herr ihm das richtige Verständnis und Zuneigung zuteil werden läßt.

Der Mensch hat den Hund, den er verdient. Daran soll jeder denken, der ein Tier an seine Seite holt. Manchmal hilft der Zufall, trifft uns die »Liebe auf den ersten Blick« und führt zu einer innigen Freundschaft. Des öfteren jedoch stehen Überlegungen und viele Fragen vor der wichtigen Entscheidung des Hundekaufs. Der Mensch trägt die Verantwortung für das von ihm erworbene Tier, der Züchter für seine Welpen.

So vielfältig das Wesen des Menschen ist, so reich sind die Unterschiede im Charakter der Hunde. Auch wenn sie alle vom Wolf abstammen, können selbst die Angehörigen der gleichen Rasse recht verschieden sein. Für jedes menschliche Temperament gibt's den passenden Hund. Man muß ihn nur zu finden wissen.

Die Frage, ob ein Rüde oder eine Hündin vorzuziehen ist, spielt selten eine bedeutende Rolle. Wer Lust hat, auch einmal selbst zu züchten, entscheidet sich ohnehin für eine Hundedame. Legt man Wert auf einen besonders kräftigen Begleiter, so wählt man einen Rüden – oder greift gleich eine Größengruppe höher. Daß der männliche Hund sich besonders einem Frauchen anschließt, die Hündin anhänglicher an den Herrn sei, ist ein Vorurteil. Genausooft ist's umgekehrt. Auch daß die Hundemädchen zärtlicher und anschmiegsamer seien, stimmt nur mit Vorbehalt. Mancher zartbesaitete Rüde steht an Temperament und Draufgängertum hinter seiner robusteren Rassengenossin um Längen zurück. Die höchstens zweimal im Jahr eintretende Läufigkeit stellt kein welterschütterndes Ereignis dar. Sie kann auch verhindert werden (s. S. 177). Wenn allerdings im Haus oder in den Nachbargrundstücken vierbeinige Kavaliere nur darauf zu warten scheinen, daß endlich auch das zarte Geschlecht Einzug hält, sollten wir uns doch lieber zum Hundeknaben entschließen. Umgekehrt wird in einer Gegend mit vielen Hündinnen das männliche Tier mehrmals im Jahr versucht sein, auf Brautschau auszugehen. Der eigenen Bequemlichkeit halber schließe man sich der Mehrheit an.

Und nun die wichtigste Frage: Welche Rasse soll es werden? Da kann man dem Neuling in der Kunst der Hundehaltung nur raten: schön in der Mitte bleiben. Also nicht gleich nach dem Hunderiesen greifen. Die Fehler, die jedem Anfänger unterlaufen, fallen beim überdimensionalen Tier zu sehr ins Auge. Noch weniger ist eine ausgesprochene Zwergrasse zu empfehlen, es sei denn, man wählt ein ausgewachsenes Tier und hält sich haargenau an die vom Züchter gegebene »Gebrauchsanweisung«. In einen Haushalt mit Kindern passen beide Extreme ohnehin nicht, schon gar nicht aber die ausschließlich auf Leistung gezogenen Formen. Sie eignen sich nicht zum Herumtollen mit den Menschenkindern. Diese Elite unter den Hunden verkümmert oder kann sogar zuweilen bösartig werden, wenn sie nicht ihren Anlagen entsprechend ausgebildet und eingesetzt wird. So wie der Windhund die ihm zukommende Bewegung verlangt, gehören die meisten Jagdhunde ausschließlich in die Hand des Jägers, die auf

Leistung gezogenen Diensthundrassen in eine feste Hand, die ihnen Ausbildung und Arbeit zukommen läßt. Dabei gibt es – wie überall – Ausnahmen. Gerade die anschmiegsamen und leicht zu haltenden Cockerspaniel, Setter und Pudel waren ursprünglich Jagdhunde und sind es zum Teil auch heute noch, der Boxer ist ein anerkannter Diensthund. Und doch gehören sie zu den unkompliziertesten »Familienhunden«.

Grundsätzlich können überall da, wo Menschen leben, auch Hunde sich wohl fühlen. Schon die Torfspitze der Pfahlbaubewohner müssen das Treppen- genauer Leiter-steigen gewöhnt gewesen sein und die Schiffshunde kamen noch seltener auf den festen Boden des Ufers. Das Wichtigste für den Hund ist die Zuwendung des Menschen, das nächste die richtige Wahl der Rasse. Den Wunschhund unserer Kindheit sollten wir uns nur dann gestatten, wenn auch die äußeren Bedingungen für dieses Objekt der Romantik vorhanden sind. Auf engem Raum kann nur dann ein Laufhund sich wohl fühlen, wenn er regelmäßig und reichlich freie Bewegung bekommt. Der vorhandene Auslauf im Garten genügt beim Einzelhund nicht, wenn die Anregung, der Grund zum Lauf, fehlt.

Die Frage, ob es überhaupt ein Rassehund sein muß, ist Ansichtssache. Wer in Hundeklubs eintreten, züchten oder sein Tier auf einer Schönheitskonkurrenz oder Leistungsprüfung begutachten lassen möchte, wählt selbstverständlich einen eingetragenen Welpen aus anerkannter Zucht. Als Spielgefährte der Kinder und Begleiter auf Spaziergängen kann eine Promenadenmischung ebensoviel Freude bringen. Immerhin muß man bei ihr auf Überraschungen gefaßt sein, während beim Rassehund späteres Aussehen, Größe und Wesen genauer vorauszusehen sind. Sonst bestehen keine grundlegenden Unterschiede. Der *Bastard* ist nicht klüger und nicht treuer als sein reingezüchteter Vetter, er kostet die gleiche Steuer, er braucht dasselbe Futter, und er kann dieselben Krankheiten bekommen. Wie alt soll er sein? Darauf kann die Antwort nur lauten: das ist völlig gleich. Nicht die Zahl der Monate oder Jahre spielt eine Rolle, sondern das bisher Erlebte. Wenn irgend möglich, lasse man sich nicht die zauberhaften Monate der Hundekindheit entgehen. Wenn der *Welpe* mit 8 bis 10 Wochen von der Mutter entwöhnt ist, kann er zum neuen Frauchen kommen. Wie ein Kleinkind braucht er noch viel Geduld und Pflege, dankt dafür aber reichlich durch seine Drolligkeit und sein Vertrauen. Am günstigsten ist ein Alter von 12 Wochen, denn jetzt bringt die Erziehung zur Stubenreinheit Erfolg. Die Freude an dem verspielten Hundebaby birgt natürlich ein erhöhtes Risiko: beim 8 Wochen alten Welpen läßt sich das spätere Aussehen längst nicht so beurteilen wie beim halbjährigen Junghund. Bei ihm ist nach dem Zahnwechsel zu sehen, ob Zahnfehler vorhanden sind oder nicht. Je jünger das Hundekind, desto mehr erkennt es die Überlegenheit des Herrn, desto leichter vollzieht sich die Erziehung. Auch Tiere durchlaufen ein Flegelalter wie unsere eigenen Kinder. Vor Beginn der Pubertät, je nach Rasse zwischen 6 und 12 Monaten, können sie unausstehlich ungezogen sein. Aber keine Angst, die »Gute Kinderstube« wird auch beim Hund nur vorübergehend abgestreift und nicht vergessen. In dieser Sturm- und Drangzeit einem Hundejüngling dann noch den Wechsel vom Zwinger vielleicht in die Etagenwohnung zuzumuten, bringt natürlich Probleme.

Die kindliche Erziehung ist bei keinem Lebewesen zu ersetzen, das Gehirn ist aufnahme- und entwicklungsfähig, das Tier ist wie der Mensch bereit zum Lernen. Es darf nur nicht an Möglichkeiten fehlen. Für Zoowölfe liegen Untersuchungen vor: das Hirngewicht der in Gefangenschaft aufgewachsenen Tiere ist geringer als das ihrer in Freiheit großgewordenen Eltern. Daraus folgt: Das Tier darf nicht seine ganze Jugend in der räumlichen und vor allem geistigen Begrenztheit des Zwingers verbringen, es muß Gelegenheit haben, Erfahrungen zu sammeln, zu lernen. Der Junghund muß erzogen werden. Die passionierten Hundezüchter ziehen die Konsequenz. Sie lassen lieber ihre Sofa und Sessel von Hunden überquellen als die heranwachsenden Tiere im Zwinger versauern.

Ein altes Jägerwort besagt: Alter Jäger – junger Hund, junger Jäger – alter Hund. Dieser Ausgleich an Erfahrung ist immer dort richtig, wo Erfahrung nötig ist. Dreht es sich nur um die Beweglichkeit der Beine, darf ruhig die Konzession zugelassen werden: reifer Herr und reifer Hund. Viele bejahrte Hundeliebhaber fürchten die Behendigkeit des lebhaften, jungen Tieres. Daß der ruhigere, ältere Hund für sie richtig wäre, glauben die wenigsten von ihnen und verzichten lieber ganz auf die ersehnte Hundehaltung. Dabei gibt es, abgesehen von völlig vergreisten Hunden, kein »zu alt« für einen *Besitzerwechsel.*

Einzige Voraussetzung ist, daß Hund und Herr (oder Frauchen) zusammenpassen. Wie oft findet der alternde Hund in seinem ursprünglichen Heim nicht mehr die Beachtung, die er benötigt. Sei es, daß kleine Menschenkinder Liebe und Kraft des Frauchens aufbrauchen, sei es, daß beim Jäger oder Hundezüchter jüngere Generationen herangewachsen sind und der Kampf um die »Meutenspitze« härter wird. Ein solcher älterer Hund ist dann oft besonders dankbar und glücklich, Mittelpunkt im Leben eines Menschen zu sein. Für einen mehrjährigen Hund sollte vor einem endgültigen Verkauf jedoch immer eine wenigstens einwöchige Probezeit verabredet werden.

Vorsichtig sollte man sein bei der Übernahme eines jungen Hundes, der schon einmal seinen Besitzer gewechselt hat. Das ist meist eine Aufgabe für den fortgeschrittenen Hundehalter. Jeder Wechsel stellt für das ganz junge Tier eine erhebliche Umstellung dar, die sich auch auf sein körperliches Wohlbefinden auswirken kann. Für den älteren Junghund liegt die Schwierigkeit eher darin, daß er das bisher Gelernte in seinem neuen Heim nicht entsprechend verwerten kann, also wieder umlernen muß. Dazu kommt, daß ein Junghund, der schon nach kurzer Zeit wieder in andere Hände gegeben wird, im allgemeinen nicht am richtigen Platze war, also auch nicht die ihm zukommende Erziehung genossen hat. Für den erfahrenen Hundefreund ist seine Umerziehung keine Schwierigkeit, dem Neuling kann sie Probleme bringen.

Eine wichtige Frage ist: Woher den Hund holen? Die Antwort für den Anfänger in der Hundehaltung: aus einem Milieu, das dem eigenen Heim ähnlich ist. Der in der Freiheit des Landlebens aufgewachsene Junghund einer großen Rasse braucht eine viel intensivere Erziehung als der bereits an Haus, Auto und Leine gewöhnte Großstadthund. Beim Welpen, der alle Erfahrungen noch vor sich hat, spielt die Art der bisherigen Haltung eine untergeordnete Rolle.

Man kauft den Hund am besten beim Züchter. Bei ihm können Mutter und Geschwister beobachtet werden, der erfahrene Züchter wird den Ziehvater seiner Welpen weiterhin beraten. Und bei ihm ist während der Urlaubsreise der zu Hause bleibende Vierbeiner am besten aufgehoben. Der *Käufer* sollte auf den Rat des Züchters hören: nicht immer ist dasjenige Tier das beste, auf das der Wunschblick zuerst fällt. Denn auch die Hundekinder ein und desselben Wurfes unterscheiden sich im Temperament nicht unerheblich. In jedem Wurf junger Hunde ist einer der frechste, der seine Geschwister zu beherrschen versucht. Er wird auch im weiteren Leben selbstbewußt bemüht bleiben, Oberwasser zu erlangen. Ein solcher Hundebengel – meist ist es ein Rüde – braucht eine feste Hand. Leichter zu erziehen und anpassungsfähiger sind die mittleren Rangordnungsstufen. Dasjenige Hundekind, das von allen seinen Geschwistern einstecken muß, das rangniedrigste des Wurfes, kann im Augenblick etwas schüchtern wirken. Es ist aber gerade richtig für ein liebevolles Frauchen ohne große pädagogische Fähigkeiten. Rät der Züchter gänzlich ab, sollte sich der Käufer eine andere, dann meist unkompliziertere Rasse wählen. Es geht selten gut, wenn sich ein Züchter gegen seine Überzeugung zur Abgabe eines Tieres überreden läßt.

So gut wie jeder ernsthafte Sport-Züchter eines Rassehundes ist Mitglied eines Hundezuchtvereins. Adressen auch von Liebhabern der ausgefallensten Rassen sind dadurch immer zu erhalten (s. Verzeichnis S. 346). Meist weiß auch ein Tierarzt Rat, und als letzte Hilfe ist immer noch die Briefkastentante der großen Familienzeitschriften zuständig. Eine fündige Quelle an Hunden jeder oder keiner Rasse sind die *Tierheime* und *Hundehorte*. Einen Hund von dort zu holen, heißt ein gutes Werk tun. Doch nicht alle guten Werke werden sofort gebührend honoriert. Die im Tierheim gelandeten Hunde legen dem neuen Herrn oft eine besondere Verantwortung auf. Meist sind es gequälte Kreaturen, die viel Liebe und Zeit benötigen, um ihre bösen Erfahrungen zu vergessen. Wer die nötige Geduld aufbringt und sich vor Rückschlägen nicht scheut, kann sich ein besonders zärtlich anhängliches Tier heranziehen. Dem Neuling in der Hundezucht sei von Experimenten mit einem verdorbenen Hund abgeraten, in seinem wie im Interesse des Hundes, der vor weiteren negativen Erfahrungen bewahrt bleiben sollte. Der rohe, unverdorbene Hund dagegen nimmt einen gelegentlichen erzieherischen Fehler nicht weiter tragisch.

Die neueste Art, zu einem Hund zu kommen, ist die Bestellung aus dem *Versandhaus*-Katalog und nur nach Abbildung. Das ist ungefähr dem Kauf eines Autos nur nach der Farbe zu vergleichen. Diese einfachste Art, einen neuen Hausgenossen aufzunehmen, ist häufig auch die spannendste – man darf mit Überraschungen rechnen.

Hundekinder kommen das ganze Jahr über auf die Welt und nicht nur in bestimmten Monaten. So hat man auch im Prinzip jederzeit die Möglichkeit, ein Hündchen zu bekommen. Weil die Aufzucht in der warmen Jahreszeit durch die Möglichkeit, den Wurf im Freien großzuziehen, erleichtert wird, ist in den Sommermonaten die Auswahl größer. Wer das Hundekind erst nach der Urlaubsreise ins Haus nehmen möchte, kann es gegen einen Kostenzuschuß solange noch beim Züchter lassen.

Die meisten Hunde aber wechseln zu Weihnachten ihre Besitzer. Und das ist leider ein besonders ungünstiger Zeitpunkt. Das Saubergriegen bei Schnee und Eis ist für den Herrn ebenso beschwerlich wie für das Hundekind. Auf jeden Fall aber sollte auf dem Gabentisch besser nur die Ahnentafel liegen. Denn die Weihnachtstage mit viel Besuch und besonders gutem Essen sind für das noch fremde, vielleicht auch scheue Tier eine besondere Strapaze. Und Diätsünden begeht der Mensch in diesen Tagen allemal, bei sich und seinen Hausgenossen. Der junge Hund reagiert darauf leicht mit Verdauungsbeschwerden.

Übernehmen wir ein Jungtier, so ist der Züchter zu befragen, ob der Welpe zweimal entwurmt wurde. Ist dies noch nicht der Fall, erfragt man den günstigsten Zeitpunkt. Auch wenn kein Verdacht auf Wurmbefall vorhanden ist – diese *Vorsorgekuren* gehören nun einmal zur sorgfältigen Hundeaufzucht (Näheres darüber S. 116).

Auch nach der Staupeschutzimpfung erkundige man sich genau. Bleibenden Schutz bietet nur die fachgemäß durchgeführte Immunisierung, die durch den Impfpass nachgewiesen wird. Die bloße Versicherung »Der Hund ist geimpft« sollte uns nicht genügen. Denn es gibt auch den kleinen *Impfschutz,* der nur wenige Wochen vorhält (und natürlich viel billiger ist). Deshalb ist besondere Achtsamkeit anzuraten, wenn der Hund von gewerblichen Züchtern oder Händlern erworben wird. Denn hat der Käufer erst den Kaufvertrag unterschrieben, mit dem berühmten Passus »Erworben wie besehen« trägt er allein das Risiko.

Bei den meisten Hunderassen ist die *Ahnentafel* bereits ausgestellt, wenn die Welpen verkaufsreif sind. Einige Hundeklubs, wie zum Beispiel der Deutsche Teckelklub, stellen diese Urkunde aber erst dann aus, wenn der Wurf im Alter von 7 bis 9 Wochen vom Zuchtwart begutachtet worden ist. In diesem Fall liegt das wichtige Papier beim

Verkauf oft noch nicht vor. Man kann sich dann Name und Abstammung formlos bescheinigen lassen. Auf jeden Fall aber gehört die Ahnentafel zum Rassehund und ist durch den Kaufpreis mit erworben. Eine geldliche Nachforderung für die Überlassung des »Stammbaumes« ist unzulässig.

Die meisten Rassehunde haben klangvolle Zwingernamen mit von und zu. Diesen Zwingernamen hat sich der Züchter bei seinem Klub eintragen und schützen lassen müssen. Manche Hunde tragen aber hinter ihrem Vornamen nur bescheiden den Namen ihres Züchters in Klammer. Sie heißen dann nicht Bussy vom Waldessprung, sondern vielleicht nur Antje (Müller). Sie sind genauso edel. Ihr Züchter hat nur die Ausgabe für den Zwingernamensschutz gescheut oder für unnötig erachtet.

Der Kaufpreis wird fällig bei Übernahme des Hundes. Entdeckt der Hundekäufer irgendwelche Mängel an seinem Tier, so ist es für eine erfolgreiche Beschwerde meist zu spät. Nur wenn er nachweisen kann, daß der Fehler dem Züchter oder Händler bekannt gewesen sein muß und von ihm verschwiegen wurde, kann er Ersatz beanspruchen. Erfahrungsgemäß ist dieser Nachweis nicht leicht. Bei Rassehunden, die von den Hundeklubs vermittelt wurden, ist im allgemeinen immer die Gewähr für ein einwandfreies Tier gegeben. Nur bei älteren Hunden können die *Kaufvereinbarungen* eine Probezeit vorsehen. Dann muß aber auch der Käufer dem früheren Besitzer erkennen lassen, daß der Hund aufs sorgfältigste behandelt wird.

Manche Züchter bedingen sich beim Verkauf eines Rüden zu einem späteren Zeitpunkt einen kostenfreien Deckakt aus. Der Käufer sollte darauf stolz sein; einen schlechten Hund nimmt man nicht zur Zucht.

»Selbstabholer bevorzugt« liest man häufig in Verkaufsanzeigen. Es ist natürlich am einfachsten, wenn die Übergabe des Hundekindes persönlich erfolgt und alles Nötige dabei besprochen werden kann. Bei weiteren Entfernungen ist der *Transport* mit der Bahn oder mit dem Flugzeug ebenso gut. In einem entsprechenden Behälter, einer luftigen Kiste oder den leichten Luftfrachthütten läßt sich im allgemeinen auch eine weitere Reise in einer Nacht bewerkstelligen. Die Telefonnummer des Empfängers sollte dann unbedingt deutlich vermerkt sein, damit er sofort nach Ankunft des Tieres verständigt werden kann. Doch erst zu Hause, nicht schon am Bahnhof, befreit man den Ankömmling aus seiner Kiste. Es ist fürs Eingewöhnen besser, wenn dazu nicht die ganze Hausgemeinschaft versammelt ist. Eine Schüssel mit frischem Wasser ist ein willkommener Begrüßungstrunk. Bevor das Tier, natürlich angeleint, hinausgeführt wird, darf es sich in der nächsten Umgebung zurechtschnuppern. War der Gang ins Freie erfolgreich, gibt's beim Hereinkommen eine kleine, besonders gute Mahlzeit: am besten frisches Fleisch oder Pansen.

Man merkt sehr schnell, ob der Hund sich wieder zu seinem Transportbehälter gezogen fühlt, in dem ja meist eine Decke von zu Hause oder ein vertrautes Spielzeug liegt, oder ob er gleich das vorbereitete neue Lager akzeptiert. Vor allem dem noch unsicheren, ängstlichen Tier läßt man für die erste Zeit sein mitgebrachtes Eigentum. Von der ersten Stunde an geht dann alles zur gewohnten Tagesordnung über. Das Zusammenfinden wird erleichtert, wenn der neue Herr sich im gleichen Raum mit dem Hund mit seiner gewohnten Tätigkeit beschäftigt. Dabei redet er oft zu seinem Neuling und vermeidet laute Geräusche und zu plötzliche Bewegungen.

Auch der stubenreine Hund benimmt sich am ersten Tag leicht daneben. Er muß ja erst mit den Örtlichkeiten vertraut werden. Das fertig erzogene, in einer Familie aufgewachsene Tier wird einen *Milieuwechsel* als etwas Selbstverständliches hinnehmen und sich oft von der ersten Stunde an in seine neue Lage einfügen. Je weniger Erfahrungen unsere Neuerwerbung aber bisher sammeln konnte, um so mehr Zeit, Geduld und Ruhe brauchen wir. Nicht nur der Hund muß uns, auch wir müssen ihn kennenlernen. Und da können nur zu leicht Irrtümer vorkommen. Besonders der ängstliche Hund wird vielleicht seinen ganzen Mut zusammennehmen und mit Knurren und Schnappen unsere Annäherung abweisen. Ihm zeigen zu wollen, daß wir die Stärkeren sind, wäre das Verkehrteste, was wir tun können. Durch etwas Neutrales, ein Spielzeug oder einen Knochen und viel Zeit versuchen wir, den ängstlichen Ankömmling aus seiner Reserve zu lokken. Dabei müssen wir sehr darauf achten, daß beispielsweise ein Ball nicht auf den Hund zugerollt oder gar geworfen wird, sondern so von ihm wegläuft, daß das Tier zum Spielen angeregt, aber nicht in die Verteidigung getrieben wird.

Wird der Hund von seinen neuen Besitzern mit dem Auto abgeholt, gelten die für den Hund im Auto feststehenden Regeln (S. 93) ganz besonders. Ein kleiner Welpe wird in einer Tasche neben dem im Rücksitz bleibenden Beifahrer sicher unter Aufsicht sein. Am besten ist auch für den Autotransport beim Abholen ein geschlossener Hundekorb oder eine Transporthütte. Auf keinen Fall sollte man das Wagnis eingehen, allein einen nicht ans Auto gewöhnten Hund über längere Strecken frei im Auto transportieren zu wollen.

Und nun die *Kosten.* Die einzig feststehenden Kosten, an deren Höhe nichts zu ändern ist, werden als Hundesteuer dem Hundebesitzer vom Fiskus auferlegt. Kleinere Gemeinden bescheiden sich mit 10 – 20 Mark jährlich – manche Dörfer verzichten sogar ganz darauf.

Der Anschaffungspreis des Hundes unterliegt so vielen Faktoren, daß sich genaue Summen schwer festlegen lassen. Mit einer dreistelligen Zahl ist für den Rassehund zu rechnen. Spitzenhunde und gar fertig abgeführte Jagdhunde liegen natürlich darüber. »Je weniger Hund« man kauft, desto teurer ist er. Der Witz, der in der Frage an den Hundehändler gipfelt »Was kostet bei Ihnen denn überhaupt kein Hund?« ist uralt. Die Gründe liegen nicht nur im Gesetz von Gebot und Nachfrage, sondern sie entstehen auch durch die Schwierigkeit der Zwerghundzucht. Je kleiner das Muttertier, desto geringer ist die Zahl der Neugeborenen, die in einem Wurf zur Welt kommen. Dadurch steigt bei abnehmender Körpergröße das relative Gewicht des Einzelwelpen im Vergleich zur Mutter, und es treten häufiger Komplikationen bei der Geburt auf. Oft sind geburtshilfliche Operationen nötig, oder ein Teil der Zwerghundebabies übersteht dieses gefährliche Abenteuer im Leben der meisten Kreaturen nicht. Das wirkt sich dann im Preis aus.

Die Hunderiesen dagegen sind auch für ihre Züchter recht kostspielig im Futter. Und bei seltenen Rassen schlägt die Hochzeitsreise zu Buch, die der Besitzer der Hündin oft über Landesgrenzen hinweg zum passenden und auserwählten Kavalier unternimmt. Am preisgünstigsten sind daher die gebräuchlichen mittelgroßen Rassen. Sie sind meist innerhalb kurzer Zeit zu beschaffen. Auf Seltenheiten muß man gelegentlich länger warten. Egal, wie hoch der geforderte Preis nun liegt: der Käufer sollte sich bewußt sein, daß er damit dem Züchter meist nur einen Teil seiner Unkosten erstattet. Denn die richtig betriebene Hundezucht ist – im Gegensatz zur reinen Vermehrung durch profithungrige Geschäftemacher – eine Liebhaberei, die neben finanziellen Aufwendungen persönliche Opfer verlangt. Mit der Aufzucht der Welpen allein ist es ja nicht getan. Der größte Teil der Züchtermühen bleibt dem Käufer verborgen. Nicht jedes zur Zucht vorgesehene und großgezogene Tier entspricht den vom Klub gestellten Anforderungen und erhält die Zuchtgenehmigung, und nicht jedes für gut befundene Tier bringt auch den ersehnten Nachwuchs. Klubbeiträge, Kosten für Ausstellungen, Begutachtung durch den Zuchtwart, Tierarztkosten und bei manchen Rassen hohe Aufwendungen und Mühen für Ausbildung und Prüfung – wiederum oft mit Reisen verbunden – übersteigen im allgemeinen weit den Erlös, der aus dem Verkauf der Hundekinder erzielt wird. Nicht selten versucht ein Käufer, den Preis herunterzuhandeln mit dem Argument, er müsse so viel aufwenden für Hundekorb, Halsband und Leine und andere Utensilien. Er sollte sich nicht wundern, wenn er dann gar keinen Hund bekommt.

Schließlich zum *Zubehör:* Das Lebewesen ist das Wichtigste und nicht die Eleganz des glasperlenbesetzten Halsbandes. Das Tier fühlt sich wohler auf einem abgelegten Kleidungsstück in einem Pappkarton, aber in der Nähe des Menschen, als in der teuersten Luxus-Hundevilla irgendwo abgestellt. Es ist eine reine Frage des Geschmacks, wie aufwendig das Zubehör beschaffen sein soll. Das Beste muß nicht teuer, das Teuerste braucht nicht unzweckmäßig zu sein.

Entsprechend variabel im Preis lassen sich die *Futterkosten* handhaben. Es kommt nur darauf an, daß die Ernährung richtig und ausgewogen ist. Natürlich muß die Menge der Körpergröße angepaßt sein. Doch können dem größeren Tier gröbere und damit billigere Futtermittel angeboten werden als dem Schoßhündchen. Aber auch für den kleinsten Knirps fällt das nötige Futter nicht vom Tisch der Familie ab, die Null-Preis-Diät für Hunde gibt es nicht, jedenfalls wäre sie unbekömmlich. Ernährungsvorschläge werden auf Seite 344 gegeben.

Eine Ausgabe sei jedem Hundebesitzer noch angeraten: die *Haftpflichtversicherung* seines Lieblings. Im Zeitalter des zunehmenden Wohlstands steigt auch der Wert der Hose, die vielleicht doch einmal zerrissen wird. Und der Hundebiß in die Wade wird statt wie früher mit Jod heute durch teure Antibiotika behandelt. Kaum mehr aus der Haushaltskasse aber läßt sich ein Schaden beheben, wenn der Hund einen Verkehrsunfall verschuldet hat.

Übrigens kann auch das Hundeleben versichert werden, ein Geschäft, das für die Versicherungsgesellschaft ein Zuschußunternehmen sein dürfte. Eine Hundekrankenkasse allerdings steht noch aus. Die Kosten für den Tierarzt bestimmt Frauchen meist selbst: Vorsorgeimpfungen, richtige Fütterung und Haltung, gelegentliche Routineuntersuchung in gesunden Tagen sind billiger als eine langdauernde Krankheitsbehandlung.

Der Hundefreund, der nicht glücklicher Besitzer eines Eigenheims ist, orientiert sich vor dem Welpenkauf in seinem *Mietvertrag,* ob irgendwelche Klauseln die Hundehaltung grundsätzlich verbieten. Es ist umstritten, ob das generelle Verbieten eines Vierbeiners nicht, wie es im Juristendeutsch heißt, »eine unberechtigte Beschränkung der freien Persönlichkeitsentfaltung« ist. Selbst dort, wo ein gedruckter Paragraph kein Tier erlaubt, läßt sich oft die Genehmigung aushandeln. Die Auswahl des passenden Hausgenossen und besonders sorgfältige Erziehung sind dann wohl selbstverständlich. Denn der sicherste Weg, dem Hund neue Freunde zu schaffen, geht über das gute Benehmen des eigenen Vierbeiners.

Ernährung

Die Ernährung des Hundes läßt sich ebensowenig über einen Kamm scheren wie die Eßgewohnheiten der Menschen. Die der Größe und der Arbeitsleistung angepaßte Art und Menge der Nahrung hat schon immer die Hundehalter beschäftigt. Zu Zeiten der Feudalherrschaft war es gesetzlich geregelt, wieviel Fleisch der bei den Bauern untergebrachte Jagdhund zu bekommen hatte. Und die Fütterungsanweisungen für die russischen Windhunde, die zur Wolfsjagd gehalten wurden, waren auf der Grundlage Fleisch und Hafermehl, dazu der Möglichkeit, hartes Gras aufzunehmen, so ausgewogen und der Leistung angepaßt, daß wir heute kaum bessere kennen. Zumindest haben wir keine einfachere Fütterungsform. Wer dagegen glaubt, daß der Kult, den manche finanzkräftigen Damen mit ihren verhätschelten Lieblingen treiben, nicht zu übertreffen sei, der irrt. Denn was ist schon Beefsteakhack mit Eigelb oder sogar Kaviar im Vergleich zu der Kost, die den Peking-Palasthunden zu Zeiten der Mandschu-Kaiser gereicht wurde. Da gab es Schnepfenleber, Wachtelbrüste und Haifischflossen, also Nahrungsmittel, die wohl kaum pfundweise zu erwerben waren.

Der Hund, ob Zwergform oder Riese, stammt von fleischfressenden Vorfahren ab. Fleisch in irgendeiner Form ist auch heute noch sein Hauptnahrungsmittel. Dabei ist es selbstverständlich, daß sich die Art, in der das Fleisch gegeben wird, in erster Linie nach der Größe des Hundes richtet, nach der körperlichen Leistung und letzten Endes auch nach dem Geldbeutel des Besitzers. Dabei sollte beachtet werden, daß durchaus nicht das teuerste Fleisch auch das gesündeste sein muß.

Mindestens ein Drittel des *Futters* soll tierischen Ursprungs sein, ebenfalls ein Drittel pflanzlicher Herkunft. Am besten ist eine Mischung aus zwei Dritteln Fleisch oder Fisch und einem Drittel pflanzlicher Nahrungsmittel (siehe die Ernährungstabelle S. 342).

Wieviel Futter dem Hund bekömmlich ist, muß Frauchen wissen. Als Raubtiere, deren Tisch nicht täglich gedeckt war, schlangen die Hundeahnen alles in sich hinein, was sie erwischen konnten. Danach gab es oft tagelanges Fasten. Wie hastig der Hund frißt, ist nicht unbedingt ein Maß für seinen Hunger, eher eine Folge der Tischmanieren seiner Kindheit. Denn dort, wo mehrere Tiere zusammen, womöglich aus einer Schüssel, gefüttert werden, bekommt derjenige am meisten, der am schnellsten schlingt.

Zwerghunde benötigen 150 bis 200 Gramm Fleisch und etwas Zukost, der Teckel leichten Schlages 250 Gramm, größere Tiere mindestens ein Pfund bei reichlich Nährmitteln, sonst auch mehr.

Je größer der Hund, desto gröber können die Fleischsorten sein, denn dann sind sie auch billiger. Frisches Muskelfleisch ist selten billig zu bekommen. Ebensogut ist es jedoch, abwechselnd Pansen, Schlund und knorpelige Gurgeln, Lunge und andere Innereien oder Schlachtabfälle zu verfüttern. Man achte darauf, daß nicht nur Teile vom Schwein verfüttert werden, da sie meist recht fettreich sind. Lunge besitzt am wenigsten Kalorien, eignet sich demnach vorzüglich für den molligen Hund, der sich an ihr eher satt fressen kann. Vorsichtig sollte Milz verfüttert werden, da sie leicht Durchfälle hervorruft. Auf dem Land werden oft die Nachgeburt und andere Geschlechtsorgane vom Rind verfüttert. Wegen des hohen Hormonanteils sollte dieses Futter nie ausschließlich gegeben werden, vor allem nicht heranwachsenden Jungtieren, deren geschlechtliche Entwicklung dadurch beeinflußt werden kann. Junge Hündinnen werden dann vorzeitig läufig.

Für den Kleinhund sind Herz, Leberabfälle und Muskelfleisch beliebte, aber nicht ganz billige Kost. Ausschließliche Verfütterung von dunklen Fleischsorten ist aber gar nicht zu empfehlen, weil diese hochmolekularen Eiweiße vom Körper zu langsam abgebaut werden. Zwischendurch helles Fleisch, also Geflügelabfälle (ohne die leichtsplitternden Röhrenknochen!), Kalb- oder Kaninchenfleisch sowie Pansen bieten vorzügliche Abwechslung und vor allem Ergänzung. Abwechslung ist dabei für den Hund von der Geschmacksseite her weniger bedeutend. Da aber der Vitamin- und Mineralstoffgehalt der verschiedenen Fleischsorten schwankt, sollte allzu einseitige Kost vermieden werden. Gekochter oder getrockneter Seefisch bildet eine vorzügliche Eiweißquelle, die das Fell günstig beeinflußt. Quark und Eigelb bereichern den Speisezettel besonders des Zwerghundes. Der schöne große *Knochen,* den Frauchen in der Karikatur ihrem Hundeliebling mitzubringen pflegt, sollte in der Praxis nicht allzu bildlich nachgeahmt werden. Nicht öfter als einmal in der Woche gebe man Knochen, da sonst Magen und Darm zu sehr belastet werden. Mit einem großen Knochen kann sich der heranwachsende Hund herrlich lange beschäftigen. Frauchen muß aber darauf achten, daß er den Leckerbissen nicht auf einmal verdrückt. Frische Kalbsknochen sind am gesündesten. Suppenknochen oder Knochen vom Braten sind meist so ausgekocht, daß sie nur leeren Ballast darstellen. Sie gehören gleich in die Mülltonne. Eigentlich sollte dieses Schicksal auch alle Karbonadenknochen treffen. Da die Hunde sie aber so sehr lieben, wird doch immer eine Ausnahme gemacht. Auf keinen Fall darf jedoch ein Teckel oder Kleinpudel die Knochen von den Tellern der ganzen Familie bekommen. Ein Knochen genügt vollkommen. Und der wird nicht vom Tisch gereicht, sondern später in der Hundeschüssel serviert. Absolut verboten sind alle Röhrenknochen vom Geflügel, die beim Zerbeißen so scharfkantig zersplittern, daß sie schwerste Verletzungen des Schlundes, sogar mit Todesfolge, verursachen können. Auch von harten Rinder- oder Pferdeknochen haben Hunde sich tödliche Schlundverletzungen geholt. Alle Zwerghundrassen, speziell diejenigen mit kurzen Köpfen, und alle Rassen, bei denen ein besonders schlanker Kopf erwünscht ist, sollten ihren Kalkbedarf durch Kalkpräparate (Vitakalk) oder frisches Knochenmehl vom Fleischer decken. Denn das Knochenkauen belastet das Gebiß und verstärkt die Muskelentwicklung. Auch bei alten Hunden verzichtet man auf die den Darm belastenden Knochen und gibt wöchentlich einen Teelöffel Knochenmehl oder Kalkpulver, bei großen Tieren auch mehr.

Alles Fett sollte bei der Fütterung des Stubenhundes vermieden werden. Es fehlt ihm meist an der nötigen Bewegung, um es in Leistung umzusetzen. Beim Jagdhund, der im Herbst und Winter viel im Freien läuft, bei Wachhunden und anderen vorwiegend in der frischen Luft lebenden Tieren ist die Verfütterung von zusätzlichem Fett während der kalten Jahreszeit ein guter Schutz gegen die Kälte. Ob und wieviel gegeben werden soll, richtet sich nach der körperlichen Verfassung des Tieres. Beim molligen Hund wird man damit zurückhaltender sein als beim schlanken. Dem Fleischfresser Hund darf man dieses Fett in tierischer Form verfüttern, also Hammel- oder Rindertalg, aber auch Margarine aus hochwertigen Pflanzenfetten. Minderwertige, also billige Margarinesorten vermeidet man besser.

Als Ergänzung zum Fleisch und als wichtigen Kalorienlieferanten bei großen Hunden gibt man Nährmittel in Form von Flocken, die roh verfüttert werden können oder als Reis oder Grütze, die zu kochen sind. Günstig sind Haferflocken; sie sättigen nicht nur, sondern fördern auch die Fellentwicklung. Für den arbeitenden Hund sind sie eine gute Grundlage, da sie den Magen nicht belasten. Bei Zwerghundrassen, die möglichst klein bleiben sollen, zieht man Roggenflocken (aus dem Reformhaus) vor, weil sie das Wachstum weniger beschleunigen. Dem erwachsenen Hund kann man gern die Nährmittel als *Hundekuchen* morgens oder abends verabreichen. Es sind viele ausgezeichnete Sorten im Handel, so daß man für jede Rasse die passende Größe an Hundekuchen oder -keksen findet. Für größeren Bedarf wählt man die preisgünstigeren Großpackungen, für Welpen das Lebertran-Welpenbrot. Zusätze von Gemüse sind angebracht, bei sonst gut ausgewogener Fütterung für den erwachsenen Hund (er ist mit ein bis zwei Jahren erwachsen) aber nicht unbedingt nötig. Vorzuziehen sind geriebene, rohe Möhren, gehackter Salat, Petersilie oder Spinat. Kohlsorten und alle groben Gemüsearten sind nichts für Hundemägen, ebensowenig Hülsenfrüchte. Als Leckerbissen wird die Möhre geschätzt, die Frauchen mit dem Sonntagsbraten kurz durchgekocht hat. Stundenlang gekochtes Gemüse ist wertlos. Manche Hunde lieben Obst, das ihnen in mäßigen Mengen gewährt werden kann. Es ist nicht zusätzlich zu geben, sondern bei der Futtermenge zu berücksichtigen. Kartoffeln sind keine Hundekost, allenfalls kann man sie, wenn nichts Besseres vorhanden ist, zerdrückt verfüttern. Nicht selten fressen die Hunde auch rohe Kartoffeln, einige sogar sehr gern. Das ist zwar ungeeignete Kost, doch soll man dem Familienhund das kleine Vergnügen gönnen, wenn er Frauchen beim Kartoffelschälen Gesellschaft leistet.

Ob das *Fleisch* roh oder gekocht verfüttert wird, hängt von äußeren Umständen ab. Schlachtabfälle von gesunden Tieren und alles, was aus dem Fleischerladen kommt, kann roh gegeben werden. Auch wenn das Fleisch einen gewissen »Haut gout« hat, schadet es dem Hund nichts, denn seine Magensäfte sind ja darauf eingestellt, und er wird es als Leckerbissen schätzen. Besorgt man für mehrere Tage Fleisch, so kann der Vorrat kurz, bis 20 Minuten lang, gekocht werden. Die Brühe wird weggegossen, weil das Fleisch sich dann besser hält. Sauer gewordenes Fleisch verträgt selbst der Hundemagen nicht. Das hat die Natur nicht vorgesehen. Wird das Futter portionsweise im Kühlschrank aufbewahrt oder eingefroren, ist es zeitig herauszunehmen, damit es nicht eiskalt verfüttert wird. Dies ist bei kleinen Hunden sehr wichtig; sie können regelrecht vor Kälte zittern, wenn sie direkt aus dem Kühlschrank verköstigt werden. Freibankfleisch und Fleisch von verendeten oder kranken, notgeschlachteten Tieren ist unbedingt länger zu kochen. Bis zu zwei Stunden sollte dies geschehen, wenn das geschlachtete Tier vorher mit Medizin behandelt worden war. Verunglückte, gesunde Tiere machen diese Vorsichtsmaßnahme natürlich überflüssig.

Suppen und breiförmige Nahrung eignen sich nicht für den gesunden erwachsenen Hund.

Beim über zweijährigen Tier genügt eine Mahlzeit täglich. Die beste Zeit dafür ist der frühe Nachmittag. Wachhunde, die nachts aufpassen sollen, sind am späten Nachmittag zu füttern, denn auch der guterzogene Hund widersteht nur schwer von Fremden angebotenem Fleisch, wenn er hungrig ist. Am wenigsten Arbeit macht die Fütterung, wenn man mittags die Hauptmahlzeit vorwiegend aus Fleisch gibt und abends Hundekuchen. Der Hund des Nachtwächters, der Jagdhund und andere Tiere mit geregelten Pflichten bekommen vor der Arbeit rohe Haferflocken mit Milch oder Brühe angerührt und nach Dienstschluß die Hauptmahlzeit. Nicht jeder erwachsene Hund verträgt Milch, mancher bekommt davon Durchfall. Immer aber ist Milch als Nahrungsmittel zu betrachten und nicht als Getränk zu reichen.

Die größte Hilfe für die Gesunderhaltung des Hundes als ehemaligem Raubtier ist ein wöchentlicher *Fasttag*. Dann soll es außer Wasser gar nichts geben. In der Freiheit erbeuten die hundeartigen Wildtiere längst nicht jeden Tag etwas Freßbares und in allen Zoos der Welt ist dieser Fasttag eine feste Einrichtung. Für den Familienbetrieb eignet sich dafür vorzüglich der Sonntag mit seinem anderen Tagesrhythmus und häufig längeren Ausflügen oder Spaziergängen, die dem Tier Abwechslung bringen. So wird das Futter gar nicht weiter vermißt.

Bei vollwertiger gemischter Kost sind für den gesunden Hund Vitamin- und Aufbaupräparate vollkommen überflüssig. Vor allem auf die appetitanregenden Mittel kann der normale Hund verzichten. Denn guten Appetit sollte er ohnehin haben. Fehlt dieser, dann ist entweder die Fütterung verkehrt, das heißt, es wird zuviel Futter angeboten und die bei der Mahlzeit nicht aufgenommenen Futterreste bleiben den ganzen Tag über stehen, oder aber das Tier frißt nicht recht, obwohl es mager ist. Dann sollte nicht der Appetit künstlich angekurbelt, sondern nach dem Grund geforscht werden. Denn dann liegt nicht selten ein organisches Leiden vor oder es sind Würmer die Ursache; durch richtige Behandlung (S. 115) ist Abhilfe zu schaffen.

In neuerer Zeit und nicht zuletzt infolge äußerst geschickter Werbung nimmt in Europa wie schon seit vielen Jahren in Amerika das *Dosenfutter* einen immer größeren Anteil ein. Diese Fütterungsart ist scheinbar unkompliziert. In Wirklichkeit aber wird dem Hundebesitzer das Füttern eher erschwert als erleichtert, denn er muß sich über den Doseninhalt Klarheit verschaffen. Wer die Ernährung seines Hundes vorwiegend auf Dosenfutter einstellt, sollte sehr sorgfältig die Inhaltsangaben lesen. Denn manches Futter enthält bereits einen Anteil an pflanzlichen Nahrungsmitteln, anderes besteht nur aus Fleischteilen.

Interessant kann es auch sein, eine geöffnete Dose Fleisch zu erwärmen. Dann wird leicht erkannt, wieviel wirkliches Fleisch in der Konserve enthalten ist und wieviel eingedickter Fleischsaft, der ja zu einem wesentlichen Teil aus Wasser besteht. Der Mineralstoff- und Vitamingehalt des Dosenfutters ist im allgemeinen ausreichend bis sehr gut. Das ist weiter kein Wunder, denn auch frisches Fleisch enthält viel Vitamine, auch wenn niemand dafür Reklame macht. Von Bedeutung ist besonders für den Stubenhund mit wenig Bewegung der Fettanteil, der möglichst gering sein sollte. Aber auch die Art des Fleisches ist nicht unwichtig. Wenn bei Hühnerkonserven 20 % des Inhalts aus Geflügelfleisch besteht, ist es nicht ausgeschlossen, daß 40 oder 50 % aus Abfällen vom Walfang stammen. Für die Mehrzahl der Hunde spielt das eine untergeordnete Rolle. Bei älteren, womöglich nierengeschädigten Tieren können grobe, schwerer verdauliche Fleischsorten zu einer Anreicherung des Körpers mit Eiweißschlacken, also zu einer fortschreitenden schleichenden Vergiftung führen.

Für *Trockenfutter* gilt das gleiche. Man lese die Inhaltsangabe sorgfältig und richte danach die Fütterung ein. Trockenfutter darf nie in größerer Menge als angegeben verfüttert werden, denn das Volumen kann sich durch Wasseraufnahme erheblich vermehren.

Der große Vorteil der Konservenfütterung besteht in der einfachen Anwendung und Vorratshaltung. Auf Reisen und bei Erkrankung der Hausfrau ist sie eine große Hilfe. Daher ist zu raten, den Hund durch gelegentliche Mahlzeiten, vielleicht eine oder zwei in der Woche, an Dosen- oder Fertigfutter zu gewöhnen. Durch die in der übrigen Zeit gemischte Kost wird eine einseitige Ernährung auf jeden Fall verhindert.

Die Ernährung der *tragenden Hündin* braucht während der ersten vier bis fünf Wochen nicht geändert zu werden. Erst in der zweiten Hälfte der Trächtigkeit, wenn der Bauchumfang sichtbar zunimmt, wird eine Mahlzeit zugelegt. Je weiter die werdenden Hundekinder sich ausdehnen, um so mehr wird die tägliche Futtermenge auf die einzelnen Mahlzeiten verteilt. Jetzt sind reichlich Fleisch und Fisch die Hauptsache, alles Blähende und vor allem die die Verdauungsorgane belastenden Knochen werden vermieden. Statt dessen wird der täglichen Futterration ein Kalkpräparat zugesetzt. Zu reichliche Fütterung schlägt sich in Fettpolstern nieder, die die Geburt erschweren können.

Die *säugende Hündin* darf im Gegensatz zur tragenden je nach Welpenzahl und damit Säugeleistung reichlicher gefüttert werden.

Dann achtet man auch nicht so sehr auf die schlanke Linie, denn junge Hunde wachsen so schnell, daß das Muttertier erheblich mehr belastet wird als beispielsweise die Menschenfrau mit einem einzigen, langsam zunehmenden Säugling. Drei volle Mahlzeiten, morgens Haferflocken mit Milch und Vitakalk, mittags reichlich Fleisch und abends Fleisch mit Haferflocken, rohen Möhren und etwas Knoblauch halten nicht nur die Mutter bei guter Gesundheit, sondern sie versorgen durch die Milch gleichzeitig auch die Saugwelpen mit Aufbau- und Abwehrstoffen gegen Wurmbefall.

Mit drei Wochen, wenn die Milchzähnchen durchbrechen, sind die *Welpen* alt genug, um feste Nahrung zu sich zu nehmen. Hat die Mutter reichlich Milch, dann kann mit dem Zufüttern noch eine Woche gewartet werden. Die erste Babykost sollte aber nicht in Milchbrei bestehen, sondern in einem breiförmigen Gemisch aus gehacktem oder geschabtem Rind- oder Kalbfleisch ohne jedes Fett, dazu Hafermark oder Kindermehl mit einem rohen Eigelb. Kindermehl muß gekocht werden, Hafermark kann mit warmem abgekochten Wasser angerührt werden. Der Brei ist den Welpen zunächst ins Mäulchen zu streichen, bis sie gelernt haben, vom Teller zu schlecken. Jungtiere kleiner Rassen füttert man auf diese Weise die ersten Wochen hindurch, bei den schnellwüchsigen größeren Rassen würde die Verfütterung von Kalbfleisch und Beefsteakhack bald sehr teuer werden. Diesen Welpen kann man bei wachsendem Hunger das übliche Hundefleisch durch den Wolf drehen und mit gekochten Haferflocken vermischen. Knochen, Knorpel und Fett sind kein Welpenfuter. Dagegen gibt man schon nach ein bis drei Wochen der Zufütterung rohe geriebene Möhren ins Futter und bei großen Rassen Kalkpräparate. Bei Winterwürfen und im Haus gehaltenen Hundekindern empfiehlt sich im zweiten Monat eine einwöchige Kur mit Vitamin-D-haltigen Präparaten, die noch ein- bis dreimal in den folgenden Monaten wiederholt werden sollte.

Saugwelpen sollen nur bis zu drei Mahlzeiten täglich erhalten, denn sie werden – vor allem in der Nacht – noch von der Mutter versorgt. Läßt die Muttermilch nach, kann eine Milchbreimahlzeit zugelegt werden, am besten gekochte Milch mit rohen Haferflocken, ohne Zucker, aber mit Zusatz von Eigelb. Nie sollen die Hundekinder so viel Nahrung auf einmal zu sich nehmen, daß ihre Bäuche rund aufgetrieben wirken. Dadurch erzieht man sich nimmersatte Fresser, und außerdem belastet die starke Magenfüllung Knochengerüst und Bänderapparat. Bis zum Abschluß des Wachstums sollte sich der Junghund nie überfressen, da bei vielen Rassen sonst der Brustkorb breiter angelegt wird als es dem Schönheitsideal entspricht. Und das wäre später auch durch knappste Fütterung nicht mehr zu ändern.

Frühestens mit acht Wochen werden die Welpen abgesetzt. Läßt man sie weiter bei der Mutter, so säugt diese sie noch einige Wochen länger. Da mit der Muttermilch Abwehrstoffe gegen Krankheiten aufgenommen werden, sollte die Säugezeit, so weit dies der Hündin zugemutet werden kann, so lange wie möglich ausgedehnt werden.

Dem von der Mutter genommenen *Junghund* gibt man zunächst fünf Mahlzeiten täglich. Zum Beispiel morgens Haferflocken mit Milch, am Vormittag etwas Lebertranwelpenkuchen, mittags die Fleischmahlzeit mit Möhren, am Nachmittag wieder eine kleine Zwischenmahlzeit aus trockenen Haferflocken, etwas Obst oder Welpenbrot. Diese Zwischenmahlzeiten sollten nicht zu üppig ausfallen, sondern wirklich nur den Hunger stillen, ohne den Junghund zum Fressen zu verleiten, nur weil es ihm so gut schmeckt. Am frühen Abend kommt dann die zweite Hauptmahlzeit mit Fleisch und eventuell Nährmitteln. Vor allem bei Hundekuchenfütterung gibt man mehrmals täglich frisches Wasser oder dünnen Kamillentee, der den Durst stillen soll. Salz gibt man nur in wenigen Körnchen zu gekochten Nährmitteln, Gewürze werden absolut vermieden. Dann erzieht man sich auch keine »Säufer«, die ununterbrochen Wasser schlappern, das sie dann wieder aushecheln müssen, wodurch der Kreislauf unnötig belastet wird.

Will man schon sehr früh mit der Erziehung zur Stubenreinheit beginnen, kann man auch die beiden letzten Mahlzeiten auswechseln. dann fällt das nächtliche Durchhalten leichter.

Im dritten Lebensmonat darf man als Zwischenmahlzeit zusätzlich zur Kalkgabe im Futter rohe Kalbsknochen, am besten ganze Kalbsbeine, geben. Je größer der Knochen, desto ungefährlicher ist er. Kleinere Knochen könnten von dem noch unerfahrenen Hundekind in zu großen Stücken verschlungen werden und zu Erstickungsanfällen führen. Auch können sich die scharfen Zähnchen des Milchgebisses so festbeißen, daß der Welpe sich nicht ohne fremde Hilfe von seinem Knochen befreien kann. Daher sollte das Knochenknabbern nur unter Aufsicht und für eine gewisse Zeit erlaubt sein. Der restliche Knochen kann am nächsten und übernächsten Tag weiter benagt werden. Mit zunehmendem Alter fällt erst eine, dann eine weitere Mahlzeit weg, so daß der halbjährige Hund außer seiner Morgenmahlzeit eine Hauptmahlzeit am frühen Nachmittag und Hundekuchen am Abend bekommt. Hunde kleiner und mittlerer Rassen haben dann den größten Teil ihres Wachstums hinter sich. Junghunde größerer Rassen erreichen in diesem Alter erst zwei Drittel ihres Gewichtes; ihnen darf für einige Monate länger eine weitere Fleischmahlzeit verabreicht werden. Sie benötigen auch länger Knochen- und Kalkzulagen, da ihre Knochen nicht nur größer, sondern auch im Verhältnis zu ihrem Körpergewicht schwerer werden als bei kleinen Rassen.

Der Hund darf nicht nur fressen, er muß recht häufig auch abnehmen, wenn nämlich die schlanke Linie verdorben ist. Das fällt ihm ebenso schwer wie seinem Frauchen, aber er braucht seinen Willen nicht anzustrengen, weil er ja doch nur futtern kann, was ihm angeboten wird. Eine *Abmagerungskur* hat natürlich nur dann Aussicht auf Erfolg, wenn er nicht an heimlich zugesteckte Häppchen oder an Hühner- oder Viehfutter herankommt. Alle gepreßten Futtermischungen schmecken auch dem Hund. Daher sieht man heute auf den Dörfern nirgends mehr einen schlecht ernährten Hofhund. Zum Abnehmen wird nicht nur auf Haferflocken, sondern auch auf alle anderen Nährmittel verzichtet. Magere Fleischsorten und geriebene Möhren machen am wenigsten dick, besonders geeignet ist gekochte Lunge, die ohne Fett ist und durch die in ihr enthaltene Luft gut sättigt. Dem zu dicken Hund ist der wöchentliche Fasttag besonders bekömmlich. Man muß nur sehr darauf achten, daß er am darauffolgenden Tag nicht das Eingesparte nachholt. Bewährt hat sich zusätzlich zum Fasttag oder im Austausch mit ihm ein Buttermilchtag in der Woche. Zum Frühstück wird eine Scheibe trockenes Schwarzbrot in *Buttermilch* eingeweicht, den ganzen Tag über wird nach Belieben Buttermilch ohne weitere Zusätze gegeben. Viel Bewegung tut ein übriges, um die Schlankheitskur zum Erfolg zu bringen. Solche Kuren sind nur dem gesunden Hund bis zu einem mittleren Alter zuzumuten. Bevor man einen *älteren Hund* – von sechs oder mehr Jahren – mit Gewalt schlank hungern läßt, sollte man Herz und Nieren vom Tierarzt untersuchen lassen. Denn beim älteren Tier kann die Körperfülle sehr wohl eine organische Ursache haben. Dann ist mit den richtigen Medikamenten sicherer geholfen als mit einer Hungerkur.

Von Natur aus Raubtiere, die sich von der gemeinsamen Beute der Meute einen Anteil nur durch hastiges Schlingen sichern können, benehmen sich schon junge Welpen beim Futtern recht aggressiv ihren Geschwistern gegenüber. Ein ruhiges Fressen und gleichmäßige *Nahrungsaufnahme* ist nur zu erreichen, wenn von Anfang an jeder Hund seinen eignen Teller bekommt. Und auch dann wird das Freßtempo erheblich sein, wenn das Tier Artgenossen in der Nähe weiß. Das ist ein tief verwurzelter Instinkt. Das schnell in großen Brocken Verschlungene wird nicht selten wieder erbrochen – auch Stubenhündchen bilden darin keine Ausnahme –, nicht anders als von den Vorfahren, die sich danach mit Genuß und Ruhe in einem stillen Winkel ein zweites Mal daran machten, ihren Anteil der Beute zu verspeisen. Das ist ein ganz natürlicher Vorgang, in den wir nur dann eingreifen sollten, wenn uns die hastig aufgenommene Menge Futter als zu reichlich erscheint.

Der Futterneid kann dazu führen, daß auch Hunde, die sonst gut miteinander auskommen, sich sehr heftig in die Wolle geraten. Wenn es sich bei diesen Beißereien um verschieden große und starke Tiere handelt, können die Folgen verheerend sein. Das Umsichbeißen geschieht in einem so heftigen Affekt, daß der Teckel vom Vorstehhund oder der Foxterrier vom Schäferhund totgebissen werden kann. Auch Kinder können dabei schwer verletzt werden. Grundsätzlich sollen eigene oder fremde Kinder ferngehalten werden, wenn ein oder gar mehrere Hunde größerer Rasse gefüttert werden. Der *Futterneid* ist ein solcher Urtrieb, daß er auch bei wohlerzogenen Tieren plötzlich durchbrechen kann. Sogar Hunde kleiner Rassen haben dabei schon Kinder übel zugerichtet.

Werden mehrere Hunde gehalten, sollte beim Füttern peinliche Ordnung herrschen. Jedes Tier bekommt seine bestimmte Schüssel an seinem bestimmten Platz, immer in gleicher Reihenfolge, die jüngsten Hunde zuerst. Der fütternde Mensch sollte als Respektsperson bis zum Ende der Mahlzeit dabei bleiben und wenn nötig mit Gewalt für Ordnung sorgen. Fremde haben dabei nichts zu suchen. Doch auch der einzeln gehaltene Familienhund knurrt beim Fressen gern um sich, obwohl ihm sicher noch nie jemand etwas weggefressen hat. Der Hund darf aber in keiner Situation seinen Herrn anknurren. Daher nimmt man schon dem kleinen Hund gelegentlich das Futter oder den Knochen kurz und ruhig wieder weg, um es ihm gleich darauf wieder zu geben. Der Junghund lernt dabei erstens, daß sein Herr der Stärkere ist, der ihm die Beute abjagen kann, zweitens aber gewinnt er Vertrauen, denn der Herr oder die Herrin gibt ihm das Seine zurück. Diese Experimente sollten aber nur dann unternommen werden, wenn man sich über das Gelingen im klaren, wenn man auf jeden Fall der Stärkere ist. Bei einem körperlich stark überlegenen Tier, einer Deutschen Dogge zum Beispiel, sollte der Besitzer vorsichtig sein, wenn der Hund nicht von Kindheit an zu sicherem Gehorsam erzogen wurde.

Die Ernährung des Hundes auf *Reisen* wird durch Gewöhnung an Dosen- oder Fertigfutter vorbereitet. Damit in der ungewohnten Umgebung der Verdauungsrhythmus nicht durcheinander gerät, wird etwas knapper gefüttert als zu Hause. Da in den meisten Hotels Hunde im Speisesaal ungern gesehen sind, sie dort ja auch eigentlich nichts zu suchen haben, läßt man sie während der eigenen Mahlzeit im Auto oder auf dem Zimmer. Das Füttern des Tieres besorgt man zweckmäßigerweise gleich nach dem Aufstehen aus mitgebrachtem Hundegeschirr, unter dem man eine Zeitung ausbreitet. Beim Urlaub an der See prüfe man notfalls durch eigenes Kosten, ob das Fertigfutter nicht zu stark gesalzen ist. Man achte darauf, daß vor dem Gang zum Strand der Hund auch genügend Wasser zu sich genommen hat, denn das Trinken von Seewasser hat explosionsartige Durchfälle zur Folge. Aus diesem Grund vermeidet man lieber Trockenfutter und wählt Dosenkost. Haferflocken und Hundekuchen sind überall zu kaufen. Sie sollten neben dem Fleisch vorbeugend gegeben werden, um Durchfällen entgegenzuwirken.

Während der Fahrttage, besonders wenn man die Bahn benützt, und am Tag vorher hält man den Hund knapp mit Futter. Es ist für alle Teile angenehmer, wenn die körperlichen Bedürfnisse des Tieres gering sind, besonders für den Hund selbst, der den Bewegungsmangel mit vollem Bauch unangenehm empfindet.

Haltung

Der in unser Familienleben einbezogene Vierbeiner hat zweckmäßigerweise ein *Lager* für den Tag und eines für die Nacht. Das hat große Vorteile für alle. Das Tier weiß dann immer, wo es hingehört, liegt nicht im Wege, und die Pflege der Wohnung wird erleichtert. Wenn das »Bettzeug« regelmäßig, mindestens wöchentlich, gewechselt wird, kommt kein Hundegeruch auf. Für den größeren Hund genügt eine zusammengelegte Baumwoll- oder Wolldecke, eine Matte oder ein Schaumstoffkissen mit waschbarem Überzug. Dem kleineren Hund kann man ein Kissen geben, ein Körbchen oder ein erhöht stehendes Hundebett. Abgesehen von der kalten Luft direkt am Fußboden, fühlt sich der Hundeknirps wohler, wenn er nicht immer zwischen den Füßen der Menschen leben muß. Sofas oder Sessel sind nicht der richtige Platz für den jungen Hund, denn durch das dann nicht zu verhindernde Herunterspringen kann der Körperbau beeinträchtigt, können die Schultern »lose« werden. Das Lager im Wohnraum soll nicht direkt an der Heizung, nicht unter dem Fenster und nicht an der Tür sein. Bei der Wahl des Platzes darf man den Hund ruhig mitbestimmen lassen. Mag er durchaus nicht auf seine Decke, dann ist ihm die Stelle nicht behaglich. Man legt also die Decke besser woanders hin. Der Aufenthalt im warmen Wohnzimmer sollte an die Gegenwart der Menschen gekoppelt sein. In der übrigen Zeit ist ein etwas kühlerer Raum oder auch der Zwinger gesünder. Bei durchweg zu warmer Haltung wächst im Winter kein dichterer Pelz, dadurch steigt die Kälteempfindlichkeit und die Gefahr von Erkältungskrankheiten. Außerdem dauert die Periode des *Haarwechsels* dann ein Mehrfaches länger als normal, bis hin zur Dauerhaarung. Als Bett für die Nacht ist eine Zimmerhütte, ein Korb oder Sperrholzhaus mit Tür ideal. Sie schützen vor Zugluft, und die Innentemperatur hat auch im kältesten Raum immer die bekömmliche Höhe. Beim Welpen erleichtern sie das Stubenreinwerden (s. S. 130), und auf Reisen sind sie eine große Hilfe. Wo dieses zweite Lager steht, im Flur, im Schlafzimmer, in Bad oder Küche, hängt von den Gegebenheiten ab und davon, ob unser Liebling »dicht hält«, wenn er allein bleibt. Den Hundejüngling deponiert man am besten dort, wo er keine Dummheiten anstellen, nicht die besten Sessel und Teppiche anknabbern kann.

Im Einfamilienhaus sollte man auch für den Familienhund nicht auf einen *Zwinger* verzichten. Der günstigste Platz dafür liegt in Nähe des Hauses, am besten in Sichtweite der Küche, hat Ostsonne und ist von der Straße nicht einzusehen. Der große Vorteil liegt einmal in der Abhärtung des Hundes – es gibt keinen Rheumatismus oder sonstige Erkältungen und weniger leicht andere Krankheiten – zum anderen kann man den an den Zwinger gewöhnten Hund auch einmal einen Tag allein lassen, ohne immer auf die Uhr sehen zu müssen. Für solche Fälle muß natürlich eine wetterfeste Hütte vorhanden sein, doppelwandig, isoliert und mit einem Vorraum versehen, der die Kaltluft abhält. Der Eingang sei nach Osten oder Süden gerichtet, das Format, die Maße (auch die Höhe) der Größe des Bewohners angepaßt, nicht zu groß, aber so, daß dieser sich ausstrecken kann. Solche Hütten sind im Handel, billiger baut man sie selbst. Zum Isolieren eignen sich Styropor oder Zeitungspapier vorzüglich. Es kann nicht stauben und wie Glaswolle die Schleimhäute empfindlicher Hunde reizen und bei der gründlichen Säuberung oder Desinfektion der Hütte ist es ohne Mühe zu ersetzen. Das Dach ist zur leichteren Reinigung abnehmbar und wie auch der Boden doppelwandig. Leichter herzustellen als ein abgeschrägtes Sattel- oder Pultdach ist ein Flachdach. Damit es nicht zum Sprungbrett in die Freiheit wird, muß der Zwinger überdrahtet sein oder – noch besser – man stellt die Hütte von außen an den Zwinger und schneidet nur eine Einschlupf-Öffnung in das Drahtgeflecht. Die Hütte wird zum Schutz gegen Feuchtigkeit bodenfrei auf Steine gesetzt, mit Holzschutzanstrich versehen und mit Dachpappe gedeckt. Beste Innenausstattung wäre wöchentlich gewechseltes Heu oder Stroh. Je größer und schwerer der Bewohner ist, desto wichtiger ist eine weiche oder federnde Unterlage, damit keine Scheuerstellen im Fell die Schönheit beeinträchtigen. Das kann eine Matte sein, ein Schaumstoffkissen, ein Stück Teppichboden oder Kork- bzw. Filzfußbodenbelag.

Die Umzäunung kann aus kräftigem verzinkten Maschengeflecht und imprägnierten Holzpfählen oder gestrichenen Metallrohren bestehen. Die Höhe des Drahtes sollte sich nicht nur nach der Größe und dem Springvermögen des derzeitigen Bewohners richten. Ein gut gebauter Zwinger hält mehr als ein Hundeleben lang. Außerdem muß er bei läufigen Hündinnen auch Schutz für Eindringlinge von außen bieten. Man überdrahtet ihn auch oben und kann ihn von außen mit Sträuchern umpflanzen. Bei Teckeln muß sich der Draht unbedingt 20 cm in den Boden hinein fortsetzen, sonst kann man sich die Mühe des Zwingerbaus gleich sparen, sie buddeln sich doch unten durch. Und weil das Graben zu den größten Vergnügen des allein gehaltenen Hundes gehört, sollte ihm dieser Spaß vergönnt sein. Es sorgt außerdem für abgeschliffene Krallen und erspart die Pediküre. Aus dem gleichen Grund und für eine gute Stellung der Pfoten empfiehlt sich – am günstigsten zwischen Hütte und Zwingertür – ein Weg aus rauhen Betonplatten. Sorgt man dann noch durch eine leicht schräg liegende, möglichst überdachte hölzerne Liegefläche für einen bodenwarmen Lagerplatz an der frischen Luft, so ist die Komfortwohnung perfekt. Sie paßt für jede Jahreszeit und für jede Haarart, auch die kurzhaarige. Ob der Zwingerboden aus Sand, Erde oder Rasen besteht, ist eine Frage der Pflege. Ein eingesäter Boden verursacht durch Mähen und das schwierigere Aufnehmen der Häufchen mehr Arbeit. Sandboden soll gegen das Stauben bei trockenem Wetter gelegentlich gesprengt werden. Hat man den Eindruck, daß er durch häufige Pfützchen nach seinem Bewohner duftet, dann gibt man eine Prise Kaliumpermanganat (übermangansaures Kali aus der Drogerie) mit in die Gießkanne. Besteht der ganze Zwingerboden aus Platten, kann er einfach mit dem Schlauch abgespritzt werden. Wegen der Kälte des Steinbelags darf dann aber auf keinen Fall das hölzerne Liegesofa fehlen.

Die Größe des Zwingers ist nicht so wichtig, denn seine Bewegung soll das Tier ja außerhalb haben. Zimmergröße genügt für jede Rasse. Nur für die Aufzucht mehrerer Junghunde oder eines Wurfes ist reichlicher Platz zum Spielen nötig. Werden mehrere Hunde gehalten, sind zwei kleinere Zwinger besser als ein sehr großer. Man kann dann auch einmal die Hunde trennen oder einen Zwinger desinfizieren.

Selbst mit dem schönsten Zwinger ergibt sich das Problem, den Hund an dieses Geschenk zu gewöhnen. Denn kein Hund läßt sich gern einsperren, noch dazu allein. Er wird durch Jaulen und am Draht-Reißen und -Beißen versuchen, wieder die Freiheit und den Kontakt zur Familie zu erlangen. Grundsätzlich soll die Gewöhnung an den Zwinger nur in der warmen Jahreszeit bei schönem Wetter erfolgen, und sie soll immer mit Angenehmem gekoppelt sein. In den ersten Tagen füttert man das Tier nur dort, regelmäßig, immer zur selben Zeit. Wenn Frauchen dann so viele Hausarbeiten wie möglich, z. B. Kartoffelschälen, Anzüge ausbürsten oder Knöpfe annähen, in Zwingernähe verlegt und sich den Liegestuhl dorthin stellt, wird das Tier bald auch gern im Zwinger bleiben. Wenn es täglich zu bestimmten Zeiten, am besten vormittags oder um Mittag herum, für einige Stunden aus der Wohnung dorthin an die frische Luft kommt, genügen dieser Aufenthalt und der tägliche Spaziergang völlig, um die Entwicklung des Felles und die Gesundheit zu fördern. Ein Ersatz für den Spaziergang kann der Zwinger nicht sein. Er soll auch nicht als Hundeklosett betrachtet werden.

Den Hund an die *Kette* zu legen, wird von den meisten Tierfreunden strikt abgelehnt. Zweifellos fühlt sich jedes Tier wohler ohne Einschränkung seiner Bewegungsfreiheit. Doch welchem Hund kann sie schon voll gewährt werden? Sein eigenes Wohl und die Interessen anderer Lebewesen stehen dem entgegen. Der länger behaarte Hund benötigt zur vollen Entwicklung seines Felles täglich einen längeren Aufenthalt im Freien, doch leider besteht selten die Zeit für tägliche mehrstündige Spaziergänge mit ihm.

Das stundenweise Anketten des größeren, gutbehaarten Hundes wird von dem Vierbeiner absolut nicht als Quälerei empfunden. Als hochentwickeltes Wesen braucht der Hund eine Aufgabe, die ihn beschäftigt, und als jahrtausendelang auf Zusammenarbeit mit dem Menschen gezüchteter Begleiter lechzt er nach Anerkennung. Das Tier, das tagsüber an der Kette einen Hofplatz bewacht und von seinem Herrn für diese Wachsamkeit regelmäßig gelobt und frei laufen gelassen wird, das also ausreichenden Kontakt mit dem Menschen hat, fühlt sich gewiß nicht unglücklich. Denn es erhält mehr Anregung als der allein gelassene Hund im komfortablen Zwinger oder in der Etagenwohnung. Auf dem Land ist die Kette häufig die einzig sichere Art, das Tier lange im Freien zu halten, denn dort läßt sich das Streunen sonst schwer verhindern. Und ein streunender Hund ist nicht nur eine schreckliche Plage für das Wild und eine Gefahr im Straßenverkehr, sondern er ist auch für seinen Besitzer nahezu wertlos. Denn Streunen und erst recht Wildern sind ihm nicht wieder auszutreiben. Die im Übermaß genossene Freiheit kommt zu sehr den tiefstverwurzelten Trieben des Hundes entgegen.

Wer seinen Hund festlegt, sollte dies nicht mit einem Strick tun, der durchgebissen werden kann, sondern mit einer der Kraft des Hundes entsprechenden Kette. Diese sollte mehrere Wirbel haben, die ein Verdrehen verhindern. Ihre Länge richtet sich vor allem danach, welche Bewegungsfreiheit dem Tier gewährt werden kann. Auf jeden Fall muß verhindert werden, daß ein Zaun übersprungen oder sonst ein Hindernis genommen werden kann, wodurch sich der Hund beim Abspringen aufhängen könnte. Daher ist für regelmäßig angekettete Hunde eine *Laufkette* einzurichten, die an einem gespannten Drahtseil hängt, dem Hund dadurch viel mehr Bewegungsmöglichkeit gibt, das Gewicht der Kette abnimmt und sich nicht verwickelt.

Daß der Hund an der Kette, wie der im Zwinger untergebrachte, Schutz vor Nässe, Bodenkälte und Zugluft finden muß, bedarf wohl keiner besonderen Betonung. Leider wird gelegentlich das Liegebrett vergessen, das dem Untergrund nicht direkt aufliegt und leicht geneigt, immer ein trockenes, nicht zu kaltes Lager bietet.

Neben dem richtigen Lager braucht der Hund noch einiges zum Wohlfühlen. Er ist ein Gewohnheitstier und sollte nicht nur aus hygienischen Erwägungen heraus sein eigenes *Geschirr* besitzen. Ob man billige Plastikschüsseln wählt oder standfeste Hundenäpfe, ist letztlich eine Frage des Geldbeutels. Für Wasser empfiehlt sich kein zu leichtes Gefäß; der Junghund spielt sonst gern damit. Heranwachsenden Tieren größerer Rassen stellt man die Schüssel auf einen Holzschemel oder in ein käufliches Drahtgestell, denn die Rückenlinie und die ganze Haltung werden schöner, wenn der noch unfertige Hund in entspannter Haltung seine Mahlzeit zu sich nimmt.

Leine und *Halsband* brauchen wir beim Hundebaby nur dann von Anfang an, wenn der Kleine gleich unter die Leute muß. Sind wir glückliche Besitzer eines ausreichend großen Gartens, gehören sie nicht zu den allerersten Requisiten. Wie elegant sie sein sollen oder dürfen, ist Geschmacks- und Ansichtssache. Gebrauchshunde – Dienst- und Jagdhundrassen – kleide man lieber schlicht, besonders auf Ausstellungen. Man wird sonst nur belächelt. Für Windhunde und für Französische Bulldoggen sind besonders Halsbänder seit je gebräuchlich. Für Pudel haben sich in den letzten Jahren die glasperlenbesetzten Halsbänder durchgesetzt. Ein schlanker, eleganter Hund – besonders ein mehrfarbiger oder langbehaarter – kommt mit schmalem Halsband besser zur Geltung. Ein schlichtes, ungefüttertes Lederband genügt. Zu Hause sollten diese Zutaten abgelegt werden, damit es keine Abdrücke im Fell des Halses gibt.

Abzulehnen sind die Hundegeschirre. Sie sind keineswegs schonender als das Halsband. Beim Anlegen eines um die Vorderläufe herumgehenden Geschirrs wird neben verdrehten Schultern auch die Brustlinie verdorben, es kann durch den Druck auf den knorpeligen Brustbeinfortsatz zur abgesetzten Brust kommen, ein Fehler, der das Tier von jeder Schönheitskonkurrenz ausschließt. Ziemlich gleichgültig ist es, wie die Leine beschaffen ist. Sie muß nur für kleine Hunde leicht, für große Hunde kräftig sein. Am leichtesten und mit einer Hand zu bedienen sind Zangenkarabiner.

Erwerben, in der Hoffnung, ihn nie benützen zu müssen, sollte man auch einen *Maulkorb*. Bei den immer wieder auftretenden Tollwutfällen wird dieses Folterinstrument gelegentlich behördlich angeordnet. Und wenn plötzlich jeder Hund ihn haben muß, sind die paar in den Geschäften liegenden Maulkörbe bald ausverkauft. Auch auf Reisen sollte man ihn mitnehmen. In Rom z. B. ist er in der Straßenbahn auch für den auf dem Arm getragenen Schoßhund Vorschrift.

Man hüte sich davor, den Hund durch Werfen von Steinen zum *Apportieren* zu veranlassen. Steine und Metall sind schlecht für die Zähne, sie schleifen sie vorzeitig ab. Von sich aus nimmt kein Tier einen Stein auf, die meisten Steinchenbringer sind dazu erzogen worden.

Leine und Halsband sind Gebrauchsgegenstände und kein Spielzeug. Duldet man das Spielen damit, dann braucht man sich nicht zu wundern, wenn Waldi die Leine zerknabbert, wenn er einmal irgendwo für kurze Zeit angebunden werden muß. *Mäntelchen* und *Strickanzüge* sollten für den gesunden, richtig gehaltenen Hund entbehrlich sein. Wenn der Hund in Bewegung ist, friert er auch im Winter nicht. Bleibt er aber längere Zeit vor Geschäften festgebunden oder lange vor Schaufenstern mit Frauchen stehen, dann schützt ihn auch kein Anzug. Nach einem Gang im Regen ist das Tier im eigenen Interesse und wegen der sauberen Wohnung abzutrocknen. Magere alte oder kranke Tiere dagegen sollten bei kaltem Wetter »angezogen« werden, auch Hunde mit Operationsnarben oder größeren Verletzungen, solange das Fell nicht wieder ganz nachgewachsen ist.

Der Kleiderluxus, den manche Frauchen auf ihre vierbeinigen Lieblinge ausdehnen, ist Ansichtssache. Für den Hund ist er unnötig. Er tut ihm aber nicht weh und der Besitzerin macht er nun mal Spaß. Die Frage bleibt nur, weshalb der Pudel Nerz tragen soll, wenn ihm echter Persianer auf der Haut gewachsen ist. Dem Tier aber auch noch im Hause Kleidung aufzuzwingen und ihn sogar im Schlafanzug zu Bett zu schicken, geht entschieden zu weit. Hier schadet die falsch verstandene Tierliebe dem Tier selbst: durch die übertriebene Verzärtelung wird Haut- und Erkältungskrankheiten Vorschub geleistet.

Manche Hunde sind besonders empfindlich gegen das Salz, das allwinterlich auf die Straßen gestreut wird. Für sie kann man *Schuhe* kaufen. Aber nur für diese überempfindlichen Tiere, denn das Vergnügen am Spazierengehen wird durch diese Überziehschuhe nicht größer. Hausbesitzern sei angeraten, das etwas teurere, aber auto- und hundefreundliche Spezial-Streusalz zu verwenden. Stapft der Hund durch den Schnee, so bilden sich leicht *Schneeklumpen* zwischen seinen Ballen. Das geschieht nicht, wenn man die Haare zwischen den Zehen vorher abgeschnitten hat; Überziehschuhe wären in diesem Falle nicht das richtige.

Besondere Gesichtspunkte gelten für den Hund auf der *Reise*. Das häufigste Verkehrsmittel ist heute auch für ihn das *Auto*. Jeder, selbst der große Hund kann sich raumsparend zusammenrollen und hat Platz auf dem Boden vor dem Beifahrersitz. Besser für ihn ist der Rücksitz, doch dort sind selten zwei Plätze frei. Wie für Hundebesitzer konstruiert, enthält der Volkswagen-Käfer hinter den Sitzen ein Sonderabteil, das für die meisten Rassen reichlich Liegemöglichkeit bietet. Welchen Platz man dem mitfahrenden Tier einräumt: es sollte immer der gleiche sein, nicht bei jeder Fahrt eine andere Ecke. Nur dadurch können wir erwarten, daß unser Hund ruhig sitzen bleibt und beim Einsteigen gleich auf seinen Sitz geht. Das bekommt der Sauberkeit des Wageninnern entschieden besser als Herumtoben von einer Bank zur anderen.

Die Sicherheit beim Fahren wird erhöht durch Festlegen an eine ganz kurze Kette. Frei gehaltene Junghunde können unberechenbar sein wie kleine Kinder, nur sind sie flinker im Springen. Diese Kette muß aber wirklich so kurz sein, daß der im geparkten Wagen belassene Hund auf dem Platz gehalten wird und sich nicht an ihr aufhängen kann. Diese Gefahr besteht bei zu langer Leine. Auf Überlandfahrten ist jede Leine besser als gar keine, denn schon manches Tier ist beim Öffnen der Wagentür unbemerkt entwischt und spurlos verschwunden. Man sollte immer die Möglichkeit eines Unfalles bedenken. Er mag noch so geringfügig sein, der feinfühlige Hund erkennt das Außergewöhnliche der Situation und reagiert auf seine Weise – meist durch Davonlaufen. Das geöffnete Fenster ist für das freisitzende Tier immer eine Gefahr, selbst wenn wir nur kurzfristig den Wagen verlassen, und sei es um einen Brief in den Kasten zu stecken.

Am sichersten ist der kleinere Vierbeiner im Hundehaus aus Sperrholz. Es schützt die empfindlichen Hundeaugen vor Zugluft besser als ein Korb, den man bei schärferen Überlandfahrten mit geöffnetem Verdeck oder Schiebedach mit einem Mantel abdecken sollte. Ein solches Möbel entzieht das Tier neugierigen Blicken und den dazugehörigen an die Scheibe klopfenden Fingern und hält im Winter stundenlang die Wärme. Es macht das Auto zum zweiten Heim auch für den Hund. Beim Parken darf der Wagen nicht in der Sonne stehen, bei längerem Abstellen muß vorausgedacht werden. Denn der Stand der Sonne und damit der Schatten ändert sich. Die spaltbreit geöffneten gegenüberliegenden Fenster schaffen in der Sonnenglut nicht mehr den nötigen Luftausgleich. Kurznasige Tiere, wie Pekinesen oder Bulldoggen, sind besonders empfindlich.

Die meisten Hunde sind begeisterte Autofahrer. Eine eingeklemmte Schwanzspitze kann diese Liebe jedoch leicht erkalten lassen, das Einsteigen geschieht danach meist nicht mehr freiwillig. Das autobegeisterte Tier verliert oft die Scheu vor dem eigenen Gefährt. So manches Hundekind wurde schon von seinem Herrn auf dem eigenen Grundstück bei Tempo 10 bis 20 überfahren.

Über die Eßgewohnheiten bei längeren Autofahrten lesen Sie Seite 86. Hunde mit »ganz großem Durst« sollte man mäßigen. Durch starkes Hecheln gleichen sie einer Lokomotive und lassen so viel Wasserdampf ab, daß die Scheiben beschlagen.

Die Unterbringung im Kofferraum ist in vielen Ländern polizeilich verboten. Ob sie Quälerei darstellt, hängt sehr vom Einzelfall ab. Ein Jagdhund nach der Arbeit ist auf seiner Decke im Kofferraum des großen Wagens sicher nicht schlechter untergebracht als naß in der Zugluft der sonst beschlagenden Fenster des Innenraumes. Sicher kann er den Fahrer nicht stören und gar einen Unfall verursachen. Der Hundebesitzer, der sein Tier im Wagen mitführt, wo dort auch immer, kümmert sich mehr um seinen Vierbeiner als jemand, der ihn aus Bequemlichkeit zu Hause läßt.

Auch auf *Flugreisen* kann der Hund mit oder ohne Herrchen gehen. Durch die Fluggesellschaften und die großen Internationalen Speditionen wird uns das meiste abgenommen, bis zur Beschaffung des vorgeschriebenen leichten Transportkäfigs, der später als Zimmerhütte im Alltag unsere Begeisterung erwecken wird, vorausgesetzt, daß sie für das Tier geräumig genug ist. In ihr fährt der vierbeinige Fluggast im Frachtraum mit Druckausgleich. Ob ein solcher Frachtraum in dem gewählten Flugzeug vorhanden ist, erfährt man bei der Fluggesellschaft, ebenso welche Impfungen oder Bescheinigungen mitzubringen sind. Rechtzeitiges Vorplanen ist daher zu empfehlen. Hochzeitsflüge der Hundeschönen zu einem besonderen Kavalier sind keine Seltenheit mehr. In Sonderfällen kann durch eine Hochzeit auf dem Flugplatz sogar eine mehrmonatige Quarantäne umgangen werden. Dazu bedarf es aber einer Ausnahmegenehmigung.

Schiffsreisen mit Hund werden seltener unternommen. Nur wenige Reedereien nehmen noch Begleittiere mit, die dann in Extraunterkünften gehalten werden. Das Fehlen von Baum und Strauch stört nur wenige Hunde, eher schon die menschlichen Seefahrer.

Der Vierbeiner, der unser Leben teilt, muß leider auch dessen Schattenseiten mit in Kauf nehmen. Nur wenige Hunde haben das Glück, ein wirklich hundegemäßes Leben führen zu dürfen. Dazu gehört neben gesunder Haltung und Ernährung auch ein gewisses Maß an Beschäftigung und wenn schon nicht Arbeit, so doch aktiver Teilnahme am Leben des Besitzers. Sie sollten nicht nur teilnehmen an Frauchens Nervosität und der gereizten Stimmung ihres überarbeiteten Herrn. Warum sollten sie nicht auch unseren *Urlaub* genießen? Es ist dies doch oft die einzige Zeit im Jahr, in der wir endlich einmal lange Spaziergänge verwirklichen und so ganz nebenbei die etwas verschlampte Erziehung wieder aufpolieren können.

Auf eine Flugreise nach Afrika oder Ostasien können wir unseren Hund natürlich nicht mitnehmen und auch von Urlaubern wimmelnde Atlantik- oder Mittelmeerinseln sind nicht die passende Umgebung, die Erholung für alle garantiert. Sollten wir uns aber entschließen, und sei es zur Abwechslung einmal dem Hund zuliebe, einen ruhigeren, wenn auch nicht so exklusiven Urlaubsort in Europa zu wählen, so werden wir überrascht sein. Denn der Urlaub, den wir unserem Waldi widmen, wird auch uns mehr Erholung bringen als manche andere Reise. Und an Überraschungen und Abwechslung wird es meistens auch nicht fehlen.

Voraussetzung für eine gemeinsame Urlaubsreise ist natürlich eine abgeschlossene Grunderziehung mit Stubenreinsein und Gehorsam. Dazu gehört, daß der Hund auch einmal ohne zu Jaulen allein im Hotelzimmer bleibt. In den meisten Hotels sind Hunde erlaubt, die Reisebüros besitzen auch Listen von Häusern, in denen Vierbeiner gern gesehene Gäste sind. Wenn man vorbestellt und mit der Bahn reist, sollte man sicherheitshalber anfragen, ob der Hund willkommen ist. Wer mit dem Auto außerhalb der Hauptreisezeit unterwegs ist, kann es darauf ankommen lassen. Er wird vermutlich nie im Auto übernachten müssen.

Die *Einreisebestimmungen* der einzelnen europäischen Länder sind verschieden und werden auch nicht selten geändert. Sie reichen vom einfachen amtstierärztlichen Attest über Impfnachweis gegen Tollwut bis zum Einreisevisum. Österreich allerdings verzichtet auf jedes Papier. Dafür hat die Bundesrepublik sich einfallen lassen, für die Rückreise eine heimatliche Bescheinigung zu verlangen. Alles ist aber einfach und ohne viele Kosten zu bekommen. Die Tollwutimpfung empfiehlt sich auch für Reisen innerhalb des Landes, da es nie sicher ist, wann und wo Wildtollwut ausbricht. Ein vorsorglich geimpfter Hund kann weder sich selbst noch seine Familie gefährden.

Nur Reisen nach England und Skandinavien können wir mit unserem Hund nicht unternehmen. Die Quarantäne für diese Länder dauert länger als die ganze Urlaubsreise.

Die *Bahnreise* ist für den Hund noch billiger geworden, wenn man ihn nicht mit ins Abteil nehmen will. Er ist ohnehin besser im Packwagen in seiner verschließbaren Zimmerhütte oder in einer Transportkiste mit seiner gewohnten Decke untergebracht. Dauert die Fahrt länger, dann gibt es immer einen Aufenthalt, der für einen kurzen Gang vor den Bahnhof ausreicht. Die Zugbegleiter sind ausnahmslos sehr tierlieb.

Die *Reiseverpflegung* erfordert einige Überlegungen. Am Tag vor

Reisebeginn füttern wir nicht zu reichlich, vor allem keine Knochen. Das lange Stillsitzen mit vollem Darm ist eine Quälerei. Noch schlimmer ist es, wenn der Magen überfüllt ist. Deshalb gibt es am Reisetag auch nur ein knappes Frühstück. Unterwegs genügt es, wenn wir gelegentlich einmal frisches Wasser anbieten. Sind wir mit dem Auto unterwegs, dann wissen wir ja, ob unser Hund auch reisefest ist. Manche Hunde vertragen das Autofahren schlecht. Sie kann man mit der Bahn in einer Transporthütte zum Urlaubsort senden, oder man läßt ihnen Tabletten gegen die Reisekrankheit vom Tierarzt verschreiben. Sollten wir es so eilig haben, daß wir nur auf Autobahnrastplätzen haltmachen, dann bleibt der Hund besser an der Leine. Denn geht er unterwegs aus irgendeinem Grund verloren, ist es fast unmöglich, ihn wiederzubekommen. Am Urlaubsort selbst wird er sich so schnell zurechtfinden, daß diese Vorsichtsmaßnahme bald überflüssig wird. Für den kleinen Hund nimmt man das gewohnte Lager oder eine Zimmerhütte mit auf Reisen, für den größeren eine Decke.

Ins Reisegepäck gehören eine Futter- und eine Wasserschüssel, mindestens ein dunkles Frottierhandtuch zum Trockenreiben nach Spaziergängen im Regen, außerdem Kamm und Bürste und auf jeden Fall eine Kette, um das Tier sicher festzulegen, wenn es allein im Zimmer bleiben soll – manches Zimmermädchen hat vielleicht Angst vor unserm Liebling, noch wichtiger ist es in seinem eigenen Interesse. Denn wenn er davonläuft, um uns zu suchen, kann er nur zu leicht unter ein Auto kommen. Im Speisesaal sind Hunde im allgemeinen unerwünscht, auch wenn sie sich dort gesitteter benehmen als kleine Kinder. Wenn wir viel spazierengehen, wobei der Vierbeiner ja jeden Weg doppelt und dreifach zurücklegt, wird er während unseres Mittagessens ohnehin lieber in seinem Körbchen liegen als zwischen vielen Menschenbeinen herumsitzen. Über seine eigene Urlaubsdiät ist auf Seite 86 nachzulesen.

Ob Nordsee oder Hochgebirge, der Hund wird uns überall gleich gern begleiten. An der See ist er an manchen offiziellen Stränden nicht gern gesehen. Er wird auch selbst überall dort, wo viele Menschen sind, in seiner Erziehung und seinem Gehorsam nur verdorben. Urlaub für uns und den Hund darf aber nicht heißen, daß wir jetzt überall nach Lust und Laufvermögen herumtoben dürfen. Die Welt wird noch von anderen Lebewesen bevölkert, die ebenfalls ihre Rechte haben. So sehr dem Hund die Freiheit zu gönnen ist, darf er doch nicht dem Wild zur Plage werden. Denn ab Mai, die Hasen ab März, haben alle freilebenden Tiere ihre Sorge, die Jungen hochzuziehen. Wir sollten ihr Leben nicht durch unseren herumjagenden Hund noch schwerer machen. Im übrigen macht der Jäger von seinem Recht, wildernde Hunde abzuschießen, dann um so eher Gebrauch, wenn die Wild-Kinderstuben gestört werden.

Wenn man den Hund aber nicht mit auf die Reise nehmen will, dann ist seine *Unterbringung* rechtzeitig vorzuplanen. Eine Hündin soll, ganz gleich, wo man sie unterbringt, zu diesem Zeitpunkt möglichst nicht gerade läufig sein. Man kann niemandem diese zusätzliche Sorge für ein fremdes Tier aufbürden, abgesehen davon, daß die Hundedame während dieser Zeit ihre eigenen Familienangehörigen besonders stark vermißt.

Meistens wird irgend jemand aus dem Freundeskreis gebeten, unser verwaistes Tier aufzunehmen. Sind Kinder in dieser Familie, dann freuen sie sich besonders über das neuartige Spielzeug. Meist wird der Hund so verwöhnt und überfüttert, daß die letzten Reste der einst mühevoll erworbenen guten Erziehung dahin sind, wenn wir endlich wieder zurückkommen. Am leichtesten wird der junge Hund verdorben, bei ihm ist auch die Gefahr am größten, daß er überfahren wird. Der ältere Hund leidet wieder mehr unter dem Rummel, den sein Erscheinen hervorruft. Auf alle Fälle macht das Tier, das in eine Familienpflege gegeben wird, eine nicht unerhebliche Umgewöhnung durch. Dabei kann es uns aber auch passieren, daß wir einen Platz erwischen, wo der Hund besser, das heißt hundeverständiger behandelt wird als bei uns selbst. Dann können wir die Freude erleben, unseren Dackel plötzlich gut erzogen vorzufinden. Immer aber ist nach unserer Rückkehr wieder ein Umgewöhnen nötig, häufig mit allerhand Korrekturen von Unarten.

Ideal ist während unseres Urlaubs der Aufenthalt beim Züchter. Dort ist der Hund am besten aufgehoben, dort wird er richtig behandelt. Auch *Hundepensionen* und *Hundehotels* mit sachverständiger Leitung sind sehr zu empfehlen. Bei ihnen muß mindestens so frühzeitig vorbestellt werden wie im begehrtesten Ferienhotel. Diese Unterbringung hat den großen Vorteil, daß man das Tier so wiederbekommt wie man es hingegeben hat, also weder verwöhnt noch überfüttert. In der Gesellschaft von einigen anderen Hunden fühlt er sich meistens auch recht wohl, und der erfahrene Pflegevater erkennt eine eventuelle Unpäßlichkeit früher als sonst ein Vizefrauchen. Haben wir dann noch für alle Fälle die Adresse unseres Tierarztes hinterlassen, dann können wir unbesorgt in den Urlaub fahren. Selbstverständlich nimmt der Hund sein Bettchen mit in die Pflegefamilie, die sich auch nach seinen Futtergewohnheiten richtet. In größeren *Hundeheimen* besteht ebenfalls die Gefahr, daß bei der Routineabfütterung der kleinere Hund sich überfrißt. Dort ist auch kaum ausreichende Bewegung gegeben und die Gefahr von Heimweh sehr groß.

Der Hund in der heutigen Familie kommt nicht nur mit Auto, Flugzeug und Tourismus, sondern auch mit dem *Fernsehen* in Berührung. Die Zeiten sind vorbei, in denen Angst vor Strahlenschäden die Haustiere aus der Nähe des Fernsehapparates verbannte. Trotzdem ist für den Hund dauerndes wahlloses Mithören des gesamten Programms ebensowenig der Entwicklung förderlich wie für das Menschenkind.

Verlangen wir von unserem Hund geistige Leistungen auf irgendeinem Gebiet, und sei es nur als sicherer Wächter, so darf er nicht den ganzen Tag von starken Reizen überschüttet werden. Wie das Menschenkind, gehört der Welpe während der Fernsehzeit in sein Körbchen, in ein anderes Zimmer. Ob das fertig erzogene Tier das ganze Programm zu unseren Füßen mit über sich ergehen lassen darf, hängt von seinem Benehmen ab. Der kluge Vierbeiner lernt schnell die Geräuschkulisse als etwas zum Familienleben Gehöriges anzusehen. Er wird vielleicht sogar selbst auf die Scheibe schauen, namentlich wenn echtes Hundegebell sein Interesse erregt. Geistig wenig anpassungsfähige oder nervöse Naturen verarbeiten die ihnen unerklärlichen Geräusche nicht richtig. Sie können mit regelrechten Neurosen reagieren. Laut eingestellte Programme, womöglich noch im dunklen Zimmer, können ihnen so zusetzen, daß sie sich verkriechen oder daß ein überscharfer Hund seinen plötzlich ins Zimmer tretenden Herrn anfällt. Stellt man solche Beeinflussungen im Anfangsstadium fest, hilft nur sofortiges Fernsehverbot. Beim vierbeinigen Hausgenossen läßt sich das sogar durchsetzen.

Körperpflege

Ganz ohne Körperpflege kommt kein Hund aus. Wenn man die Rassen betrachtet, die in der Beliebtheit auf Spitzenpositionen aufrückten, so scheint es fast als ob der Mensch recht gern eine aufwendige Pflege seines Vierbeiners auf sich nimmt. Dafür spricht, daß man gerade in Großstädten fast nur fachmännisch geschorene Pudel und auch sonst gut gepflegte Hunde sieht. Wenn in Orten, in denen gut ausgebildete Hundefriseure fehlen, alle Hunde wie Pudel zurechtgeschoren werden, mag dies zwar vom Standpunkt der Hundekunde aus ein Fehler sein, doch sind auch diese Schnauzer und Terrier wohlgepflegt.

An der täglichen Pflege des länger behaarten Hundes hat gewöhnlich sein Frauchen im Hinblick auf die saubere Wohnung das meiste Interesse. Alle glattlanghaarigen Hunde kämmt man täglich mit einem weitzinkigen Kamm, je nach Haarlänge am ganzen Körper oder nur an den längerbehaarten Stellen. Wollhaarige Rassen, wie Pudel, bürstet man zuerst kräftig, danach wird mit einem Kamm das Haar aufgelockert. Bei täglicher Pflege ist der Arbeitsaufwand gering. Läßt man es aber durch Nachlässigkeit zum Verfilzen des Fells kommen, bleibt nichts anderes übrig als mit den Fingern die Knäuel zu entwirren. Und das nimmt mehr Zeit in Anspruch als tägliches Routine-Bürsten.

Rauhhaarige, drahthaarige und andere mittellang behaarte Tiere sind dann täglich zu kämmen oder bürsten, wenn ein längerer Bart oder längeres Haar überhaupt dies erfordert. Sonst sind rauhhaarige, stockhaarige und kurzhaarige Rassen nur in der Zeit des Haarwechsels täglich zu bearbeiten, in der übrigen Zeit genügt es einmal in der Woche. Besonders schönen Glanz bekommt kurzhaariges Fell, wenn es mit einem alten Lederhandschuh kräftig mit dem Strich gestrichen wird. Staub und abgestorbene Haare werden dabei entfernt. Die Hunde genießen im allgemeinen das Bürsten sehr, nicht nur weil Frauchen sich intensiv mit ihnen beschäftigt, sondern auch wegen der Hautmassage, die ihnen wohltut. Während bei vielen Rassen nur das abgestorbene Haar entfernt wird, wobei im Winter ein dichteres Fell mit mehr Unterwolle und oft auch längerem Deckhaar stehen bleibt, hält der Mensch andere Rassen durch regelmäßiges Kürzen das ganze

Jahr über in mehr oder weniger gleichem Zustand. Dieses Kürzen geschieht durch *Scheren* wie beim Pudel oder durch *Trimmen* wie bei vielen Terrierrassen. Beim Scheren wird mit Schere oder Scherapparat das Haar in bestimmter Länge gleichmäßig abgeschnitten, beim Trimmen dagegen wird das lose Haar mit der Hand oder mit dem Trimmesser herausgezogen. Auch beim Trimmen können die Haare teilweise verkürzt werden, dann aber mit dem Trimmesser und nicht so gleichmäßig wie beim Pudel. Dieses kunstgerechte Zurichten der Tiere je nach Rasse und vielleicht auch noch unter dem Gesichtspunkt, daß dadurch individuelle Schwächen ausgeglichen werden sollen, erfordert Wissen, Erfahrung und einen geschulten Blick. Es dauert auch bei der größten Routine eine gewisse Zeit. So schafft eine geschulte Kraft bei Scheren, Baden und Pflege von Ohren, Krallen und Zähnen höchstens fünf Hunde am Tag, vorausgesetzt, daß es sich um Pudel handelt, die alle vier bis sechs Wochen in den Hundesalon kommen. Bei außergewöhnlichen Ansprüchen, so vor Ausstellungen, kann die Prozedur ein Mehrfaches der normalen Zeit kosten.

Von allen Hunden bringen rauhhaarige Rassen am meisten Schmutz in die Wohnung. Das liegt an ihrem kräftigen, gut eingefetteten Haar. Regelmäßiges Abreiben mit einem Wollappen entfernt den Schmutz und damit den eventuell auftretenden Hundegeruch, ohne dem Haar das Fett zu entziehen. Gibt man einige Tropfen reinen Alkohol (oder auch Kölnisch Wasser) auf Lappen oder Bürste, wird der Geruch noch sicherer genommen. Dabei ist aber zu bedenken, daß alle Chemikalien, ob Parfüm oder Insektenpulver, das Nasentier Hund wesentlich mehr beeinflussen, als wir Menschen es uns denken können. Einen Jagdhund oder anderen Hund, an dessen Nase wir Anforderungen stellen wollen, sollten wir daher auch möglichst ohne jede Spur chemischer Mittel sauberhalten.

So wichtig wie Kämmen und Bürsten sind, so nebensächlich ist das *Baden*. Durch das Fehlen von Schweißdrüsen schwitzt der Hund auch bei großer Hitze nicht. Sein Fell ist immer gleichmäßig eingefettet, wodurch er einen ausgezeichneten Schutz gegen Feuchtigkeit und Kälte besitzt. Ein Hund, dessen Haar unbehandelt bleibt, kann ins Wasser gehen und sich danach schütteln: sein Fell ist trocken. Entzieht man dem Tier durch Baden mit Seifen und Shampoos diesen Schutz, dann kann es auch von einem Regen naß bis auf die Haut werden und sich erkälten. Zur Sauberhaltung genügt es im allgemeinen, den Staub durch Bürsten oder Abreiben zu entfernen oder durch Abbrausen mit handwarmem Wasser ohne alle Zusätze. Ein solches Bad kann man dem Hund allwöchentlich angedeihen lassen. Da es dem Haar kein Fett entzieht, läßt es auch den weißen Hund nachhaltiger sauber bleiben als ein Seifenbad. Außerdem hat es den Vorteil, daß das Haar langhaariger Rassen nicht lose-flatterig wird.

Ein spezielles Hundeshampoo, Teer- oder Spezial-Hundeseife gehören trotzdem zu den nötigen Hundeutensilien. Denn es kann auf jedem Spaziergang passieren, daß sich unser gepflegter Liebling an uralte Hundebräuche erinnert und auf den Resten eines toten Fisches oder in sonstigem Unrat wälzt. Dann hilft nichts als gründliche Reinigung, notfalls im warmen Rei-Bad. Dabei ist darauf zu achten, daß kein Wasser in die Ohren gerät und daß alle Seifenreste gründlich ausgespült werden. Sonst kann es zu Hautjucken oder auch Ekzemen kommen. Jagdhunden, die noch im späten Herbst bei der Entenjagd ins kalte Wasser gehen oder allen Hunden, die zu ihrem eigenen Vergnügen in Flüssen oder Teichen baden, ist der Fettschutz des Haares auf jeden Fall zu erhalten. Nur so können Erkältungen verhindert werden. Wie bei Wassergeflügel, hält das Fett im Fell das kalte Wasser von der Haut fern.

Nach dem Wannenbad wird der Hund gut abfrottiert und – gleichgültig, ob man ihn mit dem Föhn trocknet oder nicht – in einem warmen, zugluftfreien Raum gehalten. Nach dem Bad im Freien nimmt man das nasse Tier nicht sofort an die Leine, sondern läßt es herumlaufen. So trocknet das Fell am schnellsten.

Der Junghund sollte im ersten Lebenshalbjahr gar nicht gebadet werden und auch danach nur mit besonderer Vorsicht. Bei starker Verschmutzung bleibt jedoch nichts anderes übrig, als auch einen Welpen ohne Rücksicht auf sein Alter in die Wanne zu stecken. Als starke Verschmutzung ist aber nur ein Verschmieren des Felles mit festhaftendem Schmutz zu verstehen. Sand und Erde lassen sich ohne Baden ausbürsten, wenn der regennasse Hund trocken geworden ist.

Besser als ein Wasserbad ist für rauh-, kurz- und glattlanghaarige Hunde die Bearbeitung mit *Trockenshampoo*. Der Schmutz wird damit herausgebürstet, ohne daß der Fettfilm des Haares entfernt wird. Ein besonders schöner Glanz ist die Beigabe. Diese Säuberung hat noch einen weiteren Vorteil: Flöhe und anderes Ungeziefer wechseln nur ungern auf das mit Trockenshampoo behandelte Tier.

Zur täglichen Körperpflege mancher Rassen gehört das Sauberhalten von Bart und Behängen. Besser als feuchtes Abwischen mit einem Schwamm nach der Mahlzeit und anschließendes Auskämmen ist es zu vermeiden, daß sich Futterreste im Fell festsetzen können. Der Durchmesser der Futterschüssel sollte so klein sein, daß die langen Ohren nicht ins Futter hängen. Hunden mit Bart verabreicht man keine breiförmige Nahrung, sondern möglichst Fleisch und trockene Kost.

Täglich sollten auch die *Augen* kontrolliert werden. Bei klarem wäßrigem Ausfluß genügt morgendliches Auswaschen mit einem in Wasser oder Borwasser getränkten Leinenlappen. Bei gelblichem Ausfluß oder geröteter Bindehaut muß an eine Erkrankung gedacht werden. Oft hat der Hund aber nur Zugluft im Auto bekommen.

Zur Routineinspektion gehört auch die Kontrolle des *Hinterteils.* Die Afteröffnung ist soweit frei von Haaren zu halten, daß der Hund sich nicht selbst beschmutzt. Bei sehr lang behaarten Tieren ist eventuell mit einem Schwamm – aber dann mit einem eigenen nur für diese Gegend – und klarem Wasser zu säubern. Unangenehme Gerüche kann der stark behaarte Rüde an sich haben, wenn er beim Nässen sein eigenes Fell erwischt. Nicht bei allen Rassen darf man die Wolle der Bauchgegend entsprechend abschneiden. In diesen Fällen leistet Trockenshampoo, das den Geruch bindet, gute Dienste.

Der am wenigsten angenehme Teil der Körperpflege ist das Ausdrücken der *Analdrüsen.* Diese Drüsen werden beim Absetzen der Verdauung nicht immer genügend entleert. Sie erzeugen dann Juckreiz, der Hund *»fährt Schlitten«* mit seinem Hinterteil auf dem Teppich, sie können sich auch entzünden. Dem beugt man durch gelegentliches kurzes Ausdrücken vor. Mit einer Hand hebt man den Schwanz des Tieres hoch, mit der anderen umfaßt man mit einem Lappen oder einigen Lagen Toilettenpapier die jetzt etwas vorstehende Afteröffnung und entleert durch gleichmäßiges Drücken nach außen den eigenartig duftenden Drüsen-Inhalt. Dem Ungeübten sei Vorsicht angeraten beim zu genauen Hinsehen, denn faßt man es richtig an, wird die Sache mit Druck entleert.

Einmal wöchentlich, zumindest alle 14 Tage, ist eine etwas gründlichere Pflege angebracht. Dann sind die *Ohren* mit an der Reihe, die mit einem watteumwickelten Holzstäbchen, das in Oliven- oder Kinderöl getaucht wurde, vorsichtig gereinigt werden. Auch Vaseline oder Niveacreme eignen sich vorzüglich. Nachzuputzen ist mit trockener Watte. Bei dieser Gelegenheit entfernt man mit den Fingern oder mit einer Schere mit runder Spitze alles den Ohreneingang verdeckende Haar. Denn es wichtig, daß Luft in die Gehörgänge eindringen kann. Mit einer mittelharten Zahnbürste und Wasser wird das Gebiß gereinigt und dabei auf Zahnsteinbildung geachtet. Geringen Zahnsteinbelag kann man mit dem Fingernagel leicht abschaben, und mit einem Lappen mit etwas Zitronensaft nachreiben. Stärkeren Befall läßt man sicherer vom Tierarzt entfernen. Besonders sorgfältiger *Zahnpflege* bedürfen alle Rassen mit kurzen, nicht fest schließenden Kiefern, besonders die Zwerghundrassen mit runden Köpfen. Da diese Tiere nicht wie die großen Hunde Zahnpflege beim Kauen von hartem Hundekuchen nebenbei betreiben können, die Zähne auch nicht so fest im Kiefer sitzen, putzt man ihre Zähne täglich mit einer weichen Kinderzahnbürste.

Nicht bei allen Tieren laufen sich die *Krallen* genügend auf dem Pflaster ab. Oft wachsen sie halbbogenförmig und werden so lang, daß die Pfotenstellung leidet. Die gebogenen Krallen sind eine Gefahr, denn der Hund kann sich nur zu leicht mit ihnen irgendwo festhaken. Das Kürzen der Krallen geschieht mit einer Krallenschere und sollte sehr sorgfältig durchgeführt werden, da Verletzungen der durchbluteten Nagelteile sehr schmerzhaft sind und sich obendrein noch entzünden können. Bei hellen Nägeln sieht man leichter als bei dunklen, wie weit man kürzen darf. Schwarze Krallen sollten lieber öfter und nicht zu stark beschnitten werden. Für den Hund ist es weniger unangenehm, wenn dabei nicht die ganze Krallenspitze in die Zange genommen, sondern jede Kralle von beiden Seiten etwas gekürzt wird. Besonders wichtig ist das Beschneiden der Daumenkrallen der Vorderbeine, die den Boden nicht berühren, sich also auch nicht von selbst abschleifen können.

Krankheiten und Parasiten

Im Leben unseres vierbeinigen Hausgenossen müssen Krankheiten nicht eine unabänderliche Zugabe sein. Eine vernünftige Haltung und Ernährung und ein gewisses Maß an Vorsorge können die Gefahr der Erkrankung verringern. Bei regelmäßiger Pflege und Beobachtung des gesunden Tieres wird man krankhafte Veränderungen frühzeitig erkennen. Wie beim Menschen, so gilt auch hier, daß Vorbeugen besser ist als Heilen und daß jede Krankheit an ihrem Beginn schneller und sicherer zu bekämpfen ist als wenn sie erst verschleppt wurde. Der Hundehalter sollte nur leichtere Unpäßlichkeiten durch Hausmittel selbst behandeln, und das auch nicht länger als zwei bis drei Tage, wenn keine wesentliche Besserung in diesem Zeitraum zu beobachten ist. Dann soll der Tierarzt aufgesucht werden.

Auch ohne zu sprechen kann der Hund uns deutlich zu erkennen geben, wenn es ihm nicht gut geht. Verändertes Wesen, fehlender Appetit, glanzloses, gesträubtes Fell sind unschwer zu bemerken. Eine kalte feuchte Nase ist dagegen ebensowenig ein Zeichen für Gesundheit wie ein warmer trockener Nasenspiegel ein Anzeichen für Krankheit.

Eine recht wesentliche Bedeutung für das Beurteilen des Gesundheitszustandes hat die Körpertemperatur. Sie wird im After gemessen, wobei das eingefettete Thermometer tief eingeführt wird. Den kleinen bis mittelgroßen Hund stellt man dazu auf einen Tisch. Zum Stillstehen wird während des Messens das Tier nicht nur am Halsband, sondern auch am Schwanz festgehalten. Bei größeren Hunden sollten dies eventuell zwei Personen besorgen. Die normale *Körpertemperatur* beträgt 37,5 bis 39° C, je jünger der Hund und je kleiner die Rasse, um so höher liegt sie. Als *Fieber* gelten beim Hund erst mehr als 39,5° C. Auch die *Pulszahl* hängt von der Körpergröße ab. Während sie bei großen Tieren 60 bis 80 Schläge in der Minute beträgt, zählt man bei den Zwergen 100 bis 120 Schläge, bei jungen Welpen sogar bis zu 200. Der Puls wird an der Innenseite der Oberschenkel gefühlt. Meist ist er kräftig und gleichmäßig. Es kann aber auch bei ganz gesunden Hunden immer einmal ein Pulsschlag aussetzen, oder die Zwischenräume zwischen den Schlägen können ungleich sein.

Auffallend starker *Durst* kann als Folge von stark gesalzener Nahrung oder von zu viel Trockenfutter auftreten, aber auch das Zeichen einer Krankheit sein, z. B. von Nierenentzündung oder fieberhaften Erkrankungen. Da der Hund nicht wie Mensch oder Pferd mit der ganzen Körperoberfläche Wasser abgeben kann, ist der Wasserbedarf des gesunden Tieres auch bei warmem Wetter nicht stark gesteigert. Läßt man ihn trotzdem viel Flüssigkeit aufnehmen, so muß er sie durch starkes Hecheln wieder abgeben.

Umgekehrt benötigt der im Sommer stark hechelnde Hund entsprechend mehr Wasser als derjenige, der hohe Außentemperaturen ohne verstärkte Atmung erträgt. Besonders empfindlich sind die Rassen mit kurzem Nasenrücken, also alle Bulldoggen. Sie sollte man noch weniger als andere Rassen im Auto in der Sonne abstellen. Ebensowenig sollte man sie bei heißem Wetter in einer Transportkiste verschicken. Wenn irgendmöglich, warte man kühleres Wetter ab.

Wie oft ein Hund sich löst – *Lösen* ist der Fachausdruck für die Verdauung –, hängt neben der Art der Fütterung weitgehend von der ausreichenden Bewegung ab. Bei langen Spaziergängen kann es zu einem häufigen Absetzen schließlich immer kleinerer Mengen kommen. »Einmal täglich« wenigstens sollte aber auch für den gesunden Hund die Regel sein.

Wie oft der Hund näßt, ist beim Rüden eine Frage der Gelegenheit. Auf Spaziergängen wird er an möglichst vielen markanten Punkten das Bein heben und seine Duftmarkierung hinterlassen, auch wenn es schließlich nur noch wenige Tropfen sind. Während die Hündin gründlich die Blase entleert, geht der Hundeherr sparsam damit um. Damit aber beim letzten abendlichen Hinauslassen auch bei ihm alles draußen bleibt, mache man entweder immer einen kleinen Spaziergang mit ihm oder bringe ihm durch Hinführen stets auf den gleichen Platz ohne jede Ablenkung bei, daß er sich kurz aber gründlich erleichtern soll. Dieses letzte Hinauslassen sollte immer von gleicher Dauer sein.

Auch die Hündin bevorzugt bestimmte Plätze. Kurz bevor ihre Läufigkeit beginnt, pflegt sie auf Rüdenmanier möglichst oft ihre Duftspuren zu hinterlassen.

Die Farbe des *Urins* schwankt beim gesunden Hund von hellgelb bis dunkelgelb, je nach der Nahrung und der aufgenommenen Flüssigkeitsmenge. Bei Welpen ist er heller als bei erwachsenen Tieren und hinterläßt auf hellen Teppichen entsprechend weniger hartnäckige Flecken.

Die größte Bedeutung kommt den *Viruskrankheiten* zu. Unter ihnen ist die häufigste die *Hundestaupe* (Febris catarrhalis infectiosa canum). Ihre französische und englische Bezeichnung (Maladie des chiens, Maladie de jeune âge, Maladie de Carré und Dog distemper) deuten mehr noch als der deutsche Name auf ihre Bedeutung hin. Diese Seuche war in früheren Jahrzehnten noch eine rechte Geißel der Hundezucht, die namentlich unter den Jungtieren verheerend wütete. Die Ansteckung erfolgt durch Aufnahme von virushaltigem Nasensekret oder Harn, durch Tröpfcheninfektion beim Husten kranker Tiere, auch ohne direkten Kontakt durch Beriechen infizierter Gegenstände. Jedes Beschnuppern von Straßenschuhen kann bereits die Ansteckung ins Hunde-Kinderzimmer bringen. Je zarter und schwächlicher ein Jungtier ist, um so leichter erliegt es der Infektion und um so stärker breiten sich die sogenannten Sekundärinfektionen aus. Dies sind durch Bakterien hervorgerufene Komplikationen, die den Krankheitsverlauf besonders bösartig gestalten können.

Die Inkubationszeit, also die Frist von der Ansteckung bis zum Ausbruch der Krankheit, dauert drei bis sieben Tage. Zunächst tritt nur eine rasche, kurzfristige Erhöhung der Körpertemperatur auf 39,5° C und mehr auf, die bald zurückgeht und sich für einige Tage völlig normalisiert. Dem aufmerksamen Hundehalter wird aber das veränderte Wesen auffallen. Die Tiere sind launisch, werden schreckhaft und verkriechen sich, die Freßlust läßt nach. Bei gesund ernährten und im Freien aufgezogenen Hunden aus »staupefesten Stämmen« kann dann bereits die Heilung von selbst einsetzen.

Häufiger aber kommt es um den neunten Tag nach der Ansteckung zu einem erneuten Fieberanstieg mit allen Anzeichen schweren Krankseins. Ein Katarrh der Luftwege mit erst serösem, dann mehr eitrigem Nasenausfluß und Augenentzündungen treten zuerst auf, bald kann sich durch zunächst trockenen Husten der Beginn einer Bronchitis oder Lungenentzündung ankündigen.

Anstelle oder neben dieser katarrhalischen Form kann die Magen-Darm-Staupe auftreten, die sich durch Erbrechen und starke, übelriechende, oft blutige Durchfälle äußert. Häufig entwickelt sich ein

Staupeexanthem, das in seiner schwächeren Form auch nur einige Pusteln an der Innenseite der Schenkel zeigt, die dann ohne Beschwerden zu verursachen, eintrocknen. Treten nervöse Erscheinungen wie Krämpfe, nervöses Zittern oder Lähmungen auf, dann handelt es sich um die schwerste Form der Staupe, die das Gehirn in Mitleidenschaft zieht und vor allem beim jungen Hund selten ohne bleibende Schäden abheilt.

Der staupekranke Hund gehört sofort in die Behandlung des Tierarztes. Wegen des hohen Fiebers und der Ansteckungsgefahr für andere Hunde werden kleinere Rassen in einer ausgepolsterten Tasche getragen, zu größeren Rassen sollte der Tierarzt ins Haus geholt werden. Der Verlauf der Krankheit hängt davon ab, wie rechtzeitig die Behandlung einsetzt und welche Reserven das Tier hatte. Abgegesehen von den ganz leichten Fällen nur geringer Unpäßlichkeit ist damit zu rechnen, daß von unbehandelten Hunden jeder zweite stirbt. Erkrankt ein Welpe vor dem Zahnwechsel, so kann, unabhängig von der Heftigkeit der Krankheit, die Entwicklung der Zähne, namentlich ihrer Schmelzschicht, gehemmt werden. Es kommt dann zum *»Staupegebiß«* mit Braunfärbung oder auch Deformierung einiger oder aller Zähne. Dieses Staupegebiß ist weicher und empfindlicher als ein normales Hundegebiß. Wenn auch die Ansichten der verschiedenen Hundeklubs darüber auseinandergehen, eine Abwertung des Tieres sollte das Staupegebiß nicht darstellen. Denn ein Welpe, der vor dem Zahnwechsel diese schwere Krankheit ohne weitere Schäden übersteht, muß schon eine ungewöhnlich robuste Natur besitzen.

Die Behandlung der verschleppten Staupe mit Serum, Antibiotika und Sulfonamiden ist langwierig und kostspielig, denn es sind meist mehrere Erreger zu bekämpfen. Daher ist dem Besitzer nur anzuraten, seinen Hund rechtzeitig impfen zu lassen. Der Hundezüchter wird häufig bewußt auf das vorbeugende Impfen verzichten, besonders dann, wenn er staupefeste Hunde hat, d. h. Hunde, die eine Staupeinfektion mit geringen Krankheitserscheinungen überstehen. Er geht damit das Risiko ein, daß ihm schwächere Tiere an der Krankheit erliegen.

Zu impfende Hunde sollen mindestens sechs Wochen alt, gut ernährt und ungeziefer- und wurmfrei sein. Länger dauernden Schutz bietet nur die *Impfung* mit lebendem, abgeschwächtem Virus, beste

Erfolge werden mit der kombinierten Impfung mit Immunserum und Virus erzielt. Der Schutz hält lange, sogar lebenslänglich vor, der Nachweis wird durch einen Impfpaß ausgestellt. Vorsicht ist angebracht, wenn ein angeblich geimpfter Hund diesen Paß mit der Nummer der Virusampulle nicht besitzt. Dann besteht der Verdacht, daß nur die Impfung mit dem billigeren Immunserum durchgeführt worden ist. Und dessen Schutz dauert nur 14 Tage.

Angeblich gegen Staupe schützende Präparate haben keine stärkere Wirkung als der Kupferpfennig um den Hals oder in der Wasserschüssel: nämlich gar keine. Sie können in manchen Fällen sogar gefährlich sein, wenn sie durch eine Reizung von Magen und Darm Krankheitskeimen den Weg bahnen.

In den letzten Jahren wird immer mehr empfohlen, die Staupeimpfung alle zwei bis drei Jahre zu wiederholen. Denn die ursprüngliche Hunde-Kinderkrankheit befällt jetzt viel mehr ältere Hunde als früher. Ob es sich dabei um ungeimpfte oder nicht ausreichend geimpfte Tiere handelt oder ob der Impfschutz doch nicht so lange vorhält, ist dann schwer festzustellen. Oft handelt es sich dabei aber nicht um die echte Staupe, sondern um eine andere Viruserkrankung mit ähnlichen Erscheinungen, z. B. um die *Hartballenkrankheit* (engl. Paradistemper) oder die *Ansteckende Leberentzündung* (Rubarthsche Krankheit).

Hauptsächlich ältere Hunde werden von der *Stuttgarter Hundeseuche* (Hundetyphus) befallen, die von dem Erreger Leptospira canicola hervorgerufen wird. Die Ansteckung erfolgt über den Harn erkrankter oder auch gesunder Trägertiere und befällt mehr Rüden als Hündinnen. Besonders am Ende eines heißen Sommers tritt sie gelegentlich in seuchenhafter Form auf. Die akute Form der Krankheit beginnt mit hohem Fieber oder Schüttelfrösten und großer Hinfälligkeit. Die Tiere leiden unter großem Durst, verschmähen aber das Futter. Meist besteht blutiger Durchfall, gelegentlich auch Kotverhaltung, nur gelegentlich wird eine gelbliche Verfärbung der Schleimhäute beobachtet. Aus dem Mund kommt ein übler Geruch von zersetztem Harn. Häufiger ist die chronische Form, die neben Durst, Freßunlust und Schwäche durch hartnäckiges Erbrechen und Veränderungen der Mundschleimhaut charakterisiert ist. Das Zahnfleisch erscheint zunächst trocken und wird schließlich mit Schorf und

Geschwüren bedeckt. Auch bei dieser Form treten der üble Geruch aus dem Maul und Verdauungsschwierigkeiten bei Darmkrämpfen auf. Krämpfe der Muskulatur des Kopfes oder des ganzen Körpers können sich zusätzlich einstellen. Dabei besteht kein Fieber, die Körpertemperatur sinkt schließlich unter 37° C. Die Tiere magern innerhalb weniger Tage stark ab und können an der bestehenden Nierenentzündung oft schon am Ende der ersten Krankheitswoche sterben. Überlebende Tiere behalten oft zeitlebens eine chronische Nierenentzündung, Verdauungsstörungen oder eine Hinterhandlähmung. Je früher die Behandlung durch den Tierarzt einsetzt, desto günstiger ist die Möglichkeit einer Heilung einzuschätzen. Genesene Hunde können aber weiterhin die Leptospiren ausscheiden, so daß die Hunde der Umgebung tunlichst zu impfen sind. Häufig wird diese Impfung in einer Mehrfachspritze mit der Staupeimpfung verabreicht. Dabei ist aber immer zu beachten, daß der Impfschutz gegen die Stuttgarter Hundeseuche nur sechs Monate vorhält, der gefährdete Hund also alle halbe Jahre nachgeimpft werden muß.

Eine weitere Leptospirenerkrankung, die *ansteckende Gelbsucht* oder *Weilsche Krankheit,* wird häufig durch Ratten übertragen. Vorübergehende Temperaturerhöhung, Appetitlosigkeit und Erbrechen sind die ersten Krankheitszeichen. Nach einigen Tagen verfärben sich die Schleimhäute gelblich. Bleibt diese Verfärbung aus, wird die Krankheit leicht mit der Staupe verwechselt. Doch fehlen katarrhalische Anzeichen. Die Sterblichkeit ist recht hoch.

Gegen die schlimmste der Infektionskrankheiten des Hundes, gegen die *Tollwut,* gibt es neuerdings eine sichere, und was besonders wichtig ist, endlich auch bei uns gesetzlich anerkannte Schutzimpfung, die wenigstens zwei Jahre vorhält. Für den nur an der Leine geführten Stadthund mag diese Vorbeugung überflüssig sein, für den Jäger oder den Hundebesitzer auf dem Land ist diese Impfung eine große Beruhigung, weiß er doch nie, ob sein Hund nicht ungesehen Kontakt mit einem infizierten Wildtier hatte. Da es nach Ausbruch der Tollwut weder bei Tier noch Mensch eine Hoffnung auf Überleben gibt, kann sie als eine der gefährlichsten übertragbaren Krankheiten angesehen werden. Deshalb muß bei Verdacht auf Tollwut durch strenge Isolierung in Quarantäne die Diagnose gesichert und die vorbeugende Behandlung aller mit dem Hund in Berührung gekommenen Menschen durchgeführt werden. Die Inkubationszeit dauert beim Hund 7 bis 150, meist 15 bis 45 Tage.

Erste Anzeichen einer Tollwutinfektion sind eigentümliche Wesensveränderungen, eine starke Gereiztheit, veränderter Geschmack, wobei frühere Lieblingsspeisen verschmäht und sonst Ungenießbares, wie Holz, Leder und dergleichen, verschlungen wird. Die Tiere verspüren großen Durst, können aber nur mit Mühe kleinere Mengen Wasser schlucken. Gleichzeitig besteht starker Speichelfluß. Schon ein bis drei Tage später kommen die wutkranken Hunde in das zweite Stadium mit verstärkter Unruhe, Halluzinationen und dem heftigen Drang zum Davonlaufen und Herumirren. Dabei besteht eine Angriffslust, die den herumstreifenden Hund veranlaßt, nach allem zu beißen, was ihm in den Weg kommt. Tobsuchtsanfälle wechseln mit Perioden völliger Erschöpfung ab. Bald treten auch Lähmungen des Kehlkopfes auf, die zu heiserem Bellen führen, Schlucklähmung, so daß Futter und Wasser völlig verweigert werden, Augenlähmung, die zum Auswärtsschielen führt. Eine eigenartige Wasserscheu löst Wutanfälle schon beim Anblick von Wasser aus. Am dritten oder vierten Tag kommt es zu völliger Abstumpfung und weitergehender Lähmung vor allem der Hinterhand. Schließlich gehen die kranken Tiere völlig abgemagert und erschöpft zugrunde. Eine Abweichung davon ist die »Stille Wut«, die innerhalb von vier Tagen zum Tode führt, aber ohne Bellen und Beißen verläuft. Sanfte Stubenhunde sollen häufiger an der stillen als an der rasenden Wut erkranken.

Die Ansteckung erfolgt durch infizierten Speichel, meistens durch einen Biß. Der Erreger kann aber auch durch Belecken einer Hautverletzung, möglicherweise auch durch die unverletzte Schleimhaut, übertragen werden.

Die *Tuberkulose* kann beim Hund die verschiedensten Organe befallen. Entsprechend unterschiedlich sind auch die Erscheinungsformen. Die Lungentuberkulose oder Schwindsucht beginnt wenig auffällig mit leichtem Ermüden, nachlassendem Appetit und Abmagerung. Die Schwankungen der Körpertemperatur sind meist gering. Anfänglich kurzer, trockener Husten wird immer quälender und häufiger, Nasenfluß, Atembeschwerden, Rasselgeräusche können auftreten. Der Gesichtsausdruck des schwindsüchtigen Hundes wird leidend und scharf geschnitten. Brustfellentzündung und Herzbeutelentzündung sind unangenehme Komplikationen. Der tuberkulöse Hund gehört in die Behandlung des Tierarztes. Die Ansteckung erfolgt durch den Menschen oder durch infizierte Nahrung. Immerhin muß zur Infektionsquelle noch eine Konstitutionsschwäche hinzukommen. Deshalb sollte man tuberkulöse Hunde von der Zucht ausschließen.

Wechselnde Bedeutung hat man in den letzten Jahrzehnten der *Toxoplasmose* zuerkannt, einer Erkrankung durch Protozoen, einzellige Lebewesen, die außer im Hund in vielen anderen Haustieren oder freilebenden Tieren, auch in Vögeln angetroffen werden. Die Erscheinungsformen beim Hund ähneln denen der Staupe mit Darmaffektionen oder nervösen Erscheinungen. Die Krankheit ist auf den Menschen übertragbar, verläuft bei ihm aber im allgemeinen ohne Krankheitserscheinungen. Bei Frauen kann es jedoch während der Schwangerschaft unter Umständen zu einer Schädigung des Kindes im Mutterleib kommen. Wenn die Gefahr auch geringer zu sein scheint als bisher angenommen, so sollten Mädchen und junge Frauen zurückhaltend und vorsichtig sein bei der Pflege staupeverdächtiger und darmkranker Hunde, besonders solcher mit Dauerdurchfällen. Da die Infektion durch Kot und Harn erfolgt, läßt sie sich durch Befolgung der selbstverständlichen Regeln der Hygiene vermeiden. Der Nachweis einer Infektion kann bei Mensch und Tier durch serologische Methoden aus dem Blut erfolgen.

Eine fieberhafte Infektionskrankheit mit Gelbsucht und Blutarmut ist die *Babesiose.* Sie wird durch Zecken übertragen und kommt vorwiegend in tropischen Ländern vor.

Mit diesen Infektionskrankheiten sind die gefährlichsten Angriffe auf Leben und Gesundheit unserer vierbeinigen Begleiter erwähnt. Andere Erkrankungen sind bei richtiger Haltung und Fütterung meist vermeidbar oder sie sind leichter zu heilen und weniger gefährlich.

Einfaches *Erbrechen* kommt beim Hund nicht selten vor. Es ist von der Natur geplant, daß der Wildhund gierig Verschlungenes wieder von sich gibt, um es sich ein zweites Mal einzuverleiben. Unser Hundeliebling, gewohnt, alles fein zerkleinert vorgesetzt zu bekommen, wird ebenfalls alles wieder erbrechen, wenn er mit oder ohne Einwilligung plötzlich eine größere Menge von grobem Fleisch verdrückt hat. Das schadet ihm gar nichts, man kann ihn das Erbrochene ruhig wieder fressen lassen. Denn ein gesunder Hund übergibt sich nur, wenn er etwas Unbekömmliches oder einfach zuviel gefressen hat. Ein natürlicher Vorgang ist es auch, wenn der Hund langes, hartes *Gras* frißt und sich kurz darauf übergibt. Meist sind im Gras dann Knochensplitter, Haare, Knöpfe, Plastikkorken oder anderes Unverdauliche eingewickelt.

Macht der Hund aber einen kranken Eindruck und hat er erhöhte Temperatur, dann ist meist auch das Erbrochene schaumig oder übelriechend, und es muß mit einer Erkrankung gerechnet werden.

Auch Verdauungsstörungen sind nicht unbedingt ein Zeichen von Kranksein. Alle Hunde bekommen nach reichlich Milch gelben, dünnflüssigen Stuhl, einige auch schon nach wenig Milch. Manche entleeren sich auf dem Spaziergang so oft und so gründlich, daß nach einigen wohlgeformten Häufchen die weitere Produktion dünnflüssig ausfällt. Das ist durchaus normal.

Ungeeignetes Futter, besonders Hülsenfrüchte, kann ebenfalls, sogar zu recht unangenehmen *Durchfällen* führen. Frißt der Hund häufiger schwerverdauliches, schlechtgewordenes oder zu kaltes Futter, so kann es zu Magen- und Darmkatarrh kommen. Das Tier zeigt, daß es sich nicht wohl fühlt, das Fell ist oft gesträubt, der Durst vermehrt. Dann muß strenge Diät gehalten werden. Zu trinken gibt es schwachen schwarzen oder Kamillentee; lehnt der Hund ihn ab, dann abgekochtes, lauwarmes Wasser. Der wohlernährte Hund kann ruhig ein bis zwei Tage hungern, dann wird mit Haferschleim und Hackfleisch, also mit leichter Kost, begonnen. Dem jungen oder mageren Hund gibt man gleich diese Krankenkost, auch ein Eigelb mit Rotwein verrührt. Fett, Zucker, Brot, Kartoffeln oder Knochen sind absolut zu vermeiden. Eingeweichter Zwieback in halb Milch halb Wasser ist auch bekömmlich. Je nach Größe des Hundes gibt man zwei bis drei mal täglich Kohlekompretten. Ist damit der Durchfall nicht behoben, gehört die weitere Behandlung in die Hand des Tierarztes, vor allem dann, wenn Blut im Stuhl ist.

Konstitutionelle Durchfälle meist schwächlicher Tiere, die ohne erkennbare Ursache immer wiederkehren, lassen sich oft überraschend durch zerlassenen Hammeltalg beheben, der über jede Mahlzeit gegeben wird. Er legt sich als feiner Film über die erkrankte Schleimhaut des Magens oder Darmes. Selbstverständlich muß die ganze übrige Kost leichtverdaulich sein.

Eine besondere Art von Durchfall wird der Hundebesitzer meist nur einmal an seinem Hund erleben und in Zukunft besser achtgeben: Durchfall als Folge des Saufens von *Meerwasser.*

Durchfall oder auch Erbrechen können bei der Hündin mit der Hitze oder mit einer Scheinträchtigkeit zusammenhängen. Normal ist auch das Erbrechen der säugenden Hündin vor ihren Jungen. Bei den fernen Hundeahnen brachte kein Frauchen den Welpen Hackfleisch und Haferbrei, da war das Vorgekaute der Mutter die bekömmlichste und besttemperierte erste feste Nahrung für die Hundekinder.

Unwillkürlicher Kotabgang, meist in halbfester Konsistenz, kann als Schreck- oder Angstreaktion beobachtet werden. Meist ist dabei der Geruch besonders auffallend durch eine größere Portion Sekret aus den Analdrüsen.

Verstopfung kann mindestens ebenso unangenehm sein wie Durchfall. Seine häufigste Ursache ist die übermäßige Verfütterung von Knochen. Leichtverdauliche Kost wie Schleimsuppen und Hackfleisch mit Paraffinöl oder Milchbrei helfen in leichten Fällen. Durch Einfetten der Afteröffnung mit Paraffin- oder Olivenöl kann man das Absetzen des harten Knochenkotes weniger schmerzhaft gestalten. Sind noch scharfe Splitter im Darminhalt, dann kann es zu blutigen Verletzungen kommen. Liegt beim älteren Hund zusätzlich eine Schwäche des Darmes vor, muß der harte Darminhalt mit einem eingeölten Fingerling vorsichtig ausgeräumt werden. Diese Prozedur ist recht schmerzhaft, wer nicht sehr geschickt ist, überläßt sie besser dem Tierarzt. Es ist auch schon vorgekommen, daß der Hund sich nicht entleeren konnte, weil verschmutzte und verkrustete Haare die Afteröffnung verklebten. Beim nur einigermaßen gepflegten Hund dürfte das nicht vorkommen. Ältere Tiere mit wenig Bewegung, besonders wenn sie unter Rheumatismus leiden, neigen zu Verstopfung. Hier hilft nur leichtverdauliche Kost, ohne jeden Knochen. Kalk wird als Pulver ins Futter gegeben. Auch mit dem ältesten Hund sollte man einen Verdauungsspaziergang unternehmen, denn Verstopfung kommt auch oft aus Mangel an Gelegenheit.

Verstopfung in Abwechslung mit Durchfall läßt den Verdacht au eine chronische *Darmerkrankung* aufkommen und gehört in die Be handlung des Tierarztes. Sie kann aber auch durch grobe Ernährungs fehler hervorgerufen werden. Bei völligem *Darmverschluß* wirkt de

Hund abgeschlagen und krank, der Leib ist gespannt und druckschmerzhaft. Spätestens wenn es zum Erbrechen kommt, ist es höchste Zeit für den Besuch beim Tierarzt. Denn nicht selten sind abgeschluckte Fremdkörper oder auch eine Darmverschlingung die Ursache. Nur rechtzeitige Operation vermag das Hundeleben noch zu retten.

Ausgesprochene *Freßunlust* kann, braucht aber nicht Zeichen einer Krankheit zu sein. Manche reichlich ernährten Einzelhunde sind schlechte Fresser. Hatte ein Tier aber bisher immer guten Appetit, so darf plötzliches Futterverweigern nicht bagatellisiert werden, wenn es keine äußeren Ursachen wie z. B. Futterumstellung, beginnende Läufigkeit, heißes, schwüles Wetter gibt. Es ist jedoch besser und billiger, einmal zuviel zum Tierarzt zu gehen als bei einer ernsten Krankheit zu spät zu kommen.

Überfressen kann vorkommen, wenn das unbeaufsichtigte Tier auf Schuttplätzen oder irgendwo in der Nachbarschaft große Mengen von irgend etwas verschlingt. Da immer die Gefahr besteht, daß es sich um verdorbene oder gar um vergiftete Nahrungsmittel handelt, bringt man den Hund sicherheitshalber durch Eingeben von Kochsalz zum Erbrechen. Je nach Größe des Tieres gibt man einen oder mehrere Eßlöffel mit Salz und etwas Wasser ein. Dabei hält man die Schnauze des Hundes hoch und hält die Lefzen zu, so daß die unangenehme Arznei auch hinuntergeschluckt wird.

Bei Verdacht auf *Vergiftungen* hilft am sichersten der Tierarzt. Da sich die Gegenmittel nach der Art des Giftes richten, sind Proben des Giftes oder der Packung oder notfalls auch das vergiftete Erbrochene mitzunehmen.

Zu den häufigsten *Darmschmarotzern* gehört der *Spulwurm* (Toxocara canis und Toxascaris leoni), ein weißlicher, dünner Wurm mit bis zu 12 cm Länge, also von Regenwurmgröße. Einzelne Würmer beeinträchtigen das Wohlbefinden kaum, ein stärkerer Spulwurmbefall vor allem junger Hunde kann die Entwicklung stark verzögern und zu einem schweren Krankheitsbild mit Krämpfen führen. Die Aufnahme der Wurmeier erfolgt durch Straßenschmutz oder verseuchte Zwinger. Welpen können sich noch im Mutterleib infizieren. Da Spulwurmeier fast allgegenwärtig sind und Jungtiere wenig Widerstandskraft besitzen, muß praktisch bei jedem Wurf mit Spulwurmbefall gerechnet werden. Ein sicherer Nachweis des Wurmbefalls wird durch eine Kotuntersuchung auf Wurmeier geführt. Da aber auf diese Weise nur ausgewachsene, geschlechtsreife Würmer nachgewiesen werden können, empfiehlt sich auf jeden Fall die vorsorgliche Wurmkur der Welpen in der fünften bis siebenten Lebenswoche. Sind dabei Würmer ans Tageslicht befördert worden, soll die Prozedur nach 14 Tagen wiederholt werden. Denn die Spulwurmlarven, die ihre ersten Entwicklungsstadien außerhalb des Tierkörpers durchmachen müssen, gelangen erst Tage nach der Aufnahme über eine komplizierte Wanderung durch die Tierkörper in den Darm.

Für die *Wurmkur* wird am besten ein Piperazin-Präparat eingegeben, z. B. *Uvilon.* Bevor der Käufer eines Jungtieres auf eigene Faust herumprobiert, sollte er von dem Züchter des Tieres erfragen, wann und wie oft eine Wurmkur durchgeführt und welches Präparat verwendet wurde. Im Zweifelsfall befrage man den Tierarzt. Denn eine zu häufige und womöglich noch unnötige Reizung des Darmes kann mehr schaden als nützen. Der ältere Hund sollte nur bei begründetem Verdacht auf Wurmbefall nach einer mikroskopischen Stuhluntersuchung einer Wurmkur unterzogen werden. Bei ihm können auch andere Wurmarten vorhanden sein, die jeweils ein spezifisches Mittel erfordern. Die tragende Hündin sollte, wenn es überhaupt sein muß, in der Mitte der Trächtigkeit, also nach vier bis fünf Wochen, entwurmt werden.

Eine direkte Übertragung von Hund zu Hund oder auf den Menschen kommt nicht vor, da die Eier sich zunächst im Freien entwickeln müssen. Im übrigen können sich Hundespulwürmer nicht im Darm des Menschen festsetzen.

Anzeigen für Würmer sind Abmagerung bei gutem Appetit, aufgetriebener Leib, hochgezogener, krummer Rücken und eingefallene Flanken beim Fressen. Werden Spulwürmer erbrochen, dann handelt es sich meist um einen recht massiven Befall, und die sofortige Entwurmung ist angezeigt.

Die Anwesenheit eines *Bandwurmes* entdeckt man meist durch die mit dem Kot abgesetzten Glieder, flache rötlichweiße, etwa 5 mm lange und in frischem Zustand bewegliche Gebilde. Beim Eintrocknen werden sie hart und ähneln dann kleinen, sehr schmalen Reiskörnern, die besonders bei länger behaarten Hunden um die Aftergegend herum zu finden sind. Die Bandwürmer brauchen für die Übertragung einen Zwischenwirt, können also nicht von Hund zu Hund weitergegeben werden. Der häufigste Bandwurm der Stadthunde (Taenia cucumerina) wird durch den *Hundefloh* oder den *Hundehaarling* übertragen. Andere Zwischenwirte für weitere Arten sind Hase und Kaninchen, Schwein, Schaf und Fische. Ein sicher wirkendes Bandwurmmittel ist *Nemural.* Da aber Bandwurmkuren nicht ungefährlich sind und sehr genau dosiert werden müssen, sollte man sie nur unter Aufsicht eines Tierarztes vornehmen. Mit einer einzigen Ausnahme können alle beim Hund vorkommenden Bandwürmer nicht direkt, d. h. ohne anderen tierischen Zwischenwirt, auf den Menschen übertragen werden. Nur der kleine, drei- bis viergliedrige Tania echinococcus kann sich auch in den Organen des Menschen entwickeln. Durch die seit langem überall vorgeschriebene Fleischbeschau kann sich der Stadthund gar nicht, der auf dem Land lebende Hund praktisch kaum je mit ihm infizieren.

Seltener kommen die Blutarmut bewirkenden *Hakenwürmer* oder *Fadenwürmer* vor. Die Behandlung erfolgt durch bestimmte Gelatinekapseln nach mikroskopischer Bestimmung der Eier.

Eine völlig harmlose Erkrankung des Rüden ist der *Vorhautkatarrh,* der sich meist nur durch geringen grünlichgelben Ausfluß äußert. Er kann durch Spülungen mit einpromilliger Chinosollösung behandelt werden, kehrt aber meist nach einiger Zeit wieder.

Dagegen ist der Ausfluß bei Hündinnen mittlerer oder älterer Jahrgänge nicht leichtzunehmen. Abgesehen von den normalen Ausscheidungen vor und während der Hitze und nach der Geburt der Jungen kann es auch zwei Monate nach der Läufigkeit zu klarem schleimigem Ausfluß kommen. Besteht aber kein Zusammenhang mit dem normalen Fortpflanzungsrhythmus, so ist bei länger dauerndem glasigem oder gar eitrigem und übelriechendem Ausfluß der Rat des Tierarztes einzuholen, da Verdacht auf eine *Gebärmuttererkrankung* besteht. Die Heilung durch Antibiotika gelingt um so sicherer, je weniger die Krankheit verschleppt wurde.

Da durch bessere Fütterung und vorbeugende Impfungen die Sterblichkeit der jungen Hunde zurückging, treten, wie beim Menschen, mit zunehmendem Alter häufiger Abnutzungserscheinungen auf. So nimmt die Zahl der nierenkranken Hunde zu. Da die Zeichen einer akuten *Nierenentzündung*, steifer Gang, hochgezogene, schmerzhafte

Nierenpartie, trüber, dunkler Urin meist in verringerter Menge, leicht übersehen werden können, kommt es nicht selten zur chronischen Nierenentzündung. Vermehrter Durst bei salzloser Kost gibt einen Hinweis, die Urinuntersuchung gibt Sicherheit.

Kurzatmigkeit, Trödeln bei Spaziergängen, trockener Husten, Wassersucht oder Ödeme können Zeichen einer *Herzschwäche* sein. Wird der Hund rechtzeitig behandelt und der Kreislauf durch regelmäßige Gaben von Herzmitteln gestützt, so kann das Tier noch manches Jahr bei gutem Wohlbefinden am Leben bleiben.

Erkrankungen der *Atmungsorgane* treten selten für sich allein auf. Häufiger sind sie Zeichen einer Infektionskrankheit. Daher empfiehlt sich auf jeden Fall das Messen der Temperatur. Besteht kein Fieber und wirkt der Hund sonst nicht weiter krank, genügt Warmhalten und Vermeiden jeder Anstrengung.

Ausfluß aus den Augen kann erstes Anzeichen einer Staupe sein. Sehr häufig sind aber auch Fremdkörper und Zugluft, insbesondere beim Autofahren, die Ursache. Durch Auswaschen mit lauwarmem Borwasser geht diese *Bindehautentzündung* meist bald zurück, es sei denn, es kommt immer wieder zu neuen Reizungen der Bindehaut. Dann kann die Sache chronisch werden.

Das *Einrollen des Augenlides* (Entropium) ist angeboren oder durch Augenerkrankung erworben. Durch die gegen den Augapfel gerichteten Wimpern kommt es zu einer dauernden Reizung der Hornhaut. Für den Tierarzt ist die operative Korrektur kein Problem.

Alterskrankheiten der Augen können die Sehkraft beeinträchtigen und zur Blindheit führen. Sie können durch Behandlung gebessert oder vor einer weiteren Verschlechterung bewahrt werden. Für das Nasentier Hund ist der Verlust der Sehkraft kein unüberwindliches Problem, vor allem dann nicht, wenn es nur in der gewohnten Umgebung gehalten wird.

Gutartige sowie bösartige *Geschwülste* können auch die Gesundheit des Hundes beeinträchtigen. Die Behandlung, vor allem ob eine Operation angezeigt ist, entscheidet der Tierarzt. Bei der älteren Hündin wird man einen langsam wachsenden *Brustdrüsentumor* nicht entfernen, während man bei der jüngeren Hundedame möglichst früh einen Eingriff vornimmt.

Grundsätzlich kann man auch beim Hund jede Art Operation

durchführen. Die beim Menschen gebräuchlichen Medikamente, vor allem die Antibiotika, retten auch manches Hundeleben. Selbst nach schweren Bauchoperationen kann das Tier bei verständiger Pflege gleich nach Hause entlassen werden. Der Hundebesitzer sollte keine Mühe scheuen, seinem Tier dann alle Fürsorge angedeihen zu lassen. Die nachoperative Pflege in der Tierklinik ist zwar objektiv besser, doch der kranke Hund weiß ja nicht, daß er nur vorübergehend dort sein muß. Er fühlt sich gerade in kranken Tagen zu Hause am geborgensten.

Bei Wurfschwierigkeiten wird auch beim Hund immer mehr die Entbindung durch *Kaiserschnitt* gewählt. Die operierte Hundemutter kann ihre Kinder selbst aufziehen; es sind ihr dabei alle Erleichterungen zu geben. Man wird ihr also nur eine beschränkte Zahl von Welpen belassen, die in den ersten Tagen nur stundenweise zur Mutter kommen, in der übrigen Zeit in einer warmen Kiste in Hörweite der Hündin liegen. Nur wenn die Mutter unruhig wird und ihre Jungen immer bei sich haben möchte, lasse man sie ihr ganz. Denn ihre Ruhe ist das wichtigste zur Genesung.

Eine Erkrankung der *säugenden Hündin*, die *Eklampsie*, tritt meist in heißen Sommerwochen auf. Gerade die besten Mütter werden am ehesten davon betroffen. Erste Anzeichen sind kurzes, schnelles Atmen und unsicherer Gang. Sie werden meistens übersehen, so daß es bald darauf zu krampfartigen Anfällen kommt. Beginnt die Behandlung, meist durch Kalziumspritzen, sofort, so tritt eine fast schlagartige Besserung ein, und die Jungen können unter Umständen weiter von der Mutter aufgezogen werden. Wenn möglich, gibt man sie jedoch einer Amme oder man behilft sich mit zusätzlicher Flaschenfütterung, und zwar immer bevor man die Welpen für einige Zeit der Hündin anlegt. Die wichtigste Aufgabe der Hundemutter ist das Belecken der Jungen, das unumgänglich ist für die Verdauung. Sobald wie irgendmöglich wird feste Nahrung zugefüttert.

Verstauchungen, besonders an den Vorderpfoten durch Fehlsprünge oder Hängenbleiben, sehen im ersten Augenblick durch den starken Schmerz und das völlige Lahmen recht gefährlich aus. Das Gelenk ist dabei gut beweglich, schwillt nach einigen Stunden aber stark an. Mit Umschlägen von essigsaurer Tonerde und viel Ruhe ist der Schaden in zwei bis vier Tagen wieder behoben. Besteht jedoch eine *Verrenkung,* die an der Veränderung des Gelenkes und an seiner Unbeweglichkeit oder zumindest stark eingeschränkten Beweglichkeit auch von Laien erkannt werden kann, so muß durch den Tierarzt das Gelenk wieder eingerichtet und für einige Zeit durch einen festsitzenden Verband ruhiggestellt werden.

Knochenbrüche der Beine heilen bei sachgemäßer Schienung wieder völlig gerade. Unbehandelte Brüche wachsen schief zusammen und bereiten oft zeitlebens Beschwerden. Bei Oberarm- oder Beckenbrüchen läßt sich kein Verband anlegen. Die Behandlung besteht für einige Wochen aus völliger Ruhe auf weichem, geräumigem Lager. Wenn man nach einem Beckenbruch die Hündin zur Zucht verwenden will, sollte man die Möglichkeit eines Kaiserschnitts erwägen. Eine Beeinträchtigung der Zuchtfähigkeit nach Beckenbruch liegt um so eher vor, je kleiner die Hündin ist, denn große Rassen bringen im Vergleich zum Muttertier kleinere Junge zur Welt.

Manche Hunde neigen dazu, immer wieder *Geschwüre zwischen den Zehen* zu bekommen. Wie bei Ballenverletzungen, ist für die Behandlung ein guter Schutz der erkrankten Pfote wichtig. Die entzündete oder verletzte Stelle wird mit einer Heilsalbe *(Lebertran-,* oder *Desitinsalbe)* bestrichen und leicht mit einer Mullbinde umwickelt. Darüber wird beim Ausgang auf die Straße ein käuflicher Hundeschuh gezogen. Zu Hause zieht man einen alten Strumpf oder besser einen Lederhandschuh, dessen Finger abgeschnitten und zugenäht wurden, über den Verband und bindet mit einem Leinenband zu. Mit diesem weichem Schuh kann das Tier besser laufen und es kommt Luft an die kranke Pfote. Ist der Verband naß geworden, muß er sofort gewechselt werden. Die Pfote soll nicht beleckt werden, das würde die Heilung verzögern.

Das *Belecken von verschmutzten Hautwunden* kann der Heilung durchaus förderlich sein. Meist hat der Hund jedoch zu viel Zeit und läßt durch dauerndes Belecken die Verletzung nicht zur Ruhe kommen. Dann ist die Wunde mit Heilsalbe, Wundpuder und Mull zu versorgen und das Belecken durch eine breite Halskrause aus Pappe zu unterbinden. Längere, scharfrandige Schnittwunden heilen schneller, wenn sie vom Tierarzt genäht wurden. Heimtückisch sind *Bißverletzungen* durch andere Hunde, weil sie oft Taschen unter der Haut bilden, in denen Schmutz oder Haare hartnäckige Entzündungen oder

Eiterungen bewirken. Diese Taschen sind nötigenfalls mehrmals mit einer ausgekochten Pinzette und keimfreiem Mull zu säubern und mit Antibiotikapuder zu behandeln. Wer nicht sehr geschickt ist, überläßt solche Wundbehandlungen dem Tierarzt.

Verbrühungen oder Verbrennungen kommen bei Haushunden gar nicht selten vor. Bepudern mit Stärkemehl, bestreichen mit Brand- oder Lebertransalbe oder Leinöl gehören zur ersten Hilfe. Brandblasen sind mit einer ausgekochten Nadel vorsichtig aufzustechen und mit Puder zu behandeln.

Hautkrankheiten können so verschiedene Ursachen haben, daß Behandlungsversuche ohne Tierarzt nicht zu lange ausgedehnt werden sollten, wenn sich keine Besserung zeigt. Einfache Hautröte durch Scheuern des Halsbandes, eines ungeeigneten Lagers oder bei dicken, kurzhaarigen Hunden des Felles unter dem Vorderarm kann durch milden Wund- und Kinderpuder geheilt werden.

Ebensowenig ansteckend ist das *Ekzem,* eine meist juckende Hautkrankheit mit Haarausfall und oft Krusten- und Schuppenbildung. Betroffen sind meist zu reichlich oder falsch ernährte Hunde, häufig solche, die mit stark gewürzten Tischabfällen ernährt werden. Unsachgemäße Haarpflege, sei es durch einen scharfzinkigen Kamm, zu häufiges Baden oder Zurücklassen von Seifenresten, sind weitere Ursachen. Gesunde Ernährung, Spaziergänge an der frischen Luft ohne Mäntelchen können durch Hefekuren oder täglich einen Teelöffel *Murnil,* ein Vitaminpräparat speziell für Haut und Haar, verstärkt werden. Oft sind Ekzeme Begleiterscheinungen innerer Krankheiten, die dann zunächst behandelt werden müssen. Bei manchen Hundefamilien liegt eine Neigung zur Ekzembildung vor. Sie reagieren empfindlicher auf Fehler in der Haltung und Ernährung.

Haarbalgentzündungen oder *Akne, auch Sommerräude* genannt, ist eine Entzündung der Haarfollikel und Talgdrüsen und tritt zunächst eng umschrieben am Kopf oder an den Liegeschwielen der Beine auf. Behandelt man gleich mit *Salizylvaseline* oder *Perubalsam,* kann die weitere Ausbreitung verhindert werden. Bei kleinen, im Zimmer gehaltenen Hunden kann man *Salizylspiritus* oder Perubalsam auf Spiritusbasis verwenden. Das gibt weniger leicht Flecken auf Polstermöbeln. Hartnäckige Hautausschläge sollten vom Tierarzt behandelt werden.

Dies gilt besonders für die *Räude,* eine durch *Milben* hervorgerufene ansteckende Hauterkrankung. Die mikrosopisch kleinen Tierchen graben sich in die Haut ein und verursachen heftiges Jucken. Die Haut entzündet und verdickt sich, das Haar fällt aus und schließlich wird das Allgemeinempfinden erheblich beeinträchtigt. Charakteristisch ist, daß der Juckreiz bei Wärme und Ruhe verstärkt wird, und daß zunächst die kaum oder wenig behaarten Körperstellen befallen werden. So beginnt der Ausschlag der *Sarcoptesräude,* hervorgerufen durch die rundliche *Grabmilbe,* am Kopf, Hals, unter den Achseln, an der Innenseite der Schenkel und an der Unterbrust. Schließlich kann der ganze Körper befallen sein. Die Behandlung ist kein Problem. Geringen Befall bekämpft man durch 10 %ige *Perugensalben* oder *-lösung.* Ist die Räude weiter fortgeschritten, wird der ganze Hund in einem *Alodan-Bad* kuriert, das heute die früher gebräuchlichen Schwefelleber-Badekuren abgelöst hat. Wichtig ist, daß das Lager, alle Decken und sonstigen Gegenstände des erkrankten Hundes desinfiziert werden, um eine Neuinfektion zu verhindern.

Die *Acarus-* oder *Demodexräude* wird durch eine andere Milbenart, die längliche *Balgmilbe,* hervorgerufen. Sie befällt am ehesten junge Hunde kurzhaariger Rassen, vorwiegend im Zahnwechsel oder wenn die Tiere durch Würmer, Krankheit oder unzureichende Ernährung nicht genügend widerstandsfähig sind. Da auch bei gesunden Hunden Haarbalgmilben auf der Haut gefunden werden, ohne daß es zu Ausschlägen kommt, braucht nicht unbedingt der Kontakt mit einem kranken Tier die Voraussetzung für diese Räude zu sein. Der Ausschlag, der meist zuerst am Gesicht auftritt, kommt in schuppenförmiger oder in pustelartiger Form vor, der Juckreiz fehlt oder ist recht gering. Zur Behandlung gehört besonders gute Ernährung. Einzelne Stellen heilen bei Bestreichen mit *Salizylspiritus, Perubalsam* oder *Odylen* innerhalb von 14 Tagen ab. Bei ausgedehnterem Befall ist der Tierarzt zuzuziehen.

Die *Ohrräude,* durch *Milben* im äußeren Gehörgang verursacht, ruft lebhaften Juckreiz hervor. Beim gut gepflegten Tier wird der Besitzer die Erkrankung im Keim ersticken, bevor er feststellen kann, ob es sich um Räude oder den harmlosen *Ohrzwang* handelt. Einträufeln von lauwarmem *Paraffinöl* löst eingedicktes Ohrschmalz und tötet einzelne Milben. In hartnäckigeren Fällen verwendet man *Perugenspiri-*

tus, der jeden dritten Tag mit einer Pipette eingeträufelt wird. Das Ohr ist dabei hochzuhalten und der Gehörgang vorsichtig von außen zu massieren, damit die Medizin überall hingelangen kann. Gleichzeitig vorhandene Entzündungen werden mit einem watteumwickelten Holzstäbchen mit Heilsalbe, *Desitinsalbe* oder *Lebertransalbe* eingestrichen.

So leicht *Ohrenerkrankungen* zu Beginn kuriert werden können, so schwierig wird ihre Behandlung, wenn erst der tiefere Gehörgang angegriffen ist. Daher kann eine gute Pflege des Hundeohres dem Tier Schmerzen und dem Besitzer Mühe und Kosten ersparen. Vor allem bei Rassen mit langen, schweren Behängen, zumal wenn sie auch noch langhaarig sind, ist eine regelmäßige Ohrpflege unerläßlich. Dazu gehört neben der Sauberhaltung des äußeren Gehörganges mit watteumwickelten Stäbchen durch ein mildes Öl oder Nivea-Creme das Freihalten des Ohreinganges von Haaren. Beim Baden sollte vermieden werden, daß Wasser in den Gehörgang eindringt.

Zu den für einige Rassen typischen Krankheiten gehört die *Teckellähme.* Sie befällt außer dem Teckel gelegentlich auch andere Rassen mit besonders langem Rücken. Diese Bezeichnung schließt eine ganze Reihe von Krankheiten ein, die je nach ihrer Ursache ganz verschiedene Aussicht auf Heilung bieten. Sie gleichen sich mehr oder weniger im Krankheitsbild und befallen merkwürdigerweise gerade vier- bis fünfjährige Teckel. Es tritt, häufig schlagartig oder innerhalb weniger Stunden sich entwickelnd, eine Lähmung der Hinterbeine ein. Ist die Krankheit, gleich welcher Ursache, ausgeheilt, treten selten Rückfälle auf. Die am leichtesten zu behandelnde Form ist rheumatischen Ursprungs. Nicht selten läßt sich auch im Röntgenbild eine Bandscheibenerkrankung feststellen. In schwersten Fällen kann es zum Einklemmen von Nerven und damit zur *Querschnittslähmung* kommen. Dann sind nicht nur die Hinterläufe völlig lahm, sondern auch die Funktion von Blase und Schließmuskel gestört. Eine Aussicht auf Heilung ist nur gegeben, wenn die richtige ärztliche Behandlung durch eine aufopferungsvolle häusliche Pflege ergänzt wird. Blase und Darm müssen künstlich entleert werden; wegen der Gefahr des Wundliegens und zusätzlicher Verletzungen ist sorgfältigste Lagerung zu beachten. Alle Fälle von Teckellähme gehören schnellstens in tierärztliche Behandlung, denn auch in schweren Fällen ist eine völlige Heilung nicht ausgeschlossen. Der Teckellähme sehr ähnliche Krankheitsbilder können im Verlauf von Infektionskrankheiten auftreten, besonders wenn das Nervensystem in Mitleidenschaft gezogen ist. Auch bei Darmerkrankungen kommen ähnliche Erscheinungen mitunter vor.

Die bei einigen sehr großen, schnellwüchsigen Rassen am Ende des ersten oder im zweiten Lebensjahr in Erscheinung tretenden Störungen der *Bewegungsfähigkeit der Hinterläufe* sind meistens ererbt. Hier ist unbedingt der Rat des Zuchtwartes und anderer Züchter der betreffenden Rasse einzuholen. Diese sonst selten vorkommenden Störungen im Bewegungsapparat verlaufen familienweise ähnlich, was die Behandlung durch den Tierarzt erleichtern kann.

Eine Kinderkrankheit, die eigentlich nicht mehr auftreten dürfte, ist die *Rachitis*. Durch Störungen im Kalk- und Phosphorumsatz kommt es zu Veränderungen im Knochenskelett. Anfällig sind vornehmlich die Winterwürfe der großen Rassen, aber auch die Welpen mittelgroßer und kleiner Hunde bei fehlerhafter Ernährung und Unterbringung. Schmalbrüstigkeit mit Verdickung der Rippen zwischen knöchernem und knorpeligem Anteil zum »Rosenkranz« und Anschwellen der Gelenke, besonders des Handwurzelgelenks, sind leicht erkennbare Zeichen. Bei rechtzeitiger Behandlung kann sich eine leichte Rachitis völlig verwachsen. Wird nichts unternommen, bleiben die Tiere anfällig und können auch eingehen. Zur Vorbeugung wie zur Heilung gleich wichtig ist eine kräftige Ernährung mit viel Fleisch, Kalkgaben und Aufzucht möglichst im Freien bei guter trockener Unterbringung, Reduzierung zu großer Würfe, um eine ausreichende Ernährung bereits bei den Saugwelpen sicherzustellen und Freihalten von Würmern und Ungeziefer. *Vitakalk, Vitamin-D (Vigantol)* und *Lebertran* werden vorbeugend wie heilend verabreicht. Die Dosierung ist sorgfältig nach der Größe der Tiere zu richten, da ein Zuviel ebenfalls schaden kann. Aus diesem Grund sollte bei stark wachsenden Rassen nach 14-tägiger Vigantolverabreichung eine einwöchige Pause eingelegt werden. Bei schwächer wachsenden Hunden verkürzt man die Vitaminstöße und verlängert den Zwischenraum auf zwei Wochen. Ist keine Möglichkeit für ausreichenden Aufenthalt im Freien gegeben, ersetzt künstliche *Höhensonne* notfalls die natürliche Ultraviolettbestrahlung.

Die alte Bauernregel: ein gesunder Hund muß *Flöhe* haben, gilt heute weniger denn je. Flöhe sind allenfalls ein Zeichen für einen lebenden Hund, denn ist der Wirt erst gestorben, sucht sich das Ungeziefer eine neue Nahrungsquelle. Es ist zwar keine Schande, wenn der Hund einen Floh nach Hause mitbringt, aber es wird eine, wenn die Flöhe sich einnisten können. Im Gegensatz zu früheren Zeiten, wo die Ungezieferbekämpfung wirklich ein nicht zu bewältigendes Problem war, stellt uns die chemische Industrie jetzt wirksame Mittel zur Verfügung.

Die Anwesenheit der Flöhe läßt sich häufig schon beim Streicheln des Hundes fühlen. Der Flohkot, dunkel und feinkrümelig, denn es handelt sich praktisch um getrocknetes Blut, kann nicht davonspringen wie sein Erzeuger, der sich durch Springen und Laufen geschickt dem Gefangen- und Zerdrücktwerden entzieht. Flöhe sitzen bei kurzhaarigen Hunden gern in den längeren Haaren am Hals und unter dem Schwanz, bei langhaarigen dagegen eher am Bauch. Erst wenn ihre Zahl angewachsen ist, besiedeln sie das ganze Fell. Dann sind meistens auch das Hundelager und die Wohnung mit Flohbrut versehen. Soweit sollte man es gar nicht erst kommen lassen. Die auf dem Hund sitzenden Flöhe lassen sich zwar unschwer durch DDT- oder Hexachlocyclohexan-haltige Präparate, z. B. Alugan-, Jacutin- oder Wendelinus-Puder, abtöten, doch die Flohbrut lebt in Ritzen und Ecken. Ihre Vernichtung durch Ausbrühen des Hundekorbes, gründliches Waschen der Fußböden mit Desinfektionslösung gelingt nicht immer auf Anhieb. Daher ist regelmäßig das Fell zu prüfen und bei Bedarf einzupudern. Mit dem eingestäubten Hund unternimmt man am besten einen längeren Spaziergang. Das hat den Vorteil, daß legebereite Flohmütter ihre Brut nicht schnell noch absetzen können, und außerdem kann der Hund nicht durch Belecken das Insektengift aufnehmen. Nach dem Spaziergang ist er gründlich zu bürsten und abzureiben.

Besonders bei jungen Hunden ist die *Ungezieferbekämpfung* mit größter Vorsicht durchzuführen. Hunde, die auf Ausstellungen oder sonstige größere Hundeansammlungen gebracht werden, kann man vorbeugend einstäuben. Man reibt den Puder gut ins Fell und bürstet ihn kurz danach aus. Es bleibt dann immer noch so viel hängen, daß Flöhe kein Interesse an einem Überwechseln auf diesen Hund haben. Ihre Riechorgane sind so gut ausgebildet, daß sie sich nur bei äußerster Nahrungsnot auf andersartige Lebewesen, also auch den Menschen, verirren. Der Schaden, den Flöhe anrichten, liegt weniger im Juckreiz, der durch das Kratzen zu Ausschlag führen kann, als darin, daß sie ihrem Wirt auch noch einen Bandwurm übertragen können. Wie der *Hundehaarling* lebt die *Hundelaus* nur auf dem Hund und legt auch ihre Eier, die Nissen, auf ihm ab. Ihre Vernichtung geschieht am einfachsten ebenfalls mit den erwähnten Insektenpudern. Doch muß die Prozedur ein- bis zweimal wiederholt werden, bis alle neugeschlüpften Larven abgetötet sind. Die Laus saugt Blut und quält dadurch ihren Wirt durch erheblichen Juckreiz. Schon einige wenige Läuse, die gar nicht leicht zu entdecken sind, können die Ursache für wiederholtes Kratzen sein. Der Haarling ernährt sich zwar nur von Hautschuppen und Haaren, da er aber, wie der Floh, Bandwürmer übertragen kann, muß er unbedingt bekämpft werden.

In jüngster Zeit werden immer häufiger *Ungeziefer-Sprays* angeboten. Abgesehen davon, daß sie wesentlich teurer sind als die Puder, dürften sie für den Hund kein Gewinn sein. Denn außer dem wirksamen Insektenmittel enthalten sie noch das Treibmittel, das sich so fein verteilt, daß immer etwas in die Hundenase gerät. Wie unangenehm das empfunden wird, können wir Menschen nur ahnen. Das Hundetier, das interessiert und geduldig Frauchen bei der Hausarbeit wie bei der Körperpflege beobachtet, sucht niesend das Weite, wenn irgendwelche Sprays in Aktion gesetzt werden.

Bei einem Spaziergang im Wald oder Gebüsch gibt es als unerwünschte Zugabe oft *Zecken* oder *Holzböcke,* die zunächst sehr klein sind, sich in der Haut festbeißen und durch Blutsaugen in kurzer Zeit bis zur Größe einer kleinen Bohne heranwachsen können. Sie entfernt man nach Betupfen mit *Öl* oder *Petroleum* durch vorsichtiges Herausdrehen entgegen dem Uhrzeigersinn. Auf diese Weise bekommt man auch den Kopf mit heraus, der sich bei bloßem Abreißen des Hinterkörpers leicht in der Haut entzünden kann.

Erziehung muß sein

Verhaltensgerechtes Erziehen

Erziehung ist beim Hund genauso wichtig wie beim Menschen. Der unerzogene Hund ist seinem Besitzer eine Last, seiner ganzen Umwelt ein Mißvergnügen, und nicht zuletzt fühlt er sich selbst nicht glücklich. Erziehung und Dressur sind ganz verschiedene Lernprozesse. Dressieren läßt sich jedes Tier. Schon das einzellige Pantoffeltierchen »lernt« auf Lichtreize zu reagieren. Nur wenige Tierarten aber lassen sich erziehen. Dieses Lernen setzt Anpassungsvermögen voraus und die Fähigkeit, sich auch in neuen, unbekannten Situationen richtig zu verhalten.

Jeder hat den Hund, den er verdient – einen Hund zu erziehen ist so viel leichter als ein Menschenkind. Viel Liebe gehört dazu und dann Geduld, etwas Kenntnis und Einfühlungsvermögen. Bei diesen Grundvoraussetzungen muß die Erziehung konsequent und dem Hund als Rudeltier angemessen sein. Denn der Hund will seinem Erzieher gehorchen, er ist bemüht, durch sein Verhalten die Zuneigung seines Herrn zu erwerben.

Eigenwilligkeiten und Eigenmächtigkeiten sind dabei nicht ganz ausgeschlossen. Das Tier ist ja keine Maschine, eingestellt auf bestimmte Verhaltensweisen, sondern ein lebendes Wesen mit eigenen Wünschen und Trieben und manchmal auch von der Rassezugehörigkeit her mit einer gehörigen Portion Eigenwillen. Auch innerhalb der Rasse, ja zwischen den Hundekindern des gleichen Wurfes, gibt es Unterschiede. Die Kunst des Pädagogen ist es, sich auf diese Unterschiede einzustellen. Nicht jeder Hund paßt zu jedem Herrn, und auch der größte Hundenarr kann nicht wahllos von jedem Hund begeistert sein.

Voraussetzung für ein glückliches Zusammenleben ist das Übereinstimmen von beiden Charakteren.

Der aufgeschlossene, aktiv veranlagte Mensch wird mit einem labilen, mißtrauischen Tier nicht zufrieden sein, das stille, zurückhaltende Frauchen wird ihrem wilden, temperamentvollen Hund nie die richtigen Lektionen erteilen können. Jeder Hund, selbst der eigenwilligste Dackel, kann wohl erzogen werden. Mit welcher Ausdauer und welchem Zeitaufwand, das steht auf einem anderen Blatt.

Der Mensch ändert sich und wechselt seine Ansichten. Mancher Hundehalter, von Mitbestimmung in allen Lebensgebieten überzeugt und den eigenen Sprößlingen gegenüber von einer sehr milden Pädagogik, lehnt Zwang auch seinem Hund gegenüber ab. Die *antiautoritäre Hundeerziehung* wird sich immer mehr durchsetzen. Nicht weil der Hund sie verlangt, sondern weil sie dem modernen Menschen angemessen ist.

Antiautoritäre Erziehung bedeutet aber nicht Verwilderung. Sie ist nicht ein Aufziehen des Tieres ohne jede Ordnung, sonst ist sie gar keine Erziehung. Es ist die Erziehung mit weicher Hand an einem bildungsfähigen, uns zugetanen Geschöpf. Sie setzt engen Kontakt zwischen Menschen und Hund voraus, ein dauerndes Zusammensein. Das ganz auf den Menschen eingestellte Tier erkennt auch ohne Zwang und Strafen, ob es sich richtig verhält.

Als Grundlage für eine Dressur oder Ausbildung zu einem Spezialfach taugt sie nur bedingt: auch wenn mit dieser Methode das Ziel zu erreichen sein mag, würde die Lehre so unendlich viel länger dauern, daß weder Herr noch Hund einen Vorteil hätten. Für den Gebrauchshund, den großen und stürmischen Hund hält man sich besser an die herkömmliche Art der Grundabrichtung, bei allen großen Rassen auch soweit, daß der Hund sicher gehorcht. Denn weichere Erziehungsmethoden dürfen nicht anderen Menschen und Tieren zum Schaden gereichen.

Die antiautoritäre Erziehung soll nicht das Deckmäntelchen abgeben für die Faulheit des Besitzers, der sich mit seinem Hund nicht intensiv beschäftigen will. Sie ist auch nicht unbedingt die ideale Lebensform für jeden Hund. Zuviel Freiheit in seinen Handlungen kann ein Meutentier unsicher werden lassen. So paradox es klingt, es ist gerade der rangniedere, ängstliche Hund, dem die strenge Führung seines Erziehers angemessen ist, denn sie ist ihm nicht nur Zwang, sie gibt ihm das Gefühl der Sicherheit: mein starker Herr hält mir alle Feinde vom Leib. Der furchtsame Hund sucht bei Gefahr oder Gewitter nicht Schutz bei dem nächsten Hausgenossen oder bei dem, der am meisten mit ihm schmust, sondern er flüchtet zum strengsten.

Mancher heranwachsende Hundebengel provoziert so sehr die Langmut des Besitzers, daß man dies für »absichtlich« halten möchte, und fühlt sich offensichtlich pudelwohl, wenn er die verdiente Zurechtweisung empfangen hat. Dieses Kräftemessen gehört bei ihm zur Entwicklung; sie würde gestört durch falsche Nachsicht.

Diese Beispiele sollen nur zeigen, daß antiautoritäre Erziehung beim Hund nicht völliges Gehenlassen bedeuten darf. Er verträgt, ja erwartet die Strenge in einzelnen Lebenslagen. Und doch dürfen wir ihm gleichzeitig gewisse Freiheiten zugestehen. Das entwickelt nur seine Intelligenz und regt ihn zum Denken an, ohne unserer Autorität zu schaden. Vor allem aber bewahrt es ihn vor »hündischer« Kriecherei und davor, daß er von jedermann Befehle entgegennimmt. Wir müssen nur genau die Grenzen erkennen, wo zu viel Freiheit dem Tier selbst oder seiner Umgebung zum Schaden gereichen könnte.

Die Bemühungen um seine *gute Kinderstube* beginnen in dem Augenblick, in dem der Welpe in unser Leben tritt. In diesen ersten Anfängen des Zusammenfindens ist der wichtigste Teil der Erziehung, unerwünschte Einflüsse fernzuhalten. Nicht mit Verboten erzieht man das Hundekind, sondern mit viel Lob und mit Regelmäßigkeit in allen Verrichtungen des täglichen Lebens. Was man beim erwachsenen Tier nicht wünscht, das gewöhne man dem Welpen erst gar nicht an.

Zunächst hat das Hundekind nur wenig Bedürfnisse. Die große Umstellung vom Leben mit der Mutter und den Geschwistern auf meist eng begrenztem Raum in den größeren Rahmen der neuen Familie wird um so leichter und reibungsloser bewältigt, je geringer die Anforderungen in der allerersten Zeit sind. Wir begnügen uns damit, daß das drollige kleine Wesen sich keine Unarten angewöhnt.

Die *Grunderziehung* des jungen Welpen führt zur Ordnung; sie erstreckt sich auf regelmäßige Mahlzeiten aus seiner eigenen Schüssel am gleichen Platz, möglichst kurz vor den Mahlzeiten der Menschenfamilie. So verhindert man, daß der Vierbeiner das Betteln erlernt. Häppchen vom Tisch verderben jedes Tier. Sie erziehen nicht nur zum

Lungern, sondern auch zum Naschen. Sind Gäste mit an unserem Tisch, dann bleibt unser Liebling am besten in einem anderen Raum. Denn der Besuch ist schwerer zu erziehen als jedes Haustier. Auch wenn man ausführlich seine Erziehungsgrundsätze erklärt, wird doch immer wieder verstohlen ein Häppchen unter den Tisch geworfen. »Tierliebe« nennen das die lieben Gäste. Sie bedenken nicht, welchen schlechten Gefallen sie dem Hundekind erweisen. Durch Strenge zu ihm müssen wir diese Unarten wieder ausbügeln. Und schon hat unser Zögling eine Erfahrung gemacht, die besser unterblieben wäre: die Fremden sind lieb und Herrchen ist böse.

Bis die Erziehung nicht völlig abgeschlossen ist, bleibt unser Molli besser nicht allein im Zimmer, solange sich noch Eßbares auf dem Tisch befindet. Denn der Bratenrest oder die Kekse locken so sehr, und er weiß ja nicht, daß sie nicht auch für ihn bestimmt sind. Oft holt er sich ein Stück vom Tisch, läuft in Frauchens Nähe und verspeist dort den Leckerbissen. Ihn jetzt zu strafen, würde das Vertrauen zum Menschen schwer erschüttern. So ignoriert man also die Missetat, paßt in Zukunft besser auf und wehrt Versuchen, auf den Tisch zu steigen, in den Anfängen. Ist das Mausen vom Teller erst einige Male geglückt, dann wird es leicht zum Sport, wie beim Menschenkind das Äpfelklauen.

Regelmäßige Ruhestunden und gelegentliches Alleinlassen sind der zweite Punkt der Hundeordnung. Für die körperliche Entwicklung ist es günstig, diese Schlafpausen nach den Hauptmahlzeiten einzulegen. Ob das Tier dazu in einem Raum abgesondert bleibt oder nur sein Lager in unserer Nähe aufsucht, ist von untergeordneter Bedeutung. Am leichtesten ist die Erziehung, wenn eine Zimmerhütte mit Gittertür die Aktivität einschränkt, ohne den Kontakt zum Menschen abzubrechen. Nach wenigen Tagen des Eingewöhnens sollte man den Kleinen während einer solchen Ruhezeit zunächst für kürzere, dann für längere Zeit allein in der Wohnung lassen, damit er beizeiten lernt, allein zu bleiben. Denn hat er sich erst daran gewöhnt, immer jemanden um sich zu haben, quittiert er unser Fortgehen mit Bellen und Jaulen.

Nicht das unwesentlichste Erziehungsfach ist das Erlernen der *Stubenreinheit*. Zwar kann erst der wenigstens drei Monate alte Welpe Darm und Blase einigermaßen beherrschen, doch sollte man trotzdem mit der Erziehung zur Sauberkeit schon früher beginnen. Man darf dann natürlich noch keinen hundertprozentigen Erfolg erwarten. Hat das Hundekind grundsätzlich begriffen, wo es seine Geschäftchen absetzen soll, dann ist die sichere Stubenreinheit nur eine Frage der Zeit. Das junge Tier muß sich sofort nach dem Aufwachen erleichtern. Klemmt man es in diesem Augenblick unter den Arm und bringt es nach draußen, dann passiert das Geschäft meist gleich am erwünschten Platz, vorausgesetzt, daß der Kleine nicht abgelenkt wird. Rasen und Sandwege werden bevorzugt, auch sollte immer die gleiche Stelle aufgesucht und die kleinen Häufchen zur weiteren Anregung dort liegen gelassen werden. Kurz nach dem Füttern ist ein weiterer Zeitpunkt, der einen Gang ins Grüne so gut wie immer erfolgreich verlaufen läßt. Die Malheurchen zwischendurch lassen sich beim ganz jungen Tier nicht vermeiden. Wer gut aufpaßt und sein Hundekind beobachtet, wird häufig am schnüffelnden Herumsuchen den richtigen Zeitpunkt erkennen. Je regelmäßiger die Mahlzeiten und der ganze Tagesrhythmus verlaufen, desto schneller kapiert der Hund das Sauberwerden. Viel gelobt werden soll bei dieser Erziehung immer dann, wenn die Geschäftchen an der richtigen Stelle abgesetzt wurden. Ein aufmunterndes »Mach Pfützchen« wird im Laufe der Zeit mit der Verrichtung verknüpft und beschleunigt später die Angelegenheit. Die erwachsene Hündin wird dieser Aufforderung dereinst in fremder Umgebung rascher nachkommen, wofür wir dankbar sind, wenn wir es auf Reisen eilig haben. Der Rüde kann und will sowieso überall.

Strafen oder gar das Nase-ins-Geschäft-stecken sind üble Mißgriffe. Denn der Hund, der unseren Teppich beschmutzt, hat entweder nicht begriffen, was wir von ihm erwarten – dann liegt es an unseren erzieherischen Fähigkeiten, unserer mangelnden Ausdauer oder unserer dominierenden Bequemlichkeit. Oder er hat sich verspielt, hat seine Körperfunktionen noch nicht ausreichend in der Gewalt oder er kann sich einfach nicht richtig bemerkbar machen. Mit der Zeit ist jeder Hund stubenrein zu bekommen.

In der Etagenwohnung gehaltene kleinere Hunde kann man unschwer daran gewöhnen, eine Zeitung als Klosett zu benutzen. Dieses Verfahren ist zwar nicht ideal, doch nicht jeder Hundebesitzer hält das viele Treppensteigen durch. Der Rüde läßt sich jederzeit ans Freie umerziehen, wenn er erwachsen genug ist, das Beinchen zu heben. Die so aufgewachsene Hündin zieht häufig zeitlebens die eigenen vier Wände allen Freiluftklosetts vor. Erwachsene Hundeknaben, auch völlig stubenreine, tröpfeln gern in fremden Wohnungen ihre Visitenkarte an Tischbein oder Sessel, besonders dort, wo andere Hunde gehalten werden. Dagegen hilft nur gut aufpassen.

Vieles von dem, was der neu in unsere Familie aufgenommene kleine Hund tut oder tun möchte, entspricht nicht unserem Interesse. Es liegt an uns selbst, ihn das gar nicht erst sich angewöhnen zu lassen, was wir später als »Unarten« bezeichnen. Bis zum Abschluß des Zahnwechsels mit gut einem halben Jahr ist das Bedürfnis groß, auf irgend etwas herumzukauen. Das können Teppichecken, elektrische Schnüre oder Aktenordner sein, wenn wir nicht durch geeignetere Gegenstände Abhilfe schaffen. Ob dies ein Stück Holz, ein alter Pantoffel, ein Kauknochen aus Büffelhaut oder ein Vollgummitier ist, spielt keine große Rolle, wichtig ist nur, daß keine Knöpfe oder Metallteile abgebissen und verschluckt werden können. Schuhe üben auf junge Hunde eine unwiderstehliche Anziehungskraft aus. Soll diese Vorliebe unseren Geldbeutel nicht belasten, muß unser Liebling zwischen »seinem« und unseren Schuhen unterscheiden lernen. Hat er sich vergriffen, dann nehmen wir ihm mit einem leichten »Sst« unser Eigentum weg und geben ihm dafür den alten Spielschuh. Dabei erfährt das Hundekind, daß wir ihm die »Beute« abjagen dürfen – noch wird es sich nicht dagegen auflehnen – aber auch, daß wir ihm dafür etwas anderes, Gleichwertiges geben. Es behält das Vertrauen.

Je mehr wir uns mit dem Hund unterhalten, um so enger wird der Kontakt. Es gibt zwar Hunde, die »jedes Wort verstehen«, doch die sind auch nicht so klug auf die Welt gekommen. Für den Welpen ist unsere Sprache zunächst nur am Tonfall zu erkennen, und er wird erst nach und nach den Sinn von einzelnen Wörtern erfassen. Daher sollten wir ihn nicht mit einem ganzen Wortschwall eindecken, sondern möglichst immer die gleichen kurzen Sätze, gleichsam *Signale,* anwenden. Sollen unsere Wünsche als Befehl verstanden werden, sind sie knapp, das heißt in ein einziges Signal zu fassen. Je jünger der Hund ist, desto weniger sollte man von ihm verlangen; er kapiert es ja noch nicht. Trotzdem verwendet man schon die später als Befehl gedachten Ausdrücke. So sagt man zum Beispiel »komm her«, wenn der Hund ohnehin gerade zu uns kommt, »geh Platz« wenn er sich zum Schlafen legt,

»mach Pfützchen« wenn man ihn nach draußen bringt. Wollen wir dem Tier etwas verbieten, ist ein scharfes »Sst« wirkungsvoller als das lautstarke »Pfui«.

Sind wir glückliche Besitzer eines Gartens, dann können wir die Erziehung zur *Leinenführigkeit* bis zum vierten oder fünften Monat hinausschieben. Für den Stadthund dagegen sind Leine und Halsband vom ersten Tag an nötig. Beides wird nur beim Ausgang angelegt, zu Hause fühlt sich der Hund »ohne alles« wohler. An befahrenen Straßen muß das Hündchen leider auch bei der Erziehung zur Sauberkeit angeleint werden. Bei dieser Gelegenheit ersetzt man die Leine durch eine etwas längere Perlonschnur. Das hat den Vorteil, daß der Hund von Anfang an zu unterscheiden lernt zwischen dem einfachen Hinausgelassenwerden für seine Bedürfnisse und dem richtigen an der Leine gehen. Denn wenn er uns richtig angeleint begleitet, sollen und wollen wir die Führung übernehmen, und der Hund soll sich an unserer linken Seite halten. Dann soll er weder an jedem Baum stehen bleiben, noch an der Leine zerren. Mit dem etwa halbjährigen Junghund dürfen wir die Leinenführigkeit richtig üben. Wir nehmen das Ende der Leine in die rechte Hand und fassen mit der linken nach. Der Hund soll seinen Kopf ungefähr an unserem linken Knie haben. Durch verschieden schnelle Gangart bringen wir ihm bei, daß er sich nach unserem Tempo zu richten hat. Die rechte Hand hält dabei die Leine, die linke reguliert die Stärke des Leinenzuges auf den Hund. Nicht immer kommen wir ohne weitere Hilfsmittel aus, besonders bei größeren und temperamentvollen Rassen. Dann ist die Anwendung eines *Kettenwürge-* oder sogar eines *Stachelhalsbandes* zu empfehlen. Durch einen kräftigen Ruck, zugleich mit dem Befehl »Fuß«, wird unserem Wunsch Nachdruck verliehen. Diese Halsbänder sind nur ein Hilfsmittel während der Ausbildung, keine Dauereinrichtung.

Man braucht sie gar nicht zu zimperlich anzuwenden. Sie sind zwar alles andere als eine Wohltat für den Hundehals. Doch es liegt nicht nur im Interesse des Herrn, daß der Hund ohne Zerren an der Leine geht. Durch den dauernden Zug des schlecht erzogenen Tieres kann nicht nur die Pfoten- und Beinstellung deformiert werden, die schlimmere Folge ist ein Herzfehler.

Wir sollten dafür sorgen, daß der Hund das eigene Grundstück nie ohne Leine verläßt, auch nicht, wenn dies wegen des Verkehrs nicht unbedingt nötig sein sollte. Nur die Leine soll für den Hund das Signal zum Ausgehen darstellen. Der freie Auslauf kann nach ein paar Hundert Metern gegeben werden. Mit diesem kleinen Trick kann das eigenmächtige Streunen verhindert werden.

Das Heranholen des frei laufenden Tieres durch Rufen ist häufig Glückssache. Und da man das Glück nicht versuchen sollte, rufen wir das herumtobende Hundekind nur dann zu uns heran, wenn wir sicher sind, daß es unserem Ruf auch Folge leisten wird. Je früher wir mit dieser Übung beginnen, desto schneller kommt der Erfolg. Die ersten Übungen finden im abgeschlossenen Raum, dann im Garten statt. Eine lange Perlonleine hilft dabei, unserem Wunsch Nachdruck zu geben. Sie verleiht uns in den Augen des Hundes magische Kräfte. Er akzeptiert die Macht unseres Rufes, ihn heranzuziehen. Auch wenn wir das Hundekind nur mit ihrer Hilfe heranholen können, loben wir es dabei ununterbrochen. Das Herankommen soll ihm immer etwas Angenehmes sein. Kleine Belohnungen – ein Stückchen Fleisch, ein Keks – spornen den Lernwillen auch beim Hund ungeheuer an.

Mit sechs bis acht Monaten beginnt die *Pubertät,* das heißt unser Hundeknabe kommt in die *Flegeljahre*. Ist seine Grunderziehung dann noch nicht abgeschlossen, wird er uns schön auf der Nase herumtanzen. Er muß also sicher zu uns herankommen, wenn wir ihn rufen, und er muß zu Hause auf seinen Platz gehen und liegenbleiben. Haben wir dieses letztere Erziehungsfach nicht geschafft, so legen wir ihn an einer dünnen Kette an seinem Lager fest. Dazu darf keine Leine genommen werden, denn der Hund wird aus Langeweile darauf herumknabbern und sie zerbeißen. Und hat er das einmal geschafft, dann wird er diese Befreiungsversuche mit der größten Fixigkeit wiederholen, wenn er beim Einkaufen vor einem Geschäft angebunden wird.

Bevor er erwachsen ist, muß er auch die Bekanntschaft anderer Hunde auf der Straße gemacht haben, denn noch hat er das Privileg, als Jungtier von allen Artgenossen mit Nachsicht behandelt zu werden. Verhindert man das artgemäße Begrüßen beim zufälligen Zusammentreffen auf der Straße, so können sich die normalen Verhaltensweisen nicht richtig entfalten. Das kann dazu führen, daß der wesensstarke Hund durch aufgestaute Aggression zum Raufer, das ängstliche Tier zum Feigling wird.

Jetzt wird auch bald die Zeit kommen, wo unser Hund seine Grenzen zu erkunden versucht. Er wird bei Gelegenheit den Gehorsam verweigern und uns vielleicht auch anknurren. Den kleinen Hund hebt man dann ganz ruhig am Hals (nicht am Nackenfell) in die Höhe. Was man ihm dabei erzählt ist gleichgültig. Nach dem Absetzen wird er sich nicht nur körperlich auf den Boden der Wirklichkeit gestellt finden. Beim kräftemäßig überlegenen Tier wird die Sache ernst. Dann ignoriert man den Ungehorsam zunächst, leint den Halbstarken baldmöglichst an, wenn vorhanden mit Stachelhalsband, und wiederholt die Situation, die zum Ungehorsam geführt hatte. Nun sind wir der Stärkere und können durch kräftigen Ruck am Halsband oder gleichmäßiges Heranziehen den Gehorsam erzwingen. Dabei wird besonders viel gelobt, denn jetzt tut unser Zögling ja das, was wir wollen. Er muß auch fühlen, daß das Gehorchen für ihn angenehm ist.

Bei großen Rassen geht es nicht ohne eine richtige Erziehung zur Unterordnung, wie der Fachmann sagt. Mehrmals in der Woche, am besten täglich, wird ernsthaft gearbeitet, nicht spielerisch, sonst erreichen wir nie sicheren Gehorsam. Jeweils zehn Minuten bis höchstens eine Viertelstunde sind völlig ausreichend, längere Lektionen würden den Schüler ermüden und damit den Erfolg in Frage stellen. Denn immer muß mit einer gelungenen Übung abgeschlossen werden, so daß viel Lob die Arbeit beendet. Das ist das ganze Geheimnis bei jeder Tiererziehung: nur nach einem Erfolg aufhören und viel mehr Lob austeilen als Tadel oder Strafe. Außerdem soll unser Zögling weder müde noch vollgefressen sein – auch ein voller Hundebauch studiert nicht gern.

Für die einzelnen *Übungen* sollten – wie bei der Grunderziehung – immer die gleichen Signale gebraucht werden, nie verschiedene Kommandos für die gleiche Sache. Im allgemeinen wird man sich entschließen, die üblichen Ausdrücke zu verwenden. Sie gehen dem gut abgerichteten Tier so in Fleisch und Blut über, daß sie unter Umständen auch dann befolgt werden, wenn ein Fremder sie in der richtigen Art anwendet. Das ist natürlich ein Nachteil. Andererseits gewährleisten sie aber eine sichere Verständigung mit anderen Hundekennern. So kurz ein Hundeleben uns auch scheinen mag, es kann in einem Jahrzehnt viel Unvorhergesehenes passieren, und wir müssen uns vielleicht für einige Zeit oder sogar für immer von dem vierbeinigen Zögling trennen. Dann ist es gut, wenn er von Anfang an die Wünsche seines neuen Herrn versteht. Wollen wir das Tier nur für uns allein erziehen, dann wählen wir andere Kommandos, aber völlig konsequent, immer den gleichen Ausdruck für die bestimmte Übung. Der Hund kann dann nur mit »Gebrauchsanweisung« von anderen Menschen geführt werden.

Zur *Ausbildung* können wir überallhin gehen, wo nicht zu viel Betrieb herrscht, auf einen Sportplatz, einen Feldweg oder in eine verkehrsarme Straße. Etwas Ablenkung ist sogar recht gut, sie erzieht den Schüler dazu, sich auf unsere Wünsche zu konzentrieren.

Die erste Lektion, das *Hinsetzen,* üben wir mit dem angeleinten Hund. Auf den Befehl »Sitz« hin bleiben wir stehen, heben mit der rechten Hand den Hals des Hundes etwas an und drücken mit der linken so schnell und kräftig aufs Hinterteil, daß die gewünschte Stellung erreicht wird (Abb. S. 141). Nach einigen Sekunden des Wartens gehen wir mit der deutlich unterscheidbar gesprochenen Aufforderung »Fuß« weiter. Diese Übung wird mehrmals wiederholt, dabei wird allmählich der Druck auf die Kruppe schwächer, der Druck der rechten Hand wird durch einen Leinenruck nach oben ersetzt. Es ist wichtig, daß der Hund sich sofort auf »Sitz« hin niedersetzt und durch Ablenkungen nicht beirren läßt. Ob wir den Schüler bei dieser Übung loben, hängt von seinem Temperament ab. Beim weichen, anschmiegsamen Tier ist Streicheln und »So-ist-brav« angebracht, das temperamentvolle Tier würde das Lob als Aufforderung, die Übung zu beenden, auffassen und vorzeitig aufstehen. Diese Lektion wiederholen wir in der Folgezeit immer, wenn der Hund angeleint oder von der Leine losgelassen wird. Dann allerdings darf er nicht sofort lostoben, sondern erst nach der Aufforderung »Voran«. Bis er das gelernt hat, halten wir ihn nach dem Lösen der Leine am Halsband fest. Auch vor dem Überqueren viel befahrener Straßen empfiehlt sich das Kommando »Sitz«. Denn eines Tages will der Hund doch einmal ohne Leine über die Straße – und schon ist das Unglück geschehen. Deshalb sollte man mit dem Tier nur bei Fußgängerüberwegen die Straße überqueren, und nie an anderer Stelle, auch wenn weit und breit kein Auto zu sehen ist. Der Hund gewöhnt sich an den Weg, er wird auch den Fußgängerüberweg nicht so leicht betreten, solange menschliche Verkehrsteilnehmer dort wartend stehen.

Das freie *Bei-Fuß-Gehen* lernt der stürmische Junghund nicht immer ohne Hilfsmittel. Es klappt besser, wenn außer der kurzen Führleine auch die lange Leine am Halsband befestigt ist. Am einfachsten nimmt man dazu eine lange Wäscheleine. Beim Schnallen der Führleine schnellt der Hund, trotz des Kommandos »Fuß«, meist gleich davon, wird aber durch einen kräftigen Ruck am langen Seil herangeholt. Jetzt wird er gelobt und eine kurze Strecke mit dem oft wiederholten »Fuß« neben uns frei (am langen Strick, der als Hilfe aber dann nur lose hängt) geführt. Dem Junghund fällt das Frei-bei-Fuß-Gehen sehr schwer. Deshalb dehnen wir es nicht zu lange aus, lassen den folgsamen Schüler danach eine kurze Zeit sitzen und geben ihm mit »Voran« dann freien Auslauf.

Das Herankommen des freilaufenden Tieres geschieht nicht immer so prompt wie wir das wünschen. Wir können die lange Leine zu Hilfe nehmen, dann klappt es besser, aber manchmal nicht deshalb, weil wir so fähige Pädagogen sind, sondern weil unser kluger Schüler inzwischen weiß, daß die Leine ihn heranziehen kann. Auch wenn es noch so lange gedauert hat, bis unser Hund endlich bei uns ist, gelobt werden muß er immer, denn schließlich ist er unserem Befehl ja nachgekommen.

Um das Tier in kritischen Situationen schnell in unsere Gewalt zu kriegen, ist das *Hinlegenlassen* das beste Hilfsmittel. Auf unser Kommando »Platz« hat der Hund wie vom Blitz getroffen zusammenzusacken und liegenzubleiben. Das geht natürlich auch nur mit unserer Hilfe: mit beiden Händen drücken wir den Hund zu Boden (Abb. Seite 141), und zwar nicht senkrecht von oben nach unten, das würde nicht sicher genug Erfolg haben. Besser drücken wir etwas seitlich und ziehen dabei die Vorderläufe so weg, daß der Hund zu Boden geht. Diese Übung ist für unseren Zögling nicht angenehm, wir machen sie nur angeleint. Sie ist aber für den Gehorsam unentbehrlich und eine der Voraussetzungen zur Beherrschung sehr willensstarker Rüden durch ihren Herrn. Nur ängstliche Tiere dürfen gelobt werden, während sie liegen. Bei den anderen würde das ein sofortiges Aufstehen zur Folge haben. Deshalb loben wir erst, nachdem das Tier durch »Fuß«-Zuruf wieder an unserer linken Seite läuft. Diese Übung muß an vielen Tagen wiederholt werden bis sie sicher sitzt. Damit der Hund später – zum Beispiel im Polizei- oder Zolldienst – lautlos abgelegt werden kann, hebt der

Führer auf das Kommando »Platz« hin auch noch den rechten Arm hoch. Diese Verknüpfung einer Übung außer mit dem gesprochenen Wort noch zusätzlich mit einer Geste wird mit zunehmender Lärmstärke unserer Umwelt auch für den reinen Begleithund wichtig, der seinen Herrn in der Nähe von Hauptverkehrsstraßen oft keine zehn Meter weit verstehen kann. Soll der Hund auf weitere Entfernung sicher »Platz«-machen, gewöhnt man ihn an zwei kurze Pfiffe mit der *Trillerpfeife* als zusätzlichem Signal.

Bei Fortführen dieser Übung wird zunächst an der langen Leine, dann frei das Hinlegen geübt. Es dauert natürlich eine ganze Weile, bis es in jeder Situation sofort klappt. Dann besitzt man aber auch ein Tier, das man in jeder Lage wirklich in der Hand hat. Denn das *»Niederpfeifen«* des vollendet erzogenen Hundes wirkt viel sicherer als das Heranrufen. Es ist die einzige Methode, einen Hund während des Hetzens wieder in die Gewalt zu bekommen. Liegt der Hund erst auf dem Boden, dann ist es leicht, zu ihm zu gehen und ihn anzuleinen.

Aus der Übung »Platz« wird das *Ablegen* entwickelt. Dabei bleibt der Hund liegen, bis sein Herr wieder zu ihm zurückkehrt und ihn abholt. Diese Art, die Übung zu beenden, ist dem *Abrufen* oder *Abpfeifen* vorzuziehen. Denn der Hund liegt ruhig, weil er weiß, daß ihn erst die Hand seines Herrn abholt. Im anderen Fall liegt er gespannter und unruhiger, weil er immer aus irgendeiner Ecke den erlösenden Wink oder Ruf seines Herrn erwartet. Das Ablegen erfordert große Selbstbeherrschung. Daher sollte es anfangs nur wenige Minuten dauern und das Lob bzw. die Belohnung durch einen Leckerbissen nicht zu karg ausfallen.

Diese Grundübungen sollten mindestens jedem übermittelgroßen Hund in Fleisch und Blut übergegangen sein. Sie sind auch immer wieder zu üben, denn nur durch unbedingten Gehorsam kann ein körperlich weit überlegenes Tier beherrscht werden. Aufkeimende *Aufsässigkeit,* namentlich bei älter werdenden Rüden, kann dadurch gebrochen werden, daß gelegentlich wieder das Übungshalsband mit den stumpfen nach innen gerichteten Stacheln angelegt wird. Dieses Stachelhalsband verletzt den Hals nicht, durch das Zusammenziehen kneift es aber die Haut des Halses sehr empfindlich, und der gewünschte Erfolg wird sofort erzielt. Der Hund verknüpft das unangenehme Gefühl nicht mit der Hand seines Herrn, sondern mit seinem Ungehorsam: »Es tut am Hals weh, wenn ich nicht gehorche.« Er wird erzogen, ohne an seinem Herrn zu zweifeln.

Nie sollte man den Hund mit der Hand schlagen, die Hand ist nur zum Liebkosen da. Auch die Leine ist kein Instrument der *Züchtigung*. Das Tier wird sonst nur hand- oder leinenscheu. Wenn ausnahmsweise sehr harte Hunde nicht ohne stärkeren Zwang beherrscht werden können, dann nur mit einem besonderen Instrument, beispielsweise mit einer Gerte. Beim kleineren bis mittelgroßen Hund genügt die zusammengelegte Zeitung. Diese Extrageräte wirken dann meistens beim bloßen Vorzeigen. Dagegen weiß der mehrmals mit der Leine gezüchtigte Hund nie genau, ob das Ding nur einen Spaziergang bringt oder Strafe.

Lautes *Anschreien* erreicht nichts weiter, als daß der Hund abgestumpft wird. Er wird schließlich auf normale Lautstärke nicht mehr reagieren, sein Herr wird dauernd heiser sein. Viel wirkungsvoller ist es, wenn auch leise Befehle sicher befolgt werden. Der Hund hat ein sehr gutes Gehör, er kann sich aber eine gewisse Dickfelligkeit angewöhnen.

Eine Übung wenigstens sollte noch erlernt werden: auf »Aus!« das loszulassen, was im Fang gehalten wird, ob dies nur ein Knochen, Frauchens neuer Hut oder Nachbars Katze ist. Freiwillig gibt der Hund nichts her, es muß schon mit gewissem Zwang geschehen, wenn er nicht von Jugend an das *Abgeben* gewöhnt ist. Greift man von oben über den Fang und drückt die empfindlichen Lefzen gegen die Zähne, so erreicht man das Loslassen (Abb. S. 141). Dann wird sehr gelobt, auch wenn der Hut zerdrückt, die Katze lädiert ist, und zur Belohnung wird ein Stück Fleisch gegeben. Wir loben das *Loslassen,* denn das war die letzte Handlung. Der Hund wird nie verstehen, wenn nach einem ausgeführten Befehl die Strafe für etwas Anderes, »längst« Davorliegendes, kommen würde.

Imponierend wird immer Herrchens »langer Arm« empfunden, außer der langen Leine auch die *Wurfkette*. Notfalls kann es auch ein Schlüsselbund sein, der dem entgegen unserem Ruf davonstürmenden Hektor ins Kreuz geworfen wird. Nicht der Schmerz bewirkt das Gehorchen, der ist kaum spürbar. Es ist das Bewußtsein, daß der Herr auch über eine unverständlich weite Entfernung noch hinlangen kann.

Mit Steinen sollte dagegen nur geworfen werden, wenn man sie vorher in die Tasche gesteckt hat. Der scharf beobachtende Vierbeiner lernt bald, daß der Wurf nach dem Bücken erfolgt. Das Überraschungsmoment ist dadurch verspielt.

Der weiteren Abrichtung des Hundes sind keine Grenzen gesetzt. Die immer wiederholten *Gehorsamsübungen* werden von dem Tier nicht als Zwang oder als Strafen betrachtet. Es arbeitet gern, weil sein Herr sich mit ihm beschäftigt. Daher kann man auch das oft wiederholte »Platz«-machen-Lassen beim aufsässigen Hund nicht eigentlich als Strafe auffassen. Es ist vielmehr eine Festigung der schon vorhandenen Erziehung. Denn es wird ja durch reichliches Loben auch etwas Angenehmes gegeben. Im Gegensatz zu vielen Menschen arbeitet der Hund ausgesprochen gern, denn seine *»Arbeit«* ist ja eigentlich nie ein widernatürlicher Zwang, sondern aus seinen natürlichen Verhaltensweisen entstanden. Der Renn-Windhund gibt alles her, um hinter dem künstlichen Hasen, einem Stück Fell, herzusausen. Er galoppiert aber auch ohne diesen Beuteersatz ganz allein über die Rennbahn, wenn er sich nur freimachen kann. Die Arbeit, die ihm das Letzte an Kräften abfordert, ist ihm höchstes Vergnügen. Auch der Jagdhund läßt sich selbst im kältesten Winter nur durch Strenge davon abhalten, die beschossene Ente aus dem Wasser zu apportieren.

Zur Erziehung des großen Hundes gehört unbedingt die nötige *Bewegung*. Durch Spazierengehen allein und auch durch freies Tobenlassen ist sie nicht immer zu befriedigen. Das Führen neben dem Fahrrad ist die beste Art, den älteren Junghund in Form zu halten. Man leint ihn an der rechten, der ungefährdeten Seite des Fahrrades an, um ihn am zu ausgiebigen Galoppieren zu hindern. Auch heute gibt es genug Wege und Straßen mit geringem Autoverkehr, nur leider wenig Hundebesitzer mit Fahrrädern. Wer gesehen hat, mit welcher Begeisterung auch der kleinere Hund dem Fahrrad vorausläuft, wird erkennen, daß im Laufenlassen keine Tierquälerei liegt. Dieser Ausdruck sollte überhaupt vorsichtig verwendet werden. Für den Sprößling einer Lauftierart ist zu wenig Bewegung bestimmt die größere Qual. Das Glück des Hundes läßt sich nicht nach materiellen Zuwendungen beurteilen, aber auch nicht nach gelaufenen Kilometern. Es ist allein abhängig vom verhaltensgerechten Verständnis und der Zuneigung, die ihm zuteil werden.

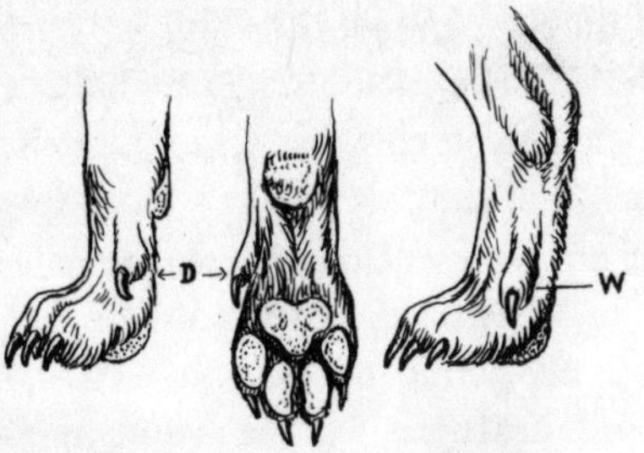

Rechter Vorderlauf mit verkümmertem Daumen D., rechter Hinterlauf mit Wolfsklaue W.

Pfotenformen (linke Vorderläufe): Katzenpfote, Hasenpfote, Knicker.

»Sitz!«

»Platz!«

»Aus!«

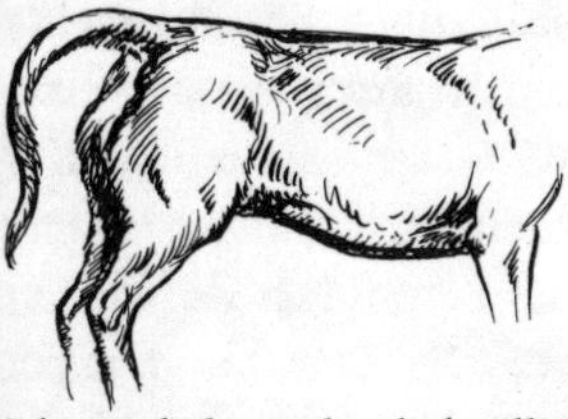

Schwanzhaltung der deckwilligen Hündin, Rücken gerade »überbaut«.

Oben: Umfassen des Oberfanges zum »Loslassen«.

Links: Hündin kurz vor der Geburt mit kräftigen Wehen.

Ein Liebesbeweis des Hundes liegt im *Anspringen*. Er kann ja nicht ahnen, daß wir an fünf Tagen in der Woche nichts dagegen haben, nur am Sonntag unseren guten Anzug nicht beschmutzt sehen wollen, schon gar nicht bei Regenwetter. Auch von den im übrigen recht seltenen Unfällen durch Hunde kommt ein Teil auf das Konto des unbedachten Anspringens. Je größer die Rasse, desto sorgfältiger hat ihre Erziehung zu sein. Es kann nicht oft genug wiederholt werden: Hunderiesen gehören nur in die Hand kräftiger Männer, und auch dann müssen sie gut erzogen sein. Die Dogge, die in aller Freundschaft eine alte Frau anspringt, kann ihr die Knochen brechen.

Das Anspringen läßt sich ablenken, indem man mit dem Hund zusammen in einer Richtung geht, das Tier wird vorauslaufen. Es läßt sich auch unterbinden, indem man ihm mäßig stark auf die Hinterläufe tritt. Daß dieser Schmerz von uns ausgeht, wird dabei gar nicht deutlich, denn wir strafen ja nicht offen, sondern versteckt. Der Schmerz in den Pfoten wird mit dem Aufrichten verknüpft. Die Freude, uns zu sehen, wird dadurch nicht einmal geringer, sie äußert sich jetzt aber durch Umtanzen ohne Anspringen. Den ruhigeren, älteren Hund begrüßen wir mit »Sitz« und streicheln ihn dann ausgiebig an unserem Knie. Für den temperamentvollen jüngeren Draufgänger würde diese Art der Begrüßung eine zu große Selbstbeherrschung bedeuten.

Auf dem Land aufwachsende Hunde sind meistens geflügelfromm. Je nach Temperament erstreckt sich diese Duldsamkeit nur auf weiße Hühner, alles andere wird als »Wild« angesehen und verfolgt, wohl eher aus einer gewissen Raffinesse heraus als aus einem echten Irrtum. Es gibt auch Hunde, die eigene von fremden Hühnern unterscheiden lernen und mit soviel Sicherheit wie Vergnügen durch den Zaun geschlüpftes Nachbargeflügel abwürgen. Der Stadthund wird, einem ererbten Beutetrieb folgend, hinter den Hühnern herjagen. Er ist gründlich kuriert, wenn man ihm den totgebissenen Vogel um die Ohren schlägt und ihn einige Stunden an seinem Halsband festbindet.

»Sie stehen sich wie Hund und Katze«, dieses Verhalten ist nicht unbedingt angeboren. Dem jungen Kätzchen, das noch keine Raubtierwitterung hat, wird kein Hund ein Haar krümmen. Die Katze, die im gleichen Haushalt lebt, wird nicht nur geduldet, sie wird wie jeder andere Meutenangehörige gegen Fremde verteidigt. Sind beide

Tierarten aneinander gewöhnt, kommt auch keine Feindschaft auf, nicht einmal bei solchen Hunderassen, die als Jagdhunde auf Raubwild von Berufs wegen Katzenfeinde sind. *Katzenfeindschaft* wird sehr häufig durch sinn- und zweckloses Hetzen anerzogen. Das Greifbarste, das dabei herausschaut, ist eine Unzahl beim Katzenhetzen überfahrener Hunde.

Jede Art von *Hetzen,* ob hinter Katzen oder hinter Radfahrern her, läßt sich abgewöhnen. Wir gehen mit dem hinter jedem Fahrrad einherjagenden Hund spazieren und haben außer der kurzen Führleine noch eine lange Leine am Würgehalsband befestigt. In der Nähe eines Radfahrers, eines zufällig daherfahrenden oder eines bestellten Gehilfen, wird der Hund wie zufällig von der kurzen Leine gelöst, natürlich ohne weitere Anfeuerung. Stürmt er wieder auf das Fahrrad los, so wird er nach einigen Metern aus dem vollen Lauf heraus zurückgerissen. Je größer der Schreck und je stärker die Einwirkung durch das Dressurhalsband, um so sicherer wird er sofort schutzsuchend zu uns zurückkommen. Wir brauchen ihn nur noch wegen dieses Zurückkommens zu loben und haben einen weiteren großen Erfolg zu verbuchen. Die Strafe für das Hetzen bestand bereits in dem schmerzhaften Ruck am Halse.

Herumtoben auf allen Polstermöbeln bekommt auf die Dauer keiner Wohnung. Irgendwann einmal verliert auch das nachsichtigste Frauchen die Geduld und klärt die Besitzverhältnisse. Ein Sessel ist für den Hund, die übrigen bleiben auch wirklich den Zweibeinern reserviert. Ist der *Sitzplatz* bequem genug für Herrn Dackel, das heißt, daß seitlich geschlossene Armlehnen Zugluft und ein Herabrutschen verhindern, wird er auch als Eigentum anerkannt und gegen Fremde verteidigt. Eine waschbare Decke oder ein Kissen im waschbaren Bezug halten den Platz sauber und geruchsfrei. Dann bedarf es nur noch etwas Konsequenz von menschlicher Seite, um das Tier an diesen einen Sitzplatz zu gewöhnen. Im Tausch gegen einen gemütlichen Sessel läßt sich auch am leichtesten das Schlafen in Frauchens Bett abgewöhnen. Das viel zu warme menschliche Nachtlager ist für unsere vierbeinigen Hausgenossen ohnehin nicht der richtige Platz. Hygienische Bedenken sollen dabei beiseite gelassen werden. Sie sind zu sehr Ansichtssache, außerdem kann ein gepflegter Hund sauberer sein als ein ungewaschener Mensch. Der Welpe sucht im Bett die Nähe des Menschen und die körperliche Tuchfühlung, die er vom frühkindlichen Lager her gewöhnt ist. Für den vollerwachsenen Hund ist das Alleinschlafen natürlicher. Er behält häufig nur aus Gewohnheit dieses Nachtlager bei. Werden mehrere Tiere in einer Familie gehalten, so ziehen sie meistens ihren eigenen, ungeteilten *Schlafplatz* vor. Das Entwöhnen aus dem Bett ist daher nicht schwer. Je näher bei Frauchen das neue Hundebett – ein Sessel oder Korb – steht, desto einfacher vollzieht sich der Auszug. Nach der Umgewöhnung läßt sich der Hund ganz selbstverständlich auch in einen anderen Raum verfrachten. Für seine Gesundheit, für die Entwicklung seines Felles und auch für seine Wachsamkeit ist es nur förderlich, wenn er im kühleren Flur übernachtet.

Dagegen ist das *Naschen* eine Angewohnheit, die sehr schwer auszutreiben ist. So satt, daß er nicht immer noch Appetit auf etwas Gutes hätte, kann kein Hund sein. Er stiehlt selten aus Hunger, sondern nützt nur die günstige Gelegenheit. Kleine Tricks helfen oft, jedoch nur bei weicheren Charakteren. Die mit einem Leckerbissen auf dem Wohnzimmertisch aufgebaute Mausefalle übt zunächst eine erstaunliche Wirkung aus. Die zahmeren Vertreter des Hundegeschlechts werden – wenn der Erzieher viel Glück hat – das Mausen ganz bleiben lassen. Freche, aufgeweckte Hundekinder, die durchaus bereit sind, für ihr Vergnügen auch einen Knuff einzustecken, werden das gefährliche Instrument vorsichtig beriechen und schließlich feststellen, daß der Leckerbissen immer noch vorhanden und nicht weniger reizvoll ist. Schnell haben sie herausgekriegt, daß dieses komische Ding nur einmal beißt. Auch die verschiedenen Hilfen wie mit Pfeffer angeschärfte Leckerbissen sind kein Allheilmittel. Der kluge Hund lernt durch sie allenfalls, daß nicht alles auf Herrchens Tisch genießbar ist. Die wirkliche Erziehung nimmt uns kein Hilfsmittel ab. Wir müssen unseren Hund schon mehrmals auf frischer Tat ertappen und mit der zusammengefalteten Zeitung und »Sst«-Ermahnungen belehren. Dann genügt es später, auf den gedeckten Tisch unter Vorzeigen der Zeitung zu verweisen. Bringt man dem Tier bei, sich erst auf ein bestimmtes Zeichen oder Wort hin »Nun friß schön« über die gefüllte Futterschüssel herzumachen, ist bereits ein Schritt zu einer weiteren Erziehungsübung getan, dem *Futterverweigern* fremden Menschen gegenüber. Um diese Übung weiter auszubauen, müssen wir einen dem Hund fremden Menschen um Hilfe bitten. Er wird unserem Liebling einen Leckerbissen vorhalten und in dem Augenblick des Zufassens mit einer hinter dem Rücken versteckten Gerte leicht zuschlagen. Sicherheitshalber sollte das Tier angebunden sein, sonst ist unter Umständen mit zerrissenen Hosenbeinen zu rechnen.

Schwierig ist auch das Durchstöbern des Küchenabfalleimers abzustellen, sobald das Hundekind erfahren hat, welche Herrlichkeiten dort verschwinden. Plastikeimer mit leichten Deckeln werden ohne Schwierigkeiten geöffnet. Durch daraufgestellte Blechdosen und leere Flaschen lassen sich nur ängstliche Hunde abhalten. Die intelligenten Draufgänger lernen schnell, daß jede Flasche nur einmal herunterfällt und danach der Zugang zu Knochen und Konservendosen frei wird. Durch festsitzende Deckel von Emaileimern oder den Abfallbehälter im Schrank kann man dieses recht gefährliche Spiel abstellen. Denn künstliche Wursthäute, Geflügelknochen, scharfkantige Dosen und so manches andere können einen hohen Preis für diese Naschhaftigkeit fordern.

Sehr schwierig ist es zu verhindern, daß selbst das besternährte und gut erzogene Tier auf Spaziergängen zufällig gefundene Futterbrocken oder gar Unrat, wie Menschenkot, zu sich nimmt. Nur wenn der Junghund ausnahmslos unter Kontrolle ist, läßt sich dieses *unkontrollierte Fressen* vermeiden. Man muß immer mit der Möglichkeit rechnen, daß gefundene Futterbrocken vergiftet sind. Durch einen fremden Helfer läßt man an einer bestimmten Stelle Futterbrocken, am besten Fleisch, auslegen. Selbst dürfen wir das nicht tun, denn unsere Witterung könnte Verwirrung stiften. Wie zufällig gehen wir mit dem angeleinten Hund dort vorbei. Macht er Anstalten, sich der Verlockung zuzuwenden, gibt es einen ganz scharfen Ruck an der Leine, mit mehrmaligen »Sst«-Rufen. Wir müssen alles daran setzen, daß das Finden von Futter unterwegs mit unangenehmen Erinnerungen für das Tier verknüpft wird. Den bereits auf Ablegen erzogenen Hund lassen wir mehrmals in der Nähe »Platz« machen. Schließlich entfernen wir uns mit dem noch immer angeleinten Tier von der unangenehmen Stelle, lobend mit ihm sprechend, je weiter wir davon wegkommen.

Kaum aberziehen läßt sich das *Kotfressen* des verfeinert ernährten Hundes. Er hat eine solche Gier auf faulende Stoffe mit den seiner

Darmflora wohlbekömmlichen Bakterien, daß alle gute Erziehung vergessen wird. Vorbeugen können wir allerdings durch gelegentliches Verfüttern von rohem, etwas angegangenem Fleisch, jedoch nicht verdorbener Wurst oder sauergewordenem gekochtem Futter! Viele Hunde helfen sich selbst durch Eingraben von Knochen im Garten, die bei Gelegenheit wieder ausgebuddelt und abgenagt werden.

Nichts verbiete man dem heranwachsenden Tier energischer als das *Hochspringen an Zimmertüren.* Denn eines Tages ist es geglückt. Durch Zufall springt er auf die Klinke, die Tür öffnet sich, und wir haben ein Problem mehr. Keine Tür ist mehr sicher, ob sie nach außen oder nach innen schlägt. Das kluge Tier lernt schnell, sie auch zu sich heran aufzuziehen. Durch ungewohnte Kälte wachen wir in der Nacht auf: alle Türen sind offen, der Wächter jagt irgendwo Kaninchen. Verschließen wir die Türen, so werden sie hemmungslos zerkratzt, der ausdauernde Hund gibt nicht so leicht auf, wenn er einmal Erlerntes anwendet. Schnell ist ihm etwas beigebracht, fast aussichtslos ist das Abgewöhnen.

Leicht gewöhnt sich der Hund das *Streunen* an. Die Unterbringung im Zwinger nützt nur dann, wenn wirklich nicht die geringste Möglichkeit zum Entweichen besteht. Intelligenz, Kraft und Ausdauer führen zum Ziel. Der einmal geglückte Befreiungsversuch wird am reparierten Zaun mit noch mehr Zielstrebigkeit wiederholt. Schäferhunde und Jagdhundrassen, auch Terrier, neigen stärker dazu, auf eigene Faust die Gegend zu durchstreifen. Haben sie sich das einmal angewöhnt, dann ist es besser, sie in andere Hände zu geben und sich einen neuen Hund ins Haus zu holen, von einer weniger aktiven Rasse, auf den man besser achtet. Beim neuen Besitzer kann das Streunen nur durch immerwährendes Beschäftigen und in der Zwischenzeit gutes Verwahren abgewöhnt werden. Ausgedehnte Spaziergänge, Laufen neben dem Fahrrad, systematische Dressur befriedigen das Bewegungsbedürfnis und den Erlebnisdrang des Tieres, das durch die selbstgenommene Freiheit ein interessantes, ihm angenehmes Leben zu führen gewöhnt war. Ein echtes Aberziehen ist schwer und mühsam und setzt erfahrene Helfer voraus, die in dem Augenblick des Verlassens des Grundstücks durch ein Loch im Zaun oder die Gartenpforte den Ausreißer mit der Wurfkette treffen. Im ersten Schreck wird er zu seinem neuen Herrn laufen, der ihn mit Lob und Streicheln empfängt, mit ihm spielt und bald darauf spazierengeht. Immer aber muß die unangenehme Erfahrung von Fremden ausgehen und immer muß der Besitzer danach erfreuliche Eindrücke vermitteln. Beim Rüden jedoch, der mehrmals auf eigene Faust zur Liebe bereite Hundedamen erfolgreich belagert hat, dürfte jede Erziehung umsonst sein. Ebenso bei wildernden Hunden, die einmal »Blut geleckt« haben.

Die Lust am *Schwimmen* ist dem Hund angeboren. Sie wird, wie viele andere Wesenseigenschaften, vererbt. Trotzdem spielt es eine Rolle, auf welche Weise das Hundekind mit dem nassen Element bekannt gemacht wird. Durch plötzliches Ins-Wasser-Werfen erweckt man ganz bestimmt keine Liebe fürs Schwimmen. Außerdem stärkt diese rohe Methode nicht das Vertrauen zum Besitzer. Die Wasserfreudigkeit ist nur für den Jagdhund wichtig; die anderen Rassen können genausogut auf dem Trockenen bleiben. Legt man aber Wert darauf, daß sich auch der Vierbeiner an den Badefreuden begeistert, dann wird er an einer flachen Stelle an der Seite seines Herrn ans Wasser gewöhnt. Mag er nicht freiwillig mitgehen, führt man ihn unter gutem Zureden an der Leine und läßt ihn nach einigen Metern ans Ufer schwimmen, wodurch er seine Angst verliert.

Ein Kapitel in der Hundeerziehung könnte ungeschrieben bleiben, wenn es gelänge, die Menschen besser zu erziehen. Selbst Hundebesitzer glauben, sie würden irgend jemandem einen Gefallen tun, wenn sie auf ein Tier, das von seinem Herrn gerufen wird, nun ihrerseits noch einreden. Der guterzogene Hund soll nur auf seinen Herrn hören und nie auf Fremde, er soll auf den ersten Ruf kommen, selbst wenn er schnell noch einen Baum begießt. Kommt er nicht auf den Befehl des Besitzers, wird er sicher erst recht nicht auf das Flöten des Besuchers angestürmt kommen. Will man sich keinen Allerweltsfreund großziehen, so gibt man möglichst schnell Gegenorder. Wir gehen auf den Hund zu, streicheln und entlassen ihn mit »Voran« wieder in die Freiheit. Ist dies unerwünscht, wird er sofort auf seinen Platz geschickt oder in den Zwinger gebracht, ohne daß er von dem Fremden gestreichelt werden konnte. Je jünger das Hundekind, desto liebevoller müssen wir selbst in dieser Situation zu ihm sein.

Der *Hund aus zweiter Hand*, wie alt er auch sein mag, hat bei seinem vorherigen Herrn schon einiges gelernt. Was und wieviel und mit welchen Kommandos, das müssen wir uns vom Vorbesitzer erzählen lassen. Denn Hunde sind wie Kinder. Sie erkennen ihre Vorteile und nützen sie aus. Der schlaue Vierbeiner, der die Gutmütigkeit des neuen Frauchens schnell heraus hat, wird seine vorherige gute Erziehung verleugnen, wenn er damit durchkommt. Daß er sich eigentlich gar nicht wohler dabei fühlt, steht auf einem anderen Blatt. Andere, gut erzogene und weichere Tiere zeigen sich zuerst von ihrer allerbesten Seite. Mit dem Fortschreiten des Eingewöhnens, werden auch sie die Grenzen unserer Geduld zu erkunden suchen. Beim Kind würden wir sagen, es wird übermütig. Dann dürfen die Zügel ruhig etwas angezogen werden, um das Einpendeln auf den gewünschten Grad des Gehorsams zu erreichen.

Daraus ergibt sich, daß wir auch mit dem besterzogenen Hund arbeiten müssen, bis er unsere Wünsche erkannt hat und sie erfüllen kann. Je mehr Grundlagen vorhanden sind, um so schneller werden wir einander verstehen. Es handelt sich dann mehr oder weniger um Wiederholungen, die nötig sind, damit das Tier erkennt, daß auch beim neuen Herrn das einmal Erlernte Gültigkeit behält. Leicht können dabei Verständnisschwierigkeiten auftreten, nicht nur beim anderssprachig erzogenen Hund. Denn die deutsche Sprache ist so ausdrucksreich, daß der gleiche Befehl verschieden formuliert werden kann. Deshalb ist es gut zu wissen, welche Grundausdrücke unsere Neuerwerbung versteht. Sind wir an eine andere Formulierung gewöhnt, so müssen zunächst beide Worte verwendet werden, zuerst das dem Hund bekannte, dann unser »eigenes«. Wir müssen also übersetzen, vor allem bei dem aus dem Ausland eingeführten Tier. Je mehr Zeit wir uns damit lassen, desto besser. Man soll die Lernwilligkeit nicht zu sehr strapazieren. Sprechen wir die Heimatsprache unseres neuen Hausgenossen gar nicht, dann müssen wir eben ganz von vorn beginnen. Das Tempo richtet sich nach dem Verständnis des Hundes. Ganz wesentlich erleichtert wird die Ausbildung, wenn ein bereits vorhandener Vierbeiner uns dabei helfen kann. Besondere Geduld unsererseits ist nötig, wenn beim Vorbesitzer andere Gebräuche üblich waren als bei uns. Der Hund läßt sich zwar leicht erziehen, legt aber schwer Gewohnheiten ab. Wenn er zum Beispiel gewöhnt war, auf dem Rücksitz des Autos zu sitzen, wird es länger dauern, ihn nach vorn vor den Beifahrersitz umzudressieren, als beim Autoungewohnten Tier.

Entsprechendes gilt für den von einem Berufsausbilder abgeführten Hund. Er wird erst dann auch in der neuen Umgebung Höchstleistungen vollbringen, wenn er sich durch Zusammenarbeit mit seinem neuen Herrn an diesen gewöhnt hat.

Erziehungsplan

Als Hundebesitzer, wenn Sie ein Jungtier erworben haben, möchten Sie sicher gern wissen, in welchem Alter Sie von ihm die Ergebnisse Ihrer Erziehungsbemühungen erwarten können. Aus der folgenden Tabelle läßt sich ablesen, daß ein normaler, gut erzogener Hund erst vom dritten/vierten Lebensmonat an stubenrein sein kann und daß er auf Ihr Rufen nicht in jeder Umgebung gleich reagiert. In der freien Natur dauert es länger als in geschlossenen Räumen, bis er dieses Gehorchen gelernt hat. Und auch beim Ausgehen mit Leine sollten Sie nicht ungeduldig werden, wenn Ihr Hund noch kein halbes Jahr alt ist. Freies Ablegen gar dürfen Sie nicht von ihm erwarten, ehe er ein dreiviertel Jahr alt geworden ist.

Dieser Erziehungsplan bezieht sich auf das Hundekind, das vom Züchter erzogen oder bald nach dem Absetzen verkauft wird. Bei später abgegebenen Jungtieren verzögert sich der Erfolg der Lektionen, wenn die Erziehung verspätet beginnt.

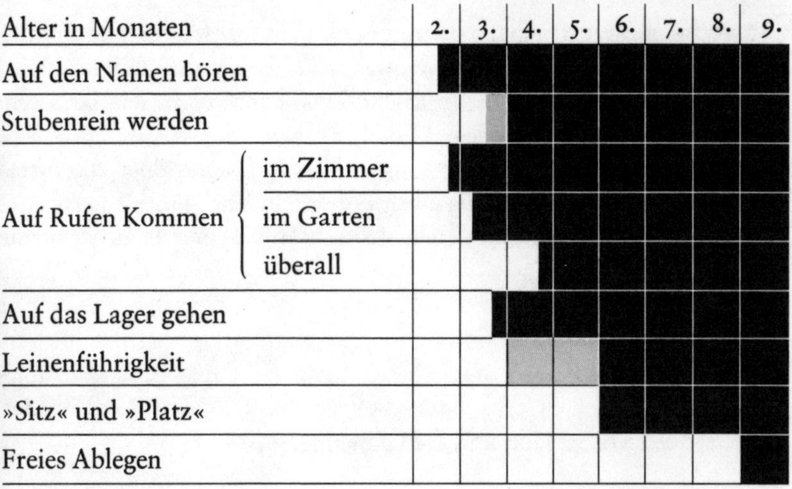

Intelligenztest

Prüfen Sie selbst die Geistesfähigkeiten Ihres Hundes. Unsere Tests sind so einfach, daß sie auch ohne große Vorbereitungen und technischen Aufwand nebenbei durchzuführen sind. Die Intelligenz des Hundes ist viel mehr aufs Praktische gerichtet als die des Menschen. Deshalb sagt das Ergebnis wenig über abstraktes Denken aus, sondern mehr über Zurechtfinden, Erinnern und soziales Verhalten. Doch bei den Ergebnissen mit sehr hoher Punktzahl ist mehr als »Versuch und Irrtum« im Spiel, hier handelt es sich um echtes Überlegen.

Beginnen Sie nicht zu früh mit der Prüfung, erst mit sechs bis neun Monaten ist die Intelligenz des Hundes voll ausgebildet. Viele Tiere sind dann aber noch so verspielt und ungebärdig, daß wenig mit ihnen anzufangen ist. Dann ist eine solide Erziehung vordringlicher als ein Test. Familienhunde haben sicher schon die eine oder andere Testsituation erlebt. Dann sollten Sie bei der Punkteberechnung dies berücksichtigen und fairerweise eventuell Punkte abziehen. Doch auch beim psychologischen Test der Menschenkinder schneiden diejenigen besser ab, deren Fähigkeiten in den Kinderjahren entwickelt wurden. Das ist nun einmal das Glück der von ihrer Umwelt begünstigten Lebewesen.

Und so wird es gemacht:

Berechnen Sie für jeden Test die Punktzahl, zählen Sie alle Punkte zusammen und teilen durch soviel, wie Sie Tests durchführen konnten.

Sollten Sie von einer zu niedrigen Punktzahl enttäuscht sein, so lassen Sie dies bitte den Hund nicht fühlen. Er kann am wenigsten dafür. Legen Sie Wert auf einen sehr klugen Hund, dann wählen Sie Ihren nächsten Vierbeiner sorgfältig nach der Intelligenz seiner Eltern aus, holen ihn früh zu sich und geben sich schon in seiner frühen Jugend viel mit ihm ab.

Test 1. Pfosten als Hindernis

Gehen Sie mit dem lose angeleinten Hund so knapp an einem möglichst dünnen Pfosten oder Bäumchen vorbei, daß der Hund an der anderen Seite vorbei läuft und die Leine ihn stoppt.

	Hund kommt sofort auf Ihre Seite	Hund kommt nach kurzem Ziehen auf Ihre Seite
1. Versuch	20 Punkte	18 Punkte
2. Versuch	18 Punkte	17 Punkte
3. Versuch	16 Punkte	15 Punkte
4. Versuch	14 Punkte	13 Punkte
5. Versuch	12 Punkte	11 Punkte
6. Versuch	10 Punkte	9 Punkte
7. Versuch	8 Punkte	7 Punkte
8. Versuch	6 Punkte	5 Punkte
9. Versuch	4 Punkte	3 Punkte
10. Versuch	2 Punkte	1 Punkt

An einem Tag können mehrere oder alle Versuche durchgeführt werden, es können auch Pausen bis zu vier Tagen eingelegt werden.

Test 2. Lücke im Zaun

Wenn der Hund durch eine Lücke in einem ihm bisher unbekannten Zaun schlüpft, rufen Sie ihn, wenn er in Zaunnähe, aber nicht direkt vor der Lücke steht. Sie selbst stehen auch nicht vor der Lücke.

	Hund kommt sofort durch die Lücke zurück	findet nach kurzem »Festlaufen« heraus	findet nach längerem »Festlaufen« heraus
1. Versuch	20 Punkte	18 Punkte	16 Punkte
	findet er nicht selbst heraus, dirigieren Sie ihn		
2. Versuch	18 Punkte	16 Punkte	14 Punkte
3. Versuch	16 Punkte	14 Punkte	12 Punkte
4. Versuch	14 Punkte	13 Punkte	11 Punkte
5. Versuch	12 Punkte	11 Punkte	10 Punkte
6. Versuch	11 Punkte	9 Punkte	8 Punkte
7. Versuch	9 Punkte	7 Punkte	6 Punkte
8. Versuch	6 Punkte	5 Punkte	4 Punkte
9. Versuch	5 Punkte	4 Punkte	3 Punkte
10. Versuch	4 Punkte	2 Punkte	1 Punkt

Jeweils beim gleichen Zaun. Werden verschiedene Zäune genommen, gibt es einen Punkt zu. Pausen zwischen den Versuchen nicht länger als eine Woche.

Test 3. Verstecktes Futter

Bevor Sie mit dem Hund kurz, d. h. vier bis fünf Minuten, in ein anderes Zimmer gehen, zeigen Sie ihm außerhalb der normalen Futterzeit und nicht an der Futterstelle ein Stück Fleisch, das so mit einer Plastikschüssel verdeckt wird, daß der Geruch nicht gleich dem Hund in die Nase sticht, wenn Sie ihn – wie zufällig – wieder in den Raum lassen.

	Er erinnert sich sofort	er erinnert sich etwas später spontan	er findet durch Zufall
1. Versuch	20 Punkte	17 Punkte	–
2. Versuch	17 Punkte	15 Punkte	
3. Versuch	15 Punkte	13 Punkte	
4. Versuch	12 Punkte	10 Punkte	
5. Versuch	10 Punkte	8 Punkte	
6. Versuch	8 Punkte	6 Punkte	
7. Versuch	6 Punkte	4 Punkte	
8. Versuch	4 Punkte	3 Punkte	
9. Versuch	3 Punkte	2 Punkte	
10. Versuch	2 Punkte	1 Punkt	

Zwischen den einzelnen Versuchen muß mindestens eine Pause von zwei Stunden liegen, jedoch nicht mehr als zwei Tage. Nicht immer an die gleiche Stelle legen, da sonst die Dressur auf den Ort das Ergebnis verfälscht.

Test 4. Zurechtfinden

Diesen Test können Sie nur durchführen, wenn Sie in einer größeren Wohnung leben, in der einige Räume mehrere Ausgänge haben. Ersatzweise kann man im Garten durch Aufbauen von Hinderniswänden eine entsprechende Versuchsanordnung schaffen. Der Hund wird mehrmals durch mindestens zwei Durchgänge mit etwas Angenehmem – das Klappern mit Halsband und Leine – gelockt. Er soll dabei immer den gleichen Weg nehmen. Zum Versuch schließt man die sonst immer offene Tür und öffnet eine andere. Eine Person lockt den Hund, die andere beobachtet ihn.

	Der Hund läuft sofort durch die offene Tür	er läuft erst an die geschlossene Tür, dann gleich richtig	er versucht durch die geschlossene Tür zu kommen
1. Versuch	20 Punkte	15 Punkte	–
2. Versuch	17 Punkte	13 Punkte	
3. Versuch	13 Punkte	10 Punkte	
4. Versuch	10 Punkte	8 Punkte	
5. Versuch	7 Punkte	5 Punkte	
6. Versuch	5 Punkte	3 Punkte	
7. Versuch	3 Punkte	1 Punkt	

Nur ein Versuch pro Tag!

Test 5. Verdecktes Futter

Machen Sie dem Hund sein Futter wie immer zurecht, decken jedoch eine große Plastikschüssel oder bei größeren Rassen eine schwerere Schüssel darüber. Dann verlassen Sie den Raum.

Beseitigt der Hund sofort und mit Erfolg das Hindernis	Holt er Sie sofort zu Hilfe	Versucht er kurz und holt Sie dann	Versucht er länger und holt Sie dann
20 Punkte	20 Punkte	18 Punkte	15 Punkte
Beseitigt er das Hindernis allein, jedoch mit Pausen	scharrt er und verschiebt er die Schüssel	Punktabzug für Jaulen und Bellen	
15–18 Punkte	10 Punkte	–5 Punkte	

Kümmert er sich gar nicht um die verdeckte Schüssel, dann ist er entweder überfüttert oder unpäßlich.

Test 6. Weggenommener Knochen

Geben Sie dem Hund vor einem Spaziergang für kurze Zeit einen Knochen und nehmen Sie ihn unmittelbar vor dem Weggehen wieder fort.

	Der Hund erinnert sich sofort nach Rückkehr	erinnert sich kurz danach	bekommt den Knochen von Ihnen wieder
1. Versuch	20 Punkte	18 Punkte	–
2. Versuch	18 Punkte	16 Punkte	
3. Versuch	16 Punkte	14 Punkte	
4. Versuch	14 Punkte	12 Punkte	
5. Versuch	12 Punkte	10 Punkte	
6. Versuch	10 Punkte	8 Punkte	
7. Versuch	8 Punkte	6 Punkte	
8. Versuch	6 Punkte	4 Punkte	
9. Versuch	4 Punkte	2 Punkte	
10. Versuch	2 Punkte	1 Punkt	

Versuche jeweils einmal am Tag zu einem bestimmten Spaziergang. Nicht zu große Knochen, da sonst Verstopfung eintritt, größere Knochen nach einigen Minuten wegnehmen.

Test 7. Treppe mit Hindernis
Die gewohnte Treppe wird auf der Seite, die der Hund immer begeht, durch ein unübersteigbares Hindernis versperrt.

	Der Hund umgeht das Hindernis sofort	versucht kurz, am Hindernis vorbeizukommen, dann Umweg	versucht mehrmals, jault, findet schließlich d. Umweg	versucht zu springen, fällt
1. Versuch	20 Punkte	17 Punkte	10 Punkte	7 Punkte
2. Versuch	18 Punkte	16 Punkte	8 Punkte	5 Punkte
3. Versuch	15 Punkte	13 Punkte	6 Punkte	3 Punkte
4. Versuch	13 Punkte	10 Punkte	5 Punkte	2 Punkte
5. Versuch	10 Punkte	7 Punkte	3 Punkte	1 Punkt
6. Versuch	7 Punkte	4 Punkte	1 Punkt	0 Punkte

Hindernis nur einmal am Tag aufbauen, Pausen nicht länger als eine Woche.

Test 8. Zwei-Schüssel-Versuch

Unter eine von zwei gleichen umgestülpten Futterschüsseln wird vor den in vier Meter Abstand angeleinten Hund ein Futterbrocken gelegt. Nach zwei Minuten darf der Hund wählen. Punkte gibt es nur, wenn er ohne zu schnüffeln direkt auf die richtige Schüssel losgeht. Das Fleisch bekommt er in jedem Fall zur Belohnung. 10 Versuche je 2 Punkte. Nicht mehr als fünf an einem Tag.

Test 9. Wahl der verschiedenen Formen

Versuchsanordnung wie bei Test 8. Vor die Schüssel mit dem Fleisch wird jetzt ein aus Pappe geschnittenes Dreieck gestellt, vor die leere Schüssel eine Scheibe aus der gleichen Pappe. Wieder rechts oder links in unregelmäßiger Verteilung wird das Futter verlegt. Wartepausen drei, bei älteren Hunden vier Minuten. 10 Versuche, 2 Punkte für jede richtige Lösung.

Test 10. Erschwertes Bringen.

Zu diesem Versuch muß der Hund vordressiert sein. Er muß z. B. auf den Befehl »Bring die Schuh« täglich Herrchen seine Pantoffeln bringen. Wenn das ganz sicher sitzt, also mindestens 14 Tage reibungslos geklappt hat, stehen statt der Pantoffeln andere Schuhe an der gleichen Stelle, die Pantoffeln sind einige Meter davon so versteckt, daß der Hund sie finden kann, wenn er sie sucht.

Sucht der Hund sofort die Pantoffeln und findet sie	20 Punkte
Bringt er einen Schuh und sucht dann nach den Pantoffeln	18 Punkte
Bringt er beide Schuhe sofort	17 Punkte
Bringt er außer den Schuhen dann noch die Pantoffeln	20 Punkte
Zögert er und bringt schließlich die Schuhe	14 Punkte
Zögert er, sucht herum und bringt dann die Schuhe	12 Punkte
Ist er länger unentschlossen und bringt dann die Pantoffeln	10 Punkte
Ist er ratlos, sucht herum und findet nichts	7 Punkte
Ist er verwirrt, ohne zu suchen	3 Punkte

Test 11 und 12 sind etwas für Hundegenies. Normale Hunde lösen sie nicht. Daher gibt's für sie auch keine Punkte. Falls Ihr Hund sie löst, ist er ohnehin ein Mordskerl.

Test 11. Futterwahlversuch.
Versuchsanordnung wie bei Test 8. Jetzt wird aber unter die eine Schüssel ein Stück Fleisch gelegt und unter die andere ein Stück Hundekuchen. Zwei, später bis fünf Minuten lang soll der Hund davor sitzen und dann wählen. Um sicherzugehen, daß er das Fleisch lieber frißt, können Sie einige Vorversuche ohne die umgestülpten Schüsseln vorangehen lassen. Im allgemeinen merken sich die Hunde nur, daß etwas Freßbares unter der Schüssel ist, aber nicht, ob das Fleisch rechts oder links liegt.

Test 12. Sinnloser Befehl.
Der sinnlose, dem Hund unverständliche Befehl verwirrt das Tier. Deshalb sollte er nur einmal zum Test gegeben werden. Er ist aus zwei dem Hund verständlichen Anordnungen zusammengesetzt, also ein Satz, der abstraktes Denken voraussetzt, sollte er verstanden werden. Wenn der Hund die Befehle »Geh Platz« und »Bring Schuh« sicher befolgt, sagen Sie eines Tages zu ihm »Bring Platz« oder »Geh Schuh«. Und wenn er Ihnen dann sein Kissen angeschleppt bringt oder sich auf Ihren Hausschuhen schlafen legt, dann schreiben Sie uns bitte. Den Hund wollen wir gern kennenlernen.

Ergebnis:

20 Punkte = ein Wundertier. Hüten Sie dieses Juwel und genießen Sie die Jahre mit ihm. Einen solchen Hund werden Sie nie wieder bekommen.

17–19 Punkte = Auf diesen selten klugen Hund können Sie stolz sein, aber achten Sie darauf, daß Sie der Überlegene bleiben. Am besten geben Sie ihm eine Aufgabe und bilden ihn in dem Fach aus, das seiner Rasse entspricht.

13–16 Punkte = überintelligentes Tier, das eine gute Erziehung verdient. Für einen *Gebrauchshund* ist dies die beste Intelligenzlage.

9–12 Punkte = ein Hund mit guter Intelligenz, wie er für die meisten Hundebesitzer am besten paßt. Er lernt leicht, ist anpassungsfähig und stellt dabei keine übermäßig hohen Ansprüche an Aufsicht und Beschäftigung. Diese Gruppe stellt die scharfen Hunde, deren Schutz- und Kampftrieb nicht durch zu hohe Intelligenz beeinträchtigt wird.

5–8 Punkte = etwas langsamer denkend, was auch seine Vorteile haben kann. Sie haben sicher längst gemerkt, daß dieser Hund Ihnen nicht so leicht auf der Nase herumtanzt und Ihre Schwächen auszunützen versteht. Vorsicht aber bei zu viel Schärfe! Beim großen, scharfen Hund müssen Sie mitdenken, um Schäden zu verhindern.

0–4 Punkte = ein sehr bequemer Hund, der Ihnen seine Schönheit und Liebe schenkt, ohne viel pädagogisches Talent von Ihnen zu fordern.

Hundeberufe

Die gute Erziehung ist die Grundschule für den Hund. Auf ihr bauen sich manche *Spezialausbildungen* auf, von denen die wichtigsten im folgenden erwähnt werden sollen. Ohne persönliche Anleitung durch erfahrene Ausbilder kommen wir dann nicht zum Ziel, aus Büchern allein läßt sich diese Kunst nicht erlernen. Da muß sich der interessierte Hundeführer schon einem Klub oder einem Schutzhund-Verein anschließen. Wenn auch der Unterricht zumeist einzeln und nicht in Gruppen wie beim Menschenkind erfolgt, so ist es doch sehr wichtig, das Tier an Artgenossen zu gewöhnen. Es wird die Pflichten der Arbeit um so lieber erfüllen, wenn sich als Belohnung ein freies Toben mit den »Schulfreunden« anschließt.

So wie auf Erden fast alles käuflich ist, kann auch die Abrichtung in einer Hundeschule oder sonst durch berufsmäßige Ausbilder gegen

Bezahlung vorgenommen werden. Bei Spezialausbildungen, die länger dauern und nicht ohne mannigfaltige Hilfsmittel durchzuführen sind, ist solch eine straffe Schulung vorzuziehen. Doch auch die besten Prüfungsnoten sind keine unbedingte Gewähr dafür, daß der Jahrgangsbeste auch in der Praxis Überragendes leistet. Nur wenn der Besitzer den Hund richtig führt, kann er mit dem Gelernten entsprechend glänzen. Die beste Hundeschule enthebt den Besitzer nicht von seiner Pflicht, sich ausreichend mit dem Tier zu beschäftigen. Das gilt nicht nur für Fachausbildungen als Schutzhund oder Jagdhund, sondern auch für die einfache Grunderziehung. Der Hund muß immer wissen, daß sein Herr ihm überlegen ist. Diese Überlegenheit beweist er am leichtesten durch immer wiederholtes Arbeitenlassen. Es genügt dabei, wenn täglich nur wenige Übungen durchexerziert werden, um den Gehorsam zu festigen und zu erhalten.

So unumgänglich eine gute Grunderziehung mit festem Gehorsam für ausnahmslos jeden Hund ist, so sehr sollte sich der Besitzer eines kräftigen Tieres überlegen, ob die Ausbildung zum *Schutzhund* nötig ist. Denn bei der »Mannarbeit« wird die Schärfe entwickelt, der Schutztrieb verstärkt. Damit wächst die Verpflichtung zur sorgsamen Beaufsichtigung. Durch falsche Auslegung einer Situation durch den vierbeinigen Begleiter ist schon manche Gefahr entstanden. Der Freund aus früheren Jahren, der uns, erfreut über das Wiedersehen, auf die Schulter klopft, bedenkt oft nicht, daß er ja unserem Hund ein Fremder ist.

Hat unser Hund durch einen Irrtum Schaden verursacht, so dürfen wir ihn nicht auch noch strafen. Das feinfühlige Tier spürt ohnehin, daß der gebissene Mensch kein Angreifer war und daß in diesem Falle die erlernte Reaktion danebenging. Es wollte uns helfen, und dieser Wille ist anzuerkennen, wenn das Tier nicht an uns zweifeln soll.

Der Jagdhund, der das Frettchen des Jagdfreundes für einen Iltis hält und apportiert, tut damit nur das, was ihm anerzogen wurde. Er wird auch ohne Strafe fühlen, daß er uns dieses Mal keine Freude machen konnte.

Kommen solche Irrtümer aber gehäuft vor, sind entweder die Intelligenz und das Unterscheidungsvermögen des Hundes nicht ausreichend entwickelt oder die Ausbildung war »zu gut«. Dann ist es angebracht, durch vermehrte Unterordnungsübungen in wechselnden Situationen und bei viel Ablenkungen den überscharfen Beschützer fest in die Gewalt zu bekommen. Die Menschen leben zu dicht aufeinander, als daß man diese Hunde den Mitbürgern zumuten könnte. Ein Grund, stolz zu sein, sind sie jedenfalls nicht.

Aus der Schutzhundausbildung ergibt sich eine Reihe von *Hundeberufen,* bei denen das Augenmerk verschieden stark auf die Schärfe oder die Nasenarbeit gerichtet wird. Bei den Diensthunden der *Polizei,* beim *Zoll* wie beim zivilen *Wach- und Schutzdienst* werden Schutz- und Angriffslust gewünscht. Diese Hunde müssen ihren Führer im Ernstfall verteidigen, nicht selten im härtesten Kampf. Gute, ja hervorragende Nasenleistung wird von den Fährtensuchhunden der Polizei verlangt, von den Sanitäts- und Meldehunden des Militärs, den Lawinensuchhunden und anderen, bei Bergnot zu Hilfe eilenden Vierbeinern. Bei ihnen ist die Ausbildung der Schärfe nicht erwünscht, sie wird deshalb im Unterricht vernachlässigt. Wenig Verteidigungsfreude, dafür umso mehr Anpassungsvermögen wird vom *Blindenführhund* erwartet. Er soll die Augen seines Herrn ersetzen und muß in langer, sorgfältiger Ausbildung lernen, die vorkommenden Hindernisse danach zu beurteilen, ob sie den Menschen stören können. In Spezialschulen wird zunächst mit dem Übungswagen gearbeitet, der alles als Hindernis anzeigt, was auch dem nichtsehenden Menschen Schaden zufügen könnte. Auch der Herr muß lernen, sich auf das Tier zu verlassen und richtig auf sein Verweisen zu reagieren.

Zu den leichteren Berufen, die dem Wesen des Tieres und seiner natürlichen Veranlagung eher angepaßt sind, gehören die *Hüte-, Treib-* und *Hirtenhundarbeiten.* Aber auch sie sind Lernberufe, die nach gründlicher Ausbildung mit einer Prüfung abgeschlossen werden. Dabei werden ursprünglich die Hirtenhunde als Schutz gegen großes Raubwild gehalten, während die oft kleineren Schäfer- und Hütehunde das Zusammenhalten und Hüten der Herde übernehmen. Treib- und Sennenhunde, in früheren Zeiten auch die *»Schlachterhunde«,* hatten die ihnen anvertrauten Herden oder Einzeltiere nicht nur zusammenzuhalten, sie mußten sie oft über längere Strecken treiben, als das Schlachtvieh noch nicht mit der Eisenbahn transportiert wurde. In Gebirgsgegenden führen sie auch heute noch ihre Tiere auf entfernte Weideplätze.

Aus der Mode ist der Beruf des *Ziehhundes* gekommen, der in früheren Jahrhunderten kleinen Gewerbetreibenden den Wagen von Dorf zu Dorf oder durch die Straßen der Stadt zog. Die Zeit ist darüber hinwegrollt. Für die Hunde ist das Ziehen eines leichten Gefährts in der Größe eines Handwagens keine Anstrengung, wenn das Zuggeschirr ihrer Körperform angepaßt ist. Mit einem nicht einschneidenden Brustgeschirr spürt der Hund den Zug nur wenig, seine gut haftenden Pfoten machen ihn zum sicheren Zugtier. Kräftigen Tieren bereitet es Freude, die Kinder ihrer Familie im Wägelchen herumzukutschieren. Dieses Kindervergnügen schadet ihnen nicht, im Gegensatz zu dem gelegentlich zu beobachtenden *Reiten* von Kindern auf Hunden. Das sollte man bei langrückigen Rassen und bei Tieren von weniger als zwei Jahren auf keinen Fall dulden. Doch auch den größeren und älteren Tieren ist dies nicht die bekömmlichste Freizeitbeschäftigung. Der Rücken des Hundes ist für solche Belastung nicht geschaffen.

Kampfhunde für Schaukämpfe mit anderen Raubtieren oder untereinander werden heute aus tierschützerischen Gründen nicht mehr gegeneinander gehetzt. In früheren Jahrtausenden waren Hundekämpfe eine Volksbelustigung. Auch gegen wehrhaftes Wild, wie Sauen, Hirsche, Bären und Wölfe, werden die doggenartigen Kampfhunde nicht mehr eingesetzt.

Den *Hetzhunden,* also den Windhunden, ist von früheren jagdlichen Hetzen auf lebendes Wild nur noch der Wettkampf auf der Rennarena geblieben. Die brackenartigen Jagdhunde werden in einigen Ländern Europas selten noch zur wirklichen Jagd in der Meute verwendet.

Den anderen *Jagdhunden* ist ihre Arbeit am Wild überall dort verblieben, wo sie nicht selbst das gesunde Tier zur Strecke bringen, sondern ihren mit der Waffe jagenden Herrn unterstützen. Vielseitig wie die verschiedenen Jagdarten ist dabei die Verwendung. Ursprünglich wurde jede Rasse nur für eine spezielle Arbeit gezüchtet. Der moderne Jäger, auch der Förster, kann nur einen oder wenige Hunde halten, die strenge Spezialisierung wurde aufgegeben zugunsten von Mehrzweckhunden. Wirkliche Spitzenleistungen werden aber immer nur von Spezialisten vollbracht und selten von Alleskönnern. Die besten *Schweißhunde,* die auch die schwierigsten Fährten von krankgeschossenem Wild erfolgreich ausarbeiten, werden nur für diese eine Arbeit gehalten. Sie stehen mit ihren erfahrenen Führern einem größeren Bezirk zur Verfügung und werden immer dann mit Erfolg eingesetzt, wenn der ansässige Jagdhund mit seinem Latein am Ende ist. Sie würden nur verdorben werden, würde man ihnen erlauben, gesundes Wild aufzustöbern. Dies ist Arbeit der eigentlichen Stöberhunde. Sie wird aber auch vom Teckel, Vorstehhund und Terrier mit übernommen. Das *Stöbern* ist nicht die schwierigste Arbeit für den Jagdhund, es kommt seiner Naturveranlagung am meisten entgegen.

Das Bringen des geschossenen Wildes, das *Apportieren,* ist ebenfalls eins der vielen Fächer, in dem die meisten Jagdbegleiter ausgebildet werden. Ein Rebhuhn wird auch der Teckel bringen können, für einen Hasen ist schon viel Körperkraft erforderlich. Das Bringen aus dem Wasser setzt neben Wasserfreudigkeit bei sumpfigem Schilfgelände auch kräftigen Körperbau und Ausdauer voraus.

Vom *Vorstehen,* dem regungslosen Verharren des Jagdhundes vor dem Wild, haben die Vorstehhunde ihren Namen. Weil sie für die Jagd auf Rebhühner und anderes Federwild spezialisiert sind, werden sie auch *Hühnerhunde* genannt. Die kleinsten Jagdhunde, die Teckel und die Terrier, sind für die Jagd unter der Erde geschaffen. Ohne natürliche Raubzeugschärfe ist kein guter *Erdhund* denkbar. Zu dieser Grundvoraussetzung kommen noch andere Eigenschaften wie Ausdauer und Klugheit, und auch hier ist die richtige Ausbildung, das Abführen, eine wesentliche Bedingung für gute Arbeit.

Nur ein erfahrener Abrichter kann dem rohen Junghund eine vorzügliche Ausbildung zukommen lassen. Der selbst noch unfertige Jungjäger findet im erfahrenen Hund einen ergänzenden Jagdgehilfen, wenn nicht sogar Lehrmeister. Einen Jagdhund ohne Anleitung durch einen erfahrenen Hundeführer firm zu bekommen, ist ein mühsames Unterfangen. Denn es genügt ja nicht, die vorhandenen Anlagen zur Entfaltung zu bringen, es sind allerhand Bremsen anzuziehen. Nur unbedingter Gehorsam und große Selbstbeherrschung lassen eine jagdliche Zusammenarbeit möglich werden. Solange sich der Hund nicht völlig sicher in der Hand seines Herrn halten läßt, sollte er nur im eigenen Jagdrevier eingearbeitet werden. Auf Gemeinschaftsjagden, den größeren Treibjagden, sollte der unfertige Jagdgehilfe nur mit größter Zurückhaltung mitgeführt werden. Besser bleibt er zu Hause, denn ein einziger ungehorsamer Hund kann eine mit Mühe und Kosten vorbereitete Jagd durch eigenwilliges Herumjagen in Frage stellen und einer ganzen Jagdgesellschaft den Tag verderben. Auch angeleint wird er besser nur dann mitgeführt, wenn er gelernt hat, ruhig neben seinem Führer liegen zu bleiben.

Besondere Situationen

Richtige *Beißereien* unter Hunden sind zum Glück selten. Meist steckt einer der Kontrahenten rechtzeitig zurück. Geraten sich jedoch zwei starke Kämpen so gründlich in die Wolle, daß wir um ihre heile Haut fürchten, dann ist erstes Gebot für die danebenstehenden Besitzer: Ruhe bewahren! Durch Anbrüllen erreichen wir nur etwas, wenn der Unsrige der Angreifer ist und so guten Gehorsam besitzt, daß er ihn auch im Kampf nicht vergißt. Solche Wunderhunde sind selten. Drauflosdreschen auf den fremden Hund erreicht nur, daß dieser noch viel fester zupackt. Er glaubt ja, der Schmerz käme vom Gegner, und wird alles daransetzen, diesem zu zeigen, wozu er seine Zähne hat. Sind beide Hundeführer in der Nähe, dann bekommen sie die ineinanderverbissenen Tiere durch einen einfachen Trick auseinander. Gleichzeitig hebt jeder sein Prachtstück an den Hinterbeinen hoch. So, plötzlich ohne Grund unter den Füßen, lassen sie in der Schrecksekunde los. Bevor sie wieder aufeinanderstürzen können, muß man sie auseinander haben. Allein einen fremden Raufer an den Hinterläufen hochzuheben, empfiehlt sich nicht. Er könnte seine Bißrichtung auf unsere Hände richten. Nur wenn wir ernstlich um unser Hündchen fürchten, gehen wir den Angreifer an, wenn kein Besitzer oder nur ein zu schwaches Frauchen in der Nähe ist.

Dann gebrauchen wir aber unser stärkstes Organ: nämlich unseren Kopf. Nicht einschlagen dürfen wir auf das rabiate Tier, sondern wir drücken ihm durch Zudrehen des Halsbandes die Luft ab. Ist ein Helfer in der Nähe, dann kann er uns durch Hochheben der Hinterläufe unterstützen – aber erst, wenn wir sicher das Halsband gefaßt haben. Keine Angst, der Hals des kräftigen Hundes ist stabil, so schnell erleidet er keinen Schaden. Es wird sich nach dem Trennen schon jemand finden, der den jetzt viel zahmer gewordenen Kämpfer nach Hause bringt. Ist man wirklich völlig allein, dann muß man einige Minuten lang den unangenehmen Zwang am Hals des Fremdlings kurzfristig wiederholen. Dann wird er froh sein, wenn wir ihn laufen lassen. Das darf aber erst geschehen, wenn er uns durch Anlegen von Nackenhaaren und Rute seine Sinnesänderung kund getan hat. In der Zwischenzeit reden wir mit fester Stimme beruhigend auf ihn ein. Er muß uns, nicht unseren Liebling, als in der Rangordnung übergeordnet kennenlernen.

Weit häufiger werden unsere Haustiere aber vom Auto »gebissen«. Bei kleineren Tieren geht dieser *Autounfall* häufig glimpflich ab, sie werden durch die Luft geschleudert und bleiben durch ihr geringes Gewicht ohne Knochenbrüche liegen. Immer haben sie dann aber einen *Schock,* meist auch eine Gehirnerschütterung. Das Tier wird in einer Decke nach Hause oder zum Tierarzt gebracht. Durch Hochheben der Lefzen prüft man laufend die Farbe der Schleimhäute. Werden sie heller, ist mit inneren Blutungen zu rechnen. Wenn man Glück hat, hilft dann die sofortige Operation. Offene Verletzungen sind natürlich gleich zu versorgen. Ganz verkehrt ist es, das eigene oder gar ein fremdes angefahrenes Tier zu töten »weil es sich so quält«. Bei wirklich schweren und schmerzhaften Verletzungen setzt die lindernde Bewußtlosigkeit ein. Sonst hilft der Tierarzt mit schmerzstillenden Mitteln. Es ist erstaunlich, was mancher Hund aushält und aus welch schweren Unfällen er wieder gesund gepflegt werden kann.

Beim *angefahrenen Hund,* mit oder ohne Bewußtlosigkeit, ist mit mindestens drei Tagen absoluter Schonung zu rechnen. Der Patient wird völlig in Ruhe gelassen, kommt nur ganz kurzfristig angeleint nach draußen. Jeden Reiz, ob Lärm, fremde Menschen, Kinder, andere Hunde des Haushaltes, halten wir fern. Es kann leicht sein, daß er im Wesen verändert ist, uns anknurrt oder nach uns schnappt. Das sind durch den Schock bedingte Störungen, die wir übergehen. Ist unser Hund erst gesund, dann ist er auch wieder der alte.

Mancher angefahrene Hund rennt im Schock auch sinnlos irgendwohin. Dann ist es gut, wenn Adresse und Telefonnummer am Halsband die Heimkehr erleichtern. Der Umweg über das Steuerzeichen dauert meist länger. Denn die Nummer unterliegt dem Steuergeheimnis und darf ohne Rückfragen des Steueramtes beim Besitzer nicht einmal der Polizei verraten werden.

Was tun, wenn unser Hund verlorengeht? Freiwillig und mit Absicht verläßt der Hund nicht seinen Herrn, nicht einmal dann, wenn er schlecht behandelt wurde. Der streunende, wildernde oder auf Brautschau ausziehende Hund kehrt immer wieder nach Hause zurück, es sei denn, er wird daran gehindert. Der Wildhund muß weite Strecken durchstreifen, um satt zu werden, nur ein vorzüglicher Ortssinn läßt ihn immer wieder zu seinem Rudel zurückfinden. Selbst der verwöhnte Schoßhund kennt die Umgebung seines Heims genau. Darf er mit in den Urlaub fahren, so ist es immer wieder erstaunlich, wie schnell er sich in der fremden Umwelt zurechtgefunden hat. Aber Wunder darf man im Zeitalter der Motorisierung nicht erwarten. Ist er auf dem Wochenendausflug *entlaufen,* so dürfen wir nicht annehmen, daß er auch die hundert Kilometer nach Hause findet, die wir mit dem Auto ins Grüne gefahren sind. Grundsätzlich sucht der Hund seinen Herrn immer da, wo er ihn zuletzt gesehen hat. Es ist sinnvoller, dort zu warten, als ganze Wälder nach dem Verlorenen abzusuchen, der seinerseits herumirrt auf der Suche nach seinen Menschen. Dauert die Sache länger oder kann man aus anderen Gründen nicht warten, dann muß unbedingt etwas hinterlassen werden. Im Idealfall ist die Tragtasche oder der Hundekorb im Wagen, mit seiner Decke, deren Geruch von der feinen Hundenase weithin wahrgenommen wird. Haben wir kein Hundeeigentum dabei, dann müssen wir uns vorübergehend von einem Mantel trennen. Ein alter Regen- oder Lodenmantel im Kofferraum ist auch für viele andere Zwecke gut zu brauchen. Er wird etwas im Gebüsch versteckt oder abseits des Weges abgelegt, damit er nicht von Spaziergängern sichergestellt wird. Ob man später am Abend, mitten in der Nacht oder erst am nächsten Morgen zurückkommen kann, den verlorenen Dackel wird man nicht weit von dieser Stelle finden. Die Wärme des Lagerplatzes zeigt uns, daß er auf Decke oder Mantel gesessen hat. Beim nächsten Spaziergang wird er bestimmt nicht wieder lange auf sich warten lassen.

Ist das Tier richtig weg, also länger als je vorher, dann müssen wir damit rechnen, daß ihm etwas zugestoßen ist. Es kann überfahren worden oder von tierlieben Mitbürgern als »herrenlos« mitgenommen worden sein. Ist es absichtlich gestohlen worden, so können wir nur hoffen, daß es eines baldigen Tages den Weg nach Hause findet. Auf jeden Fall erkundigen wir uns beim örtlichen Tierheim oder Tierschutzverein, wo gefundene Hunde abgeliefert werden sollen. Auch auf der Polizei fragen wir nach und beim örtlichen Veterinäramt, das tote Tiere einsammelt und Buch darüber führt. Die Polizei hat viele wichtige Aufgaben, für sie ist unser Hund weniger bedeutend. Deshalb sollten wir es bei einer abschlägigen Antwort nicht bewenden lassen und, wie auch im Tierheim, immer wieder nachfragen. Angefahrene Tiere verkriechen sich oft und werden erst nach Tagen eingefangen und abgeliefert. Schließlich bleibt noch die Anzeige in der Tageszeitung, bei der wir den Hinweis auf die Belohnung nicht vergessen sollten. Ausgefallene Rassen nennen wir dabei nicht nur mit dem Namen, sondern beschreiben das Tier so, daß auch der Unkundige sich etwas darunter vorstellen kann. Bei Teckeln und anderen kleinen Rassen können wir nur hoffen, daß sie ohne Halsband in die freie Natur entwischt sind. Zu leicht bleiben sie sonst in einem Kaninchenbau oder an einem Drahtzaun hängen.

Bringt umgekehrt unser Vierbeiner einen Fremdling mit nach Hause, der nicht in die Nachbarschaft gehört, dann suchen wir zunächst auf dem Halsband Adresse und Steuermarke. Sind sie vorhanden, bringt der direkte Anruf beim Besitzer bzw. beim Steueramt die schnellste Klärung. Rassehunde haben oft eine Nummer in die Innenseite der Behänge tätowiert. Der betreffende Hundeklub findet dadurch den Besitzer. Haben wir keine solchen Hinweise, dann müssen Polizei und Tierheim eingeschaltet werden.

Manche Hunde spüren schon das herannahende Gewitter und reagieren durch Unruhe und Angst darauf. Eine solche *Gewitterfurcht* zeigen die sogenannten wesensschwachen Tiere, die auch sonst keine großen Helden sind. Für die Zucht sollte man sie ablehnen und sich nach Möglichkeit kein solches Tier kaufen. Doch meistens bemerkt man diese unangenehme Eigenschaft erst, wenn der Kauf nicht mehr rückgängig zu machen ist. Am ehesten kann man dem Jungtier die Angst nehmen, indem man selbst keine Zeichen der Unruhe oder Nervosität merken läßt und den Hund bei sich hält, sich mit ihm beschäftigt, so daß er möglichst das Gewitter vergißt. Erlebt der Angsthase ein heftiges Gewitter mit starkem Donner, der die Fensterscheiben zum Wackeln bringt, allein in der Wohnung oder im Zwinger, so kann sich die Angst besonders festsetzen. Diese Tiere sind bei Gewittergefahr sicher im Haus zu verwahren. Denn der ängstliche

Zwingerhund sucht die sichere Nähe des Menschen unter allen Umständen zu gewinnen und neigt dazu, aus dem Zwinger auszubrechen. Und ist ihm dies einmal geglückt, dann wird er es immer wieder versuchen, auch beim fester reparierten Zaun. Weil Geduld zum Erfolg führt, erreicht er auch sehr oft sein Ziel.

Leichter ist es, dem schußscheuen Jagdhund die Schreckreaktion abzugewöhnen. Schon beim Welpen sollte man eine Tüte aufblasen und zerplatzen lassen. Beim erstenmal fahren so ziemlich alle Hundekinder zusammen, aber während die einen nur aufmerken, ziehen sich die ängstlichen mit eingekniffenem Schwanz in einen Winkel zurück. Lernen sie, daß nach dem Knall nichts Unangenehmes, sondern ein Leckerbissen folgt, dann läßt sich die *Schußangst* beheben, bevor die eigentliche Jagdausbildung beginnt. Da dieser Wesensfehler aber sicher vererbt wird, sondert man bei der Auswahl der Zuchttiere diese Hunde auch bei sonstigen Qualitäten möglichst aus.

Dem älteren Tier ist die Gewitterfurcht kaum mehr auszutreiben. Um die eigenen Nerven zu schonen, sollte man dem Hund für solche Gelegenheiten vom Tierarzt Beruhigungspillen verschreiben lassen.

Voraussehbarer als ein Gewitter ist die Silvesterknallerei, die den weichen Hund in *Angst* versetzen kann. Auch hier läßt sich durch Tütenknallenlassen mit anschließendem Leckerbissen eine Abstumpfung herbeiführen. Ein Beruhigungsmittel, bevor der Krach losgeht, ist sicherer. Es dauert ungefähr eine halbe Stunde, bis die Wirkung eintritt. Bis dahin kann das Tier besonders unruhig sein. Also rechtzeitig an die Pille denken! Nicht nur ängstliche Hunde sollten am Silvestertag so kurz wie möglich und nur angeleint auf die Straße, Zwingerhunde holt man ins Haus, auch diejenigen, die sich nicht vor der Knallerei fürchten. Denn leider betrachten es manche Knaben als Scherz, den Tieren Feuerwerkskörper vor die Nase zu werfen.

Vorsichtige Reserve, furchtsame Zurückhaltung bis zu panischer Angst zeigt der Hund, wenn er vor neue, ihm unverständliche Lebewesen gestellt wird. Im Zeitalter der Automatisation lernt das Hundekind meist weder Pferde noch Kühe kennen. So erschrickt das erwachsene Tier beim ersten Zusammentreffen mit einem Gespann oder einem Reiter. Der frei laufende Hund wird sich sicherer fühlen als der angeleinte. Allerdings sollte ihm diese Freiheit nur dann erlaubt bleiben, wenn kein Autoverkehr in der Nähe ist. Grüßt Herrchen den

Reiter und wechselt ein paar Worte mit ihm, so trägt dies dazu bei, dem Hund die Sicherheit wiederzugeben. Benimmt sich der Hund falsch, so strafe man ihn nicht, sondern versuche, durch späteres Herbeiführen ähnlicher Situationen eine Gewöhnung zu erreichen.

Was tun, wenn der Hund Menschen anbellt? Körperbehinderte Menschen mit Stock, kleine Kinder, die sich anders bewegen als Erwachsene und vielleicht noch mit Spielzeug herumfuchteln, veranlassen den Hund zu ungewohntem Verhalten. Gleichgültig, ob er davonrennt oder bellend stehen bleibt, in beiden Fällen ist eine gewisse Furcht die Ursache. Schwierig wird die Situation dann, wenn das *Kind* schreiend davonläuft oder zappelt, denn dann kann der Hund instinktiv zum Angriff übergehen. Am leichtesten läßt sich eine solche Situation beherrschen, wenn man das Tier mit »Platz« anbrüllt und das Kind mit »Bleib stehen!«. Wenn beide sich in der Schrecksekunde – die Lautstärke ist dabei wichtig – still verhalten, ist die Lage gerettet. Der Vierbeiner wird angeleint, das Kind aufgeklärt, daß es von einem Hund dann nichts zu befürchten hat, wenn es ruhig stehenbleibt. Auch noch ziemlich kleinen Kindern sollte man die Situation aus der Lage des Hundes heraus erklären und an ihre menschliche Intelligenz appellieren. Denn die eingefleischten Hundefeinde haben diese Abneigung meist durch unangenehme Hundeerlebnisse in der Kindheit erworben. Von Natur aus sind die Kinder alle hundelieb, das richtige Verhalten fremden Tieren gegenüber muß ihnen nur anerzogen werden. Dazu gehört auch, daß eine gewisse Zurückhaltung vor älteren Hunden gewahrt werden muß. Das Kind begreift dies, denn es lernt ja in früher Jugend, daß auch nervöse Erwachsene im übertragenen Sinne »beißen« können.

Durch sichere Erziehung und Ausbildung des eigenen Tieres, insbesondere das sofortige Hinlegen auf »Platz« kann der Hundebesitzer verhüten, daß unvorhersehbare Situationen unangenehm enden. Schimpfen und Strafen nach falschem Verhalten macht den Hund bestimmt nicht kinderlieb. Man geht möglichst gleich zur Tagesordnung über.

Kennt das Tier jedoch Kinder und macht es sich ein Vergnügen daraus, sie zu erschrecken, so ist eine gehörige Tracht Prügel von Herrchen angebracht. Sie muß verabreicht werden, bevor der Hund den Rückzug angetreten hat, und da es sich dann immer um ein übermütiges robustes Tier handelt, wird sie als heilsame Maßnahme akzeptiert.

Es dürfte nicht vorkommen, daß der *Briefträger* gebissen wird. Die Zeit seines Kommens ist bekannt, der Hund kann also solange festgehalten werden. Am besten ist es, einige Tage lang mit dem angeleinten Tier die Briefe persönlich in Empfang zu nehmen und eine Gewöhnung herbeizuführen. Das müßte sich mit jedem Hund durchexerzieren lassen, jedoch nicht mit jedem Briefträger. Denn von einem Menschen, der in Ausübung seiner Pflicht mehrmals unschuldig gebissen wurde, kann man keine Hundefreundlichkeit erwarten. Dann hält man das Tier besser im Haus, wie auch zu den Zeiten der Müllabfuhr. Verbellt der Hund fremde Menschen auf dem heimischen Grundstück, so darf er nicht bestraft werden. Nur wenn der Schutz- und Wachtrieb unbeschnitten bleibt, wird auch der nächtliche Einbrecher gemeldet. Scharfe Tiere werden auch auf dem eigenen Grundstück so gehalten, daß sie keinen Kontakt zu Fremden haben. Nur dann stumpfen sie nicht ab. Ein Hund im Haus und ist er auch nur winzig, ist, sofern er nur aufwacht und bellt, der beste Schutz gegen Einbrecher. Die Versicherungsgesellschaften sollten dies honorieren.

Was tun, wenn Frauchen heiratet? Ich oder der Hund! Stellt der zukünftige Ehemann dieses Ansinnen, dann sollte man sich den Schritt in die Zweisamkeit, in diesem Fall wohl besser Dreisamkeit, noch überlegen. Beim wirklichen Hundeliebhaber ist das Tier ein Teil seines Wesens, das mitgeheiratet werden muß. Wenn Schwierigkeiten auftreten, dann liegt das zum Geringsten am Streitobjekt selbst, sondern an falscher Einstellung der Partner oder verkehrter Erziehung des Tieres. Nun gehört die *Eifersucht* zu einem Liebhaber wie das Bellen zum Hund. An der Klugheit der Umworbenen liegt es, daß der zwei- und der vierbeinige Anbeter nicht zu Konkurrenten werden, sondern zu Freunden. Kein junger Ehemann teilt gern das Bett seiner Liebsten. Sollte vorher der Pudel diesen Platz erobert haben, so ist ja vor der Hochzeit meist Zeit genug, ihn an ein eigenes Lager zu gewöhnen. Das Teilen von Freud und Leid beginnt beim Hund. Er gehört von nun an nicht mehr seinem Frauchen allein, er bekommt einen Herrn. Nicht immer akzeptiert er das ohne weiteres. Wenn aber vom neuen Familienmitglied Angenehmes ausgeht, dann ist die Freundschaft schnell geschlossen. Und das Erfreulichste für den Vierbeiner sind Spaziergänge. Greift also Herrchen von nun an immer zu Leine und Halsband, wenn es nach draußen geht, dann ist er bald voll anerkannt. Allzu stürmische Umarmungen in Gegenwart des Hundes sollten erst dann riskiert werden, wenn das Aneinandergewöhnen so weit fortgeschritten ist, daß Fifi nicht in Verkennung der Situation glaubt, sein Frauchen beschützen zu müssen.

Wenn Herrchen heiratet, ist die Sache viel einfacher. Der Hund hält seinen Besitzer weiterhin für den Tonangebenden und die junge Hausfrau hat es als Verwalterin der Fleischtöpfe nicht schwer, sich beliebt zu machen.

Was tun, wenn ein *Baby* kommt? Junge Ehepaare, die jahrelang den Hund als Kindersatz geliebt haben, geraten oft in Gewissensnöte, wenn sich eigener Nachwuchs ankündigt. Soll man das Hundetier behalten? Da kann man nur zurückfragen: Warum nicht? Dem Hund als Meutentier ist die Vergrößerung seiner Familie nichts Unnatürliches. Die junge Frau muß während der Schwangerschaft – und sie sollte das auch vorher getan haben – die Spielregeln der Hygiene besonders einhalten. Zur Beruhigung aller sollte der Hund dem Tierarzt vorgestellt und auf Darmerkrankungen und Würmer untersucht werden, obwohl seine Wurmarten mit der auf Seite 117 erwähnten Ausnahme nicht im Menschen leben können. Schon vor der Geburt ist dem Tier beizubringen, daß Kinderzimmer, Kinderwagen usw. für ihn tabu sind. Wenn das Baby dann glücklich angekommen ist, dann ist keine Umerziehung nötig. Der gut erzogene Hund wird ganz von selbst bei geöffneter Tür die Schwelle zum Kinderzimmer nicht überschreiten. Er darf Frauchen dann ruhig zugucken, wie der Säugling versorgt wird. Das einzige »Eifersuchtsdrama«, bei dem ein Terrier das im Garten stehende Kind im Kinderwagen tötete, beruhte auf einer tragischen Fehlerziehung. Der Hund durfte vor der Geburt im Kinderwagen liegen. Er wollte auch nachher weiter nichts, als sich seinen Platz bequem nach Hundeart zurechtkratzen. Und das überlebte das sechs Wochen alte Kindchen nicht.

Da immerhin die Gefahr des Beleckens des Babys nicht ganz ausgeschlossen ist, sollten Kind und Hund nicht allein im gleichen Raum bleiben. Ganz besonders genießt der Hund die Spaziergänge neben dem Kinderwagen. Seinen stärker werdenden Schutztrieb sollten alle neugierigen Tanten bedenken. Das Tier benimmt sich klüger als manche Menschen: fremde Hände am Kinderwagen werden mit Bissen honoriert. Dem Frauchen sei gesagt: der Hund ist dann zu loben, empörten Nachbarn sollte diese Lektion eine Lehre sein. Auch ohne Hund langt man nicht in fremde Kinderbettchen.

Was tun, wenn wir uns von unserem Hund trennen müssen? Das lebende Tier ist kein Gebrauchsgegenstand, der wieder abgegeben werden kann, wenn er unseren Erwartungen nicht entspricht. Den Hundekauf mit allen Folgen überlegt man sich vorher. Man erwirbt nicht eine Ware Hund, sondern ein ganz bestimmtes Lebewesen mit rassebedingten und persönlichen Eigenheiten. Daher ist dringend davor abzuraten, die Rasse nur nach einer aparten Abbildung auszuwählen, ohne sich eingehend über ihre speziellen Eigentümlichkeiten und Bedürfnisse zu orientieren. Ganz roh und unverdorben ist das Hundekind nur bei seinem ersten Herrn. Ist das eine Fehlverbindung, dann hat der Nachbesitzer seine Mühe.

Der russische Windhund in einer Etagenwohnung, der so wächst, daß sein Besitzer nicht aus noch ein weiß, weil er keine Ahnung von der Größe seiner Bestellung hatte, erlebt keine glückliche Jugend. Die Schäden durch mangelnde Bewegung sind nicht wieder auszubügeln. Hat man aber erkannt, daß man bei aller Liebe und Mühe nicht zurechtkommt, dann sollte man nicht zu lange warten, das Tier in geeignetere Hände zu geben. Beim Verkauf soll man aber wenigstens keine weiteren Fehler begehen. Durch Vermittlung des Rassehundklubs oder des Züchters findet sich leicht ein guter Platz. Den ursprünglichen Kaufpreis kann man auch nicht annähernd mehr erwarten. Wer ihn zu bezahlen bereit ist, wählt ein Tier direkt vom Züchter.

Es gibt die sprichwörtliche Treue des Hundes, die Bindung an einen einzigen Herrn, die unauflöslich ist. Dann muß aber auch der Herr danach sein! Die häusliche Gemeinschaft und das tägliche Futter allein tun es nicht; zusätzlich bedarf es noch des Verständnisses und der inneren Bindung von seiten des Menschen. Gerade die bestveranlagten Vertreter von Diensthundrassen und anderer auf Leistung gezogener Hunde verlangen nach einer festen Hand. Sie geben von einem Tag zum andern freudig das »angenehmste« Leben bei bestem Futter, aber Untätigkeit auf, wenn sie zu einem Herrn kommen, der ihnen Lob und Anerkennung, aber auch die gleichmäßige Strenge zukommen läßt, die ihnen angemessen ist. Ein Höchstalter für eine solche Umquartierung gibt es nicht. Solange das Tier nicht völlig verdorben oder schon vergreist ist, lebt es bei einem Besitzerwechsel auf, wenn es in die richtigere Hand kommt. Nur gibt es leider viel weniger Menschen mit der nötigen Zeit und Geduld als Tiere, die sie dringend nötig hätten.

Wenn wegen Umzug oder Krankheit des Herrn keine Möglichkeit mehr besteht, den Hund zu halten, sollte nicht der letzte Ausweg, das Einschläfern des vierbeinigen Freundes, gewählt werden. Gerade gutgehaltene, erwachsene Tiere können immer noch einen anderen Menschen glücklich machen. Durch Zeitungsanzeigen oder über die Tierschutzvereine läßt sich mit gutem Willen das Problem lösen.

Schwierig wird die Entscheidung über das weitere Schicksal unseres Zöglings, wenn bei der Wahl der Rasse und der Abstammung alles sorgfältig bedacht, bei der Aufzucht und bei der Erziehung nichts versäumt wurde, sich aber trotz allem unsere berechtigten Erwartungen und Ansprüche nicht erfüllten. Es kann immer einmal, selbst aus besten Zuchten und vorzüglichen Elterntieren, Versager geben. Dem Jäger ist es unmöglich, einen unfähigen Jagdhund zu führen. Aber der »gewöhnliche« Hundefreund? Soll er sich mit einem ängstlichen, verhaltensgestörten Tier belasten? Die Frage ist nicht leicht zu entscheiden, und doch sollte dann ohne unangebrachte Sentimentalität, auch wenn der Entschluß nicht leicht fällt, die Trennung vollzogen werden. Denn der Hundeerzieher aus Passion, der Liebe und Mühe an ein ungeeignetes Objekt verschwendet, könnte mit der gleichen Hingebung ein gutveranlagtes Tier glücklich machen und sich und den Seinen wesentlich mehr Freude verschaffen.

Leider bedeutet das für den Hund sehr oft die – wenn auch schmerzlose – *Tötung*. Doch ist dieser letzte Ausweg humaner als das gelegentlich beobachtete Aussetzen des lästig gewordenen Hausgenossen irgendwo auf der Straße.

Was tun, wenn der Hund alt wird? Das Tier, das unser naturfernes Leben teilt, bleibt auch von den Segnungen und Lasten der Zivilisation nicht unberührt, und dazu gehören auch die *Altersprobleme*. Durch Krankheitsvorbeugung und hochwirksame Medikamente ist auch bei ihm die Kindersterblichkeit stark herabgesetzt worden. Trotzdem stirbt noch ein erheblicher Teil an der Staupe, das gilt gerade für die *alten Hunde*. Auch beim geimpften Tier darf die Möglichkeit einer Erkrankung nicht außer acht gelassen oder bagatellisiert werden. Weitaus die meisten Hunde aber fallen dem Verkehr zum Opfer. Dagegen hilft keine Impfung und keine Pille – nur Erziehen und Aufpassen. Der ältere Hund wird leichter überfahren als ein Tier im Vollbesitz seiner Sinne. Beim Hundegreis läßt bisweilen die Beherrschung von Darm und Blase nach. Da hilft dann keine Nacherziehung, nur Vorsorge, daß weder die Wohnung, noch die zartbesaitete Psyche unseres Hundes leidet. Denn ein Tier, das sein Leben lang stubenrein war, fühlt sich selbst nicht wohl, wenn etwas passiert. Den kleinen Hund beglückt man mit einem Katzenklo oder mit einer Zeitung für dringende Geschäfte, den großen muß man während der Nacht so unterbringen, daß das Malheur leicht beseitigt werden kann. Ihm tut besonders viel Liebe not, damit er sich nicht verstoßen vorkommt, wenn er abends aus den Wohnräumen verbannt wird.

Das Nachlassen des Gehörs und des Augenlichts wirkt sich bei dem Nasentier weniger hemmend aus als beim älteren Menschen. Es ist nicht immer ganz einfach festzustellen, ob unser Freund nicht hören kann oder nicht hören will. Das wechselt. Sehr oft kommt es uns so vor, als ob er nur für ihn angenehme Geräusche wahrnimmt. Das braucht nicht unbedingt absichtlich zu geschehen, denn schließlich lassen Abbauerscheinungen des Gehirns ihre Spuren erkennen. Das kann sich durch einen gewissen Eigensinn oder nachlassende Funktionen auf geistigem wie körperlichem Gebiet zeigen.

Die Entscheidung, ob man das Tier, das so lange an unserem Leben teilgenommen hat, sein Leben still zu Ende leben lassen soll, wird sehr oft durch einen tödlichen Unfall abgenommen. Wir sollten uns aber vor viel Vermenschlichung hüten. Bevor der *Hundegreis* sich selbst zur Last wird, vergeht eine ganze Weile. Erst dann sollten wir den Tierarzt um die erlösende Spritze bitten.

Die *Lebenserwartung* des Hundes hängt ganz wesentlich von der Haltung ab. Ein falsch ernährtes Tier wird kaum 10 Jahre alt werden. Mit 11 bis 14 Jahren geht das Hundeleben meistens zu Ende. Doch es gibt auch Hunde, die 19 und 20 Jahre bei guter Gesundheit erreichen. Die Größe oder die Rasse spielt dabei keine Rolle, höchstens die Veranlagung einer bestimmten Hundefamilie.

Was man zum Züchten wissen muß

Zucht

Der Käufer eines Hundekindes denkt selten daran, daß eines Tages der Wunsch auftauchen könnte, es selbst einmal mit dem Hundezüchten zu versuchen. Dann ist es nötig, daß die Papiere in Ordnung sind, (d. h. der Besitzwechsel bescheinigt ist, die nötigen Begutachtungen eingetragen sind, die Tätowierungen vermerkt sind u. a. je nach Rasse), daß der Abstammungsnachweis, der »Stammbaum«, nicht irgendwo verkramt worden ist. Die Ahnentafel des anerkannten Klubs ist eine Urkunde im juristischen Sinne. Sie darf nicht verändert werden. Auch Zusätze über bestandene Prüfungen oder Ausstellungserfolge dürfen nur von den dazu befugten Personen eingetragen werden. Bei vielen Rassen werden die Welpen nur registriert, wenn die Elterntiere auf Zuchtschauen begutachtet und für tauglich befunden sind und wenn die Kinderstube vom Klubzuchtwart überprüft worden ist.

Es gibt mancherlei Gründe, die den Besitzer einer mehr oder weniger wohlgeratenen Hundedame zu dem Entschluß bringt, ihr die Freuden und Pflichten der Mutterschaft zukommen zu lassen. Nur einer von ihnen ist wirklich stichhaltig: wenn die eigene Hündin körperlich und vor allem vom Wesen her so wohlgeraten ist, daß man auch anderen Menschen die Freude an einem solchen Tier verschaffen möchte. Die *Rassehundezucht* kann nur dann auf ihrer durch Jahrhunderte erreichten Höhe bleiben, wenn jeweils die besten Tiere zur Fortpflanzung gebracht und die danebengeratenen davon ausgeschlossen werden.

Daß die Mutterschaft für die Gesundheit einer Hündin erforderlich sei und Brustkrebs verhindern könne, ist ein Aberglaube. Allerdings wird die Hundelady nach ihrem ersten Wurf reifer und schöner, die Windhündin sogar schlanker als zuvor. Auch das Gesäuge bildet sich wieder völlig zurück. Nur bei älteren Zuchthündinnen bleiben die Zitzen etwas dicker.

Vom ausgesprochen kleinen Zwerghundefräulein erwartet man besser keinen Nachwuchs, denn bei ihm verläuft die Geburt meist nicht komplikationslos. Entweder werden nur ein oder zwei Tierchen gebildet, die durch ihre relative Größe schwer durch das enge Becken der Mutter gehen, oder die Neugeborenen sind zu winzig, um richtig saugen zu können. Die Natur schaltet die extrem kleinen Hündinnen ohnehin meist von der Zucht aus, indem nach einigen normalen Hitzeperioden der Zyklus nur schwach abläuft oder ganz ruht. Erfahrene Züchter dieser Rassen verwenden nur Muttertiere an der oberen Gewichtsgrenze der Rasse.

Bei Modehunden oder gar einer Rasse, die »im Kommen« ist, besteht die Versuchung, durch schnellen, günstigen Verkauf der Welpen den eigenen Geldbeutel zu bereichern. Das ist der schlechteste Grund zur Hundezucht und gipfelt meist in einer reinen Vermehrung ohne Zuchtauswahl und Zuchtziel. Das berühmte Glück der Anfänger belohnt sehr oft den neugebackenen Hundezüchter. Darauf verlassen darf sich aber niemand. Wer nicht bereit ist, auch finanzielle Opfer für seine Hündin und ihre Kinder zu bringen, läßt besser die Hände von der Zucht. Denn vor dem Verkauf des ersten Hundekindes liegen viele Ausgaben.

Nur wenige Tage im Jahr ist die Hündin zur Begattung bereit. Ihr Geschlechtsleben läuft noch ganz ähnlich wie das des Wildhundes ab. Nur hält sich beim Haustier die *Brunst* nicht an einen bestimmten Monat im Jahr, um die Jungen in der günstigsten Jahreszeit zur Welt kommen zu lassen. Auch hat sich der Zyklus beschleunigt, das heißt die *Hitze* oder *Läufigkeit* kann zweimal im Jahr eintreffen. Bei mancher Hündin kehrt sie genau nach sechs Monaten wieder, andere Tiere lassen sich acht bis zehn Monate Zeit. Genau voraussagen läßt sich der Beginn der Hitze nicht. Nach einem Wurf dauert es oft ein bis zwei Monate länger als sonst bei der gleichen Hündin.

Im Gegensatz zur Wölfin, die erst mit drei Jahren geschlechtsreif wird, überrascht uns die junge Hündin bereits mit sechs bis sieben Monaten mit ihrer ersten Läufigkeit. Auf keinen Fall darf sie in diesem

Alter schon mit dem Rüden zusammenkommen, denn ihre eigene Körperentwicklung ist dann noch lange nicht abgeschlossen. Bei großen Tieren wäre auch die zweite Hitze noch zu früh zum Belegen. Falls der betreffende Rassehundklub keine Vorschriften über das Mindestalter der Hündin macht, sollten kleine Rassen nicht unter einem Jahr, große nicht jünger als mit anderthalb Jahren dem Partner zugeführt werden. Verantwortungslos wäre es, jeden Geschlechtszyklus auszunützen. Allenfalls können zwei Perioden hintereinander genommen werden, wenn beide in eine günstige Jahreszeit fallen. Die dritte folgende Hitze muß dann unbedingt Pause sein. Denn eine überbelastete Mutter kann keine gesunden, widerstandsfähigen Kinder großziehen.

Der *Geschlechtszyklus* der Hündin setzt sich bis ins hohe Alter fort. Es ist keine Seltenheit, wenn eine elfjährige Hundedame noch Junge zur Welt bringt. Normalerweise begrenzt man das Zuchtalter der Hündin auf acht, das des Rüden auf neun bis höchstens zehn Jahre. Die durchschnittliche *Jungenzahl* pro Wurf geht mit zunehmendem Alter der Eltern merklich zurück, vor allem dann, wenn beide Tiere bereits bejahrt sind. Dabei können im Einzelfall immer noch zahlenmäßig starke Würfe vorkommen, sehr häufig aber ist die Zahl der Welpen auf einen oder zwei bis drei beschränkt. Will man von einer ausgezeichneten älteren Hündin unbedingt noch Nachwuchs aufziehen, dann sollte man sie einem jungen Partner zuführen.

Bei einer Tierart, die nur kurze Zeit im Jahr konzeptionsfähig, also bereit zur Fortpflanzung ist, darf es nicht wundern, daß der Geschlechtstrieb übermächtig stark ausgebildet ist. Die Hündin läßt während der Brunstperiode stark in der Arbeitsleistung nach, der Rüde kann das ganze Jahr über aus dem Häuschen geraten, wenn er den Duft einer läufigen Hündin in der Nase hat.

Bereits in der sogenannten *Vorbrunst* macht sich das veränderte Verhalten bemerkbar. Die Hündin setzt häufiger kleinere Mengen Urin ab, womit sie die Kavaliere der Nachbarschaft auf das bevorstehende Ereignis vorbereitet. In dieser Zeit schwillt ihr Geschlechtsteil an, sondert aber höchstens ein wenig weißlichen Schleim ab. Mit blutigem Ausfluß, dem »Färben«, setzt die *Hochbrunst,* die eigentliche Hitze ein. Noch ist die Eireifung nicht abgeschlossen, die Hündin nicht bereit, sich mit den zudringlichen Bewerbern einzulassen.

Wenn ungefähr am neunten Tag nach Beginn der Blutung die Hündin »steht«, ist der Zeitpunkt gekommen, an dem befruchtungsfähige Eier in die Eileiter entlassen werden. Jetzt ist die Hündin weniger abweisend den Rüden gegenüber. Sie erwartet auch von ihrem Herrn mehr Zärtlichkeit. Streichelt man über ihren Rücken, so stemmt sie das Hinterteil gegen die Hand und stellt den Schwanz am Ansatz auf charakteristische Weise bogenförmig ab (Abb. S. 141). Nun ist die Hündin bereit, sich decken zu lassen. Jetzt entläßt sie vermehrt Duftstoffe in die Gegend, um auch die Hundeherren der weiteren Umgebung zu verständigen. Dieser Höhepunkt des Zyklus dauert einige Tage, in denen die jetzt liebesbereite Schöne alles daransetzt, Haus oder Zwinger zu verlassen. Soll die Hündin mit der Bahn zum Rüden geschickt werden, so ist die richtige Zeit gekommen. Man braucht nichts zu übereilen, denn zunächst werden nur wenige Eier frei, am elften bis dreizehnten Tag ist ihre Zahl am größten, die Aussicht auf guten Erfolg der Hundehochzeit am besten. Ob der richtige Zeitpunkt dazu – zum *Decken* oder *Belegen,* wie die Fachausdrücke lauten – gekommen ist, sollte man nicht nur rechnerisch ermitteln. Wichtiger ist das Verhalten der Hündin. Manche Hündin ist schon vom siebenten Tag an, eine andere nicht vor dem dreizehnten Tag an einer Annäherung des ihr zugedachten Deckrüden interessiert. Der zwölfte Tag des Färbens kann demnach für die eine Hündin zu spät, für eine andere zu früh sein.

Man kann die Hündin einmal oder auch zweimal, am gleichen oder am nächsten Tag belegen lassen. Einen selten benutzten Rüden läßt man den Deckakt wiederholen, da beim ersten Mal möglicherweise überalterte Spermien vorhanden waren. Längere Pausen sollten nicht zwischen den Paarungen liegen. Ein verschiedener Reifegrad der Embryonen, wie er gelegentlich beobachtet wird und unter Umständen die Jungen in Abständen von zwei Tagen zur Welt kommen läßt, kann damit im Zusammenhang stehen. Liegen mehrere Tage zwischen den einzelnen Deckakten, dann ist man zum Zeitpunkt der Geburt im unklaren darüber, ob der Termin überschritten ist und Komplikationen erwartet werden müssen.

Auch nach einem oder *mehreren Deckakten* kann die Hündin noch zu weiteren Taten bereit sein. Wird sie nicht ebenso gut wie vorher beaufsichtigt, so kann sie sich nach der planmäßigen Hochzeit in »freier Liebe« einem Günstling ihrer eigenen Wahl hingeben – durchaus mit Erfolg!

Ist der Höhepunkt der Hitze überschritten, so wird die Hundedame wieder ablehnend gegen ihre Kavaliere, sie beißt sie ab. Die Schnalle bildet sich wieder zurück.

Die Stärke des Geschlechtstriebes war bisher der Grund, weshalb die Hundefreunde ungern eine Hündin ins Haus nahmen. Mittlerweile hat die pharmazeutische Industrie nach der *Antibabypille für Hunde* die *Hormonspritze* entwickelt, die alle Sorgen behebt. Nur alle fünf Monate muß die Hündin zum Tierarzt, dann ist ihr Frauchen alle Scherereien mit der lästigen Läufigkeit los. Sollte später der Wunsch nach Hundebasis auftauchen, so setzt man mit der Spritze aus, und bereits im folgenden Zyklus kommt es dann zu einer normalen Trächtigkeit und Geburt. Auch den vierbeinigen Casanova kann man durch eine Hormonspritze häuslicher werden lassen.

Immer wird die Hündin zum Decken dem Rüden zugeführt, nie umgekehrt. So vermeidet man, daß der liebeshungrige Freibeuter dauernd auf Brautschau unterwegs ist. Denn hat er erst einmal die Wonnen seiner erfüllten Sehnsucht genossen, so hofft er auf Wiederholung. Hunde lieben ein ausgedehntes Vorspiel. Man sollte ihnen dieses Vergnügen im eingezäunten Garten gewähren, auch wenn die Angelegenheit dadurch länger dauert. Meist kommt es ganz ohne Hilfe zur *Paarung* und zu dem für Hundeartige charakteristischen *»Hängen«*. Dabei schließt sich die muskulöse Scheide um die Schwellkörper des Rüden. Dieses Hängen dauert fünf Minuten bis zu einer dreiviertel Stunde. Während dieser Zeit kommt es in Abständen zum Samenerguß. Für eine Befruchtung ist das Hängen nicht unbedingt erforderlich. Bei deckungewohnten Rüden oder solchen, die kleiner sind als ihre Partnerin, leint man beide Tiere an, solange das Hängen dauert. Dadurch vermeidet man plötzliche Bewegungen, die dem Rüden starke Schmerzen zufügen und ihn deckunlustig machen können. Zu langes Hängen ist für die Hochzeiter eine Anstrengung. Die alte Bauernregel, durch einen Guß kalten Wassers die Partner zu trennen, hat auch in der Form eines kalten Umschlages die gewünschte Wirkung.

Bei niederläufigen, langrückigen Rassen ist die *Begattung* manchmal etwas schwierig, zumal bei Größenunterschieden. Dann ist nach einer gewissen Zeit des Kennenlernens die Hündin anzuleinen und so festzuhalten, daß der Rüde sein Ziel erreicht. Nicht mehr ganz junge Rüden sind gelegentlich nicht sehr eifrig und nutzen die ihnen gebotene Chance nur zögernd. Ist nicht ein organisches Leiden – zum Beispiel eine Herzkrankheit – die tiefere Ursache, dann weckt das Vorführen irgendeines Nebenbuhlers ihre Leidenschaft.

Bei der Hunde-Liebe gilt: Wo ein Wille ist, ist auch ein Weg. Nie sollte man sich auf Größenunterschiede verlassen und Nachbars Schäferhund als ungefährlich für die eigene Dackelin betrachten. Er ist es nicht. Ist der Zwinger nicht völlig sicher, auch von oben, holt man die läufige Hündin nachts besser ins Haus.

Eine schlimme Quälerei ist es, einem gesunden Hundejüngling das Interesse an der im gleichen Zimmer gehaltenen läufigen Hundedame zu verbieten. In seinen angeborenen Verhaltensweisen ist zwar vorgesehen, daß er sich dem Stärkeren unterordnet, in diesem Fall wäre aber eine Selbstbeherrschung widernatürlich.

Der Deckakt ist ein Geschäft zwischen dem Besitzer der Hündin und dem des Rüden. Über den Preis, die *Decktaxe,* wird man sich vorher handelseinig. Erfolgt die Bezahlung durch Geld, so ist diese Deckgebühr mit dem erfolgten Deckakt fällig. Bleibt der erwünschte Nachwuchs aus, muß bei der nächsten Hitze der Deckakt kostenlos wiederholt werden. Oft wünscht der Rüdenbesitzer einen *»Deckwelpen«*. Dann steht ihm, sofern nicht ausdrücklich etwas anderes ausgemacht wurde, die »erste Wahl« zu. Er darf sich unter den acht Wochen alten Welpen einen aussuchen. Er erhält den Welpen auch dann, wenn er der einzige im Wurf ist, selbstverständlich mit Ahnentafel.

Ist trotz aller Aufsicht das Unglück passiert, das Hundefräulein von einem »Straßenköter« belegt worden, dann kann die rechtzeitige Hormoninjektion durch den Tierarzt die *Trächtigkeit verhindern.* Ganz ungefährlich ist dieser Eingriff in den natürlichen Ablauf des Geschehens nicht. Es ist von Fall zu Fall zu überlegen, ob der Wurf nicht auszutragen ist. Die Hündin ist keinesfalls »verdorben«, wenn sie einen Fehltritt begangen hat. Spätere Kinder werden so gut oder so schlecht sein, wie dies bei der Mutter und dem jeweiligen Vater zu erwarten ist. Von einem Vater früherer Würfe übernehmen sie nicht das Geringste. Wie leicht wäre die Hundezucht, wenn man umgekehrt die Zuchthündin beim ersten Wurf von einem Spitzentier decken lassen könnte und damit für alle weiteren Würfe ausgesorgt hätte!

Nach der Hundehochzeit wird die Geduld des Züchters auf die Probe gestellt. Sichere Zeichen für die *Trächtigkeit* gibt es in den ersten vier bis fünf Wochen nicht. Manche tragende Hündinnen werden ruhiger und schlafen viel, andere jagen noch am Tag der Geburt hinter Katzen oder Kaninchen her. Nimmt die werdende Mutter bereits im ersten Monat merklich zu, dann liegt es nicht an ihrem Zustand, sondern an zu starker Fütterung. In dieser Zeit werden die Organe des Hundeembryos gebildet, das eigentliche Wachstum setzt im zweiten Monat ein, dann aber mit Macht. Die werdende Mutter ist jetzt häufiger zu füttern. Sie soll reichlich Bewegung haben, aber nicht mehr springen und nicht gebadet werden. Ist eine Wurmkur nötig, dann ist die Mitte der Trächtigkeit der rechte Zeitpunkt dafür.

Ob wirklich Nachwuchs unterwegs ist, merkt man nur durch vorsichtiges Abtasten des Leibes, wenn man die Köpfchen und Bewegungen fühlt. Besteht der ganze Wurf nur aus ein bis zwei Babies, dann kann nur ein Röntgenbild Gewißheit verschaffen. Umgekehrt hat manches Frauchen fest mit der Geburt der Hundekinder gerechnet, und doch war alles nur »Einbildung«. Denn auch wenn der Deckakt ohne Erfolg geblieben ist, vergrößern sich die Zitzen nach sechs bis sieben Wochen, das Gesäuge entwickelt sich und Milch wird gebildet. Der Geschlechtsteil schwillt an und sondert farblosen Schleim ab. Meist wird die Hündin in dieser Zeit der *eingebildeten Schwangerschaft* sehr anschmiegsam und liebebedürftig, gegen Fremde jedoch ablehnend und angriffslustiger als sonst.

Am Ende der achten Woche wird die Hündin an ihr *Wurflager* gewöhnt. Das ist eine oben offene oder mit Deckel versehene Kiste, so lang, daß die Hündin gut ausgestreckt liegen kann, und so breit, daß sie sich bei der Geburt mit Pfoten und Rücken gegen die Seitenwände stemmen kann. In Höhe der Wirbelsäule (acht bis zwölf cm) werden Leisten genagelt, die die Babies vor dem Erdrücktwerden schützen, wenn sie zwischen den Rücken der Mutter und die Wand geraten. Ein weiterer Unfallherd für die Neugeborenen sind Decken und anderes Bettzeug, unter das sie sich verkriechen und nicht wieder vorkommen können. Gutes, gedroschenes Stroh ist vorzuziehen, aber nicht so leicht zu besorgen. Der kleinen Hündin kann bis zur Geburt ihr Kissen belassen werden. Dicke Schichten von Zeitungspapier sind gut saugfähig und leicht zu ersetzen. Als oberste Lage ist für Hündin wie Neugeborene eine Sperrholzplatte in einem auswechselbaren Stoffbezug aus grober Sackleinwand oder neuen ausgekochten Scheuertüchern praktisch. Sie bietet den kleinen Beinchen am besten Halt. Die Wurfkiste soll eine Einstiegöffnung haben. Beim Springen wäre die Hündin durch ihr Gesäuge behindert und könnte die Kleinen verletzen. Die Kiste wird in eine absolut zugfreie Ecke gestellt, unter einen Tisch oder mit Decken zugehängt.

Die durchschnittliche *Tragzeit* beträgt bei Hunden 62 Tage, aber schon nach 56 Tagen können normal entwickelte Welpen geboren werden. Frühgeburten sind in Ausnahmefällen mit 51 Tagen lebensfähig, aber nur bei mühevollster künstlicher Aufzucht. Ernst wird das Warten meistens erst vom 59. Tag an. Wenn sich am 66. Tag immer noch nichts gerührt hat, ist mit Komplikationen durch *Übertragen,* das heißt zu lange Tragzeit, zu rechnen. Meist handelt es sich dann um extrem kleine Würfe, oft mit nur einem einzigen Welpen. Bei Zwergrassen besteht die Gefahr, daß eine solche Geburt sehr schwer verläuft. Dann ist der *Kaiserschnitt* die schonendste Entbindungsart. Auch nach dieser Schnittentbindung kann eine Hündin wieder normal werfen, es kommt ganz auf die Umstände an. Nach einem Kaiserschnitt aus sogenannter mütterlicher Indikation, also Wehenschwäche oder engem Becken, sollte aus züchterischen Erwägungen die Hündin nicht mehr belegt werden, denn diese Schwächen vererben sich. War eine Querlage, ein abgestorbener oder mißgebildeter bzw. zu großer Welpe das Geburtshindernis, dann kann eine spätere Geburt völlig normal verlaufen. Immer aber sollte eine ausreichende Pause zwischen dem nächsten Wurf liegen, damit sich die Hündin wieder richtig erholen kann.

Schon einige Tage, oft auch erst unmittelbar vor der Geburt, kratzt die Hündin heftig im Nest. Sie ist dankbar, wenn wir ihr dann Tücher oder Decken zum Wühlen geben, die wir aber bei beginnender Geburt auf jeden Fall entfernen müssen. Einsetzende *Vorwehen* werden durch Jaulen und Unruhe angezeigt.

Manche Hündinnen machen die Geburt in der Nacht ganz für sich alleine ab und haben am Morgen das Nest voller Kinder. Meistens erwartet das mit dem Menschen verbundene Tier seinen Beistand. Dann ist es am besten, sich für die kritischen Tage nichts Außergewöhnliches vorzunehmen und gut ausgeruht zu sein. Am störendsten ist während der *Geburt* Besuch im Haus, der gar noch an dem »Schauspiel« teilnehmen möchte. Das ist unbedingt zu vermeiden. In den Wurfraum dürfen außer dem der Hündin am nächsten stehenden Menschen nur ganz vertraute Familienmitglieder, die sich möglichst unauffällig verhalten sollen. Kinder stören weniger, wenn man ihnen erklärt, was vorgeht, und sie stillsitzend die Geburt erleben läßt, als wenn sie alle Augenblicke fragen, ob die Hundebabies schon da sind. Meist wird es ihnen bald langweilig, und sie verlassen von selbst den Raum.

Ein Anzeichen für die innerhalb von 24 Stunden bevorstehende Geburt ist die um ein Grad absinkende Körpertemperatur, die unmittelbar davor wieder ansteigt. Für die Hündin ist das dauernde Temperaturmessen kein Vergnügen. Einfacher läßt sich die nahende Geburt feststellen, wenn die Hündin jeden Morgen vor dem Frühstück auf die Waage gestellt wird. Solange sie regelmäßig zunimmt, ist noch etwas Zeit. Unmittelbar vor dem freudigen Ereignis hat sie ein weniges an Gewicht verloren.

Daß die *Wehen* bevorstehen, merkt man auch an der einsetzenden Unruhe, dem Hecheln und Erbrechen. Dann zieht sich die Hündin auf ihr Lager zurück, oder sie gibt uns zu verstehen, daß sie uns an ihrer Seite wissen möchte. Diesem Wunsch sollten wir unbedingt nachgeben. Dabei sollten wir nicht nur immer erwartungsvoll auf das Tier gucken, sondern uns mit etwas anderem ruhig beschäftigen – Briefe schreiben, lesen, handarbeiten. Unsere ruhige Sicherheit gibt der Hündin Halt, unsere Nervosität würde sie anstecken. Schließlich setzen die Wehen ein, die Geburt beginnt. In der ersten, der Eröffnungsphase werden durch mittelstarke Wehen die Geburtswege erweitert. Die Hündin winselt und besieht gelegentlich ihr Hinterteil. Beim ersten Wurf kann diese Phase acht Stunden und länger dauern. Etwas Bewegung schadet dabei nicht. In der kalten Jahreszeit sollten die Gänge ins Freie nicht zu lange ausgedehnt werden, denn Kälte verzögert den Geburtsvorgang, Wärme erleichtert ihn.

Die letzten Vorbereitungen sind schnell getroffen. Es muß alles rechtzeitig bereit liegen, damit wir die Hündin in ihrer schweren Stunde nicht zu oft verlassen müssen. Saubere weiche Tücher, je öfter gewaschen, desto saugfähiger, kann man gar nicht zu viel zurecht legen. Dazu Zellstoff und einen Abfalleimer, damit das Lager immer sauber- und trockengehalten werden kann, auch wenn es zum Erbrechen kommt.

Unbedingt wichtig sind Papier und Bleistift, am besten gleich ein »*Zwingerbuch*«, in das die Beobachtungen bei der Geburt mit genauen Zeitangaben sofort eingetragen werden. Zettelwirtschaft ist unpraktisch, weil die Aufzeichnungen dann selten im nötigen Augenblick wiedergefunden werden. Für spätere Würfe sind vorhandene Niederschriften eine wertvolle Erinnerungsstütze, die helfen kann, Komplikationen frühzeitig zu erkennen. Auch die Haushaltswaage holen wir dazu, um die Jungen sofort zu wiegen, und schließlich einen Schuhkarton, damit wir totgeborene Welpen von der Mutter trennen können.

Bei den kräftigen Preßwehen der Austreibungsphase können wir nur beistehen, nicht helfen. Jetzt hechelt die Hündin stark, stemmt die Beine an, krümmt Lendenwirbelsäule, Becken und Rute auf bestimmte Weise (Abb. S. 141). Unsere Hand, mit sanftem Druck auf ihr Kreuz gelegt, vermittelt ihr ein Gefühl der Hilfe, die wir in Wirklichkeit gar nicht geben können. Denn alle Hausmittel, mit Ausnahme von Wärme, regen nicht nur die Wehen an, sie regen meistens die Hündin so auf, daß sie nach der Geburt Fehler bei ihren Welpen begeht, ja sie sogar totbeißen kann.

Oft schon nach wenigen kräftigen Wehen wird das erste Hundekind geboren. Meist kommt es geschützt durch die mit grünlichem Fruchtwasser gefüllte Fruchtblase zur Welt. Solange diese Blase »steht«, also nicht zerreißt oder »springt«, besteht keine Gefahr für das Leben des Welpen, auch wenn die glänzende Vorwölbung der Blase ein paarmal im Scheidenausgang sichtbar wird und wieder verschwindet. Ist der erste Welpe geboren, so zernagt die Hündin instinktiv die Fruchtblase oder öffnet sie durch Belecken. Durch Zungenmassage bringt sie ihr Kind zum Atmen und durchbeißt die Nabelschnur. Oft weiß die unerfahrene Hündin sich nicht so recht zu helfen. Dann ist es Frauchens Aufgabe, die Hüllen zu zerreißen und die Nabelschnur zu durchtrennen. Was der Hund mit seinen Zähnen schafft, das sollte der Mensch mit den Fingern können! Das geht schneller und sicherer als Manipulationen mit Schere und Nabelschnurbändchen. Außerdem beunruhigt unsere bloße Hand das Muttertier am wenigsten. Das Durchkneifen der Nabelschnur geschieht mit den Daumennägeln. Es eilt gar nicht. Jedes Reißen an einem Ende muß vermieden werden. Das einzige, das wir der Hündin gar nicht abnehmen können, ist das Belecken, denn es geschieht in der gerade richtigen Intensität. Wenn die Preßwehen so schnell hintereinander folgen, daß die Mutter kaum Zeit für ihr Erstgeborenes hat, frottieren wir es mit einem weichen Tuch trokken. Möglichst alte, dünne Frottierhandtücher sind die besten, mit ihnen läßt sich auch der Schleim aus dem Mäulchen wischen.

Mit einigen Wehen kommt bald auch die *Nachgeburt,* die von der Hündin im allgemeinen verspeist wird. Sie ist sehr hormonhaltig und regt die weitere Wehentätigkeit sowie das Einschießen der Milch an. Nur bei starken Würfen sollte man die letzten Nachgeburten entfernen, um ein Überladen des Magens zu vermeiden.

Die kleinen Hündchen werden nahezu gleich oft mit dem Kopf oder dem Hinterende voran geboren. Auch wenn eine Steißgeburt einmal etwas länger dauert, sollte der *Geburtshelfer* zurückhaltend sein mit dem Ziehen. Ein ungeübter kann mehr Schaden anrichten als helfen. Das Tempo, in dem die Hundekinder zur Welt kommen, ist recht verschieden. Manche Hündin »verliert« ihr Kind so schnell, daß man gar keine Wehe sieht, bei anderen dauert es weit länger. Normal sind Abstände von einer halben bis zu zwei Stunden zwischen den Jungen. Manche Hündin legt aber mehrstündige Wehenpausen ein, ohne daß irgendeine Gefahr besteht. Dauern aber sehr starke Wehen zwei oder drei Stunden an, ohne daß sich etwas rührt, dann ist der Tierarzt zu Hilfe zu holen. Er entscheidet, ob es sich um einen querliegenden Welpen handelt, ob das Geburtshindernis von der Scheide aus beseitigt werden kann, ob Wehenmittel angebracht sind oder ob der Kaiserschnitt die beste Lösung ist. Bei rechtzeitigem Eingreifen können Mutter und Kinder gerettet werden, bei längerer Verzögerung können die Jungen sterben und auch die Hündin durch einen Gebärmutterriß ums Leben kommen.

Die Neugeborenen werden von der Mutter beleckt und mit der Schnauze angestupst, manchmal recht kräftig. Diese Behandlung bringt die Atmung in Gang und regt den Darm an, das Darmpech (das ist der Kot des Neugeborenen) abzugeben.

Solange das Kind mit der Mutter durch die Nabelschnur verbunden ist, wird es von ihr mit Sauerstoff versorgt, auch wenn es schon geboren ist. Die ersten Atemzüge sind schnappend. Wie beim menschlichen Säugling ist auch beim neugeborenen Hundekind der erste richtige Schrei der Anfang des selbständigen Lebens. Oft suchen die Kleinen sofort das mütterliche Gesäuge, instinktiv wissend, wozu es gut ist. Für den Fortgang der Geburt ist dies förderlich, es regt die Wehentätigkeit an. Gesunde Welpen fühlen sich fest an, tote wirken schlaff. Diese werden sofort in einen Karton gelegt und aus dem Gesichtsfeld der Mutter gebracht. Die Hündin kann zwar nicht »zählen«, sie sieht dennoch mit einem Blick, ob von zwei oder drei Kindern plötzlich eins fehlt. Bevor man das leblose Tierchen abtut, ist durch Massage der Brust, Freilegen der Atemwege und Einblasen ins Mäulchen und leichtes Schwingen die Wiederbelebung zu versuchen. Alle Maßnahmen müssen der Zartheit des kleinen Wesens angepaßt sein. Manches zum Leben erweckte Scheintote starb kurz darauf an den Folgen der zu kräftigen Rettungsversuche.

Nach der Geburt lassen wir die Hündin von einem Familienmitglied kurz ins Freie führen und bringen währenddessen die Wochenstube mit frischen Unterlagen in Ordnung. Dann ist fürs erste Ruhe für Mutter und Kinder.

Am ersten Tag erfolgt eine gründliche Inspektion des *Nachwuchses,* solange die Mutter ihren Verdauungsgang in den Garten unternimmt. Wieviel von jeder Sorte sind geboren worden, sind Mißbildungen oder grobe Fehler dabei? Bisher waren die Hundeknaben erwünschter als ihre Schwestern, denn sie sind leichter verkäuflich. Nach Einführung der Anti-Hitze-Spritze wird sich diese Einstellung gegenüber den Geschlechtern vielleicht bald ändern. Beeinflussen läßt sich das Wurfergebnis nicht. Nach der Statistik werden etwas mehr Rüden als Hündinnen geworfen, genau gesagt 106 bis 110 auf 100. Dieses *Geschlechterverhältnis* ist ziemlich konstant und unbeeinflußbar. Alte Züchterregeln, die zur Bevorzugung des männlichen Geschlechts einen bestimmten Decktag empfehlen, sind reiner Aberglaube. Da beim Hund, wie bei allen Säugetieren, die väterlichen Geschlechtszellen das Geschlecht der Kinder bestimmen, wäre eine zeitlich ausgerichtete Beeinflussung auch gar nicht vorstellbar.

Ruhe und Sauberkeit sind in der ersten Woche meist alles, wofür wir neben kräftiger Kost zu sorgen haben. Die Hündin mag es gar nicht, wenn Fremde die Kinderstube bestaunen. Dadurch hervorgerufene heftige Bewegungen erdrückten schon manches Hundekind. Nach jedem kurzen Gang ins Freie, zu dem man die gute Mutter mit leichtem Zwang überreden muß, wird das Gesäuge mit *Sagrotanwasser* abgewischt, besonders bei niederläufigen Rassen. Den dunklen Ausfluß aus dem Geschlechtsteil beleckt sich die Hündin selbst. Er ist ein wichtiges Zeichen dafür, daß die Rückbildung der Gebärmutter voranschreitet.

Überzählige Zehen am Hinterlauf der Welpen, die sogenannten *Wolfsklauen* (Abb. S. 141), entfernt man in den ersten Tagen ganz einfach mit einer sauberen scharfen Schere. Das ist zu diesem Zeitpunkt schmerzlos und kann im sauberen Wochenbett auch nicht zu Infektionen führen. Bei Rassen mit verkürzter Rute läßt man den Eingriff zusammen mit dem Kupieren am fünften Tag vom Tierarzt vornehmen.

Aufmerksamkeit verdient das Gesäuge. Oft schießt die *Muttermilch* so kräftig ein, daß die Kinder in den ersten Tagen den Segen gar nicht bewältigen können. Dann werden gerade die ergiebigsten hinteren Zitzen hart und heiß und recht schmerzhaft. Durch breitflächiges Ausdrücken schaffen wir Erleichterung, verhüten Fieber bei der Hündin und halten die Milchproduktion in vollem Gange. Das Überangebot dauert nur wenige Tage, dann wird der Nachwuchs spielend damit fertig. Die Ernährung der säugenden Hündin muß der enormen Leistung angemessen sein (s. S. 81 und 188).

Für junge Mütter ist vier, für ältere sechs die höchste *Welpenzahl,* die zu gesunden, kräftigen Tieren hochgezogen werden kann. Bei kleinen Rassen liegen selten mehr Junge im Wurf. Bei den großen bleibt dem Züchter sehr oft nicht erspart, regelnd einzugreifen. Wurfstärken von zehn bis 15 Welpen sind keine Seltenheit, den Rekord hält eine Jagdhündin mit 22. Die meisten Rassehundklubs tragen nicht mehr als sechs Hunde pro Wurf ein, einige gestatten die Aufzucht weiterer Tiere durch eine Amme. Bilder von Hündinnen mit einer wimmelnden, unübersehbar zahlreichen Kinderschar sind zwar rührend, zeugen aber bestimmt nicht von Verständnis und Fürsorge für das der menschlichen Obhut anvertraute Tier. Denn die Hündin ist keine Fabrik, aus der man durch entsprechende Fütterung jede Menge Milch gewinnen kann. Sie gibt ihrem Nachwuchs vieles mit, was nur ihr eigener Körper hervorbringt, wie die Abwehrstoffe gegen Krankheiten. Auch wenn man ihr durch künstliche Zufütterung Entlastung von einer übergroßen Kinderschar bringen wollte, bliebe ein wesentlicher Teil der Fürsorge ihr allein überlassen: das Sauberhalten der Kleinen. Denn solange die Welpen nur Milch bekommen, beleckt die Mutter die kleinen Bäuche und regt dadurch die Verdauung und die Blasentätigkeit an. Die anfallenden Produkte werden von ihr aufgenommen, damit das Nest sauber bleibt. Dies ist eine erhebliche Belastung für den mütterlichen Organismus.

Bei der Entscheidung, welche Welpen zu entfernen sind, hilft der Zuchtwart, denn oft sind bereits am ersten Lebenstag Farbfehler festzustellen. Mißgebildete Welpen entfernt man sofort, durch Abwarten wird der entscheidende Schritt nicht leichter. Dazu entschließen wir uns auch gleich bei einem Fehltritt unserer Hündin. Wir belassen ihr dann nur ein bis zwei der Kinder, wenn nicht ganz feste Abnehmer für weitere vorhanden sind. Dabei ist zu bedenken, daß der Wunsch nach einem Hundekind leicht spontan geäußert wird, daß aber allerhand Ausreden gefunden werden, wenn die Säuglingszeit um ist.

Das *Töten* der überzähligen Welpen erfolgt schnell und schmerzlos, am besten vom Tierarzt. Ersäufen ist eine besonders grausame, weil langdauernde Todesart.

Nach einem Volksglauben kann die Hündin selbst die Auswahl ihrer Kinder treffen. Angeblich soll sie von dem neben dem Wochenbett liegenden Nachwuchs zuerst die Besten ins Nest schleppen. Daß die Geschichte nichts als ein schönes Märchen ist, kann jeder Züchter selbst nachprüfen, wenn er den Versuch wiederholt. Die Hündin beschnuppert und bestupft zwar die Kinder vor der »Auswahl«, weil sie aufgeregt ist. Sie wird sie trotzdem jedesmal in anderer Reihenfolge wieder zu Bett bringen. Etwas mehr mag an der sogenannten *Schäferprobe* sein. Die Fünftägigen werden nach längerer Abwesenheit der Hündin, also hungrig, in einem Meter Entfernung von ihr abgelegt. Wer als erster die mütterliche Milchquelle erreicht hat, soll später einmal der beste und ausdauerndste Hund werden. Auf jeden Fall ist er im Augenblick der findigste und kräftigste. Und das bedeutet bei einiger Konkurrenz immerhin einen günstigen Start ins Leben.

Den neugeborenen Hundekindern sieht man noch nicht an, was einmal aus ihnen werden soll. Sie kommen alle mit gleich runden Köpfchen und mit gleich kurzen Beinen auf die Welt, ob sie sich nun zur

Bulldogge, zum Teckel oder zum Windhund entwickeln werden. Nur der Kenner kann schon jetzt an der Schädelform ahnen, was daraus zu werden verspricht. Bei langköpfigen Rassen wachsen sich die höchsten Schädelchen zu den längsten Köpfen aus. Auch die Haarart ist noch nicht festzustellen, bei vielen Rassen nicht einmal die genaue Farbe.

Das Geburtsgewicht sagt nichts darüber aus, welches das kräftigste oder das zierlichste Tier zu werden gedenkt. Zeigt die bisher so geduldige Mutter eine gewisse Reizbarkeit, dann wird es Zeit, die Krallen der *Saugwelpen* zu betrachten. Meistens haben sich ihre Spitzen nadelscharf ausgewachsen und fügen der Hündin beim kräftiger werdenden »Milchtritt« Schmerzen bei, ihr Gesäuge wird gerötet. Mit der Schere schneiden wir die Krallenspitzen ab, und der Frieden ist wieder hergestellt. Wir kürzen auch die hinteren Krallen, denn mit ihnen haken die Kleinen sich leicht in der Stoffunterlage fest. Wie lange die Hundemutter täglich bei ihrem Wurf bleibt, sollten wir ihr selbst überlassen. Solange die Brut gut wächst und zufrieden ist, bekommt sie ihr Recht. Auch bei Hunden gibt es tüchtige Mütter, die mit geringem Zeitaufwand ihre Pflichten bewältigen.

Nach zwölf bis 14 Tagen öffnen sich die bis dahin fest geschlossenen Augen. Das Sehen muß aber erst noch gelernt werden. Jetzt sind die Kleinen lichtempfindlich, und man sollte sie vor zu hellem Licht schützen. Langsam beginnen sie auch, Gebrauch von ihren kleinen Läufen zu machen, stellen sich recht schwankend auf alle viere und versuchen bereits, miteinander und mit den mütterlichen Ohren zu spielen. Mit drei bis vier Wochen purzeln sie schon aus dem Nest, um ihre kleinen Pfützchen und Häufchen abzusetzen. Nun ist die Geburtskiste meist viel zu klein, und die Hundefamilie sollte einen geräumigeren Liegeplatz bekommen. Die Menschenwohnung ist jetzt auch nicht mehr der ideale Ort, weit gesünder ist der Umzug in den Zwinger, wo frische Luft und Platz zum Spielen die Entwicklung fördern.

Für die Mutter wäre das dauernde Zusammensein mit den Kindern zu anstrengend. Sie hat in den vergangenen Wochen Beachtliches geleistet und tut dies noch weiterhin. Es genügt, wenn sie die ganze Nacht und mehrmals tagsüber dem Säugegeschäft und ihren Erzieherpflichten nachkommt. Zwischendurch läßt sie sich gern von uns verwöhnen. Pflegt sie frei im Haus zu leben, dann verschaffen wir ihr die Möglichkeit, nach Belieben bei ihren Kindern nach dem Rechten zu sehen.

Bereits bei ihrer Geburt sind die Hundeknaben etwas schwerer als ihre Schwestern. Dieser Unterschied verstärkt sich noch, und die ausgewachsenen Rüden wiegen im Durchschnitt 20 % mehr als ihre weiblichen Rassegenossinnen. Kleine Doggen und Neufundländer wiegen bei ihrer Geburt meistens schon über ein Pfund. Schwergewichte bringen auch bei vielen anderen Rassen 700 bis 900 Gramm auf die Waage. Bei Rassen von Airedale-Größe und darunter erreicht das *Geburtsgewicht* kaum mehr die Pfund-Grenze, die Durchschnittswerte liegen zwischen 250 und 400 Gramm. Den Zwerghundmüttern macht ein Halbpfünder bei seiner Geburt erheblich zu schaffen. Bei ihnen liegen die Normalgewichte zwischen 100 und 200 Gramm. Noch leichtere Hündchen sind recht schwierig groß zu kriegen; sie sind in den ersten Tagen zu schwach zum Saugen. Ihnen muß die Muttermilch ins Mäulchen gespritzt oder in der Puppenmilchflasche mit winzigem Schnuller serviert werden. Je kleiner das Neugeborene, desto mühsamer ist seine Aufzucht.

Welch erhebliche Leistung die Hundemutter vollbringt, geht aus der wöchentlichen Gewichtszunahme hervor. Das Gewicht, zu dem die Welpen in neunwöchiger Tragzeit herangewachsen sind, wird bei sehr vielen von ihnen in der ersten Woche verdoppelt, in der zweiten Woche mehr als verdreifacht – nur durch die mütterliche Milch.

Kleine Rassen nehmen in jeder Woche gleichmäßig zu, meistens zwischen 100 und 200 Gramm. Je größer aber das Gewicht der Rasse wird, desto mehr steigert sich – wie die Tabelle auf Seite 341 zeigt – die wöchentliche *Gewichtszunahme*. So nehmen Deutsche Doggen in der ersten Woche um 300 bis 660 g zu, in der zweiten um 400 bis 900 g und in der dritten um 500 bis 900 g. Nach Beginn der Zufütterung geht es noch schneller, so daß am Ende des zweiten Lebensmonats die Tiere pro Woche um ein bis zwei Kilogramm schwerer werden. Die kompakteren Bernhardinerkinder wachsen mehr in die Breite und nehmen noch rascher zu, bereits in der dritten Woche oft über 1000 Gramm, in der achten und neunten Woche sogar in Einzelfällen bis zu 3 und 4 kg! Bei allen diesen stark wachsenden Tieren handelt es sich um zahlenmäßig reduzierte Würfe. Beläßt man der Mutter acht, neun oder gar noch mehr Kinder, so wird die rassenübliche Zunahme in der Säugeperiode bei weitem nicht erreicht. Doch auch nach Beginn der Zufütterung wird trotz günstiger Futterbedingungen noch das verlangsamte Wachstum beibehalten, der Gewichtsunterschied zu glücklicheren Rassegenossen verstärkt sich also weiter.

Die sehr begehrten ganz winzigen Hündchen einiger *Zwerghundrassen* sind weder bei der Geburt noch in den ersten Wochen von ihren später viel kräftiger werdenden Geschwistern zu unterscheiden. Erst mit drei Wochen oder noch später verlangsamt sich ihr Wachstum. Doch auch beim acht Wochen alten Welpen ist eine sichere Gewichtsprognose verfrüht.

Je kleiner die Rasse, desto früher hat sie ihre körperliche Entwicklung abgeschlossen und ihr Endgewicht erreicht, gute Aufzuchtbedingungen vorausgesetzt. Bei Mangelentwicklung bleibt das Tier nicht kleiner als die Natur es geplant hat, es wächst in erster Linie langsamer, erreicht sein nur wenig verringertes Endgewicht später, ist aber weit anfälliger gegen Krankheiten als ein besser aufgezogenes. Der heranwachsende Hund, gleich welcher Rasse, muß in ausreichender Menge gutes Futter bekommen, auch wenn er klein bleiben soll! Der ausgesprochene *Kleinwuchs* ist erblich bedingt. Er läßt sich nur geringfügig manipulieren, indem man nach dem ersten Vierteljahr keine Vollmilch mehr verabreicht und bei der übrigen Fütterung, wie im Kapitel Ernährung beschrieben, alles Mastfutter vermeidet. Ganz sicher macht aber ein lebhafter, gesund aufgezogener Hundeknirps seinem Frauchen viel mehr Freude als ein mit allen Mitteln klein gehaltener Kümmerling.

Wiegt man die Hundekinder regelmäßig, so stellt man mitunter fest, daß die stetige Gewichtszunahme geringer wird. Ziehen die Welpen dann auch noch den Rücken hoch und wirkt ihr Bäuchlein beim Fressen eingefallen, so ist dies ein sicheres Zeichen für *Spulwurmbefall.* Jetzt sollte kein weiterer Tag versäumt werden und sofort eine *Wurmkur* stattfinden. Besser ist es, man wartet nicht erst bis Schäden sichtbar werden, sondern entwurmt in der sechsten oder siebenten Woche. Es gibt ausgezeichnete Spulwurmkapseln, die den Kleinen mit dem Finger in den Hals geschoben werden, oder die sicher zu dosierende *Piperazinpaste.* Alle Wurmmittel sind Gifte, sonst würden sie die lästigen Parasiten ja nicht töten oder abtreiben. Daher ist die Gebrauchsanweisung peinlichst genau zu befolgen. Jede Überdosierung kann dem Tierchen schaden. Starke Fütterung am Abend vorher oder ein anderes Frühstück als allenfalls die mütterliche Brust stellen den Erfolg in Frage. Nach 14 Tagen ist die Kur zu wiederholen. Jetzt kann der Welpe mit gutem Gewissen als wurmfrei gegen Staupe geimpft oder seinem neuen Frauchen anvertraut werden.

Sollen auch die Ohren kupiert werden, so wenden wir uns an den Zuchtwart, der uns mit den acht Wochen alten Welpen zum Tierarzt begleitet. Der kleine Eingriff wird heute nur noch in Vollnarkose durchgeführt. Wieviel jeweils abgeschnitten wird, ist durch Schablonen für die einzelnen Rassen festgelegt.

Vererbung

Der Vater vererbt das Äußere – das war schon immer ein Wunsch der Hundezüchter. Ein recht begreiflicher Wunsch, denn damit könnte die Schönheit des Nachwuchses ganz einfach vorausbestimmt werden. Doch es stimmt ebensowenig wie die Meinung, daß die Mutter eine größere Bedeutung für die Wesensart ihrer Kinder habe. Sobald der Samenfaden des Vaters das mütterliche Ei befruchtet, sind Aussehen und Wesen bestimmt. Je besser durchgezüchtet ein Elterntier ist, desto größer ist die Wahrscheinlichkeit, daß es allen seinen Kindern die gleichen Anlagen mit auf den Lebensweg gibt. Es ist die Kunst des Züchters, einheitliche Tiere mit gleichen Erbanlagen zu schaffen. Dieses Ziel erreicht der Züchter durch immerwährende Auswahl: Tiere gleichen Aussehens und gleichen Wesens werden gepaart, unerwünschte Eigenschaften ausgesondert.

Dem Einzelwesen ist es nicht anzusehen, ob es seine Schönheit und seine hohe Leistung auf alle seine Nachkommen vererbt. Es kann durchaus unerwünschte Eigenschaften in seinem Erbgut von weniger wohlgeratenen Vorfahren mit sich führen und auf seine Nachzucht übertragen. Der erfahrene Züchter wählt daher den Deckrüden nicht nur nach seinen eigenen Erfolgen auf Ausstellungen und Prüfungen, sondern er beurteilt kritisch auch seine Abstammung. Es genügt nicht, zwei vorzügliche Partner zusammenzuführen. Die *Blutlinie* muß passen, wie der Züchter es nennt. Das heißt, beide Elterntiere sollten möglichst in ihrer Ahnenreihe gemeinsame Spitzentiere aufweisen, sie sollten »*Blutanschluß*« haben. Dadurch wird die Möglichkeit verstärkt, auch wieder vorzügliche Hunde zu züchten.

Besitzen dagegen die beiden Elterntiere unter ihren Vorfahren gemeinsame schlechte oder fehlerhafte Ahnen, so ist mit der Gefahr des »Rückschlages« auf einen solchen Versager zu rechnen. Spitzenerfolge und Züchterpech liegen oft sehr nahe zusammen. Dem Neuling in der Hundezucht ist immer zur *»Linien- oder Familienzucht«* zu raten, einer Zuchtauswahl unter lose verwandten Partnern mit gemeinsamen hervorragenden Ahnen. Sind die Zuchttiere nahe miteinander verwandt, spricht man von *Inzucht,* handelt es sich um Geschwister oder Vater und Tochter bzw. Mutter und Sohn, um *Inzestzucht.* Diese letzte Zuchtform ist irgendwann einmal bei allen Rassen angewandt worden, denn sie ist diejenige, die am sichersten erwünschte Anlagen festigt. Sie läßt aber auch am häufigsten unerwünschte Eigenschaften ans Tageslicht kommen. Sie kann also neben großen Erfolgen dem Züchter auch Rückschläge und Verluste bescheren. Wer sich an die Inzestzucht heranwagt, muß unbedingt den Mut aufbringen, mißratene Zuchtprodukte auszusondern.

Fremdzucht nennt man die Paarung von gleichrassigen Tieren ohne gemeinsame Ahnen. Sie bringt im allgemeinen einen guten Rassedurchschnitt ohne Höhen und Tiefen, wenn nicht doch verborgene gemeinsame Vorzüge oder, weit häufiger, Mängel durchschlagen.

Völlig verkehrt wäre es, einen Fehler durch einen anderen bekämpfen zu wollen. Ein Muttertier mit Senkrücken wird keine idealen Kinder dadurch bekommen, daß der Deckrüde mit seinem Karpfenrücken den »Ausgleich« schafft. Wirkliche, angeborene Fehler sollten von der Zucht ausgeschlossen werden. Kleinere Mängel müssen nicht unbedingt ererbt sein. Sehr oft entstehen sie aus Aufzuchtfehlern, besonders bei unnatürlich gehaltenen Stadthunden. Auch der bestveranlagte Spitzenwelpe kann seine Schönheit nur dann entfalten, wenn bei seiner Aufzucht nichts versäumt wurde.

Die Vererbung erfolgt nach den *Mendelschen Gesetzen.* Sie besagen, daß völlig gleich veranlagte Eltern gleiche Nachzucht bringen, daß die Nachzucht zweier verschieden rassiger Partner in der ersten Generation gleichförmig ausfällt und sich in weiteren Generationen aufspalten kann. Und vor allem, daß dominierende Erbanlagen über Generationen hinweg die sogenannten rezessiven Anlagen überdecken. Es kann lange dauern, bis diese dann wieder zutage treten, dann erst, wenn von beiden Elterntieren diese gleiche Anlage beigesteuert wird.

Das Erbgut des Tieres ist in seiner Gesamtheit in den Kernschleifen, den *Chromosomen,* verankert. Jede Tierart besitzt eine ganz bestimmte Chromosomenzahl, der Hund 78. Dies ist eine doppelte Garnitur, jeweils 39 stammen vom Vater und von der Mutter. Die einzelnen Chromosomen haben verschiedene Form und ganz bestimmte Muster, so daß nur immer die Geschlechtszellen der gleichen Art – oder ganz nahe verwandter Arten – sich zu einem neuen Lebewesen vereinigen können. Daher ist es ausgeschlossen, daß Hund und Katze oder auch Hund und Fuchs gemeinsame Nachkommen haben können. Denn bei der Befruchtung vereinigt sich die einfache Garnitur von 39 Chromosomen des Vaters mit der der Mutter zu einem neuen Wesen mit wieder 39 Chromosomenpaaren, die sich gleichen. Nur die das Geschlecht bestimmenden Chromosomen können verschieden sein. Ist das der Fall, so wird ein Rüde im Mutterleib heranwachsen, sind sie gleich, wird es ein Hundemädchen. Auf den Kernschleifen sind nach einem arteigenen Schema die unendlich vielen Anlagen aller Eigenschaften aufgereiht, die *Gene,* die Aussehen und Wesen des Tieres (wie auch beim Menschen) bestimmen. Sie sind die eigentlichen Träger der Erbanlagen.

Tritt also ein *Erbfehler* auf, dann darf die Ursache nicht bei einem Elternteil gesucht werden; die Anlage muß von beiden Partnern vererbt worden sein. Daß frühere Paarungen einer Hündin keine solch fehlerhaften Welpen gebracht haben, spricht nicht für die Hündin und gegen den betreffenden Vater. Sie beweist allenfalls, daß bei früheren Würfen ein Deckrüde verwendet wurde, der die betreffende Anlage nicht vererben konnte. Fehlerhafte Welpen aus einwandfreien Eltern sind meist reinerbig für diesen Fehler. Sie geben die Anlage dafür an alle ihre Kinder weiter. Werden sie mit einem fehlerfreien Partner vermählt, so können ihre Kinder durchaus in Ordnung sein. Die unerwünschte Erbanlage tragen sie jedoch verdeckt in ihrem Erbgut. Sie kann jederzeit wieder zum Vorschein kommen.

Solange eine Rasse in der Hand von Züchtern bleibt, die aus Idealismus und ohne auf finanziellen Gewinn zu sehen, sich dem Hundesport widmen, werden die auftauchenden Fehler immer wieder ausgesondert. Hat aber eine Rasse das Pech, zum *Modehund* zu werden, dann finden sich sehr bald geschäftstüchtige Leute, die wahllos alle Tiere zur Vermehrung bringen. Das bringt zwar ihrem Bankkonto einen warmen Regen, hat aber schon manche Rasse zugrunde gerichtet und in Verruf gebracht. Der Hund ist ein so hochentwickeltes, sensibles Wesen, daß für eine erfolgreiche Zucht nicht nur gute äußere Bedingungen nötig sind.

Die stärkste Gefahr, »verlorenzugehen« haben dabei die erwünschten Wesenseigenschaften. Die meisten von ihnen vererben sich dominant, müssen also in jeder Generation vorhanden, also auch feststellbar sein, wenn sie dem Nachwuchs weitergegeben werden sollen. Zwei selbstsichere, mutige Hunde können sehr wohl ängstliche Kinder haben, zwei ängstliche jedoch keine wesensfesten. Ähnlich vererbt sich auch die Schärfe bei Diensthunden und der Spurlaut bei Jagdhunden. Wenn diese Anlagen nicht pfleglich erhalten werden, können sie eines Tages aus der Zucht verschwunden sein.

Kompliziert wird die Beurteilung sehr oft durch zusätzliche Faktoren, die die Wesenseigenschaften entwickeln oder hemmen können. Mut und Schärfe setzen eine gesunde Aufzucht voraus, sie können durch falsche Ernährung und Erziehung beeinträchtigt werden. Der Spurlaut des Teckels kann sich nur äußern, wenn die Leistungsfähigkeit seiner Nase, Temperament und Ausdauer entsprechend ausgebildet sind. Auch bei der Vererbung der körperlichen Eigenschaften hält sich die Natur beim Hund selten an das einfache Plus-Minus-Schema. Viel häufiger müssen mehrere Faktoren zusammenkommen, um ein Merkmal voll auszubilden. Das intensive Rot des Teckels und Pinschers ist dominant über die schwarz-rote Färbung. Ob es rein oder vermischt ist, von welcher Intensität, das bestimmen wieder andere Anlagen. Sie sind beim schwarzen Tier dafür zuständig, ob die Farbe vollausgebildet, also schwarz, oder verdünnt, also blau oder abgeschwächt zum Schokoladenbraun, ausgefärbt wird.

Gelegentlich sind es mehr als zwei verschiedene Eigenschaften, die sich um die gleiche Stelle in den Chromosomen, den Kernschleifen, bemühen. In einer solchen Genreihe überdeckt jeweils ein Gen alle anderen, die ihm gegenüber rezessiv, untereinander aber wieder gestaffelt sind. So herrscht das dominante Schwarz über alle Farben vor, nach ihm kommt Rot, dann die Wildfarbe und schließlich als letztes die Schwarz-Loh-Färbung. Da jedes Lebewesen nur zwei Gene, jeweils eins von beiden Eltern besitzt, kann es immer nur höchstens zwei Anlagen aus der Reihe vererben. Sie kompliziert ist allerdings in der

Praxis die *Farbvererbung* nicht oft, denn jede Rasse besitzt im allgemeinen nur eine Auswahl aller bei Hunden möglichen Farbvarianten.

Eine weitere Genreihe aus drei Eigenschaften bestimmt die *Haarvererbung*. Rauhhaar dominiert über Kurzhaar, dieses wieder über Langhaar. Aus einer Paarung zwischen einem kurzhaarigen und einem langhaarigen Teckel zum Beispiel könnte nie ein Rauhhaarteckel entstehen. Bei reinerbigen Eltern wäre die ganze Nachzucht in der ersten Generation kurzhaarig. Würde man diese Tiere untereinander weiter zur Vermehrung bringen, dann könnten neben kurzhaarigen Tieren auch wieder langhaarige zur Welt kommen. Diese Hunde haben dann von jedem Elternteil die Anlage für Langhaar, sind für diese Eigenschaft also reinerbig, während von ihren kurzhaarigen Geschwistern nur ein Teil (genau gesagt jeder dritte) reinerbig ist, die beiden anderen sind spalterbig, können also auch die lange Haarvarietät vererben. In der Züchterpraxis sind bei den Teckeln, wie bei den meisten anderen Rassen, solche Paarungen zwischen verschiedenen Haararten verboten – aus gutem Grund; der Züchter könnte sich sonst kaum mehr durchfinden.

Einfarbigkeit vererbt sich dominant über die normale Scheckung. Über den Grad der Ausbildung der weißen Abzeichen bis hin zum Weiß als Grundfarbe kommen viele Übergänge vor; alle sind erbmäßig festgelegt. Bei konsequenter Züchtung auf ein ganz bestimmtes Muster, wie bei den Schweizer Sennenhunden, besitzen alle Tiere die gleiche Verteilung der weißen Zonen. Bei anderen Rassen, wie den Windhunden oder den Bulldoggen, ist jeder Hund anders gezeichnet.

Wollte man einen rein weißen Hund einer Rasse mit einem einheitlich gefärbten Vertreter einer anderen Rasse paaren, so bekäme man nur einheitlich gefärbte Tiere, keine Schecken. Denn die Scheckung vererbt sich unabhängig von der Grundfarbe des Haares rezessiv, die ausgefärbten Teile des Fells zeigen jeweils die in den Farbanlagen festgelegten Färbungen. Nur wenn beide einfarbigen Elterntiere auch die Erbanlage für Scheckung besitzen, können im Wurf gescheckte Welpen liegen.

Eine interessante Scheckung, die sich dominant vererbt, ist die Tigerzeichnung der Deutschen Dogge. Die schön gezeichneten Tigerdoggen mit gleichmäßiger Verteilung von schwarzen Flecken auf weißem Grund sind nicht reinerbig in Hinblick auf die Farbe. Daher ist ihre Zucht auch recht schwierig, und ideal gezeichnete Tiere sind gar nicht selbstverständlich. Auch beim Teckel gibt es eine dominant vererbte Tigerzeichnung, die ebenfalls nicht so einfach zu züchten ist wie die einfarbigen Schläge. Ein reinerbiger Hund würde unerwünscht viel Weiß zeigen. Daher werden die Tigerteckel immer wieder mit normalgefärbten Hunden gepaart.

Wenn auch die Gesetzmäßigkeit der Vererbung bei allen Lebewesen, auch bei den Pflanzen, im Prinzip gleich verläuft, so muß doch jeder neugebackene Hundezüchter sich um den *Erbgang* bei »seiner« Rasse kümmern. Denn weit mehr als bei irgendeinem reinen Gebrauchstier sind beim Haushund alle Farbspiele und Haarformen, die die Natur sich einfallen ließ, erhalten geblieben. Und das erstrebenswerte Ziel, das makellos reine Fell, wird oft auf Umwegen erreicht. Der später wirklich rein gezeichnete Dalmatinerwelpe kommt schneeweiß auf die Welt. Dagegen hat so manche Silberpudelmutter mit ihren schwarzen Neugeborenen dem unerfahrenen Frauchen einen schönen Schreck eingejagt. Denn genau wie die Bedlingtonkinder färben sich ihre Welpen erst im Laufe ihrer Kindheit aus.

Die Kenntnis der Vererbungsregeln mag sehr wichtig sein – ausschlaggebend aber ist, was schon vor vielen Jahrhunderten, wenn nicht Jahrtausenden, die fähigsten Züchter besaßen: das gewisse Etwas, das Fingerspitzengefühl.

Ausstellung

Wer das Glück hat, ein wohlgeratenes Tier sein eigen zu nennen, der hegt den Wunsch, sich das auch schwarz auf weiß bestätigen zu lassen. Mag unser Hund für uns auch so der Schönste und Beste sein, in den Augen der anderen gewinnt er erheblich durch Ausstellungserfolge. Oft ist es auch der Züchter, der mit der Anregung dazu an die Besitzer seiner Zuchtprodukte herantritt. Dann ist es leicht, denn er gibt die nötigen Ratschläge.

Ist der Hundebesitzer auf sich allein gestellt, so muß er zunächst einmal wissen, wo er sein Tier anmelden muß. Die großen Ausstellungen werden durch Plakatanschläge angezeigt. Durch sie erfährt man, woher der Anmeldeschein angefordert werden kann. Für den Druck des Kataloges und die Vorbereitungen ist eine längere Vorplanung nötig. Daher ist der Meldeschluß bereits wenige Wochen vor der meist eintägigen Schau.

Klubinterne Rasse-Sonderschauen erfährt man meist nur über den Klub rechtzeitig genug für die Anmeldung. Es ist ohnehin vorteilhaft, von einem erfahrenen Kenner der Rasse vorprüfen zu lassen, ob nicht etwa grobe Mängel vorhanden sind, die von einer Konkurrenz ausschließen.

Rüden und Hündinnen werden getrennt begutachtet. Außerdem gibt es verschiedene *Klassen,* von denen die wichtigsten die Jugendklasse, die Gebrauchshundklasse und die *Offene Klasse* sind. In der Offenen Klasse kann jeder Hund gemeldet werden, hier ist die Zahl der Mitbewerber am größten. Deshalb sollten wir unser Prachtstück in der *Jugendklasse* melden, wenn es noch nicht zu alt dazu ist. Für die *Gebrauchshundklasse* müssen wir den Nachweis einer bestandenen Prüfung bringen.

Die Ausstellungsrichter beurteilen unseren Hund so, wie sie ihn sehen. Damit er eine gute Figur zeigt, bedarf es einiger Vorbereitungen. Eigentlich sollte sich unser Hund ja immer von der besten Seite zeigen. Aber vielleicht ist er doch etwas zu fett durch den Winter gekommen. Die richtige Linie, nicht zu dick und nicht zu dünn, bestimmt das Allgemeinbild.

Das Haar muß richtig gepflegt sein, zum richtigen Zeitpunkt und in der vorgeschriebenen Weise geschoren oder getrimmt, gut ausgekämmt, oder wie es sonst den Rassekennzeichen entspricht. Mit dem Hundesalon wird rechtzeitig der günstigste Termin vereinbart. Besitzer einer nicht alltäglichen Rasse erkundigen sich besser beim Klub ihrer Rasse, ob die Frisur auch richtig ist. Langhaarige Hunde dürfen nicht kurz vor der Ausstellung gebadet werden, weil das Haar sonst flattert.

Der große Tag der Ausstellung beginnt so früh, daß die Papiere, der Annahmeschein mit Nummer und die Ahnentafel, Halsband und Führleine, Kette mit Wirbeln zum Festlegen und eine Liegedecke bereits am Abend vorher bereitgelegt werden. Denn am Morgen ist ein kleiner Spaziergang wichtig, damit der Hund sich vor der Ausstellung gelöst hat. Er fühlt sich dann wohler und außerdem sind Hundehäufchen in allen Gängen keine Zier. Die anderen Hunde fabrizieren noch genug davon. Das Frühstück ist aus dem gleichen Grund nicht zu üppig, es gibt tagsüber ja nur wenig Bewegung, Futter mitzunehmen ist unnötig, die Futtermittelfabriken geben reichlich Kostproben aus und meistens auch Pappgefäße für Wasser. Nach der Morgentoilette vergessen wir nicht, Kamm und Bürste einzustecken. Bequeme Schuhe und ein Klappstuhl erleichtern uns selbst den Tag.

Viel, sehr viel hängt davon ab, wie sich der Schönheitskandidat an der Leine zeigt, wie er sich vorführen läßt. Dazu gehört eine sichere Leinenführigkeit, die zu der sogenannten *Ringdressur* weiterentwickelt wird. Bei der Begutachtung geht der Hund an der linken Seite des Führers in flottem Gang, er muß sich im Tempo anpassen können, also gleich gut, ohne zu ziehen, langsam wie schnell gehen und stehen bleiben, wenn das gewünscht wird, ohne sich dabei zu drehen. Der erfahrene Aussteller sieht sofort, ob sein Tier richtig steht, oder ob es die Beine verdreht. Er ändert nötigenfalls durch einen kleinen Schritt vorwärts den Stand und versteht es, durch aufmunterndes Zureden die Gesamthaltung zu verbessern. Dazu gehört eine längere Erfahrung. Der Neuling im Schönheitsring sollte versuchen, den »alten Hasen« etwas abzugucken. Er muß seine Augen überall haben, nur nicht bei den Zuschauern. Er soll seinen Hund dauernd beobachten, auf die Richter sehen und auf die Konkurrenz. Sicher wird er beim ersten Versuch mit seinem Hund nicht gleich an die Spitze kommen, er soll sich trösten, alle die Routiniers um ihn herum haben einmal als Neulinge angefangen. Wer Augen und Ohren offenhält, kann in einer Stunde im Ring mehr über sein Tier lernen als in Jahren des unkritischen Zusammenlebens.

Meistens begründen die Richter ihr Urteil und weisen auf Vorzüge und Schwächen der einzelnen Tiere hin. Mit der höchsten Note *»Vorzüglich«* darf nur ein wirklich fehlerfreies Tier belohnt werden, das dem Idealbild der Rasse nahe kommt. Je nach der Reihenfolge wird dann der 1. Preis, 2. Preis und 3. Preis hinzugefügt. Bei sehr großer Konkurrenz, also bei vielen Meldungen in der betreffenden Klasse, werden auch mehr als drei *Preise* vergeben. Sind nicht genügend mit »Vorzüglich« bewertete Hunde darunter, dann erhalten auch die *»Sehr gut«* eingestuften Tiere die Preise. Auch auf dieses Prädikat können wir sehr stolz sein, es bescheinigt unserem Hund überdurchschnittliche Schönheit. Stehen wir mit der Note *»Gut«* weiter hinten in der Reihe, so soll uns das keinen großen Kummer bereiten. Unser Hund entspricht damit dem normalen Durchschnitt; er hat keine groben Fehler. Vielleicht kann er sich noch verbessern, wenn wir gelernt haben, durch geschicktes Vorführen seine Vorzüge ins rechte Licht zu rücken. Ernst wenn stärkere Fehler das Bild beeinträchtigen, werden die Noten *»Genügend«* oder *»Mangelhaft«* vergeben. Das Urteil der Richter, die ihre anstrengende Tätigkeit ehrenamtlich vollbringen, ist nicht anzufechten, es wird in die Ahnentafel eingetragen.

Auf großen Ausstellungen wird das begehrte *CACIB* vergeben. Dies ist die Abkürzung für *»Certificat d'Aptitude au Championat International de Beauté«,* die Anwartschaft auf das Internationale Schönheitschampionat. Nur ein ideal schönes Tier mit »Vorzüglich 1. Preis« kann sie erringen, bei mehreren Klassen höchstens einer der ersten. Vier CACIBs, in drei verschiedenen Ländern unter mindestens drei Richtern erworben, berechtigen zu dem seltenen Titel *»Internationaler Champion«.* Zwischen dem ersten und dem letzten Certifikat müssen mindestens zwölf Monate liegen, die Schönheit darf keine »Eintagsfliege« sein. Der Titel *»Bundessieger«* ist dagegen leichter zu erringen. Den bekommt der oder die Schönste der betreffenden Siegerausstellung, jeweils einer je Rasse und Geschlecht, die in jedem Jahr einmal stattfindet. Weltsiegerausstellungen sind selten und werden jeweils in verschiedenen Ländern der Erde abgehalten. Die letzte in Deutschland war 1956 in Dortmund.

Seltener hört man *CAC,* das ist die Anwartschaft auf einen nationalen Siegertitel, oder *CACIT,* die Anwartschaft auf den Internationalen Arbeitschampion für Gebrauchshundrassen.

Nach dem Richterspruch legen wir das gute Tier wieder in seine Box, wenn nicht weitere Vorführungen zur Konkurrenz nötig sind. Dort ist es besser untergebracht als an unserer Seite im Menschengewühl. Und die Besucher, die mit ihrem Eintrittsgeld die Ausstellung mitfinanzieren, wollen ja schließlich an Hand des Kataloges die Schönen bewundern. Jetzt ist auch Zeit, andere Rassen zu betrachten. Denn auf den großen Ausstellungen erscheinen oft Raritäten, die man sonst nur in Büchern sehen kann. Vor Schluß der Ausstellung darf kein Hund die Halle verlassen. Preisverteilungen und Vorführungen der Sieger sorgen für Abwechslung. So manche Freundschaft, nicht nur unter den Vierbeinern, ist auf Hundeausstellungen geschlossen worden.

Die Merkmale der Hunderassen

Ist Rasse nötig?

Der Hund, der uns Freude bringt, der uns hilft, manches Problem zu bewältigen, muß er denn ein Rassetier sein? Ist in der heutigen Zeit nicht das ganze Rassedenken überholt, sind nicht auch die Hunde alle gleich wie auch die Menschen? Gleich – vom Äußeren her, sind sie nicht, aber vielleicht gleichwert und gleichberechtigt? Diese Frage ist voll zu bejahen, wenn wir den finanziellen Wert ausklammern. Gleich gut sollen wir sie behandeln, gleich sorgsam erziehen, richtig füttern und gleich auf ihre Eigenheiten eingehen. Denn jeder Hund, welcher Rasse auch immer, ist genauso wie der *Mischling* ein empfindsames, intelligentes Tier. Auch wenn wir es nicht vermenschlichen, läßt sich nicht übersehen, daß es Schmerz und Freude empfindet, Erfahrungen sammelt und auch in gewisser Weise in die Zukunft denken kann, wenngleich diese Zukunft bei ihm nur in der allernächsten Zeit liegt.

Zweifellos hat der Mensch sehr viel dazu getan, die Hunderassen zu formen und zu festigen, geschaffen allerdings hat sie oft ohne sein Zutun die Natur. Das große Verdienst des Menschen liegt darin, daß er durch Erleichterung im Kampf ums Dasein das Überleben mancher extremer Körperformen erst ermöglicht hat.

Der Beginn der Rassehundbildung wurde vom Gesichtspunkt der Zweckmäßigkeit mitgetragen. Für die Hetzjagd benötigte man schnelle, schlanke Tiere, als Kampfhunde große, sehr kräftige, zum Hüten der Herden ruhige und gut bewegliche und schließlich als Haushunde und als Spielgefährten für die Familie die kleineren, handlichen Formen. Mit einem gewollten »Rassebewußtsein« hatte dies alles zunächst gar nichts zu tun. Auch völlig unabhängig vom Einfluß des Menschen hielten sich bis in die neueste Zeit hinein Hundeformen, die erst jetzt, vom Menschen richtig entdeckt und plötzlich weitergezüchtet, als eigene Rasse erkannt werden. Neben einer Reihe von europäischen, spät anerkannten Rassen, wie dem Hovawart, sind in den letzten Jahren die wirklich vom Menschen völlig unabhängig lebenden Pariahunde von den israelischen Hundeforschern Drs. Menzel stärker beachtet und untersucht worden. Und es stellte sich heraus, daß auch diese, sich frei bewegenden und nach eigener Wahl paarenden Hunde sich so gleichen, daß von Rassen gesprochen werden kann.

Wieviele Hunderassen gibt es auf der Welt? So klar diese Frage gestellt ist, sie läßt sich doch nicht ganz einfach beantworten. Über 200 Rassen, sagen die meisten Hundekundler (= Kynologen, von griechisch kynos, der Hund). Mehr als 300, lautet die Antwort, will man wirklich alle Rassen auf der Welt berücksichtigen. Wer von dieser Zahl auch nur die Hälfte kennt, darf schon stolz sein, auch wenn er die Rassen nicht alle in natura gesehen hat. Wieviele es nun ganz genau sind, läßt sich gar nicht feststellen. Immer wieder kommen neue dazu, und leider verschwindet auch die eine oder andere von der Bildfläche – der Hund darf sich ja nur dann vermehren, wenn sein Herr es ihm erlaubt. Auch Wiederholungen kommen vor, kleine, geografische Abweichungen ganz ähnlicher Hunde, bei denen es mit dem besten Willen nicht leicht ist zu sagen, ob es sich um eine eigene Rasse handelt oder nicht.

Die mannigfaltigen Formen, die der Mensch aus den einheitlichen Ahnen gezüchtet hat, mußten sich fast selbstverständlich an verschiedenen Stellen der Erde gleichen. Nicht immer waren die frühen Formen des Altertums auch die Ahnen der heute lebenden, ihnen gleichenden Hunde. Teckelähnliche Tiere gab es im alten Ägypten wie im vorkolumbischen Mexiko, und doch ist unser heutiger Teckel viel später aus anderen Rassen entstanden.

Die *Rassenbildung* ist in dauerndem Fluß. Vor vielen Jahrtausenden gab es schon durchgezüchtete Formen, die sich in allen Körpereigenschaften glichen, im alten Ägypten allein zwei verschiedene Windhunde. Einige dieser Rassen leben bis heute fort, andere mußten das Feld räumen. Die meisten der heute lebenden Hunderassen sind erst im Laufe der letzten Jahrhunderte aus Stammformen gezogen worden.

Die britischen Terrierrassen sind das Paradebeispiel dafür. Ihre charakteristischen Unterschiede kamen erst seit Beginn des Ausstellungswesens in der zweiten Hälfte des vorigen Jahrhunderts zu ihrer Ausprägung. Bei den Jagdhundrassen und bei den Hütehunden war es nicht anders. Und bis in die jüngste Zeit konnte man auch bei den »rasselosen« Dorfhunden familiäre Ähnlichkeiten und Unterschiede zu den Nachbarn bemerken. Durch Zufall entstanden, trugen sie doch die Möglichkeit in sich, zu einer eigenen Rasse gezüchtet zu werden. Erst wenn diese von selbst entstandenen Schläge durch Züchter systematisch gefestigt wurden, entstanden die »Rassen« mit ihren allen Tieren angeborenen Eigenheiten. Diese körperlichen und geistigen Eigenschaften sind im *Rassestandard* festgelegt, einer allgemein verbindlichen Beschreibung. Seit 1911 wacht eine Weltorganisation, die *Fédération Cynologigue Internationale* (FCI), Sitz Brüssel (Adresse: Thuin, 12 Rue Leopold II, Belgien), darüber, daß diese Rassebeschreibungen überall auf der Welt die gleiche Auslegung erfahren. Dieser Dachorganisation sind 21 Länderorganisationen als föderative Mitglieder (die die FCI-Statuten voll anerkennen) und 14 als außergewöhnliche Mitglieder (die nur einen Teil der FCI-Statuten anerkennen) angeschlossen, für Deutschland ist dies der *Verband für das Deutsche Hundewesen (VDH)*. In jedem Land ist nur eine Organisation von der FCI anerkannt. In Deutschland haben also nur die Ahnentafeln der dem VDH angeschlossenen Klubs auf internationalen Konkurrenzen Gültigkeit. Es ist auch heute noch möglich, bisher unbekannte oder neugezüchtete Rassen beim FCI anerkennen zu lassen, wenn nur durch einige Generationen einheitliche Tiere gezüchtet wurden.

Bei der großen Zahl von Rassen mit allen Zwischenformen läßt sich eine völlig befriedigende Einteilung in einzelne Gruppen nicht bewerkstelligen. Die frühere Gruppierung in Jagd-, Hirten-, Haus- und Luxushunde ist sehr zweckgebunden und berücksichtigt zu wenig die verwandtschaftlichen Beziehungen. Denn jedes Schoßhündchen hat Vettern, die zu ernster Arbeit verwendet werden, und manche Arbeitsrasse wurde zum reinen Luxusgeschöpf. Als 1901 der Schweizer Professor Theophil Studer mit seinem bahnbrechenden Werk »Die prähistorischen Hunde und ihre Beziehung zu den gegenwärtig lebenden Rassen« die Hunde nach ihrer Abstammung von den vorgeschichtlichen Haushunden einteilte, schuf er eine Ordnung, der bisher nichts

Einteilung der Hunderassen nach der von Studer angenommenen stammesgeschichtlichen Verwandtschaft

Nördliche Hunde (Europa, Nord-, Zentral- und Ostasien)

Canis familiaris palustris Rütimeyer	*Canis familiaris Inostranzewi Anutschin (= C. f. decumanus)*	*Canis familiaris matris optimae Jeitteles*
Torfspitz (vorgeschichtl.)	Schlittenhunde	Schäferhunde
Battakhund	Elchhunde	
Spitze	Neufundländer	
Pinscher	Bernhardiner	
Terrier	Schweizer Sennenhunde	
	Doggen	
	Hirtenhunde	

Verbindungsformen

Canis familiaris intermedius Woldrich	*Canis familiaris Leineri Studer*
Bracken	Irischer Wolfshund
Schweißhunde	Schottischer Deerhound
Vorstehhunde	Greyhound
Stöberhunde	Whippet
Teckel	

Südliche Hunde (Südasien, Afrika, Australien, Sundainseln)

Pariahunde	Saluki
Schensihunde	Slughi
Podenko	Windspiel
Afghanischer Windhund	Barsoi (?)

Anmerkung. Diese Einteilung nach *Rassenkreisen* hat vorwiegend historisches Interesse. Sie vereinfacht Beziehungen, die zu kompliziert sind, um in ein Schema gepreßt zu werden. Unberücksichtigt sind *Mischformen* wie Rottweiler, Bullterrier, Bostonterrier und Toyspaniel. Die Abstammung von Mops, Pekinese und Japan Chin läßt sich nicht sicher ableiten und schließlich wird der Pudel entweder dem Kreis des C. f. Inostranzewi, des C. f. matris optimae oder des C. f. intermedius zugeordnet.

Besseres entgegengesetzt werden konnte. Durch manche Übergänge und durch Entstehung der heutigen Rassen oft aus verschiedenen Ursprungsformen ist eine starre Einteilung nach diesen Rassengruppen unmöglich. Aus diesem Grunde wird es aber auch kaum gelingen, eine rundum befriedigende Lösung dieses Problems zu finden.

Die Vielfalt der Körperform mit den unterschiedlichen Wesenseigenschaften und die oft hochspezialisierten Begabungen sind es wert, erhalten zu bleiben. Nur wenn wir gleiche Tiere miteinander zur Fortpflanzung bringen, können wir erwarten, daß sich die gewünschten Eigenschaften vererben. Es ist nicht Dünkelhaftigkeit der Hundezüchter, wenn sie ihre Zuchten rein erhalten und in jeder Generation Auslese betreiben. Unter natürlicheren Lebensbedingungen, wie sie in früheren Jahrtausenden und Jahrhunderten gegeben waren, lebten im allgemeinen nur Hunde gleicher Tätigkeit und damit auch gleichen Aussehens nahe zusammen und hatten »Meutenkontakt« miteinander, so daß sie sich auch freiwillig nur mit ihresgleichen paarten. Die heutigen städtischen Hundefreundschaften werden dagegen ohne Rücksicht auf Aussehen, Größe und Rasse geschlossen. Die Folge freier Paarungen wäre jetzt nicht nur der Verlust von vielen Eigenheiten des Äußeren, ganz sicher würde auch die höchste Leistungsform nicht mehr oder nur in zufälligen Einzeltieren erreicht werden. Auch die Hunde hätten keinen Gewinn. Durch das zufällige Zusammentreffen von Einzelmerkmalen und Eigenschaften würden immer mehr unharmonische Lebewesen entstehen, die Gesundheit würde keineswegs besser, im Gegenteil müßte mit viel mehr Wurfschwierigkeiten gerechnet werden. So wenig wie der Mensch daran denkt, ein Allzweckauto für den Güterfernverkehr wie für die Stadtfahrten einer Einzelperson sich auch nur vorzustellen, so wenig läßt sich das Rad der natürlichen Entwicklung zurückdrehen zum Einheitshund. Rassen, die in vieltausendfacher Generationenfolge hochspezialisiert wurden, lassen sich nicht mehr zur Urform zurückentwickeln. Die sorgfältige Rassehundzucht ist die notwendige Folge dieser Einsicht. Davon profitieren – so paradox das klingt – sogar die Promenademischungen. Denn es ist ein Naturgesetz, daß *Bastarde* zweier reiner Rassen ganz besonders gelungen ausfallen. Sie *luxurieren,* wie der Fachausdruck lautet, sie werden besonders schön und gesund und auch liebenswürdig. Die Rassehundzucht ist also nicht der Gegner, sondern letzten

Endes der Lieferant der *Mischlinge,* die ihren Besitzern nicht weniger Freude bringen als höchstprämierte Ausstellungssieger.

Spitze

Die Spitzhunde gleichen noch ganz erstaunlich ihrem Ahnherrn, dem Torfspitz. Dieser kleine Haushund der Pfahlbauern des Bodenseegebietes unterschied sich wohl als erster durch sein Aussehen von den Wildhundahnen. Er war bedeutend kleiner als die Wölfe und besaß stark vergrößerte Stirnhöhlen, genau wie die modernen Hunderassen. Als Wächter hatte er sein Lager neben dem der Menschen, er erreichte es mühsam, die Leitern hochkletternd. Dieser enge Familienanschluß bewahrte ihn jedoch nicht davor, in Zeiten der Not selbst in den Kochtopf zu wandern. Genauso lebt auch heute noch der asiatische Vetter, der Batakspitz auf Sumatra, der auf Seite 332 beschrieben ist. Er ist mit dem europäischen Spitz nicht näher verwandt als wir mit seinen fernöstlichen Besitzern – nur sieht er ihm recht ähnlich.

Aus Darstellungen des Altertums wissen wir, daß Spitze in allen Hochkulturen des Vorderen Orients vertreten waren. Im ältesten Troja bewachten sie das Heim ihres Herrn genauso eifrig wie im Land der Pharaonen und Hellenen. Das erste Schild eines Kettenhundes mit der Warnung vor dem Hund zeigt einen Spitz. Es wurde aus den Trümmern von Pompeji ausgegraben.

Die heutigen Spitze stammen aus dem deutschen Raum. Als kleiner Aufpasser war der »Mistbella« auf jedem Bauernhof vertreten, doch nirgends fand man ihn für würdig, in Wort oder Bild verewigt zu werden. Ein Verbot war dann auch die erste schriftliche Überlieferung. In der Hausordnung des Grafen Eberhardt zu Sayn wurde es 1450 den Dienstboten bei strenger Strafe untersagt, sich gegenseitig mit dem Scheltwort »Spitzhundt« zu betiteln. Ein solch eifriger Wächter war der Spitz, daß noch vor hundert Jahren behauptet wurde, er fühle sich nur zum Haus gehörig und nicht zum Herrn. Denn einige der treuen Wächter kehrten immer wieder auf ihren Hof zurück, wo außer knapper Kost und schlechter Behandlung nichts für sie übrig war. Sie blieben nicht bei ihrem neuen Herrn, denn an ein gutes Leben konnten sie sich gar nicht gewöhnen. Diese schlechten

Zeiten sind inzwischen längst vergangen und vergessen, geblieben ist nur die unbedingte und sichere Wachsamkeit und eine gute Portion Schläue, die jahrhundertelang die Voraussetzung für das Überleben waren. Abstand gegenüber Fremden, Anhänglichkeit an den Besitzer und ein mäßiges Bewegungsbedürfnis machen die Spitze zu angenehmen Hausgenossen – allerdings nicht für leichtgebaute Neubauwohnungen. Das Bellen kann leicht auf die Nerven gehen, es geschieht jedoch nie ohne Grund.

Der Körperbau ist gedrungen mit kurzem Rücken, über den die buschige Rute lustig getragen wird. Durch die nur mäßig gewinkelte Stellung der Beine kann der Rücken schwanzwärts leicht ansteigen. Der Kopf mit geringem Stirnabsatz, spitzer Schnauze und spitzen, nahe zusammenstehenden Ohren soll fuchsähnlichen Ausdruck zeigen. Gesicht und Füße sind kurz behaart, die Vorderbeine sind befedert, das heißt mit langen Haaren an der Hinterseite befranst, die entsprechende Behaarung der Hinterläufe nennt man *Behosung*. Der Körper trägt ein verschwenderisch üppiges Fell. Vor allem an Hals und Schultern soll es locker und gerade abstehen und sich auch auf dem Rücken nach allen Seiten gleichmäßig ausdehnen und keinen Scheitel zeigen. Erst im dritten Lebensjahr wird die volle Haarpracht erreicht. Einen Spitz darf man niemals scheren. Die Spitzen der Haare würden stumpf, und die üppige Schönheit des Felles wäre zumindest auf Jahre hinaus beeinträchtigt.

Die Haarpflege stellt keine großen Ansprüche. Es muß nur regelmäßig mit einem weitzinkigen Hornkamm sorgsam und vorsichtig gegen den Strich gekämmt werden, damit die reiche Unterwolle nicht verfilzt. Ist dieses Unglück doch geschehen, dann müssen die verfilzten Stellen mit den Fingern entwirrt und zart nachgekämmt werden. Ein gelegentliches Bad schadet dem Haar nicht. Schwarze Hunde sollte man aber bis zum völligen Trockenwerden nicht der Sonne aussetzen, weil das Haar sonst ins Bräunliche ausbleicht. Für den Spitz ist, wie für alle reichbehaarten Rassen, eine kühlere Unterbringung gesünder als der Platz nahe der Heizung, auch wenn er ihn noch so liebt.

Mit möglichst 45 bis 50 cm Schulterhöhe ist der *Wolfsspitz* (Abb. S. 210/1) der größte seiner Gruppe. Das silbergraue Haar mit schwärzlich überhauchten Spitzen hat ihm seinen Namen gegeben. Er ist ruhiger als seine kleineren Vettern und als Begleithund ein guter

Schutz. Durchschnittlich 5 cm kleiner und etwas zierlicher ist der *Großspitz* (Abb. S. 210/2). Er wird in Schwarz, Braun oder Weiß gezüchtet. Der schwarze Spitz darf keine weißen Abzeichen haben, seine Unterwolle soll, wie die Haut, dunkel sein, das Deckhaar möglichst ins Blauschwarze spielen. Auch der weiße Spitz soll rein in der Farbe sein ohne gelblichen Anflug, seine Nase muß schwarz sein und die Augen dunkel. Frühere Bezeichnungen wie *Pommerscher Spitz* oder *Mannheimer Spitz* deuten darauf hin, daß in manchen Gegenden der Großspitz besonders verbreitet war.

Die entsprechend kleinere Ausgabe ist der *Kleinspitz* (Abb. S. 210/3) mit feineren, zarteren Knochen. Der runde Hirnschädel, größere Augen und ein feineres und üppigeres Haarkleid sind Merkmale des Zwerghundes. Die Schulterhöhe soll nicht mehr als 28 cm, das Gewicht höchstens 4 kg betragen. Dadurch wird die Zucht recht schwierig. Die kleinen zarten Hündinnen sind kaum zur Zucht zu verwenden. Die stabileren Mütter haben weniger Schwierigkeiten beim Kinderkriegen, ziehen dafür aber auch manche »Übergröße« hoch. Außer in Wolfsfarben, Schwarz, Braun und Weiß gibt es Kleinspitze noch in Orange.

Dem Deutschen Wolfsspitz entspricht der *Holländische Keeshond*, der in den Jahren vor der Französischen Revolution zum Symbol des nationalen Freiheitskampfes wurde. Als Hund von Cornelis (Kees) de Ghyselaar, Bürgermeister von Dordrecht, und seiner Partei vertrat er das Proletariat, während der gelbe Mops zu den Orangisten, den »Prinzgesinnten« gehörte. Mit der Krönung Willems I. 1813 verschwand der Kees in die Wagen der Kesselflicker und auf die Boote der kleinen Fischer.

Eine alte, bei uns weniger bekannte Rasse ist der kürzer behaarte *Isländer Spitz*, der in seiner Heimat auch als Hütehund arbeitet. Alte, aber erst vor wenigen Jahrzehnten anerkannte Rassen sind der *Lappenspitz*, der *Norwegische Buhund* und der *Schwedische Schäferspitz*.

Ein vergnügter, liebenswürdiger kleiner Wachhund ist der aus Belgien stammende schwarze *Schlipperke* (Abb. S. 210/4). Er ist kürzer behaart als der Kleinspitz und mit 5 bis 9 kg Gewicht eine Nummer größer. Bemerkenswert ist das Fehlen der Rute. Sein Wächterdasein auf Binnenschiffen und Fuhrwerken hat ihm den Namen gegeben.

Aus der Torfhundgruppe haben sich neben den Spitzen die Pinscher-Schnauzer-Rassen auf dem Kontinent und die Terrierrassen auf den britischen Inseln entwickelt.*) Während die einen eine noch recht einheitliche Gruppe von Haushunden blieben, entwickelten sich die anderen zu ausgesprochenen Jagdspezialisten.

Die alte Gruppe der Pinscher war immer ein Stiefkind des Schicksals. Als Stallhunde und Rattenfänger lebten sie auf Bauernhöfen wie in der Stadt, doch kein Gönner fand sich, der sie in Bild oder Schrift verherrlicht hätte. Der einzige, der des Schnauzers Loblied sang, war weit weg: Cervantes, der den Hund *Braganza* sagen läßt: »Seit ich die Kraft habe, einen Knochen abzunagen, sehnte ich mich danach, sprechen zu können.« Pinscher waren als selbstverständlich eben da und hatten außer der Bezeichnung *»Rattler«* nicht einmal einen Namen. Der kam erst viel später auf. 1836 erwähnte ihn der Hundeforscher Heinrich Gottlieb Ludwig Reichenbach zum erstenmal. Er kommt wohl vom englischen to pinch und bedeutet zupacken oder kneifen. Glatthaarige und rauhharige Pinscher oder Pintscher nannte man sie alle, bis schließlich die schnauzbärtigen Rassen als *Schnauzer* bezeichnet wurden.

Als sie Ende des 19. Jh. ein anständiges Hundeleben führen durften, versetzten sie ihre Freunde durch ihre Klugheit und Anpassungsfähigkeit in Erstaunen. Die Zuchthündin *»Jette«* war wohl der erste vierbeinige Fahrgast der Straßenbahn von Karlsruhe, als sie regelmäßig ihre Kinder im Landhaus in Rüppur besuchte. Sie war ganz allein darauf gekommen.

Die ursprüngliche Form, der knapp mittelgroße kurzhaarige *Pin-*

* Jede Rasse wird einer Nationalität zugeordnet, da eine nationale Vereinigung (Klub) für Standard usw. zuständig sein muß. Meist deckt sich dies mit der geografischen Verbreitung bzw. dem Ursprung. Ausnahmen kommen vor, so der amerikanische *Cocker* als Rasse neben dem englischen und der englische Bassethound, der aus dem französischen *Basset* entstanden und dann sehr bekannt geworden ist.
Spitze und Schnauzer-Pinscher gab es außer in Deutschland auch in anderen Ländern, dort blieben sie aber nicht bis heute erhalten, außer in Österreich, wo es eigene *Pinscher* gibt.

scher (Abb. S. 210/10), ist heute leider kaum mehr anzutreffen. Das ist sehr bedauerlich und völlig unbegründet. Der *Glatthaarpinscher* ist temperamentvoll wie ein Terrier, ohne jede Nervosität, und stellt keinerlei Ansprüche. Wie alle anderen Pinscher und Schnauzer ist der intelligente Hund weniger bellfreudig als die Spitze. Elegant und lebhaft, liebt er etwas mehr Bewegung und geht mit Vergnügen ins Wasser. Im Gegensatz zum *Österreichischen Pinscher,* der sehr dem Black-and-Tan-Terrier ähnelt, kupiert man den deutschen Rassen Rute und Ohren. Anders als bei den Terrierrassen, bleiben dabei nur – je nach Rasse – drei oder vier Schwanzwirbel stehen. Auch die Ohren werden gleichmäßig so gestutzt, daß harmonische, hoch angesetzte Stehohren ohne extreme Spitzen entstehen. Mit 40 bis 48 cm Schulterhöhe ist er ein knapp mittelgroßer Hund, der in vielen Farben vorkommen darf: am häufigsten in Schwarz mit rotem Brand, einfarbig rein schwarz, rehbraun bis rot, schokoladebraun, blaugrau mit roten Abzeichen und schließlich in Silbergrau, das man bei Pinschern und Schnauzern *»Pfeffer und Salz«* nennt.

Der *Zwergpinscher* (Abb. S. 210/11) ist die Verkleinerung des Glatthaarpinschers. Er soll nichts Zwergenhaftes an sich haben, sondern ein sehniger, strammer, muskulöser kleiner Kerl sein, der auf festen, kräftigen Läufen auch auf längeren Spaziergängen nicht müde wird. In seiner roten Farbvarietät war er als *Rehpinscher* lange Zeit sehr beliebt. Zu beliebt fast, denn der genügsame Hund ist ein guter Futterverwerter und wird bei einem Zuviel im Futternapf nur zu rasch dicker als ihm steht. Deshalb soll schon der junge Zwergpinscher zwar gehaltvoll und mehrmals täglich, aber nur mit mäßigen Portionen gefüttert werden. Dem ausgewachsenen Tier bekommen am besten mageres Fleisch mit etwas Gemüse, Quark, gelegentlich ein Ei, etwas Obst, Magermilch mit ein paar Bröckchen Schwarzbrot und an Stelle von Süßigkeiten eins von den kleinen Hundeplätzchen, die speziell für Kleinhunde hergestellt werden. Zucker, Fett, Kartoffeln, Nudeln und alles andere Dickmachende soll man grundsätzlich vermeiden.

Der Kopf des Zwergpinschers soll wie der seiner größeren Vettern mehr gestreckt und schmal sein als kurz und rund, mit kräftigem Fang und ohne ausgesprochenen Stirnabsatz. Die dunklen Augen dür-

Junger Chow-Chow, darunter links Yorkshire Terrier, rechts Cocker Spaniel ▶

1
2
3
4
5
6
7
8
9
10
11
12
13
14
15
16
17

fen nicht vorstehen. Mit 25 bis 30 cm Schulterhöhe gehört dieser Hund mit zu den kleinsten Rassen. Daß er trotzdem kräftig und temperamentvoll wurde, ist der Kunst seiner Züchter zu verdanken.

Quadratisch gebaut, das heißt von gleicher Rückenlänge wie Schulterhöhe, wie alle Schnauzer und Pinscher sind auch die beiden anerkannten Diensthundrassen dieser Gruppe. Der kurzhaarige *Dobermannpinscher* (Abb. S. 210/9) ist ein besonders eleganter Schutz- und Begleithund. Als Rasse ist er nur wenig mehr als 100 Jahre alt, seine Entstehung also noch genau zu verfolgen. Karl Friedrich Louis Dobermann aus Apolda hat ihm nicht nur zufällig seinen Namen gegeben. Der Hundefänger, Abdecker und Steuereintreiber züchtete die neue Rasse aus nicht eingelösten Hunden. Er bewahrte die ihm geeignet erscheinenden Tiere damit nicht nur vor dem Tode, sondern ließ sie auch zum Ausgangspunkt einer besonders wesensfesten Rasse werden. Zunächst einmal standen aber alle möglichen Rassen Pate. Um die gewünschte Schärfe und Größe zu erhalten, nahm Dobermann sogar neben Kurzhaar-Jagdhunden Deutsche Doggen in die neue Zucht und festigte in der Farbskala der Pinscher die blaue Haarfarbe. Längst ist der *Dobermann* eine in sich gefestigte Pinscherrasse geworden, von unbestechlichem Charakter, ein Hund, der sehr viel leisten kann und will. Anfang unseres Jahrhunderts wurde das elegante und sehr intelligente Tier zum Modehund und handelte sich durch die starke Beliebtheit die – natürlich unzutreffende – Anschuldigung der »Falschheit« ein. Dabei war nur etwas falsch: die unangemessene Haltung als reiner Luxushund. In der Hand eines verständnisvollen Herrn, der seinen Hund nicht nur richtig füttert, sondern ihn auch richtig erzieht, ist der Dobermann bei allem Temperament ein aufs Wort gehorchender kinderlieber, ruhiger Familienhund. Im rechten Element ist er als Begleithund und Wächter im Polizeidienst und als Meldehund beim Militär. Er ist zwar kein Raufer, andere Hunde lassen ihm gegenüber jedoch am besten eine gewisse Vorsicht walten.

Das kurzanliegende, glänzende Haar verlangt nur geringe Pflege

Spitze, Schnauzer, Pinscher und Nordlandhunde. 1 Wolfsspitz, 2 Großspitz, 3 Kleinspitz, 4 Schipperke, 5 Eskimohund, 6 Samojedenhund, 7 Elchhund, 8 Chow-Chow, 9 Dobermannpinscher, 10 Pinscher, 11 Zwergpinscher, 12 Affenpinscher, 13 Brüsseler Zwerggriffon (rauhhaarig), 14 Brabanter Zwerggriffon (kurzhaarig), 15 Riesenschnauzer, 16 Mittelschnauzer, 17 Zwergschnauzer und macht den Dobermann zum sauberen Hausgenossen auch in der Stadtwohnung, vorausgesetzt daß für genügend Bewegung gesorgt wird. Die Schulterhöhe des Rüden beträgt 65 bis 70 cm, die der Hündin 58 bis 66 cm.

Der *Mittelschnauzer* (Abb. S. 210/16) ist ein heute wie früher recht beliebter kräftiger Hund auf geraden Läufen mit runden, geschlossenen *»Katzenpfoten«*. Das dichte straffe Haar soll drahtig sein, an Ohren, Stirn und Beinen kürzer, mit gut ausgebildeten Bart und Augenbrauen. Als fehlerhaft gilt zu kurzes, glatt anliegendes oder zu weiches, zu langes oder lockiges Haar. Daß der Schnauzer nicht geschoren werden darf – wie man das leider häufig sieht – sollte sich eigentlich von selbst verstehen. Dabei ist die richtige Haarpflege des Schnauzers gar nicht schwierig. Man muß sich nur zweimal im Jahr zur Zeit des Haarwechsels etwas Mühe geben, die abgestorbenen Haare mit einem weitzinkigen Kamm und am besten unter Zuhilfenahme der Fingerspitzen zu entfernen. In dieser Zeit sollte der Hund täglich überall dort, wo er Haar trägt, bearbeitet werden. In der übriübrigen Zeit des Jahres genügt gelegentliches Durchkämmen. Nur der Bart muß, je nach Art der Fütterung, täglich gekämmt und von Futterresten gesäubert werden. Der Mittelschnauzer ist einer der angenehmsten und unkompliziertesten Hunde, die man sich wünschen kann. Er ist ruhig und bedächtig, aber nicht langweilig und kann recht temperamentvoll sein. Er wird geduldig neben dem Schreibtisch seines Herrn abwarten, bis der Spaziergang fällig ist. Dann aber zeigt er Ausdauer und Freude. Als Wachhund ist er zuverlässig, treu und so selbstbewußt, daß er erst beobachtet, wen er vor sich hat, ehe er sich für ein bestimmtes Verhalten entscheidet. Es ist kein überscharfer Hund, der gleich beißt und erst hinterher sortiert, ob harmlos oder gefährlich. Vor allem Kindern gegenüber ist er gutmütig. Wenn es darauf ankommt, kann er allerdings erstaunlichen Mut und Härte beweisen. Durch ihr anschmiegsames Wesen und ihre leichte Erziehbarkeit sind die Schnauzer ideale Hunde für den Anfänger und die Familie mit heranwachsenden Kindern. Fehler bei der Erziehung kann man bei ihnen kaum machen, beziehungsweise wenn man sie schon vollbringt, fallen sie nicht so sehr ins Auge wie bei mancher anderen Rasse. Auch einen gelegentlichen Erziehungsirrtum nimmt der gutmütige Schnauzer nicht übel. Er ist alles andere als nachtragend.

Die einzig unangenehme Periode im Leben des Schnauzers und seines Besitzers ist die Zeit nach dem *Kupieren der Ohren*. Ein Teil des Ohres wird durch einen Schnitt schnell und schmerzlos abgetrennt. Rute und Ohren wurden früher kupiert, weil sich Rattenbisse immer infizierten. Hochwirksame Medikamente, wie wir sie heute verwenden, gab es noch nicht. Eine aufwendige Pflege nahm man für die Schoßhündchen an den Höfen in Kauf. Den Arbeitstieren der kleinen Leute wurde vorsorglich alles abgeschnitten, was lästig werden konnte.

Das Kupieren besorgt der Tierarzt oder der Zuchtwart. Damit sich die entstehende Narbe nicht verzieht, sondern so verheilt, daß das Ohr gerade aufrecht getragen wird, bedarf es einer gewissen Pflege. Die beste Garantie dafür hat der Käufer, wenn er einen Junghund mit bereits kupierten und verheilten Ohren wählt. Das Kupieren des Schwanzes wird bei allen Rassen, die diese Mode vorschreiben, ohnehin in den ersten Lebenstagen ohne Aufregungen oder Komplikationen vollzogen. Den Mittelschnauzer sieht man meistens in der beliebten Pfeffer-und-Salz-Farbe. Es gibt ihn auch in Schwarz ohne jede Abzeichen. Seine Schulterhöhe beträgt 40 bis 50 cm.

Den mit 30 bis 35 cm Schulterhöhe wesentlich kleineren *Zwergschnauzer* (Abb. S. 210/17) sieht man in beiden Farben häufig. Er gleicht der größeren Rasse im Äußeren und im Wesen. Der charakterfeste Kleinhund zeigt, seinem Namen zum Trotz, nichts Zwergenhaftes. Allzu kleine Exemplare sind auch gar nicht erwünscht. Er ist ein begeisterter Ratten- und Mäusefänger auf dem Land, ohne Neigung zum Wildern, und in der Stadtwohnung ein gelehriger, liebenswürdiger, angenehmer Hausgenosse mit allen Vorzügen der Schnauzer. Er ist ein Hund, den man sich ohne weiteres als »Ersthund« ins Haus nehmen darf.

Auch der größte der Schnauzer, der *Riesenschnauzer* (Abb. S. 210/15), ist eine recht junge Züchtung. 1910 gilt als ihr Geburtsjahr. Um so mehr spricht es für die Rasse, daß sie bereits 1925 offiziell als Diensthundrasse anerkannt wurde. Der aus dem Süden stammende, im Volksmund *»Münchener Schnauzer«* oder *»Bierschnauzer«* genannte Hund zählt zu seinen Vorfahren rauhharige Treibhunde der Viehherden. Bis auf die Römerzeit lassen sich Abstammung und Beruf zurückverfolgen. Durch mühevolle Züchterarbeit gelang es, den erwünschten reinen Schnauzertyp zu festigen. Der mit mindestens 55 bis 70 cm Schulterhöhe sehr große Hund ist ein Bild von Eleganz und Stärke. Er ist ruhig, besonnen und entwickelt im Ernstfall unerhörtes Draufgängertum, Ausdauer, Schnelligkeit und Mut. Er ist unempfindlich gegen Witterungseinflüsse und seinem Herrn unbestechlich treu. Sicherheit und eine gewisse Selbständigkeit sind neben großer Intelligenz das Erbe seiner Treibhundahnen. Auch den Riesenschnauzer wünscht man mit möglichst hartem drahtigen Haar mit dem charakteristischen Bart und den stacheligen Brauen. Er wird meistens einfarbig schwarz, daneben auch pfeffer-und-salz-farbig gezüchtet.

Klein, aber alles andere als zierlich, so lang wie hoch, von gedrungenem kräftigen Körperbau, ist der *Affenpinscher* (Abb. S. 210/12), ein echter Vertreter seiner Gruppe. Über die Abstammung dieser Rasse ist man sich nicht ganz einig. Man schwankt zwischen der Meinung, der Affenpinscher sei aus der Paarung des Glatthaarpinschers und dem nicht mehr vorhandenen *Seidenpudel* entstanden, und der Annahme, er sei die Zwergform des großen Affenpinschers, eines heute ebenfalls nicht mehr gezüchteten struppigen Rauhhaarpinschers. Früher gab es Übergänge zum Zwergschnauzer, heute sind die Unterschiede klar herausgezüchtet. Der Affenpinscher soll nicht höher als 26 cm und damit wesentlich kleiner als der Zwergschnauzer sein, der Kopf ist eher kugelig als gestreckt, mit kurzer spitzer Schnauze, der Hals kürzer und gedrungen, die Bauchlinie weniger geschwungen. Die Behaarung, manchmal dicht und kurz, meist aber strähnig und lose, setzt sich meist an den Beinen fort. Im Gesicht wird durch kranzförmige Haarbüschel um die Augen und durch den üppigen Knebelbart der affenähnliche Ausdruck erreicht. Die meist rein schwarz gezüchteten Hündchen sind wahre Teufelchen, die, ohne auf das Kräfteverhältnis zu achten, selbst größte Hunde angreifen.

In einer der ersten Nummern der »Hunde-Sport-Welt«, zu Beginn unseres Jahrhunderts, wurde *»Satanella«* beschrieben, 1 kg 125 g leicht. Als ihr die Ohren kupiert wurden, schnappte sie sich die beiden Abschnitte und fraß sie auf. Die größeren Hunde hielt sie in Zaum, indem sie sich an ihre Lefzen und Ohren hängte. Sogar neben dem Fahrrad begleitete das winzige Geschöpf auf kurze Strecken ihr Frauchen, ständig in Bewegung wie ein Gummiball.

So groß wie seine Angriffslust und sein stürmisches Temperament ist die Liebe des Affenpinschers zu seinem Herrn oder seinem Frauchen: er würde sich ihretwegen in Stücke hauen lassen. Leider wird die interessante und amüsante Rasse der intelligenten Hündchen mit der großen Seele kaum mehr gehalten.

Entferntere Verwandte der Affenpinscher sind der *Brüsseler* und der *Brabanter Zwerggriffon* (Abb. S. 210/13 bzw. 14). Der Name *Griffon* bezeichnet im Französischen einen rauhhaarigen Hund. Zu dem gleichnamigen Jagdhund besteht keine Verbindung. Durch Einkreuzung von Zwergterriern, Mops und Toy-Spaniel zu rauhhaarigen Pinschern wurden einesteils der Körperbau und die Läufe zierlicher, andernteils die Kopfform breit und rund, mit stark gewölbter Stirn. Runde, sehr große, ausdrucksvolle Augen geben den lebhaften, klugen Knirpsen ein fast menschenartiges Gesicht. Der breite Unterkiefer steht über den Oberkiefer vor, ebenso die Zähne. Die Ernährung dieser Zwerghunde ist sehr sorgfältig auszuwählen, um vorzeitigen Zahnausfall zu vermeiden (s. S. 13). Zähne und Zunge dürfen sichtbar sein. Der Schwanz wird nur um zwei Drittel kupiert, ist also länger als beim Affenpinscher, die Ohren werden spitz gestutzt, dürfen aber auch unkupiert belassen werden. Man wünscht die anpassungsfähigen Hündchen möglichst klein, nicht über 5 kg schwer, ihre Gangart zierlich elegant. Der Brüsseler Griffon hat hartes, zerzaustes halblanges rotes Haar mit oder ohne schwarze Maske am Kopf. Schwärzlicher Anflug am Kopf ist kein Fehler. Die schwarze oder schwarzrote Farbspielart wird *Belgischer Griffon* genannt. Der Brabanter Griffon ist eine kurzbehaarte Ausgabe in Rot oder in Schwarz-Rot.

Terrier

Mit 22 vom englischen Kennel Club anerkannten Rassen ist die Gruppe der Terrier neben der Gruppe der Jagdhunde bei weitem die vielseitigste und zahlreichste. Damit sind aber noch nicht alle Terrier eingeschlossen, denn es kommen noch verschiedene nichtenglische Terrierrassen hinzu. Diese gehen allerdings auf vorhandene englische Rassen zurück. Sie sind keine eigentlichen Neuzüchtungen, sondern Umzüchtungen; doch das waren irgendeinmal fast alle Rassen. Nur der Tibetterrier hat keine englischen Ahnen. Bei ihm kann man ohnehin im Zweifel sein, ob er überhaupt mit Recht als Terrier zu bezeichnen ist.

Wie die Pinscher, stammen die Terrier von den Torfhunden ab. Schon im Mittelalter sind sie erwähnt, doch nicht besonders lobend. Sie waren kleine Arbeitshunde, nötig zur Jagd auf Fuchs und Dachs, doch nicht übermäßig geschätzt, und wenig nur ist uns aus ihrer frühen Geschichte überliefert. Dafür könnte man über ihre Entwicklung in der letzten Hundezuchtperiode um so mehr erzählen. Denn eine ganze Reihe Terrierrassen ist erst in unserem Jahrhundert entstanden.

Die ersten Erwähnungen des Namens betrafen mehr eine Tätigkeit. Der Name »*Terrier*« bezeichnete Hunde, die unter der Erde (terra = lateinisch die Erde) Jagd auf Wild ausübten. Ludwig Beckmann, einer der großen Hundeforscher des 19. Jahrhunderts, hielt es für möglich, daß ihre Vorfahren von den Wikingern eingeführte nordische Spitze der Lappen und Finnen gewesen sind. Noch 1792 wurden von Thomas Bewick nur zwei Arten der Terrier geschildert: eine kurzläufige, rauhhaarige und eine glatthaarige Form, die dem heutigen Black-and-Tan-Terrier stark ähnelte. Erst im vorigen Jahrhundert setzte dann die systematische Züchtung der vielen Rassen ein, die bis heute noch nicht abgeschlossen ist.

Allen Terrierrassen eigen ist eine gute Portion Jagdpassion, denn die Jagd war ja das ursprüngliche Arbeitsfeld der meist kleinwüchsigen Rassen. Die äußere Vielgestaltigkeit wurde erreicht durch die geographische Abgeschlossenheit mancher Zuchtgebiete, außerdem durch Einkreuzen andersartiger Rassengruppen.

Aus dem Black-and-Tan-Terrier, der schwarzen Ursprungsform mit lohfarbenen Abzeichen, wurde zunächst der kurzhaarige »*Foxterrier*« gezüchtet. Ob die weiße Farbe von selbst auftrat oder durch einen gelegentlichen Seitensprung mit dem Foxhound, dem größeren Jagdgenossen bei der Fuchsjagd, läßt sich heute nicht mehr feststellen. Möglich wäre beides. Der schneidige kleine Terrier wurde bei den Jagden auf dem Pferd mitgeführt, um den Fuchs aus dem Bau herauszuholen, wenn er sich dorthin vor der jagenden Meute geflüchtet hatte. Welches Maß an Schärfe dazu gehört, kann man sich leicht ausrechnen. Denn der Fuchs im unterirdischen Bau wußte ja, daß eine ganze Meute feindlicher Hunde ihn über der Erde erwartete.

Der Foxterrier sorgte ganz von allein für seine Verbreitung. Als Zugabe zu englischen Rassepferden, in deren Stall er stets gehalten wurde, kam er überallhin, wo es englische Pferde gab. Er verstand es, einen Stall in kürzester Zeit rattenfrei zu halten, war er doch auf Schnelligkeit abgerichtet. Auf Prüfungen wurden Rekorde im Rattenbeißen aufgestellt, wobei nur wild gefangene Ratten verwendet werden durften. Der berühmteste Rattentöter, *»Jacko«*, der 1869 starb, brachte es auf 60 Ratten in zwei Minuten 40 Sekunden, 100 Ratten in fünf Minuten 28 Sekunden und 1000 Ratten in weniger als hundert Minuten. Er wog nur 6 kg und wurde zwar als Bullterrier bezeichnet, dürfte dem Gewicht nach jedoch eher ein Fox gewesen sein.

Als echter Engländer eroberte sich der Foxterrier auf eigene Faust fremde Länder. Trafen ihn doch Reisende im Innern Afrikas in Gegenden an, die damals noch kein Europäer betreten hatte. Die Hunde hatten sich handeltreibenden Negerstämmen angeschlossen und in den Zuchten der einheimischen Hunde ihre Spuren hinterlassen.

Der erste *drahthaarige Foxterrier* wurde vor rund hundert Jahren von einem Geistlichen in Oxford bei einem Milchmann entdeckt und weitergezüchtet. Erst seit 1886 konnte diese Haarvarietät Freunde gewinnen und schließlich an Zahl den *Glatthaarfoxterrier* (Abb. S. 228/5) weit in den Schatten stellen. Die temperamentvollen, quicklebendigen Hunde erlebten unerhörte Erfolge und blieben für Jahrzehnte überall in der Welt Modehunde, bis sie schließlich von den leichter erziehbaren Pudeln abgelöst wurden.

Seinem ursprünglichen Verwendungszweck entsprechend, besitzt der Foxterrier enorme Schärfe und eine oft kaum zu bändigende Lebhaftigkeit. Sein Körperbau mit dem kurzen, straffen Rücken, den kräftigen Läufen, die »über viel Boden« stehen sollen, und seinem geräumigen Brustkorb geben ihm eine erstaunliche Ausdauer. Durch seine große Beliebtheit ereilte ihn das Schicksal der Modehunde. Die starke Vermehrung aller, nicht nur der im Wesen sicheren Tiere, brachte den *Drahthaarfox* (Abb. S. 228/6) in den Ruf, übernervös zu sein. Heute ist seine Zahl stark zurückgegangen, dafür aber ist er vom reinen Ziergeschöpf wieder – bei aller Schönheit – mehr zum Jagdhund geworden. Er ist kein Familienhund, der sich von Kindern alles gefallen läßt. Selbstsicher und im Vertrauen auf seinen Mut und seine Zähne, weiß er sich bei ihnen und bei Hunden Respekt zu verschaffen. Nur allzuleicht aber überschätzt er seine Kräfte und wird ein Opfer seines Temperaments. Auf der Straße wird der Foxterrier besser an der Leine gehalten. Man weiß nie, wann sein Temperament mit ihm durchgeht. Dafür ist er im Hause, abgesehen davon, daß er gern, aber nicht ohne Grund, bellt, ein sehr angenehmer Hausgenosse. In seinen beiden Haararten ist er ein ausgesprochen sauberer Hund, dessen Anwesenheit keine Spuren auf den Polstermöbeln hinterläßt.

Die Eleganz des Foxterriers reicht vom schmalen, langen Kopf bis zur keck nach oben getragenen kräftigen Rute, das heißt dem beachtlichen Rest, der beim Kupieren belassen wird. Der Oberkopf ist flach, die V-förmigen Ohren sind ziemlich klein, dürfen nicht zu schwer und dick werden und sind nach vorn gerichtet. Die kraftvolle Schnauze soll von genügender Länge sein, jedoch nicht windhundartig spitz. Um die elegante Kopflinie nicht durch zu starke Ausbildung der Backen zu stören, bekommt der Foxterrier keine Knochen zum Beißen. Damit der für kräftigen Körperbau so wichtige Kalk zugeführt wird, setzt man dem Futter des Junghundes gelegentlich etwas Futterkalk (Vitakalk) zu. Noch besser ist es, zweimal wöchentlich einen knappen Eßlöffel voll frisches Knochenmehl zu geben, das beim Fleischer durch das Zersägen der Knochen anfällt. Die dunklen Augen sollen klein sein und tief liegen. Die Läufe sollen, von jeder Seite aus betrachtet, völlig gerade sein, die Pfoten rund und geschlossen und nicht zu groß. Von seiner Abstammung vom Black-and-Tan-Terrier her besitzt der Foxterrier schwarze und rostrote einzelne Flecken oder Platten. Weiß soll jedoch vorherrschen. Die Nase soll tiefschwarz sein. Das Haar des Glatthaarfoxterriers ist hart, dicht und reichlich, das des Drahthaarfoxes rauh und drahtig mit genügend Bart, der dem Kopf die kastenartige Form verleiht.

Zur fachmännischen Haarpflege gehört – wenn nötig – das Baden (S. 101) und vor allem das *Trimmen.* Dabei wird das abgestorbene Haar mit dem Trimmesser oder nur mit der Hand entfernt. Die wahren Könner, die englischen handler, waren berühmt dafür, jedes Haar einzeln zu entfernen. Sie konnten aber auch einen ganzen Tag bei der Schönheitspflege eines einzigen Terriers verbringen. Heute gibt es längst nicht in jedem Hundesalon einen Fachmann für die Rasse. Deshalb sollte sich der Drahthaarfoxbesitzer selbst um die Schönheit seines Hundes kümmern. Kämmt er täglich Bart und Läufe mit einem weitzinkigen Kamm und entfernt dabei regelmäßig auch alles überflüssige Haar am ganzen Körper, so hat er mit wenig Mühe immer einen gepflegten Hund. Die empfindliche Haut an Kehle, Bauch und Hinterteil darf geschoren werden. Das Höchstgewicht beträgt 9 kg, die Widerristhöhe, also die Höhe vom Boden bis zur Schulter, beträgt bei Rüden 38 bis 40 cm, bei Hündinnen 36 bis 38 cm. Fehlerhaft sind kahler Bauch und kahle Schenkelinnenseiten, helle oder gefleckte Nase, aufrechtstehende Tulpen- oder Rosenohren, zu langer oder zu kurzer Unterkiefer und seidiges Haar.

Der *Airedale Terrier* (Abb. S. 228/3) konnte seine große Beliebtheit, die ihn schon am Ende des vorigen Jahrhunderts auch in Deutschland zum zweithäufigsten Terrier werden ließ, bis heute beibehalten. Das hat er seiner guten Brauchbarkeit, zuerst als Kriegshund, zu verdanken. Er ist eine der sieben in Deutschland anerkannten Diensthundrassen und als einziger »Ausländer« zum Polizeidienst (s. S. 339) zugelassen. Seine Ahnen sind die gleichen wie die des Foxterriers. Die Größe hat man ihm durch Einkreuzung des schweren Otterhundes (S. 290) beigebracht. Sogar Collie und Setter sollen mit beigesteuert haben. Sein Name stammt aus dem Aire-Tal der englischen Grafschaft Yorkshire. Die früher gebräuchlichen Bezeichnungen *»watersideterrier»* oder *«workingterrier»* sind treffend. So ist es nur natürlich, daß dieser robuste, vielseitige Hund so viele Freunde und eine so weite Verbreitung gefunden hat. Seine ausgezeichnete Nase hat ihn früher oft heimlich mit seinem Herrn, meist einem Bergmann oder Farmer, in fremde Jagdreviere geführt. Beim Fährtenhund bewährt sie sich noch immer, jetzt aber im Dienst der Obrigkeit. Auch als Viehtreiber und bei den inzwischen längst verbotenen Hundekämpfen wußte er sich durchzusetzen.

Bei so vielseitigen Qualitäten, verbunden mit einem noch recht rauhbeinigen Aussehen, hatte er es nicht ganz leicht, die Voreingenommenheit der Hundefachwelt zu überwinden. Erstaunlicherweise setzte sich plötzlich die Londoner Damenwelt für ihn ein. Die gar nicht sehr aufwendige Pflege des Haares brachte plötzlich seine Terriereleganz zutage. Daß unter der rauhen Schale des als Raufers mit seinesgleichen verschrienen Airedales eine sympathische, ritterliche Charakterhaltung steckt, beweist er bis zum heutigen Tage.

Ein Airedale Terrier ist am glücklichsten, wenn er eine Tätigkeit ausüben darf. Aber auch einfach als Hundekamerad bewährt er sich. Dann allerdings sollte sein Herr darauf achten, daß er nicht auf eigene Faust aufs Wildern verfällt. Denn Raubzeugschärfe, die er gern auch an Nachbars Kätzchen beweist, und Jagdleidenschaft stecken noch heute in den meisten Airedales. Wenn sie sich auch gelegentlich mit anderen Hunden in die Wolle geraten – der Airedale ist ein fairer Kämpfer. Nie würde er sich an kleineren oder jungen Hunden vergreifen. Auch Kindern gegenüber zeigt er sich von dieser Toleranz. Er nimmt gelegentliche falsche Behandlung gelassen hin. Dabei ist er auch ohne besondere Ausbildung für seine Familie und deren Haus und Hof ein sicherer, unbestechlicher Beschützer. Häufig bleibt er, ohne Schaden an sonstigen Arbeitsqualitäten zu nehmen, verspielt mit den Kindern bis ins gesetztere Alter. Der Airedale Terrier ist somit ein Hund, den man auch dem noch nicht versierten Hundefreund empfehlen kann, zumal er auch wenig krankheitsanfällig ist.

Seine Haarpflege besteht in regelmäßigem Trimmen, bei dem das abgestorbene Haar entfernt wird. Beim Liebhaber-Begleithund läßt man an den Läufen das Haar länger stehen und kämmt es täglich durch. Beim Gebrauchshund wird es entfernt, um die Pflege zu erleichtern. Bart und Augenbrauen sind in Form zu halten und wie bei allen Terrier-Rassen nach vorn zu bürsten.

Seine feine Nase beweist er nur noch selten auf erlaubter Jagd. Als Lawinensuchhund wittert er unter meterhohem Schnee Verschüttete. Bei den im Krieg durchgeführten Musterungen (s. S. 338) aller Gebrauchshunde brachte er es auf die höchsten Prozentsätze der Tauglichkeit, nicht immer zur Freude seiner Besitzer.

Im Äußeren ist der Airedale ein echter Terrier mit langem flachen Schädel, kräftiger, vorn scharf abgesetzter Schnauze, ohne Stirnansatz, mit V-förmigen, hoch angesetzten Ohren, elegantem Hals, kurzem, strammen Rücken und kräftigen Läufen. Die gut gewinkelte Hinterhand besorgt im schnellen Lauf die vorzügliche Vortriebskraft. Die kräftige, hochangesetzte, nicht zu kurze Rute wirkt wie ein Spiegel seines temperamentvollen Wesens. Kopf und Ohren mit Ausnahme der schwarzen Maske sollen lohfarben, *»tan«*, sein, der Körper schwarz oder dunkelgrau meliert.

Schulterhöhe der Rüden 58,5 bis 61 cm, der Hündinnen 56 bis

58,5 cm, Gewicht 20 bis 21 kg für Rüden, für Hündinnen etwas weniger.

Eine der ältesten Terrierrassen ist der schnittig-elegante *Irish Terrier* (Abb. S. 228/2). So alt die Jagd in Irland ist, so lange war auch der rauhhaarige Irische Terrier daran beteiligt, der mit Härte und und Ausdauer nicht nur den Fuchs, sondern auch die stärkeren Tiere, wie Dachs und Fischotter, zu Strecke brachte. Als Stöberer und Apporteur, auch aus dem Wasser, bewährt er sich noch immer. In erster Linie wird er jedoch als lebhafter Haus- und Begleithund geschätzt. In der Färbung einheitlich rot oder rotgelb, unterscheidet er sich durch den etwas längeren Rücken vom Airedale Terrier. Auch im Gesichtsausdruck zeigen sich gewisse Unterschiede. Der typische Terrierkopf des Iren soll durch harsche Behaarung den Ausdruck von Stärke zeigen. Auch die nur wenig, auf Dreiviertellänge gekürzte Rute muß gut behaart sein und kräftig steil aufwärts getragen werden. Das rauhe harsche Haar ist nicht zu üppig und läßt sich ohne Trimmesser mit Daumen und Zeigefinger ausziehen. Man muß nur den Zeitpunkt treffen, wenn das Haar lose ist. Scheren an Kehle und Brust ist bei ihm meist nicht nötig. Wie alle Terrier ist der Ire temperamentvoll, mutig und hart. Er liebt das Wasser und weite Spaziergänge, ist zwar kein Raufer, geht aber einem ehrlichen Hundekampf nicht aus dem Wege. Dem Menschen gegenüber zeigt er den ganzen Charme seines zärtlichen, anhänglichen Charakters. Im Hause, auch in der beschränkten Stadtwohnung, paßt er sich angenehm an, beansprucht wenig Platz, macht keinerlei Schmutz und ist gutmütig den Kindern gegenüber. Dem Bewegungsdrang des Irish Terriers muß durch ausgedehnte Spaziergänge oder reichlich Auslauf im Garten nachgekommen werden. Die Größe liegt zwischen Foxterrier und Airedale Terrier mit 42 bis 46 cm Schulterhöhe und etwa 10 kg Gewicht. Ein kleiner weißer Brustfleck ist kein Fehler.

Wenig kleiner als der Irish Terrier, wird der *Welsh Terrier* (Abb. S. 228/1), oft als kleiner Bruder des Airedale Terriers bezeichnet. Er ähnelt ihm nicht nur stark im Aussehen, sondern hat auch die gleiche Färbung. Mag er der kleine Bruder sein, jedenfalls ist er der ältere, er ist sogar einer der ältesten britischen Terrier. Von den Walisern wurde er in Meuten zur Jagd gehalten, aber auch gern als kleiner Wachhund auf den Höfen und als unermüdlicher Rattenvertilger. Als ehemaliger Meutenhund hat der schneidige kleine Kerl nicht allzuviel Eigenwilligkeit. Er paßt sich freudig seiner Menschenfamilie an, lernt leicht und ist sehr gehorsam. Immer fröhlich und zärtlich, verträglich mit anderen Hunden, wird auch ein weniger energisches Frauchen ihn sicher im Griff und keine Schwierigkeiten bei seiner Erziehung haben. Selbst in der kleineren Etagenwohnung fühlt er sich wohl, wenn er nur regelmäßig spazierengehen darf. Zu Kindern ist er liebevoll verträglich. Gegen Fremde allerdings kann er durchaus auch andere Seiten hervorkehren und als scharfer unbestechlicher Wächter Haus, Kinderwagen oder Auto verteidigen.

Foxterriergroß, hat er den gleichen quadratischen Körperbau wie dieser. Sein Schädel ist zwischen den Ohren breiter, die Backen sind kräftiger ausgeprägt, der Fang ebenso lang und kräftig. Seine Pflege ist ebenso problemlos wie die des Irish Terriers. Das Haar bleibt von Natur aus knapp und hart. Auch der noch unerfahrene Besitzer des Welsh Terriers kann es leicht in Ordnung halten. Beim *Trimmen* mit der Hand muß er nur darauf achten, daß er aus dem schwarzen Rückenhaar immer nur wenige Haare auf einmal zieht. Er trimmt sonst leicht »Löcher« ins Fell. Baden ist meist nicht nötig, Schwimmen in natürlichen Gewässern dagegen eines seiner Hauptvergnügen. Die Schulterhöhe soll 39 cm nicht überschreiten, Gewicht um 9 kg.

Für den Hundeliebhaber ist der *Lakeland Terrier* (Abb. S. 228/10) oft gar nicht vom Welsh Terrier zu unterscheiden. Beide haben die gleichen Ahnen, sind drahtige kleine Erdhunde und angenehme Hausgenossen. Wenn man Unterschiede sucht, so kann man sie einmal in der Farbe finden: der Lakeland Terrier kommt nicht nur in Black and Tan, sondern auch in Blue and Tan (also Blau mit roten Abzeichen), Rot, Weizenfarben, Blau und Schwarz vor. Sein Ohr darf V-förmig oder rund sein, der Bauch leicht aufgezogen als Erbe einiger Bedlington-Terrier-Einkreuzungen. Mit höchstens 37 cm Schulterhöhe und 7,75 kg Gewicht ist er auch etwas kleiner als der Welsh Terrier.

Wenn der Lakeland Terrier in Deutschland auch weitgehend unbekannt ist, so hat er doch seine Spuren hinterlassen. Er war einer der Stammväter, die den *Deutschen Jagdterrier* (Abb. S. 228/7) hervorgebracht haben. Aus englischen Terrierrassen, dem Foxterrier und dem schwarz-lohfarbenen Rauhhaarterrier, ist diese jetzt gut durchgezüchtete Rasse erst vor einigen Jahrzehnten entstanden.

Der Jagdterrier ist ein echter Arbeitshund, bei dessen Zucht in jeder Generation Auslese getrieben wird auf Schärfe, Ausdauer und Arbeitswillen. Sein Hauptgebiet ist die Jagd unter der Erde. Doch muß jeder zur Zucht zugelassene Hund sich auch über der Erde beim Stöbern, Apportieren und bei der Wasserarbeit bewährt haben. Es wird verlangt, daß er gut spurlaut ist, das heißt die Spur des ihm nicht sichtbaren Wildes laut jagend verfolgt. Durch seinen Mut, seine Wendigkeit und begünstigt durch seine geringe Größe wird er zu mehreren, möglichst also in der Meute, bei der Jagd auf Schwarzwild, die gefährlichen Wildschweine, eingesetzt.

Der Jagdterrier ist so ausschließlich auf Leistung gezüchtet, daß er nur in Jägerhand gehört. Für ihn muß die Leine kräftiger sein als für einen anderen Hund gleicher Größe, der Zwinger fester, die Beaufsichtigung gründlicher und die Nerven seines Herrn besser. Dann, aber auch nur dann, läßt sich der kluge Hund in der richtigen Hand leicht abrichten. Er bringt alles Wild, das er tragen kann, Fasan, Ente, Taube, Kaninchen. Nur mit einem Hasen ist er überfordert.

Auch bei der Behaarung des Jagdterriers sieht man auf praktische Gesichtspunkte. Allzu umständliche Haarpflege ist bei Jagdhunden wenig gefragt. Deshalb soll das Haar ein knappes hartes Drahthaar sein, bei dem Trimmen nicht erforderlich wird. Für die Wasserarbeit werden glatthaarige Hunde geschätzt mit nicht zu feinem Stockhaar und guter Unterwolle. Die Haarpflege besteht nur im Entfernen des abgestorbenen Haares beim Haarwechsel, eine Prozedur, die nur wenigen Hunderassen erspart bleibt.

Die Größe entspricht mit 33 bis 40 cm Schulterhöhe knapp der des Foxterriers. Neben schwarzen Hunden mit braunen Abzeichen an Kopf, Läufen und unter dem Schwanz kommen seltener braune, braunrote oder saufarbene Hunde vor. Kleine weiße Abzeichen an Brust und Pfoten sind keine Fehler.

Der *Kerry Blue Terrier* (Abb. S. 228/4), auch *Irish Blue Terrier* genannt, hat seinen Namen wie so viele andere Terrier nach der Grafschaft, die seine Heimat ist. Seine gut zweihundert Jahre alte Geschichte geht auf eine Legende zurück. Als in der Tralee Bay bei Kerry ein Schiff kenterte, konnte sich als einziger Überlebender ein blauer Hund an Land retten. Die hundeliebende Bevölkerung nahm ihn auf, und weil er sich sehr anstellig auf der Jagd zeigte, wurde er mit den einheimischen Erdhunden gepaart. Alle blauen Terrier der folgenden Generationen waren seine Nachkommen. Die kräftigen Hunde eigneten sich vorzüglich zum Apportieren auch aus dem unzugänglichsten Schilfgelände. Dank ihrer Wasserfreudigkeit und Kraft und als Wächter auf den Höfen führten sie ein Kameradendasein neben ihren Herren: Engländer und Iren haben ihre Wachhunde nie an die Kette gelegt. So konnte der Kerry Blue auch zeigen, daß er Treibhundqualitäten mitbrachte. Selbst mit den störrischsten Rindern kam er dank seiner Intelligenz und Stärke zurecht.

Aus den früher ruppig aussehenden, fast zottigen weichhaarigen Hunden wurde durch sorgfältige Haarpflege ein eleganter Modehund von angenehmem Wesen. Er hat seine Robustheit behalten, nimmt nicht übel und ist ein immer zum Spielen aufgelegter temperamentvoller Familienhund. Sein Besitzer kommt auch ohne große Kenntnisse in der Hundepsychologie gut mit ihm zurecht. Er muß aber eines reichlich haben für seinen Kerry Blue: nämlich Zeit, Zeit um sich mit seinem Hund zu beschäftigen, mit ihm spazierenzugehen und auch Zeit, das anspruchsvolle Haar zu pflegen.

Der Kerry Blue Terrier darf nicht getrimmt werden; er verliert sonst die erwünschte blaue Farbe, denn das Haar wächst nach dem Auszupfen dunkler nach. Das Haar muß geschnitten werden, doch nicht nach Pudelmode mit dem Scherapparat, sondern mit der Schere. Da immer etwas zu schneiden ist, sollte der Besitzer sich diese Kunst beizeiten von dem Züchter seines Hundes zeigen lassen. Als erstes werden die Haarbüschel zwischen den Zehen entfernt und das Fell am Hinterteil so zurechtgestutzt, daß das Hundekind immer sauber ist. Beim Junghund schneidet man dann noch die erwünschte kastenförmige Form des Kopfes heraus. Die Haare über den Augen werden wie der Bart nach vorn gekämmt, dann stutzt man das Haar auf der Stirn, an den Backen und an den Ohren stärker, weniger stark an Nacken und Hals, so daß allmähliche Übergänge zum reichlichen Haar der Schultern und Läufe entstehen. Der junge Hund ist noch nicht so reich behaart, daß das Zurechtmachen eine allzu große Geduldsprobe für Friseur und Opfer darstellen würde. Tägliches Bürsten und Kämmen ist nötig. Hat man seinen Kerry Blue einmal gut zurechtgemacht, dann ist er leicht in Form zu halten, wenn man immer rechtzeitig das nachwachsende Haar kürzt. Wichtig ist die Wahl der

Scheren. Es sollten wenigstens zwei verschieden große scharfe Spezialscheren sein, gebogen und gerade, immer aber mit stumpf abgerundeter Spitze.

Geben wir unseren Kerry Blue zum Scheren in den Hundesalon, sollten wir uns vorher vergewissern, daß kein Pudel daraus geschoren wird. Einen blauen Welpen wird man vergeblich suchen, denn die Kerry Blues kommen schwarz zur Welt. Aber irgendeinmal werden sie alle blau, spätestens mit anderthalb Jahren. Je später sie sich verfärben, desto intensiver kommt das Blau zum Ausdruck. Früh verfärbende Tiere geraten meist zu hell.

Die kleinen dunklen Augen sollen rundlich sein, die Ohren nicht ganz so hoch angesetzt wie bei anderen Terrierrassen, ihre Vorderkante ist den Backen angeschmiegt. Erwünscht ist ein weiches, seidiges, dichtes Haarkleid in allen Farbtönen von Hellsilbergrau bis zum dunklen Stahlblau.

Schulterhöhe 45 bis 48 cm, das Idealgewicht 15,75 kg.

Zwar auch hochläufig, unterscheidet sich der *Bedlington Terrier* (Abb. S. 228/8) äußerlich doch recht deutlich von den bisher erwähnten Terrier-Rassen. Daß er immer wieder als »Schäfchen-Hund« bezeichnet wird, ist bei seinem Aussehen nicht verwunderlich. Dabei ist er ein echter Terrier und hat nichts von der zur Schau gestellten Harmlosigkeit. Zum Luxushund der eleganten Dame ist er erst in letzter Zeit geworden. Jahrhundertelang mußte er sich sein Futter hart genug erarbeiten, oft im wahrsten Sinne des Wortes selbst erjagen. Das geschah nicht immer auf legale Weise. Im Norden Englands wurde er aus einer Ausgangsrasse gezüchtet, aus der in Südschottland der Dandie Dinmont Terrier entstand. Nicht Windhund und Pudel haben das Ihre zum Bedlington Terrier gegeben. Im Gegenteil, der Bedlington Terrier stand Pate an der Wiege des Whippet! Fast zweihundert Jahre zurück ist sein Stammbaum lückenlos aufgezeichnet. Das sind rund hundert Hundegenerationen. Und nahezu von allen Hunden sind Schulterhöhe und Gewicht überliefert. Daher wissen wir, daß die früher *Rothbury Terrier* genannten Hunde kleiner und zierlicher waren als ihre heutigen Nachkommen. Das wird wohl weniger an der Erbmasse gelegen haben als am Futter. Auch wenn der Engländer eher bei sich selbst gespart haben mag als an seinen Hunden, so war doch sicher die Decke oft einfach überall zu kurz. Denn der *Rothbury* oder Bedlington

Terrier war kein Hund wohlhabender Leute. Die Zigeuner aus dem Rothburywald und Bergleute der Bergwerksstadt Bedlington waren seine Herren. Ihnen half der intelligente und flinke Hund nicht nur die Ratten und Mäuse zu vertilgen. Auf heimlicher nächtlicher Jagd bereicherte er den Speisezettel seiner Leute. Und »wenn der Hund Laut gibt, kann man das Fell des Otters verkaufen« behaupteten seine Besitzer. So bombensicher war der Erfolg des Bedlington.

Sein erstes Auftreten auf dem Kontinent ist mit einem Denkmal 1612 überliefert. Der Hund *»Delfin«* hat sich dieses Grabmal an der Friedhofsmauer in St. Veith redlich verdient, denn er rettete dem Ritter Hager zu Allerstein durch seine Wachsamkeit das Leben. Der österreichsche Krieger war mit seinem Hund auf einem Feldzug in den Niederlanden und schlief den Schlaf der Wohlbehüteten. Für die Intelligenz des Hundes spricht die Art zu wecken. Ohne Lärm zu machen, biß er seinen Herrn ins Ohr.

Die heute lebenden Nachkommen dieser schneidigen Hunde haben nichts von ihren erstaunlichen Eigenschaften eingebüßt. Zur Jagd werden sie zwar nicht mehr verwendet. Dafür hat mehr als einer von ihnen in Konkurrenz mit unseren großen Diensthundrassen die gewiß nicht leichten Schutzhundprüfungen bestanden. Dabei haben sich die Bedlingtons besonders in der »Mannarbeit« ausgezeichnet. Als Diensthundrasse anerkannt sind sie jedoch nicht. Für seinen Herrn läßt sich auch der nicht ausgebildete Bedlington in Stücke hauen. Dabei ist er im Haus ein anschmiegsamer, ruhiger Hausgenosse, der wartet bis die Zeit des Spazierengehens gekommen ist. Dann aber kann er sich kaum genug tun im Toben und im Laufen. Bewegungen muß der Bedlington haben. Wenn er sich regelmäßig austoben kann, paßt er in die kleinste Stadtwohnung. Er ist unempfindlich und ausdauernd, nicht bissig Kindern gegenüber.

Seine Pflege ist weniger mühsam als die vieler anderer attraktiver Rassen. Da er kein Allerweltshund ist, sollte sich der Besitzer selbst die Kunst des Zurechtmachens aneignen. Man kann nicht von jedem Hundefriseur erwarten, daß er alle ausgefallenen Frisuren kennt, wenngleich auch die Mode bei den Vierbeinern beständiger ist als in der Damenwelt. Das Haar wird mit der Schere geschnitten. Ein-

Basset, darunter Greyhound beim Hunderennen

1
2
3
4
5
6
7
8
9
10
11
12
13
14
15
16
17
18
19
20
21

mal gut in Form, ist die weitere Arbeit daran gering. Abgestorbene Haare bleiben im Fell, bis sie ausgekämmt werden. Auch das braucht nur ein- bis zweimal in der Woche zu geschehen. Das Profil des schmalen Schädels verläuft in einer geraden Linie vom Hinterkopf bis zur Nase, ohne jeden Stop. Man kann auch den ungepflegten Bedlington am Kopf erkennen! Starke Zähne werden von gut schließenden Lippen ohne Andeutung von Lefzen bedeckt. Die kleinen tiefliegenden Augen sollen dreieckig erscheinen. Blaue Hunde haben dunkle, andersfarbige dürfen hellere Augen haben. Die mäßig groben, länglich dreieckigen Ohren sind tief angesetzt und werden hängend getragen. Sie sind von kurzen feinen Haaren bedeckt und tragen an der Spitze eine seidige weißliche Franse. Der dichte weißliche Schopf auf dem Oberkopf wird so geschnitten, daß das Schafähnliche des Profils herausgestellt wird. Die Brust ist flachrippig, tief und breit, der Rücken gerundet und in den Flanken stark gebogen. Die gebogene Lendenpartie geht in die lang erscheinenden kräftigen Hinterläufe über. Die Schultern sind flach und abfallend. Der mäßig lange Schwanz ist tief angesetzt, verjüngt sich zur Spitze zu und wird geschwungen, jedoch nie über dem Rücken getragen.

An Farben gibt es Blau, Blau und Lohfarbe, Leberfarbe und Sandfarbe. Die Nase ist bei blauen Hunden schwarz, bei braunen und sandfarbenen braun. Die Welpen kommen dunkel, manchmal fast schwarz zur Welt. Sie nehmen erst allmählich die Farbe an, die sie von ihren Eltern ererbt haben.

Größe: Rüden bis 45 cm, Hündinnen um 38 cm. Gewicht 8 bis 9 kg.

Der *Bullterrier* (Abb. S. 228/9) ist eine englische Zweckzüchtung des frühen 19. Jahrhunderts, und zwar eine sehr gelungene. Er entstammt der Kreuzung von Bulldogge und Terrier und sollte den zwar verbotenen, aber unter der Arbeiterbevölkerung sehr beliebten *Hundekämpfen* eine besondere Note geben. Durch die Zuführung von Terrierblut verliefen diese Kämpfe abwechslungsreicher, dauerten län-

Terrier. 1 Welsh Terrier, 2 Irish Terrier, 3 Airedale Terrier, 4 Kerry Blue Terrier, 5 Glatthaarfoxterrier, 6 Drahthaarfoxterrier, 7 Deutscher Jagdterrier, 8 Bedlington Terrier, 9 Bullterrier, 10 Lakeland Terrier, 11 Cairn Terrier, 12 West Highland Terrier, 13 Scotch Terrier, 14 Sealyham Terrier, 15 Skye Terrier, 16 Dandie-Dinmont Terrier, 17 Tibet-Terrier, 18 Norwich Terrier, 19 Border Terrier, 20 Yorkshire Terrier, 21 Boston Terrier

ger und ihr Ausgang war nicht mehr so sehr an der reinen Stärke der Kontrahenten abzumessen.

Die neue Rasse entsprach völlig den Erwartungen, das heißt sie war so angriffslustig, wendig und ausdauernd, wie man es sich für das verbotene Volksvergnügen gewünscht hatte. Ein hochbezahlter Bullterrier war der einzige Hund, den Lord Camelford dem damaligen Boxerkönig Jem Belcher zum Geschenk machen durfte. Ein reiner Männerhund ist der Bullterrier bis heute geblieben. Man hat zwar die ursprünglich immer gefleckten Hunde mit weißen Terriern gekreuzt, zunächst weil man sie dadurch handsamer züchten wollte. Schließlich gefiel die einfarbig weiße Varietät durch eine besondere Schnittigkeit, Unterschiede im Wesen lassen sich bei den einzelnen Farbschlägen jedoch nicht mehr feststellen.

Der Bullterrier ist ein ebenmäßig gebautes, muskulöses Tier, das schon im Äußeren seine Abstammung verrät. Er besitzt die Wendigkeit des Terriers und die Kraft und Kampflust des Bulldogs. Mut und Selbstbewußtsein hat er von beiden. Seiner Kraft bewußt, ist er namentlich zu Kindern sehr liebenswürdig. Sein gemütliches Benehmen als treuer Familienhund darf seinen Herrn nicht täuschen: der Schutz- und Kampftrieb schläft nicht, er kann jederzeit geweckt werden. Daher benötigt der Bullterrier eine sichere, feste Hand, die ihn in der Gewalt behält. Denn er ist ein für seine Größe ungemein starkes Tier, das selbst größte Hunde durch einfaches Anrempeln zu Boden wirft. Er scheint es zu wissen, daß er nicht nur ein kräftiger, sondern dank seiner Intelligenz und Wendigkeit auch ein überlegener Kämpfer ist. Die Schutzhundprüfungen (s. S. 339) schafft er ohne Schwierigkeit. Doch auch ohne besondere Ausbildung ist er seinem Herrn ein zuverlässiger Schutz.

Der kräftige Kopf darf nicht grob wirken, er ist eiförmig mit der charakteristisch gebogenen Profillinie, ohne jeden Absatz. Die lebhaften Augen sind schmal, schräg gestellt und dreieckig, so dunkel in der Farbe wie möglich. Die kleinen dünnen Ohren stehen nahe beisammen und sollen aufrecht getragen werden. Der kräftige Körperbau entspricht der Abstammung. Die unkupierte Rute ist kurz und wird horizontal getragen. Sie ist kräftig im Ansatz und läuft in eine Spitze aus. Die Haut soll straff sitzen, das Haar kurz und hart sein mit einem feinen Schimmer. Bei reinweißen Hunden sind nur Flecken am Kopf erlaubt. Die Farbigen sind gestromt am begehrtesten. Sie haben ausgedehnte weiße Abzeichen.

Mit Gewicht und Größe ist man großzügig. Wichtig ist der Gesamteindruck. Die Schulterhöhe beträgt meist 42 bis 52 cm. Gewicht 17 bis 26 kg.

Sehr ähnlich ist der *Staffordshire Bullterrier*. Er kommt außer in Weiß in allen möglichen Farben vor. Sein Ohr wird meist halbaufgerichtet getragen. Er ist immer nur ein reiner Arbeitshund geblieben, weniger auf die Bindung an den Menschen gezüchtet als zum Wächter für größere Grundstücke.

Eine Miniaturform des Bullterriers ist der bis zu 35 cm hohe *Zwergbullterrier*. Er kommt in Deutschland kaum vor.

Ein Verbindungsglied zu den kurzläufigen Terriern ist der eher unscheinbare *Border Terrier* (Abb. S. 228/19). An der schottisch-englischen Grenze – daher der Name von border = Grenze – dürfte der kleine Hund aus kurzläufigen schottischen Terriern und dem alten Foxterrier gezüchtet worden sein. Er ist ein beweglicher Jagdterrier, verträglich genug, um in der Meute, und flink genug, um hinter dem Pferd zu bleiben, ein reiner Arbeitshund, bisher noch von keiner Modeströmung erfaßt.

Sein hartes, dichtes Rauhhaar wird nicht getrimmt, auch durch Kupieren wird nichts verändert. Die kleinen Ohren fallen V-förmig nach vorn, die mäßig lange, spitz zulaufende Rute wird hoch angesetzt vergnügt getragen, jedoch nicht über den Rücken gezogen. Die Farbe ist Rot, Weizenfarbe, meliert, Braun- oder Blue and Tan. Größe: 25 bis 30 cm. Gewicht 5 bis 7 kg.

Der *Manchester Terrier (Black and Tan Terrier)* ist kurzhaarig, schwarz-rot und entstammt einer der ältesten Terrier-Rassen. Während in seiner Heimat und in Amerika die Bezeichnung Manchester Terrier gebraucht wird, kennt man ihn bei uns eher als Black and Tan Terrier. Früher als andere Hunde entwickelte er sich zum gesitteten Stubenhund. Er galt als passender Begleiter für den ernsten Berufsmenschen und trug zur »Respectability« von Pfarrern und Richtern bei. Mag er auch auf den ersten Blick dem deutschen Glatthaarpinscher ähneln, so zeigt der lange schmale Schädel ohne jeden Stirnabsatz doch den typischen Terrierausdruck. Der Manchester Terrier wird nicht kupiert, die Ohren stehen aufrecht oder hängen oberhalb der Augen herab, die leicht gebogene Rute wird in Fortsetzung der abfallenden Kruppe, in dünner Spitze auslaufend, nicht höher als in Rückenlinie getragen.

Neben der 35 bis 40 cm hohen Form wird eine Miniatur-Rasse gezüchtet, bei der das natürliche Stehohr besonders gut in Erscheinung tritt. Das 25 bis 30 cm hohe Tierchen soll nicht zu feine Knochen haben und möglichst wenig Windspielähnlichkeit zeigen. Beide Größenschläge sind aufmerksame, sympathische Haushunde, anspruchslos in der Pflege und bescheiden im Futter.

Der *Boston Terrier* (Abb. S. 228/21), Nationalhund der Amerikaner, ist ein echtes Kind der Neuen Welt. Aus europäischen Rassen entstanden, wurde er zur ersten amerikanischen Neuzüchtung. Er gilt als »Real american dog«, als der einzige richtig amerikanische Hund. Entstanden ist er in dem für die Kynologie, die Hundekunde, so fruchtbaren vorigen Jahrhundert. Seine Zutaten waren der Bullterrier mit einem weiteren Schuß Bulldog-Blut und schließlich die kleine französische Bulldogge. Ihr sieht der Boston Terrier am ähnlichsten, von ihr hat er das Gesicht und die geringe Größe. Von allen seinen Vorfahren hat er die Charaktereigenschaften übernommen, die ihn zu einem liebenswürdigen, angenehmen Hausgenossen machen. Zu irgendeiner Arbeit ist der Boston Terrier nie gezwungen worden. So fehlt ihm auch das stürmische Temperament und die Schärfe mancher seiner Vorfahren. Anderen Hunden und erst recht Menschen gegenüber ist er vergnügt und verträglich, er ist kein Kläffer, sauber im Haus und nicht sehr anspruchsvoll in seinem Bewegungsbedürfnis, ein idealer Hund für die Großstadt.

Vom Terrier hat er das *»trockene Gebäude«*, das heißt die Haut liegt bei aller Bulldoggen-Ähnlichkeit straff dem Körper an. Wamme, lose Haut und Falten besitzt der Boston Terrier nicht. Der Kopf ist weniger massig und hautreich als bei Bulldoggen, die Schnauze etwas länger, doch nicht mehr als ein Drittel der Kopflänge. Immerhin ist sie lang genug, um den Atem geräuschlos hindurchzulassen. Kupiert oder unkupiert, werden die Ohren immer aufrecht stehend getragen. Die dunklen, runden Augen sollen groß sein und weit auseinanderliegen. Der leicht gebogene, nicht zu kurze Hals und der kräftige, kurze, aber nicht plumpe Körper werden von geraden, kräftigen Läufen getragen. Im Trab zeigt der Boston Terrier Kraft und Eleganz. Die kurze, tiefangesetzte Rute darf nicht über die Horizontale getragen werden, sie ist gerade oder schraubenförmig, ohne grobes Haar. Die ideale Färbung ist: weiße Schnauze und Blesse, Halsring, Brust und Füße, der übrige Körper ist gestromt; Schwarz mit weißer Markierung ist weniger erwünscht. Das Haar ist glatt und braucht kaum Pflege. Größe: 35 bis 38 cm. Gewicht unter 7 bis 11 kg. Fehler: keilförmige Schnauze, hervortretende Zähne, helle Nase, lange Rute.

Wenn spätere Generationen die Geschichte dieser jüngsten Hunderasse erzählen, werden sie für Legende halten, was ein Spiel des Schicksals war. Nach dem zweiten Weltkrieg verschlug es mit den amerikanischen Truppen einen mittelgroßen rauhhaarigen Hund unbekannter Herkunft in das Siegener Land. Er suchte und fand schließlich eine Heimat in einem abgelegenen Wochenendhäuschen der Hundeliebhaberin Schleifenbaum und bald auch in einer rauhhaarigen Foxterrierhündin eine treue und geneigte Gefährtin. Frau Schleifenbaum erkannte, daß ihre beiden Hunde ihr etwas anderes großzogen als gewöhnliche Promenadenmischungen. Denn der Nachwuchs war erstaunlich ausgeglichen in Haar und Zeichnung. Sie züchtete planmäßig fünf Generationen lang diese Hunde fort und erreichte tatsächlich eine solche Beständigkeit im Erbgang der äußeren Erscheinung, daß die Bedinungen erfüllt waren und die *Siegener Kromfohrländer* vom Verband für das Deutsche Hundewesen und vom FCI (Fédération Cynologigue internationale) als neue Rasse anerkannt wurde. Es ist ein mittelgroßer stockhaariger weißer Terrier mit braunen Flecken, mit dreieckig abgerundeten kleinen Hängeohren und unkupiertem Ringelschwanz, der stets nach links getragen wird. Er hat das lebhafte, fröhliche Terriergesicht, gerade, verhältnismäßig zierliche Läufe und im Verhältnis zur Höhe einen etwas längeren Rücken. Das kurze straffe Drahthaar soll nicht getrimmt werden. Durch etwas weicheres Haar wird am Fang ein Bart angedeutet. Größe 38 bis 44 cm Schulterhöhe.

Mit den anderen Terrier-Rassen gar nicht verwandt ist der *Tibet-Terrier* (Abb. S. 228/17). Er kommt aus Mittelasien und gleicht dem Puli, dem kleinen ungarischen Hirtenhund, bis aufs Haar. Beide sind, wenn nicht überhaupt identisch, so gleichen Ursprungs. Läßt man das Haar des Tibet-Terriers auf Puliart verfilzen, so kann man allenfalls an der Haarfarbe den Unterschied zwischen beiden erkennen.

Der Tibet-Terrier ist ein knapp mittelgroßer, quadratisch gebauter Hund, intelligent und liebenswürdig, wachsam, aber nicht kampflustig. Fremden gegenüber ist er recht mißtrauisch. Von seinen Züchtern wird er als hart und langlebig herausgestellt.

Der mittellange, nicht zu breite Kopf, mit deutlichem Stirnabsatz ist so lang und reich behaart, daß die dunklen Augen durch einen Vorhang blicken. Die Schnauze ist so lang wie der Oberkopf. Außer einem kräftigen Scherengebiß ist auch leichtes Vorbeißen erlaubt. Die nicht zu großen, V-förmigen Ohren werden nicht dicht am Kopf getragen und sind üppig behaart. Die Rute ist hoch angesetzt, nicht zu lang und wird im Affekt als Ring über den Rücken gehoben. Das lange Deckhaar ist weich und üppig, aber nicht seidig, es ist schlicht oder gewellt, die Unterwolle dicht und reichlich. Von all der Haarpracht wird nichts abgeschnitten, sie darf aber gekämmt und gebürstet werden. Das sollte man täglich tun, denn ist das Haar erst verzottelt, macht es am Kopf und den Läufen und vor allem am Bauch dem Menschen Arbeit und dem Hund Mißvergnügen. Alle Farben außer Schokoladenbraun sind erlaubt, auch Weiß, zwei- oder dreifarbig. Größe: 35,5 bis 40,5 cm. Gewicht 10 bis 12 kg. Fehler: starkes Vor- oder Unterbeißen, spitze Schnauze.

Eine besondere Gruppe bilden die *Niederläufigen Terrier*. Die Jagd war schon immer eine große Leidenschaft der Bewohner des schottischen Hochlandes. Die kleinen, rauhharigen Terrier, die diese Leidenschaft mit ihren Besitzern teilten, wurden jahrhundertelang auf Jagdqualitäten hin gezüchtet. Dadurch entstand eine Vielzahl von Formen in den verschiedenen Teilen des Landes, darunter auch niederläufige Terrierrassen. Das waren meist kleine, harte und robuste Hunde.

Die bekanntesten dieser Rassen entstanden aus dem alten *Aberdeen Terrier*. Gleich bei ihrem ersten offiziellen Start auf englischen Hundeausstellungen 1875 waren sie so erfolgreich, daß sie als *Schottische Terrier* (verbreitet noch als *Scotch Terrier* bezeichnet, die korrektere Bezeichnung *Scottish Terrier* setzt sich dagegen bei uns erst langsam durch) viele Freunde fanden. Von nun an wurden die reinen Arbeitshunde auch als Haus- und Familienhunde gehalten. In seiner Heimat geht der Scotch Terrier auch heute noch mit auf die Jagd, vornehmlich auf Dachs oder Otter, die kleineren Exemplare auch auf den Fuchs. Dank seiner guten Nase läßt er sich als Schweißhund führen; besonders bewährt hat er sich auf der Wildschweinjagd. Der niedrige Körperbau und das rauhe Haar bieten den gefährlichen Hauern dieses wehrhaften Wildes wenig Angriffspunkte.

Der *Scotch Terrier* (Abb. S. 228/13) ist ein mittelgroßerr Hund auf kurzen Beinen, kein Zwerghund. Seine volle, wohltönende Stimme läßt mehr Masse vermuten als tatsächlich dahinter steckt. Die kräftigen Zähne sind auch im Verhältnis zum nicht klein geratenen Schädel so stark entwickelt, daß sie einem Schäferhund Ehre machen könnten. Alles am Scotch Terrier ist kräftig, der kurze, muskulöse Hals, die breite, tiefe Brust, der eher kurze Rumpf, die starkknochigen Läufe und die mäßig lange Rute, die in leichtem Bogen keck aufwärts getragen wird. Das Wichtigste aber ist der Kopf, der so lang ist, daß er schmal wirkt. Der Oberschädel ist flach mit deutlichem Stirnabsatz vor den Augen. Die Backenknochen treten nicht hervor. Die spitzen Stehohren sind eher klein. Sie sind von kurzem Haar bedeckt, ohne jede Franse. Der Scotch Terrier hat eine sogenannte Doppelbehaarung: das Unterhaar ist kurz, dicht und weich, das Oberhaar länger, harsch und drahtig. Dadurch entsteht eine ideale wetterfeste Decke. Dem gepflegten Stadthund beläßt man das schützende Haar nur zum Teil, er wird getrimmt. Das lange Haar an Hals und Rücken wird entfernt, an den Läufen und an der Unterseite bleibt es in voller Pracht erhalten. Stirn und Kopfseiten hält man ebenfalls kurz, mit buschigen Brauen über den dunklen, tiefliegenden Augen. Am Fang wird das Haar nach vorn gekämmt und so zurechtgestutzt, daß ein kastenartiges Bild entsteht. Der elegante Scotch Terrier braucht seine tägliche Pflege: Kämmen des langen Haares der Unterseite und des Kopfes und bei Bedarf Abwaschen des Fanges nach dem Füttern mit einem Schwamm, damit sich keine Reste im Bart festsetzen.

Der Schottische Terrier ist von stabiler Gesundheit. Er ist ein besonders guter Futterverwerter und kein Kostverächter. Es ist die Sache seines Besitzers, auf die schlanke Linie zu achten. Wenn der stabile Bursche überhaupt einen schwachen Punkt besitzt, wäre das höchstens seine große Empfindlichkeit stark gewürzten Speisen gegenüber. Auf grobe Futterfehler – Ernährung vom Tisch oder gar mit Gasthausabfällen – kann er mit Hautekzemen antworten. Mit Knochen sollte man vor allem beim heranwachsenden Tier sparsam umgehen, damit die Backenmuskeln nicht zu kräftig werden.

Im Haus ist der Scotch Terrier ein ruhiger, anspruchsloser und doch so vielseitiger Hund, daß man ihn oft als vierbeinigen Clown bezeichnet. Diese Vermenschlichung trifft genau daneben. Nicht Spaßmacherei bestimmt sein Leben, vielmehr ist es das Selbstbewußtsein, das ihn geduldig alle Spielereien der Kinder über sich ergehen läßt. Doch jeden Augenblick ist er bereit, sie mit seinem ganzen Ungestüm gegen alles und jedes zu verteidigen. Nie ist er als Modehund überzüchtet worden, daher hat er neben seinem robusten Nervenkostüm eine wache Intelligenz behalten. Sein prachtvolles Gebiß weiß er einzusetzen, wenn es einen Kampf mit größeren Hunden gilt, kleineren gegenüber ist er nachsichtig.

Man sieht ihn meist in Schwarz oder gestromt, doch kann er auch eisengrau und weizenfarben gezüchtet werden. Das Gewicht soll nicht über 9 kg sein, die Schulterhöhe 23 bis 30 cm.

Als weißer Schottenterrier wird ganz zu Recht der *West Highland White Terrier* (Abb. S. 228/12) bezeichnet. Er stammt aus der gleichen Heimat und gleicht in Wesen und Körperbau seinem dunklen Vetter sehr. Sein 6 bis 7 cm langes Haar ist rein weiß, das ursprüngliche Ober- und Unterhaar jedoch gar nicht der modischen Zurichtung unterworfen. Der mehr keilförmige Kopf wirkt nicht so kastenförmig wie beim Schotten. Auch er ist ein kleiner Arbeitshund, schlau und anpassungsfähig an seinen Herrn, kein Kläffer und kein Übelnehmer. Anhänglich und lebhaft, aber im Temperament zu bremsen, ist er einer der passenden Hunde für die Großstadt. In der Bewegung ist er elastisch und leicht, nicht steif und stelzend. Sein dunkles Auge sticht aus dem weißen Fell hervor, helle oder runde Augen sind Fehler. Auch die Nase muß immer schwarz sein. Mit einer Schulterhöhe von 25 bis 30 cm und einem Gewicht von 12 bis 18 englischen Pfund, das sind bis zu 8 kg, ist er nur wenig leichter als der schwarze Scotch Terrier.

Ein weiterer schottischer Vetter, der *Cairn Terrier* (Abb. S. 228/11), stammt von den Hebriden. Er gilt von allen schottischen Arbeitsterriern als der älteste. Bereits um 1600 wird er erwähnt, und war als kleiner Raubzeugjäger und Bauhund so gehegt, daß er schon vor Jahrhunderten nicht mit anderen Hunden gepaart wurde. So unscheinbar und rauhhaarig, wie er damals aussah, so zeigt er sich noch heute.

Wie stark er mit der angestammten Heimat verbunden sein kann, zeigt eine kleine Geschichte. Ein Cairn-Welpe wurde seinem neuen Besitzer mit den Worten übergeben: »Er wird sich leicht gewöhnen, nur vor Heide nehmen sie sich in acht.« Das Hundekind wurde zum Pariser Stadthund, der nur ausnahmsweise die Großstadt verlassen konnte. Bei solch einer Gelegenheit fand er mitten im Wald ein Stück Heide, deren Duft es zu wahren Freudentänzen hinrissen.

Keine Moderichtung hat das Äußere dieses Terriers bisher beeinflussen können. Auch er ist ein kleiner, niederläufiger Kerl mit mäßig langem Rücken, kleinen Stehohren und rauhem doppelhaarigen Fell; es kann rot, sandfarbig, grau, gestromt oder fast schwarz sein. Er ist rund 6,5 kg schwer und 23 bis 25 cm hoch. In seiner Heimat wurde er teils in der Meute, teils einzeln gehalten. So ist er auch heute noch nicht nur ein intelligenter und vergnügter, sondern auch sehr verträglicher kleiner Haushund, der seinem Frauchen keine Mühe macht.

Ebenfalls aus Schottland und den Hebriden stammt der *Skye Terrier* (Abb. S. 228/15), auch er ist ursprünglich ein zottiger, mutiger Erdhund von kräftigem Körperbau. Schon 1557 schrieb der Arzt Cajus in Geßners Naturgeschichte von äußerst bissigen *»Isländer Hündchen«*, die neben den Maltesern in vornehmen englischen Häusern gehalten wurden. Der Beschreibung nach kann es sich nur um den Skye Terrier und seinen Vetter, den Dandie Dinmont Terrier, handeln. Schon damals war das Fell dieser Luxushündchen üppiger als das der Arbeitshunde. Inzwischen hat es sich durch die reine Schönheitszucht weiter verändert. Es wird jetzt glatt anliegend, mindestens 12 cm lang herunterhängend, getragen. Sorgsam gepflegt, gibt es dem sehr langrückigen Tier ein äußerst elegantes Aussehen. Es hüllt den Kopf ein, ohne die Stehohren zu verdecken, hängt fast bis zum Boden und schmückt den nur leicht gebogenen Schwanz mit mittellanger Fahne. Neben dem stehohrigen wird auch ein hängeohriger Schlag gezüchtet.

Die Kopfform soll der des Foxterrieres gleichen, wenn auch der Gesamteindruck durch das reiche Haar ganz anders wirkt. Das Gebiß ist auch beim Skye Terrier der Luxuszucht von bemerkenswerter Stärke. Die kurzen Beine mit den breiten Pfoten tragen den langen geraden Rücken, der nur hinter den Schultern eine leichte Einsenkung haben darf. Die Farbe ist dunkel- oder hellblaugrau, auch andere Grauschattierungen kommen vor. Das lange Deckhaar soll hart und drahtig sein, reiches Unterhaar gibt auch dem modernen Luxushund einen guten Kälteschutz. Die Haarpflege unterscheidet sich von der vieler anderer Terrierrassen. Außer sorgsamem Bürsten und allenfalls Kämmen mit einem sehr weitzinkigen Kamm wird nichts verändert. Alles Haar wird belassen. Es darf nie geschoren werden. Auch baden sollte man den Skye möglichst wenig, das Haar wird sonst flatterig. Schwimmen in natürlichen Gewässern schadet dem Haar nicht, manche Skye Terrier lieben es sehr. Im Wesen ist dieser Rassehund sicher und ruhig, wachsam und liebevoll anhänglich. So gutmütig ist er allerdings nicht, daß er sich zum Kinder- und Familienhund eignen würde. Seine Veranlagung läßt ihn sich lieber an einen einzigen Menschen anschließen, dann aber ohne jeden Vorbehalt. Der Skye Terrier ist besonders niedrig und soll nicht höher als 25 cm an der Schulter sein, bei einem Gewicht bis zu 9 kg.

Ebenfalls ein schottischer Erdhund ist der *Dandie Dinmont Terrier* (Abb. S. 228/16). Der Schriftsteller Walter Scott, der einen solchen Terrier besaß, hat ihm in seinem Roman »Guy Mannering« diesen Namen gegeben. Die besten Hunde seiner Zeit führte der Pfeifer Allan mit sich. Nicht für eine kleine Farm wollte er einen seiner Dandie Dinmonts dem Earl of Northumberland überlassen. Die gleiche Absage mußte sich vorher Lord Ravensworth's Haushofmeister von Allans Vater holen: »Der ganze Besitz ist nicht den Charlie wert« war seine Antwort.

Der robuste, lebhafte kleine Hund hat ein ulkiges Aussehen mit seinem etwas großen Kopf, der stärker gewölbt ist als bei seinen Vettern. Die Ohren sind tief und weit hinten angesetzte große Behänge, die sich in eine Spitze verschmälern. Sie sind von besonders dichtem weichem Haar geschmückt, das zur Spitze zu in eine »Feder« von hellem Haar mündet. Auch auf dem Oberkopf wächst ein reicher Schopf dieses weichen Haares und als Feder an der Rückseite der Vorderläufe. Die übrige Behaarung mischt sich aus härterem und weicherem Haar, sie soll nicht drahtig sein. Die Färbung ist eisengrau oder *»Pfeffer-und-Senf«*, meist mit etwas Weiß an der Brust und oft mit weißen Krallen. Der nur 20 bis 28 cm hohe Hund gilt als niedriger Bruder des eleganten Bedlington Terriers. Wie dieser hat er auch keinen geraden Rücken, sondern eine gebogene Rückenlinie, die in der Lendengegend allmählich abfällt und in die Rute übergeht. Der Dandie Dinmont Terrier hat mit an der Wiege des Rauhhaarteckels

Pate gestanden und bei einigen besonders reichlich behaarten Vertretern dieser deutschen Erdhundrasse unverkennbar seine Spuren hinterlassen, vor allem im gelegentlich auftretenden weichen Haarschopf. Wie der Teckel ist er von mäßigem Bewegungsbedürfnis, aber sehr lebhaft und manchmal auch etwas eigenwillig. Wachsamkeit und Raubzeugschärfe hat er sich erhalten. Das Gewicht soll möglichst um 8 kg betragen.

Mit nur rund hundert Jahren ist der *Sealyham Terrier* (Abb. S. 228/14) eine relativ junge Züchtung. Seine Entstehung hat er der Eheschließung von Captain John Edwards, einem begeisterten Dachsjäger, zu verdanken. Dieser heiratete eine Erbin Tuckers-Sealyham, aus einem Geschlecht, das ursprünglich aus Flandern stammte. Seit dem 15. Jahrhundert hielten sich ihre weißen Bassets aus Flandern in Pembrokeshire. John Edwards glückte es, aus diesen Bassets, einheimischen schottischen Terriern und dem Foxterrier eine neue Rasse zu züchten mit Mut und Kraft, die zu jeder Arbeit, selbst zum schwierigsten Dachsgraben zu gebrauchen war. Das ergab einen echten Terrier mit dem typischen Gesichtsausdruck dieser Hunde und einem wuchtigen Körper mit viel Substanz und kräftigen Knochen. Der lange Fang ist etwas stärker als der des Foxterriers, der Oberkopf breiter. Der Hals ist lang und muskulös auf steil abfallenden Schultern, der kräftige Rumpf lang und biegsam, die Läufe kurz und gerade mit dicken Katzenpfoten. Die kupierte Rute wird hoch getragen. Der Sealyham Terrier ist ganz weiß mit dunklen Augen und schwarzer Nase, nur am Kopf und an den mittelgroßen V-förmigen Ohren können gelbe bis braune Abzeichen vorkommen. Das lange, harte, drahtige Haar wird getrimmt und sorgfältig gekämmt – das Ergebnis ist ein so eleganter sauberer Hund, daß man ihn für ein reines Luxusgeschöpf halten möchte. Dabei ist er auch heute noch ein scharfer Draufgänger, ein sicherer Wächter für Haus und Auto, liebenswürdig zu seinem Frauchen, aber reserviert, eher angriffslustig gegen Fremde. Schulterhöhe 20 bis 30 cm. Gewicht bis 9 kg.

Der *Yorkshire Terrier* (Abb. S. 228/20 und S. 209) ist der kleinste der Terrierfamilie. Wegen seines langen, seidigen Haarkleides ist er gerade im Begriff, als Luxushund in Mode zu kommen und Spitzenpreise zu kosten. Dabei waren es arme Bergleute und Weber, die ihn aus verschiedenen niederläufigen Terrierrassen und dem seidenhaarigen Malteser zu ihrer Freude und gegen die Rattenplage gezüchtet hatten. Schon damals – vor rund 150 Jahren – wurden mit 20 bis 30 englischen Pfund hohe Preise bezahlt, um nur eines der seltenen Hündchen zu erhalten. Seit 1886 ist der Name nach der englischen Grafschaft Yorkshire eingeführt. Das rauhe Klima ihrer Heimat und die Jagdpassion ihrer Ahnen bewahrten diese temperamentvollen und intelligenten Hunde bisher davor, reine Luxusgeschöpfe zu werden. Gesundheit war neben der geringen Körpergröße immer eines der Zuchtziele dieser Rasse. Auch heute noch würde der Yorkshire Terrier nur zu gern hinter Ratten und Mäusen herjagen, wenn er nur die Gelegenheit dazu hätte. An Ausdauer und Mut würde es ihm nicht fehlen. Das Charakteristische ist das lange seidige Haar, das, am ganzen Rücken gescheitelt, bis auf den Boden herabhängt. Auf der Stirn wächst es so reichlich, daß es gewöhnlich mit einem Schleifchen zusammengebunden wird, um freien Ausblick zu schaffen. Die spitzen Stehohren oder Halbstehohren, die recht zierlichen Läufe und der auf ein Drittel kupierte Schwanz sind ebenfalls reich mit dem feinen Haar behangen. Die Schönheit der Yorkies hängt von der Pflege ab. Das Haar ist so fein, daß es nur mit einer weichen Bürste behandelt werden darf, was aber unbedingt täglich geschehen muß. Es ist alles zu vermeiden, was Juckreiz hervorrufen könnte, denn durch Kratzen würde das Haar bald verfilzen. Ungeziefer sollte gar nicht erst Fuß fassen dürfen, Diätfehler durch Gewürze oder Zucker sind schwerwiegender als bei größeren Rassen. Baden ist beim gepflegten Tier nicht nötig, es sei denn in Regenwasser mit einem ganz milden Hundeshampoo. Zu hartes Wasser oder nicht sorgfältig ausgespülte Seife können bereits zu Juckreiz führen. Der Engländer wickelt seinen Ausstellungstieren die längsten Haare auf Lockenwickler aus Seidenpapier auf, um ein Verfilzen oder Beschädigen zu verhindern. Die Yorkshire Terrier sind keine Hunde für die Straße. Sie brauchen zwar auch reichlich Bewegung an der frischen Luft, doch bekommt es ihnen und dem Fell besser, wenn sie auf Rasen oder sauberen Sandwegen herumtoben dürfen. Auch Spielen in Schnee und Eis ist ihnen – ohne Mäntelchen – ein großes Vergnügen. Natürlich ist ein so behaartes Tier kein Kinderhund; es würde sich auch gar nicht alles von den Menschenkindern gefallen lassen. Denn es steckt allerhand Temperament in dem intelligenten Hündchen.

Junge Yorkies kommen recht kurz behaart und black-and-tan-farben auf die Welt. Erst nach einigen Monaten bildet sich die richtige Farbe: Stahlblau bis Hellsilbergrau mit rostbraunem Kopf, hellbrauner Brust und dunkelbraunen Ohren, auch die Läufe sind braun. Das Gewicht wird nicht höher als 3,5 kg gewünscht, kleinste ausgewachsene Tierchen wiegen nur 1500 g. Zur Zucht sind aber nur die robusteren Hündinnen zu verwenden, die mehr Gewicht und Substanz mitbringen. Die Schulterhöhe schwankt entsprechend zwischen 20 und 30 cm.

Erst spät als Rasse wurde der *Norwich Terrier* (Abb. S. 228/18) 1932 anerkannt, obwohl er schon 1870 erwähnt wird. Ein Mr. Lawrence aus Cambridge war sein erster Züchter, der die roten Hunde ausschließlich an Studenten verkauft haben soll. Der kleine rauhhaarige Erdhund führt vorwiegend das Blut des Irish Terriers und des Yorkshire Terriers, dazu kamen noch einige andere Terrier-Zuschüsse. Das ergab einen lebhaften kleinen Hund von stabilem Körperbau, mit etwas breitem Oberkopf und kurzbehaartem Fang, fast ohne Bart oder Augenbrauen. Die Ohren stehen aufrecht oder liegen als kleine hochangesetzte Hängeohren gut an. Die Rute wird kupiert. Die Färbung ist rot, schwarz-rot oder gestromt. Gewicht etwa 5 kg, 25 bis 27 cm Schulterhöhe.

Nordlandhunde

Nur auf den ersten Blick fällt die Ähnlichkeit der Nordlandhunde mit den Spitzen auf. Beim genaueren Hinsehen zeigen sich doch große Unterschiede, vor allem im Wesen und in der Verwendungsart. Es besteht auch keine nähere Verwandtschaft zwischen ihnen. Das Wolfserbe ist bei den Nordlandhunden sehr ausgeprägt. Nicht alle der dazugehörigen Rassen haben schon den hohen Stand der Domestikation erreicht, den wir von unseren Rassen gewöhnt sind. Die nahe Verwandtschaft zum Wolf tritt deutlich in Erscheinung. Als recht urtümliche Rassengruppe haben sie weder Zwergformen noch Riesen entwickelt. Unter den harten Bedingungen ihres Lebens hätten extreme Größen oder Körperformen kaum Chancen sich durchzusetzen. Anspruchslosigkeit, körperliche Härte und Ausdauer sind stark ausgeprägt. Hunger und Kälte gehören zum Leben dieser Tiere, wie auch häufig zu dem ihrer Herren. Ohne die Hilfe der Schlittenhunde wäre in den nördlichsten bewohnten Landstrichen menschliches Leben gar nicht möglich. Die naturnahe, zeitweise halbwilde Art der Haltung prägte das Wesen dieser Rassen und ihr Verhalten dem Menschen gegenüber. Haushunde, wie wir sie uns vorstellen, sind manche von ihnen noch nicht. Der letzte Schritt der Anpassung an die Zivilisation ist noch nicht getan. Dafür finden wir besonders bei den Schlittenhunden eine straffe Meutenordnung. Sie arbeiten zusammen und müssen sich im Sommer selbst versorgen, also ihre Nahrung zusammensuchen oder erjagen. Daher sind sie im Charakter wenig anschmiegsam und nicht für ein Leben in der Stadt geschaffen. Nur wenige dieser Rassen leben seit längerer Zeit mit den Menschen zusammen und sind als Haushunde im engeren Sinne anzusehen. Andere Rassen im äußersten Norden der Erde leben noch ganz unerschlossen, so daß es schwer wird, sie zu klassifizieren. Schriftliche Aufzeichnungen sind sehr unzureichend.

Allen Nordlandhunden eigen ist ein kräftiger Körperbau mit breiter Brust und dichtem, jedem Wetter standhaltendem Fell, ein kräftiger, mäßig langer Fang, kurze Stehohren und eine geringelte oder bogenförmig hochgetragene buschige Rute. Der Gesamteindruck und der Ausdruck der tiefliegenden kleinen Augen haben noch viel Wolfähnlichkeit.

Schlittenhunde sind die eigentlichen Nordlandhunde, die es dem Menschen ermöglichen, die Eiswüsten der Erde zu besiedeln und zu erforschen. Denn auch bei den ersten Expeditionen in die Antarktis waren *Eskimohunde* (Abb. S. 210/5) aus der Nordhalbkugel unentbehrliche Helfer beim Transport von Proviant und Geräten. Den europäischen Forschern fiel es nicht leicht, die unsagbar primitive Haltung beizubehalten, die diese Tiere von ihrer Heimat her gewöhnt waren. Das widerspricht allem unserem »Hundeverstand«. Und doch sind die *Polarhunde,* wie die Eskimohunde auch genannt werden, mit einem Lager im Schnee zufrieden. Ihr dicker Pelz mit dichter warmer Unterwolle hält ein warmes Luftpolster um den Körper, und die empfindliche Schnauze wird unter der buschigen Rute verborgen. Die Ernährung besteht aus gefrorenem Fisch oder Fleisch mit möglichst viel Fettanteil, ja sogar ausgediente Ledergegenstände werden mit gleicher

Selbstverständlichkeit verschlungen, wie sie von den Eskimos verfüttert werden. Bei entsprechender Fütterung sollen die Hunde 100 bis 150 km an einem Tag mit dem Schlitten zurücklegen können. Zum Schutz vor Wundlaufen der Pfoten wurden ihnen dann Pelzschuhe angezogen. In den Sommermonaten, der arbeitslosen Zeit für den Eskimohund, bekommt er auch kein Futter, dafür hat er dann selbst zu sorgen. Daß bei einer solchen Haltung immer wieder Paarungen mit Wölfen vorkommen, ist kein Wunder. Sehr streng ist die Rangordnung und die Abgrenzung der Meutengebiete, und entsprechend nachdrücklich sind die Kämpfe zu ihrer Aufrechterhaltung. Das dicke Fell schützt nicht immer vor ernstlichen Verletzungen. Der Eskimohund bellt kaum, meist heult er wie ein Wolf. Neben dem vorwiegend in Grönland, Alaska, Nordkanada gehaltenen Eskimohund, der häufig in Weiß mit dunklen Flecken, aber auch in so ziemlich allen anderen Farben vorkommt, werden ebenso ausdauernde Schlittenhunde in Ostsibirien gezüchtet.

Die Art der Anspannung ist verschieden und richtet sich nach dem Gelände. Auf den weiten Flächen Grönlands werden die Eskimohunde fächerförmig vor den Schlitten gespannt, meist fünf bis sechs oder neun bis zwölf Tiere. In den nordsibirischen Waldgebieten ist ein solches Geschirr nicht anwendbar. Dort ziehen die Hunde in einer langen Reihe hintereinander oder paarweise an einer langen Zugleine. Immer aber ist ein besonders befähigtes Leittier richtungangebend. Es sorgt dafür, daß nicht die ganze Gesellschaft hinter einer frischen Fährte her vom Weg abgebracht wird, ja es achtet sogar darauf, daß jedes einzelne der angeschirrten Tiere auch wirklich alle seine Kraft einsetzt und keiner sich auf Kosten der anderen schont.

Als eigene Rassen wurden der *Alaska Malamut* (Farbe Wolfsgrau, Schwarz oder Weiß, mit maskenartigen Abzeichen) und der *Sibirische Husky* vom American Kennel Club herausgestellt. Beide Rassen sind dabei, sich vorwiegend in Nordamerika auch als Haus- und Familienhunde einen Platz zu erobern.

Daß diese Tiere ihre Ausdauer noch nicht abgelegt haben, beweisen sie im Norden Kanadas bei den Huskie-Rennen, die zu einem Volksfest in der schneebedeckten Öde Manitobas wurden. Daß dieser Sport täglich bittere Notwendigkeit werden kann, daran erinnert ein Denkmal in Alaska. Bei einer Diphtherie-Epidemie bei starkem Schneesturm waren die Schlittenhunde die einzige Hoffnung für die sterbenden Kinder. Doch 400 Meilen mußten bewältigt werden, um das rettende Serum zu holen. Nur einer von fünf Hunden überlebte die Strapaze. Ihn und seine toten Kameraden soll das Denkmal nicht vergessen lassen.

Anschmiegsamer und leichter zu erziehen als die meisten anderen Schlittenhunde ist der *Samojedenhund* oder *Samojedenspitz* (Abb. S. 210/6). Der Volksstamm der Samojeden an der sibirischen Eismeerküste hat diesen kräftigen reinweißen Schlittenhund als Hüter der Rentierherden und sogar zur Jagd gehalten. Seine Bindung an den Herrn wurde dadurch mehr gefestigt. Vom weißen Großspitz unterscheidet sich der Samojede durch seinen kräftigeren Körperbau, der Rüde soll mindestens 52,5 cm Schulterhöhe und 20 bis 30 kg Gewicht aufweisen. Vor allem aber ist der Gesichtsausdruck mit den dunklen, schräg gestellten und nicht vorstehenden Augen leicht von dem des Deutschen Spitzes zu unterscheiden.

Mit dem Samojedenhund eng verwandt sind die anderen russischen *Laiki-*(Mehrzahl von Laika)*Rassen*. Sie sind über das europäische wie das asiatische Rußland verbreitet und sind wirklich zu allem zu gebrauchen. Schließlich wurden sie weltbekannt, als die Laikahündin »*Laika*« als erster Hund 1957 auf eine Reise in den Weltraum geschossen wurde. Sie kam nicht nur wohlbehalten zur Erde zurück, sondern bekam später auch noch Junge.

Die *Elchhunde* (Abb. S. 210/7) sehen noch heute so aus, wie wir uns die ersten Haushunde vorzustellen haben: kräftige große Spitze mit dickem, harten, ziemlich anliegenden Fell in allen Schattierungen von Grau. Doch während die Deutschen Spitze bekannt und geschätzt dafür sind, daß sie kaum Jagdpassion besitzen, sind die Elchhunde die vorzüglichsten Jagdhunde, die man sich vorstellen kann. In den riesigen Wäldern Nordskandinaviens werden an Härte und Ausdauer des Hundes enorme Ansprüche gestellt. Stundenlanges Jagen des einzelnen Hundes hinter dem flüchtigen Wild in oft unwegsamem Gelände verlangen neben Härte und Ausdauer eine vorzügliche Nase. Sie wittern auf weite Entfernung das Wild und stöbern es auf.

Doggen und Doggenartige. 1 Boxer, 2 Französische Bulldogge, 3 Mops, 4 Englische Bulldogge, 5 Bordeauxdogge, 6 Mastif, 7 Hovawart, 8 Deutsche Dogge, 9 Neufundländer, 10 Landseer

1
2
3
4
5
6
7
8
9
10

1
2
3
4
5
6
7
8

Die drei Rassen – *Norwegischer Elchhund, schwedischer Grahund* und *Schwedischer Elchhund* oder *Jämthund* sind zur Jagd auf alles größere Wild geeignet, in ihrer Heimat auf den Elch. In Amerika sollen sie sich sogar bei der Jagd auf Luchs und Puma bewähren. Ihrem Herrn gegenüber, der neben seinem Elchhund selten andere Hunde besitzt, zeigen sie durch die gemeinsame Jagdpassion enge Zuneigung und Kameradschaft. Andere Hunde dulden sie ungern in ihrer Nähe.

Der *Karelische Bärenhund,* ebenfalls nahezu schäferhundgroß, unterscheidet sich von den Elchhunden fast nur durch sein schwarzes Fell mit weißen Abzeichen. Wenn er heute nur noch selten das Vergnügen einer Bärenjagd erleben darf, so deshalb, weil auch in Finnland der Bär selten geworden ist. Auf einsamen Gehöften ist er ein mutiger Schutz- und Wachhund, der immer mehr auch in anderen Ländern zu sehen ist.

Der *Finnische Vogelhund (Finnenspitz,* Abb. S. 335), mittelgroß und fuchsrot, hat einen weniger gedrungenen Körperbau und ein lustiges Gesicht; er gleicht schon eher einem Spitz. Seit vielen Jahrhunderten wird er rein gezüchtet und gilt als finnischer Nationalhund. Wie sein Name besagt, wurde er als Jagdhund für die Jagd auf Birk- und Auerhähne gezogen. Heute hat er sich als anspruchsloser und liebenswürdiger Haus- und Wachhund seinen Platz erobert. Gelegentlich ist er auch außerhalb seiner Heimat zu finden.

Der *Chow Chow* (Abb. S. 209/8 und S. 210) nimmt unter den Nordlandhunden, denen er von seiner Abstammung her zuzurechnen ist, eine ganz besondere Stellung ein. Im Norden seiner chinesischen Heimat wurde der ursprüngliche Schlittenhund wegen seines Pelzes gezüchtet. Zweitausend Jahre lang mindestens zeigte er den gleichen mürrischen Gesichtsausdruck, die kleinen, fast ganz im Pelz verschwindenden Ohren und die steile Hinterhand, die dem Chow Chow seinen eigenartig stelzenden Gang verleiht. Genauso wird er schon auf tönernen Abbildungen aus der Han-Dynastie der chinesischen Kaiser dargestellt, in der Zeit um Christi Geburt. Er war von seinen

Einige Doggenartige, Hirten- und Schäferhunde. 1 Leonberger, 2 Bernhardiner, 3 Pyrenäenhund, 4 Kuvasz, 5 Komondor, 6 Bergamasker Hirtenhund, 7 Bobtail, 8 Puli kaiserlichen Herren so geschätzt, daß zeitweise zweieinhalbtausend dieser Rassehunde im Palast auf kostbaren Teppichen gehalten und von Dienern gepflegt worden sind.

So gut hatten die Chow Chows es allerdings nicht überall und zu allen Zeiten, denn im südlichen China wurden sie zum Straßenhund degradiert und schließlich, wenn auch hochgeschätzt, aber immerhin doch zu dem wenig idealen Zweck gezüchtet, die chinesische Küche zu bereichern. Das zarte Fleisch war teurer und beliebter als feinstes Rinderfilet, und als exzellenter Leckerbissen galt die blaue Zunge.

Diese dunkelblaue Zunge, Lefzen und Gaumen sind eine Eigentümlichkeit des Chow Chows. Sogar das Zahnfleisch wird schwarz bevorzugt. Die fast geraden Hinterbeine und die kleinen katzenartigen Pfoten sind weitere Eigenheiten. Der flache, breite Schädel mit senkrechter Stirnfurche, die breite stumpfe Schnauze und die kleinen tiefliegenden Augen geben ihm das mürrische Aussehen. Die Rute wird buschig über dem kräftigen kurzen Rücken getragen, das Fell ist dicht und üppig, steht gerade vom Körper ab und besteht aus rauhem grannigen Oberhaar und weichem wolligen Unterhaar. Daß auch der Chow Chow nicht geschoren werden darf, liegt auf der Hand. Die beste Haarpflege, die ihm sein Besitzer angedeihen lassen kann, ist eine nicht zu warme Zimmerhaltung. Die ursprüngliche gelbe Farbe wurde durch Zucht zum satten Rot gesteigert. Häufig sind auch schwarze Chow Chows, daneben gibt es zimt- und cremefarbene, weiße und die in fernöstlichen Klöstern geschätzten blauen.

Nach Europa kam der Chow Chow erst in den 20er Jahren über England. Er ist alles andere als ein Allerweltsfamilienhund. Natürlich ist die Behauptung übertrieben, er müsse im ersten Lebenshalbjahr seinen Herrn finden, später würde sich kein echtes Verhältnis mehr entwickeln. Wichtig ist unbedingt, daß Besitzer oder Besitzerin diesem »Ein-Mann-Hund« nicht »Frauchen« oder »Herrchen« sein wollen, sondern »Oberhund«. Denn der Chow Chow ist ein selbstbewußtes, intelligentes Tier, das auch ohne besondere Erziehung sich zu benehmen weiß, zurückhaltend ist gegen Fremde, ja sogar reserviert anderen Hunden gegenüber. Für Dressurübungen ist er durch seinen Stolz und eine gewisse Eigenwilligkeit nicht das geeignete Objekt. Schulterhöhe 45,5 bis 60 cm, Gewicht 18 bis 23 kg.

Doggen und Doggenartige

Alle heute lebenden Doggenrassen und ihre weitverzweigte Verwandtschaft gehören einem sehr alten Geschlecht an. Es spricht manches dafür, daß wir in ihnen direkte Nachkommen der vor 4000 Jahren lebenden schweren assyrischen Kampfhunde besitzen. Das Hochland Zentralasiens wird wohl vor allem als Heimat dieser Gruppe mächtiger Hunde in Frage kommen. Doch das Vorhandensein prähistorischer großer Hundeschädel spricht dafür, daß wir auch an anderen Stellen, so in Europa, selbständig entstandene Hunderiesen vermuten dürfen. Das Hauptverbreitungsgebiet dieser imposanten Rassen deckt sich mit dem besonders großer Wölfe. Mit Sicherheit kann man eine weitere oder engere Verwandtschaft aller dieser altweltlichen Rassengruppen annehmen. Dagegen sind die altmexikanischen Doggen völlig unabhängig von ihnen aus anderen Wolfsahnen entstanden. Eine der asiatischen Urformen, die Tibetdogge (Abb. S. 336), lebt heute noch, aber nur selten dürfte ein Hundefreund dieses neufundländerähnliche Tier zu Gesicht bekommen.

Nur wenige Hunde dieser Gruppe sind von kleinerem Wuchs oder sogar Zwerge, doch auch sie zeichnen sich durch einen recht kompakten Wuchs aus. Die Rassen mit Riesenwuchs sind meistens auch im Körperbau breit. Allen gemeinsam ist der schwere, häufig auch große Kopf mit ausgeprägtem Stirnabsatz und einem kräftigen, tiefen Fang, der bis zu extremer Kürze zusammengeschoben sein kann. Die derbe, oft in Falten liegende Haut und bei den meisten Rassen ein schweres Hängeohr waren schon vor Jahrtausenden typisch für die Doggen.

Die doggenartigen Rassen wurden seit ihrer frühesten Geschichte als Kampfhunde sowie für die Jagd auf wehrhaftes Großwild gehalten. Über den Kriegshund zum Lagerhund der römischen Legionäre, das heißt zum Wächter der Heerlager und zum Schutz- und Suchhund in unwegsamen Gegenden, reichte die Verwendungsart der schweren Tiere; andere wurden zum Treiben der Viehherden benötigt, denn die Römer nahmen auf ihren Kriegszügen sicherheitshalber das Frischfleisch lebendig mit. So kamen durch ihre wechselnde Verwendungsart auch im Äußeren verschiedene Hundeschläge über die Alpen, wurden mit ansässigen Hunden gepaart und entwickelten sich wieder zu mehr oder weniger ähnlichen Schlägen, die rein weitergezüchtet wurden.

Durch seine Haltung in dem berühmten Kloster am St. Bernhardspaß wurde der *Bernhardiner (Sankt Bernhardshund,* Abb. S. 246/2) bekannt. Er war einer der ersten Modehunde der Neuzeit und Ende des vorigen Jahrhunderts so häufig wie heute der Pudel.

Sehr wahrscheinlich benutzten die Mönche schon bei der Gründung des Hospizes 980 diese großen Hunde zum Schutz gegen Überfälle und als Führer auf einsamen Wegen. In diesen Höhenlagen, die nur wenige Wochen im Hochsommer schneefrei sind, war das Überqueren der Alpen ein Wagnis, und die Mönche mit ihren Hunden mußten nur zu oft den Wanderern Hilfe bringen. Im Laufe der Jahrhunderte spezialisierten sich die Hospizhunde darauf, eingeschneite, verirrte Reisende aufzuspüren und sie mit ihren Körpern zu wärmen und wieder zum Leben zu erwecken. Sie trugen kleine Fäßchen mit Stärkungsmitteln am Halsband und waren darauf abgerichtet, die Mönche zu den Hilfesuchenden herbeizuholen.

Der berühmteste Bernhardiner bekam gleich zwei Denkmäler, eins auf dem St. Bernhard und eins auf dem Hundefriedhof in Paris. Dessen Inschrift allerdings übertreibt. Denn *»Barry«* wurde nicht, nachdem er 40 Personen gerettet hatte, von der 41. getötet. Er war nach zwölfjähriger Arbeit alt und gebrechlich geworden und wurde vom Prior des Klosters nach Bern geschickt. Dort lebte er noch zwei Jahre. Nach seinem Tode 1814 wurde er für das Berner Naturhistorische Museum präpariert. Über mehr als hundert Jahre war er ein Anziehungspunkt dieses Museums; deshalb entschloß man sich 1923, ihn völlig zu restaurieren und in neuer Schönheit weiter auszustellen.

Diese Bernhardinerhunde waren zwar groß und massig, aber nicht plump und schwerfällig. Sie gehörten ausnahmslos zur stockhaarigen, also kürzer behaarten Varietät. In deren Fell konnten sich Schnee und Eis nicht so leicht verklumpen. Daher wurden die auftretenden langhaarigen Tiere abgegeben. Heute ist das Verhältnis wesentlich zu ihren Gunsten verschoben. Auch die früher als Zeichen der Echtheit erwünschten Afterklauen an den Hinterläufen werden heute kurz nach der Geburt entfernt. Sie würden die Hunde, die nicht mehr so breit gestellt sind, im Laufen behindern.

Die Grundfarbe ist Weiß mit roten Platten oder Flecken, auch die

Farben Gelb bis Graubraun gestromt kommen vor. Die Mantelhunde mit geschlossener Färbung über den ganzen Rücken sollen mindestens weiße Brust, Halsband und Nasenband, weiße Füße und Schwanzspitze besitzen. Dunkle Verbrämung an Kopf und Behängen ist sehr erwünscht. Der mächtige Kopf mit ausgeprägtem Stop und breiter, kurzer Schnauze zeigt einen aufmerksamen Gesichtsausdruck mit freundlich blickenden braunen Augen (keine Triefaugen!) und dunklen, anliegenden Lefzen. Der kurze muskulöse Hals hat eine ausgeprägte Wamme. Kräftige, gerade Beine sollen einen breiten, harmonischen Körper mit straffer Rückenlinie tragen.

Ein solcher schnellwachsender Hunderiese verlangt eine äußerst sorgfältige Aufzucht. Kräftiges, gehaltreiches Futter in gehöriger Menge und ausreichende Bewegung an frischer Luft sind Vorbedingungen, um einen Bernhardiner zu einem gesunden, kräftigen Tier heranzuziehen. Nur dann können Aufzuchtfehler vermieden werden, die zeitlebens die Schönheit und die Gesundheit des Hundes beeinträchtigen. Ist der St. Bernhardshund erst einmal erwachsen, stellt er für seine Größe eher geringe Ansprüche. Er ist ruhig und gutmütig, als sei er sich seiner Kraft bewußt. Den Kindern ist er ein geduldiger Spielkamerad, doch kann er sehr unangenehm sein, wenn Haus und Familie angegriffen werden. Auch wenn er von sich aus nicht zu langen Spaziergängen drängt, sollte er regelmäßig sich auslaufen können.

Die Schulterhöhe soll mindestens 65 cm bei der Hündin und 70 cm beim Rüden betragen, doch waren und sind Tiere von mehr als 80 bis zu 88 cm keine Seltenheit. Das Gewicht beträgt bis zu 100 kg.

Die kanadische Insel vor dem St.-Lorenz-Golf ist die Heimat des imposanten *Neufundländers* (Abb. S. 245/9), der in der Größe dem Bernhardiner nahekommt. Jedoch ist der Stirnabsatz weniger ausgeprägt, die Schnauze etwas zulaufend, aber nicht spitz. Die Schulter- und Halspartie ist beim Neufundländer besonders üppig behaart, sonst ist sein schlichtes, dichtes Langhaar ziemlich hart und fühlt sich derb, fast fettig an. Diese Haarbeschaffenheit ist dem Leben im und am Wasser angepaßt, die gut gefettete Unterwolle läßt weniger Feuchtigkeit ins Fell eindringen als dies bei anderen Langhaarrassen der Fall ist. Trotz der äußeren Ähnlichkeit besteht kaum eine nähere Verwandtschaft mit dem St. Bernhardshund. Die Vorfahren des schwarzen Neufundländers waren mit europäischen Kaufleuten, Fischern und

Siedlern eingewanderte Pyrenäen- und Stöberhunde, die sich mit den einheimischen Labradorhunden vermischten. Sie wurden wahre Alleskönner, die den Wagen oder den Schlitten zogen, auf Entenjagd mitgeführt wurden und vor allem den Fischern halfen, ihre Netze einzuholen. Ja, sie zogen sogar die Boote ans Ufer. Die Liebe zum Wasser hat sich bis heute erhalten. Schon mancher Ertrinkende ist von einem Neufundländer sicher ans Ufer gezogen worden. Der berühmteste aus dem Wasser Gezogene war zweifellos Napoleon, der bei seiner nächtlichen Flucht von der Insel Elba nach Frankreich das Boot verfehlte. Der Hund, der ihn rettete, war ebenfalls kein gewöhnlicher Neufundländer. Schon 1804 hatte er seinem damaligen Herrn, dem Prinzregenten von England, einen vom französischen Gesandten verlorenen Brief überbracht und damit in die Weltgeschichte eingegriffen*. Durch Schenkung, Verkauf und Erbfolge war er mit einem Hauptmann nach Elba gelangt. Napoleon nahm beide nach Paris mit und der Neufundländer *»Boatswain«* kam wieder zum Prinzregenten nach England, der ihm nach seinem Tod ein Marmordenkmal in Windsor Castle erbaute. Doch bekannter noch wurde die Grabschrift des englischen Schriftstellers Lord Byron auf seinen Neufundländer, der ebenfalls »Boatswain« hieß.

»An dieser Stelle – Ruhen die Überreste eines Wesens – Das Schönheit besaß ohne Eitelkeit – Stärke ohne Übermut – Mut ohne Wildheit – Und alle Tugenden des Menschen ohne seine Laster – Dieses Lob wäre unwürdige Schmeichelei, – Wäre es über menschlicher Asche geschrieben – Nur ein gerechter Tribut ist es – Für das Andenken – Von Boatswain, einem Hund, – Der, geboren auf Neufundland 1803 – Zu Newstead Abbey am 18 November 1808 starb.«

Allem, was jung oder schutzbedürftig ist, gehört die Aufmerksamkeit der Neufundländer. Sie sind die geborenen »Kindermädchen«, arbeitswillig und geduldig, ruhig und gutmütig und doch recht tem-

* Auf einem Diplomatenempfang versuchte der englische Prinz vergeblich, den preußischen Gesandten zum Bündnis gegen Frankreich zu bewegen. Der Hund brachte den Brief, in dem Napoleon an den französischen Gesandten schrieb, daß eine Annäherung zwischen England und Preußen auf jeden Fall zu verhindern sei. Diesen Brief hatte der Gesandte im Nebenzimmer verloren. Das Bündnis gegen Frankreich wurde daraufhin wenige Wochen später unterzeichnet.

peramentvoll. Es macht ihnen großes Vergnügen, einen kleinen Wagen mit Kindern zu ziehen. Im Haus sind sie angenehme Familienmitglieder, doch sollte ihnen zur Entwicklung des Felles und weil sie Luft und Bewegung brauchen, ein größerer Garten zur Verfügung stehen.

Neben dem fast schwarzen Neufundländer existierte von Anfang an als Sonderform der weißschwarze *Landseer* (Abb. S. 245/10), nach dem englischen Tiermaler Sir Edwin Henry Landseer benannt. Mit seinem eckigeren Kopf, schwereren Lefzen und etwas kürzerem, weniger schlichtem Haar zeigt er nur geringe Unterschiede zum Neufundländer. Beide sind mit 65 bis 75 cm Schulterhöhe elegant-gedrungene, bärenhafte Kerle, bei aller Schwere recht beweglich. Keine Modeströmung konnte sie bisher schwächen. Ihre arbeitsamen Vorfahren auf Neufundland waren allerdings kleiner und wendiger. Beim schwarzen oder schwarzbraunen Neufundländer gilt ein kleiner weißer Fleck an Brust, Zehen oder Rutenspitze nicht als Fehler.

Aus einer Bernhardinerhündin und einem Landseer-Rüden züchtete der Stadtrat Heinrich Essig 1839 den *Leonberger* (Abb. S. 246/1). Dazu kam dann noch ein Einschlag vom Pyrenäenhund, um die Neuzüchtung weniger schwer und massig zu bekommen. Denn Essig wollte das Wappentier des kleinen württembergischen Städtchens Leonberg, den Löwen, möglichst ähnlich nachbilden. Deshalb wurden auch alle gefleckten Nachkommen ausgesondert und nur mit den einfarbigen, gelben bis rotbraunen, jeweils mit dunkler Maske, weitergezüchtet. Zehn Jahre dauerte es, dann war nicht nur das Ziel erreicht, eine neue schöne und imponierende Rasse geschaffen, sondern bereits ein Modehund für die Fürstlichkeiten entstanden. Der berühmte Hundezüchter war ein kluger Kaufmann: er verschenkte die schönsten seiner Hunde an die bedeutendsten Persönlichkeiten seiner Zeit, an Könige, Kaiserinnen und den Kanzler Bismarck. Um Publicity und weiteren Absatz brauchte er sich dann nicht mehr zu kümmern. 1400 Silbergulden zahlte die Kaiserin Elisabeth von Österreich, um zu ihren sechs gewöhnlichen den schönsten Leonberger zu erhalten, einen herrlichen »Silberwolf« von silbergrauer Farbe. Heute ist es um den Leonberger ruhiger geworden, wie um die meisten der sehr großen Rassen. Doch sein Bestand, der durch die beiden Weltkriege stark gelitten hatte, ist nicht mehr gefährdet.

Sein schlichtes bis leicht gewelltes Haar ist mittellang und weicher als das des Neufundländers oder Landseers. Sein Körperbau ist weniger massig, der Kopf nicht zu schwer, die Haut gut anliegend ohne Faltenbildung. Dadurch wirkt er weniger gewaltig als seine Vettern, obwohl er mit mindestens 70 cm Schulterhöhe zu den größten Hunden gehört. Er ist ein nicht leicht ermüdender Begleithund, anschmiegsam und lernwillig und, wie nicht anders zu erwarten, gutmütig und kinderfromm.

Viel älter, aber erst später als Rasse anerkannt, ist der *Hovawart* (Abb. S. 245/7), der als siebente Rasse in die Gruppe der deutschen Diensthunde aufgenommen wurde. Damit kann er also in den Dienst der Polizei, des Zolls und anderer Behörden eintreten. Erst in den 20er Jahren unseres Jahrhunderts wurde diese uralte deutsche Rasse offiziell registriert. Bis dahin lebte der Hovawart, dessen Vorfahr in einem 4000 bis 5000 Jahre alten Fund im Papenburger Moor im Oldenburgischen nachgewiesen wurde, recht unbeachtet als kräftiger Bauernhund, der Haus und Hof vor Dieben und Räubern behüten mußte. Sein Name, die altdeutsche Form für »Hofwart«, weist darauf hin. Bereits im 13. Jahrhundert beschrieb ihn Albertus Magnus und Heinrich Mynsinger zählte ihn 1473 in seinem »Puoch von den valken, habichten, sperbern, pfäriden und hunden« zu den fünf »edlen Hundearten«. Ein Hovawart hatte auch bei einem Überfall auf die väterliche Burg ein Bündel mit einem Kleinkind gerettet. Dieses Kind war Eyke von Repkow, der spätere Verfasser des berühmten mittelalterlichen Rechtsbuches, des Sachsenspiegels.

Der Hovawart ist ein schwerer, aber beweglicher Hund mit starker Bindung zum Menschen und ausgesprochenem Lernwillen. Er ist spätreif, das heißt er bleibt länger kindlich verspielt und gilt daher als lange aufnahmefähig. Doch besitzen auch andere, frühreife Rassen die Fähigkeit, bis ins hohe Alter zu lernen.

Seine Anerkennung als Diensthundrasse hat er den unermüdlichen Bemühungen seiner Züchter zu verdanken, die wirklich alles daransetzten, den vernachlässigten ländlichen Hofhund bekannt und geachtet werden zu lassen. Er hat es auch verdient. Allein schon sein stattliches Aussehen mit dem breiten, gewölbten Kopf flößt Respekt ein. Dabei ist der kräftige Hund nicht schwerfällig, sondern durch die gut gewinkelten Beine ein ausdauernder Läufer. Das schlicht gewellte Langhaar liegt gut an und ist nur üppiger am Hals und an der Rute. Als mutiger Kämpfer ist der Hovawart ein idealer Wächter für einsam liegende Grundstücke. Er ist ruhig und zuverlässig, gehorsam von Natur aus; das bei anderen scharfen Rassen auf die Dauer lästige »Nacharbeiten« des Gehorsams ist bei ihm kaum nötig. Er liebt einen ruhigen Herrn, der auch von ihm keine Blitzerfolge erwartet, sondern sein anschmiegsames Wesen richtig zu behandeln versteht. Mehr als irgendein anderer Diensthund will er erzogen und nicht dressiert werden. Er weiß auch seine Schärfe zurückzuhalten, wenn sie nicht unbedingt angebracht ist. Daß er den Kindern seiner Familie liebevoll zugetan ist, ergibt sich fast von selbst. Das derbe Haar mit wenig Unterwolle verlangt nicht viel Pflege und läßt das große Tier auch im Haus nicht unangenehm auffallen. Mit 55 bis 70 cm Schulterhöhe ist der Hovawart ein nicht gerade übergroßer, aber mit 25 bis 40 kg immerhin auch kein leichter Hund. Seine Farben: Schwarz, schwarzmarkenfarbig (entsprechend Schwarz mit Brand) und blond. Kleine weiße Abzeichen sind kein Fehler.

Zu den größten Hunderassen gehört neben dem Irischen Wolfshund die mehr als tischhohe *Deutsche Dogge* (Abb. S. 245/8). Mit einer der Schulterhöhe entsprechenden Rückenlänge verbinden die Doggen Kraft mit Eleganz. Die kurze Behaarung läßt die harmonische Körperform voll zur Geltung kommen. Der lange, trockene Hals ist schön geschwungen und kräftig, ohne Andeutung von Wamme, der markante Kopf schmal im Schädelteil. Voll, lang und kräftig ist der Fang mit den ausgeprägten Lefzen. Der Zahnschluß ist normal, nicht wie bei den meisten anderen Doggen vorbeißend. Die hochangesetzten Ohren werden gut lang und spitz zulaufend kupiert und tragen viel zu dem auffallenden Gesamtbild bei. Die kräftigen, trocken bemuskelten Läufe sind gut gewinkelt, die geschweifte Hängerute läuft spitz zu und reicht bis zu den Sprunggelenken. Das Haar ist sehr kurz, anliegend und glänzend.

So schwungvoll elegant erschienen die Vorfahren der Deutschen Dogge noch nicht, als sie von den Assyrern als Kampfhunde geschätzt und bereits an den Ohren gestutzt wurden. Diesem Eingriff waren alle diese Hunde zum Schutz gegen Verletzungen unterworfen. Wahrscheinlich brachten die Kelten die Doggen-Urahnen nach England und Irland, wo sie als »Bulldogs« bis heute beliebter sind als in irgendeinem anderen Land. Als »breitmäulige Hunde Britanniens« besiegten sie in den römischen Zirkusspielen zu Anfang des zweiten nachchristlichen Jahrhunderts die bis dahin ungeschlagenen *Molosserhunde,* die inzwischen in anderen Rassen aufgegangen sind. Obwohl viel früher doggenartige Kampfhunde an allen Fürstenhöfen zur Jagd auf Großwild gehalten wurden, läßt sich die Geschichte der Deutschen Doggen in lückenloser Reihe nur bis Anfang des 16. Jahrhunderts zurückverfolgen. Damals kamen von England her starke, hochläufige Hunde, Kreuzungen zwischen dem breiten Mastiff und den riesigen irischen Windhunden, den Irish Wolfhounds. Sie verbanden Kraft und Wendigkeit mit Ausdauer und Kampftrieb. Auf der Bären-, Wildschwein- und Hirschjagd waren sie von einem unglaublichen Draufgängertum, so daß sie zu ihrem eigenen Schutz in dickgefütterte, mit Fischbeinstäben verstärkte Panzer gesteckt werden mußten. Den Hals schützte noch besonders ein breites, eisenbeschlagenes Halsband. Neben der schlichten Arbeitsausrüstung besaßen die Lieblingshunde ihrer Herren fein verzierte, silberne Halsbänder, die auf manchen Burgen noch aufbewahrt sind. Als die Jagdgebräuche sich änderten und die Feuerwaffen die Hetzjagd mit der blanken Waffe verdrängten, wurde die Dogge zum reinen Liebhaberhund. Verwirrung in der Benennung kam auf, denn von *»Englischer Hund«* bis *»Ulmer«* und *»Dänische Dogge«* wurde diese Rasse oft recht wahllos bezeichnet. Als auf den ersten deutschen Hundeausstellungen 1863 und 1869 in Hamburg die Vielzahl der damals stark verbreiteten Hunde gesichtet wurde, stellte sich heraus, daß die vielen Farbschläge einer einzigen Rasse angehörten. 1878 wurde sie dann erstmalig in Berlin unter dem Namen »Deutsche Dogge« vorgestellt. Über hundert der riesigen Tiere kamen auf jeder Ausstellung zusammen, denn der »eiserne Kanzler« Bismarck zeigte sich nie ohne seine Doggen und machte die Rasse dadurch populär. Und für den Corps-Studenten gehörte die Dogge zum Studium – zum mindesten in der Karikatur der »Fliegenden Blätter«. Sie war damals ein leicht zu haltender Begleithund, dessen Platz- und Bewegungsbedürfnisse überall befriedigt werden konnten. Intelligent, zurückhaltend und selbstbewußt, war die Dogge auch ohne Abrichtung ein sicherer Schutz.

Die modernen Raumverhältnisse haben die Haltung sehr erschwert. Als Haus- und Begleithund gehört die Deutsche Dogge an die Seite ihres Herrn. Sie ist kein Zwingerhund. Im Haus muß sie so viel Raum um sich haben, um nicht bei jedem Freudenwedeln mit der Schwanzspitze anzuschlagen. Sie braucht viel Auslauf in frischer Luft, denn sie ist recht bewegungshungrig. Als intelligentes Wesen verlangt sie nach Beschäftigung und Teilnahme am Leben ihres Herrn; dann ist sie sehr zärtlich und anschmiegsam. Geduldig gegen die Kinder ihrer Familie, kann sie ihnen ein sicherer, aber auch scharfer Beschützer sein.

Eine Deutsche Dogge nur als Statussymbol zu halten, ohne ihren Bedürfnissen zu entsprechen, wäre Tierquälerei. In einer nur im Zwinger gehaltenen Dogge staut sich soviel unverbrauchte Energie, daß ihre Beherrschung nur sehr kräftigen Männern gelingt. Die Deutsche Dogge braucht keine Schutzhundausbildung oder Schärfedressur. Eine gute Erziehung genügt völlig, um ihre guten Anlagen zu entwickeln. Sie ist bei einem so großen Hund aber unbedingt nötig, denn Erziehungsfehler, die dem Schoßhündchen lächelnd nachgesehen werden, erreichen bei ihr andere Dimensionen. Eine Dogge sollte gekauft und erzogen werden, solange sie jung ist, die Mühe ist dann nur gering. Bei der Aufzucht eines so schnell wachsenden Tieres sollte der unerfahrene Besitzer sich auf jeden Fall vom Züchter oder dem Doggenklub beraten lassen. Das im Zeitraffertempo wachsende Doggenkind muß entsprechende Mengen qualitätvoller Nahrung bekommen, die erwachsene Dogge kommt im Vergleich zu ihrer Größe mit erstaunlich wenig Futter aus.

Die Deutsche Dogge wird in vielen Farben gezüchtet: Gelb, gestromt, Blau, Schwarz und weiß-schwarz gefleckt.

Schulterhöhe der Rüden mindestens 80 cm, 92 cm sind keine Seltenheit, Hündinnen mindestens 72 cm. Gewicht 50 bis 80 kg, Hündinnen weniger.

Der *Mastiff*, (Abb. S. 245/6), eine der ältesten britischen Rassen und ein Vorfahr der Deutschen Dogge, hat das Aussehen der alten Kampfhunde noch weitgehend behalten. Mit 70 bis 76 cm Schulterhöhe ist er kein allzugroßer, aber durch seine kompakte Körperform recht schwerer Hund, der es auf 75 kg und mehr bringt. Schon im 9. und im 12. Jahrhundert wird der Mastiff unter seinem jetzigen Namen in Gesetzen erwähnt. Da er kein Jagdhund war, muß er von den Förstern als Wachhund gehalten worden sein, denn die Jagd und der Besitz von Jagdhunden war das Vorrecht des Adels. Im Mittelalter wurde er zur

Bären-, Bullen- und sogar zur Löwenhetze abgerichtet. Der große, schwere Körper bringt viel Wucht mit. Die breit gestellten Läufe lassen ihn sicher stehen, aber nicht mit allzu viel Passion laufen. Der viereckige Kopf mit der gerunzelten Stirn, den kleinen Augen und den leicht herabhängenden Lefzen geben dem Tier einen mürrischen Ausdruck, der im Gegensatz zu seinem gutmütigen, ruhigen Wesen steht. Die kurze Schnauze ist breit und eckig. Die Zähne sollen aufeinander beißen oder leicht vorbeißen, sie dürfen bei geschlossener Schnauze nicht erkennbar sein. Die kleinen, V-förmigen Ohren, hochangesetzt, werden an den Wangen flach anliegend getragen. Die lange Rute hängt herab. Farben: Rötlichgelb und gestromt, auch Silber, immer mit schwarzer Nase.

Wenig kleiner und von ähnlichem Aussehen, hat der *Bullmastiff* auch Blut vom Englischen Bulldog. Er entspricht unserem Boxer und ist ein Wach- und Diensthund von gutmütigem Wesen.

Den Umweg über die englische Insel hat sich die *Bordeauxdogge* (Abb. S. 245/5) erspart. Von den frühen Kampfhunden abstammend, ist sie eine sehr alte französische Züchtung. Im Krieg gegen die Mexikaner und zum Sklavenfang soll sie vor nicht allzu langer Zeit noch auf Menschen gehetzt worden sein. Heute ist sie ein ruhiger, zuverlässiger Wach- und Begleithund, leicht zu erziehen und äußerst anhänglich. Sie ähnelt dem Mastiff, dessen Größe sie jedoch nicht erreicht. Der Hals hat mehr Wamme und der Unterkiefer beißt etwa einen Zentimeter vor. Das Haar ist kurz und etwas feiner als das des englischen Vetters. Die Farbe ist gelblich, rötlich oder gestromt, mit oder ohne schwarze oder rote Maske, mit schwarzer oder bei roter Maske mit brauner Nase. 58 bis 66 cm Schulterhöhe, 35 bis 45 kg Gewicht.

Es ist erstaunlich, daß gerade aus den alten Kampfhunden, den Bulldoggen, die liebenswürdigsten Haushunde geworden sind. Sie zeichnen sich nicht nur durch Gutmütigkeit aus, sondern sind als ruhige, wenig bellende kurzhaarige Tiere auch für die Stadtwohnung ideal. Der *deutsche Boxer* (Abb. S. 245/1) ist einer der häufigsten Dienst- und Polizeihunde, aber auch eines der unkompliziertesten Haus- und Familientiere. Seine Kinderliebe ist bekannt. Geduldig läßt er sich von seinen kleinen Schützlingen auch unsachgemäße Behandlung gefallen. Infolge seiner kurzen Behaarung, der kurz gestutzten Rute und den mittellang kupierten Ohren kann man ihn als äußerst

»pflegeleicht« bezeichnen. Robuste Nerven und Anpassungsfähigkeit machen den Boxer zu einem Hund für den Anfänger und für Familien mit Kindern. Der Name *»Boxer«* kam erst im vorigen Jahrhundert auf. Denn die alte Bezeichnung *»Bullenbeißer«* erschien den Liebhabern der damals ohnehin grundhäßlichen Rasse zu angsteinflößend. Als man den Mastiff auf alle möglichen Tiere, Bären, Büffel, wilde Schweine u. a. zu hetzen begann, bildeten sich verschiedene Hundeschläge heraus, die je nach der Tierart bezeichnet wurden, mit der sie kämpften. Zu einer so bedeutenden Volksbelustigung wie in England wurde das Bullenbeißen auf dem Kontinent jedoch nie. Hier hatte man wohl zu sehr mit richtigen Kriegen zu tun. Während der schwerere *Danziger Bärenbeißer* von der Bildfläche verschwand, fand der leichtere *Brabanter Bullenbeißer* seine Freunde, die ihn von seinem englischen Kollegen, dem *Bulldog*, getrennt züchteten und mit neuem Namen zu dem beliebten Haushund machen konnten. Die höchste Steigerung in diesem steilen Aufstieg war erreicht, als der Boxer *»Mathias«* am 4. April 1943 vor versammelter Truppe geehrt wurde, denn er hatte 17 deutschen Soldaten das Leben gerettet.

Im Aussehen hat sich der Bullenbeißer früherer Jahrhunderte recht gewandelt. Geblieben ist ihm – noch – als Erinnerung an die Zeiten, wo sie im Kampf immer verletzt wurden, das Kürzen der Ohren. Es wäre schade, wenn dieser Hund durch ein Kupierverbot in seinem Aussehen verändert und in seiner Verbreitung eingeschränkt würde. Bedeutsamer als eine einmalige, schmerzlos durchführbare äußerliche Operation ist für einen Hund eine gute, verständnisvolle Behandlung sein ganzes Leben lang. Gegen frühere Generationen ist dem Boxer alles Schwammige weggezüchtet, der ganze Hund »trockener« geworden. Die derbe Haut umspannt straff die festen Muskeln vom harmonisch geschwungenen Hals über den straffen, kurzen Rücken, die tiefe ovale Brust bis zu der festen Hinterhand. Das Wichtigste ist der Kopf mit dem typischen Gesichtsausdruck. Die Haut soll auch hier ohne starke Falten aufliegen. Triefaugen und allzu schwer hängende Lefzen kommen heute nicht mehr vor. Der Stirnabsatz ist deutlich ausgeprägt, die Spitze der verkürzten Schnauze liegt etwas über der Nasenwurzel. Die breiten Kiefer tragen die Schneidezähne in einer geraden Reihe, wobei der Unterkiefer vorbeißt. Bei geschlossenem Fang dürfen weder die Zähne noch die Zunge zu sehen sein.

Dunkelhirschrote Färbung ist erwünschter als gelbe. Daneben gibt es gestromte Boxer. Weiße Abzeichen sind gestattet. Sie kommen häufig vor, dürfen aber nicht mehr als ein Drittel der Grundfarbe ausmachen. Eine dunkle Maske soll sich auf die Schnauze beschränken. Die früher erlaubte Scheckenzeichnung mit weißer Grundfarbe ist heute ebensowenig erlaubt wie rein schwarze oder weiße Färbung. Schulterhöhe 54 bis 63 cm, Gewicht 20 bis 32,5 kg.

So elegant und schlank wie der Boxer ist, so niedrig und breit ist die *Englische Bulldogge,* (Abb. S. 245/4), obwohl sie Vettern und zugleich Arbeitskollegen sind. Sie wurden zunächst von den Fleischern zum Bändigen der Stiere verwendet, in England aber bereits seit 1199 zur Volksbelustigung. William Earl of Warren hatte so viel Spaß gehabt, als die Hunde zwei kämpfende Bullen auseinander und durch die ganze Stadt trieben, daß er diese Kämpfe als jährliches Vergnügen einführte. Damit die angriffslustigen Hunde nicht zu leicht auf die Hörner genommen werden konnten, wurden sie so breit und niedrig wie möglich gezüchtet. Nach dem Verbot der Bullenhetzen 1835 ließ die ungewöhnliche Beliebtheit des Bulldogs nicht nach. Er wurde zum Nationalhund, dem alle guten englischen Eigenschaften nachgesagt werden. Ruhiges, angeboren gutes Benehmen, Zurückhaltung, Treue, Ausdauer, Gutmütigkeit und ein ausgeglichenes Gemüt harmonieren vollständig mit seiner Umwelt, solange alles in der Ordnung ist. Im Ernstfall aber tritt die sprichwörtlich gewordene Wachsamkeit in Erscheinung, und ohne viel Bellen zeigt der *Bulldog,* was er mit seinem starken, breiten Gebiß halten kann. Seine Freunde sagen: Einmal eine Bulldogge – immer eine Bulldogge. Das einzige, was er nicht vertragen kann, ist Hitze in engen geschlossenen Räumen, vor allem im Auto.

Der birnenförmige Körper hängt zwischen enorm breitgestellten geraden und sehr kräftigen Vorderläufen, so daß der Stand von vorn gesehen breiter als hoch erscheint. Entsprechend breit gewölbt ist die Brust. Der gebogene Karpfenrücken läuft, schmaler werdend, in die tief angesetzte kurze, sich schnell verjüngende Rute aus. Der imposante Kopf mit scharfem Stop ist schwer und faltig und sitzt auf einem kurzen, dicken Hals. Der mächtige, überragende Unterkiefer ist nach oben gebogen. Dennoch sollen aber die hängenden Oberlippen das Gebiß vollständig bedecken. Die tiefliegenden Augen sind nach vorn gerichtet, in einer Linie mit dem Nasenansatz. Nur die hochangesetzten kleinen Rosenohren sind dünn und nach hinten umgeschlagen. Das feine, anliegende kurze Haar ist dünn, die lose Haut mit viel Unterhautbindegewebe gibt zusätzlichen Kälteschutz. Die Farbe ist weiß, rötlich, gelb oder gestromt, einfarbig oder Weiß mit Flecken oder Platten. Nur reines Schwarz, auch in Verbindung mit Weiß, ist unerwünscht. Das rollende Gangwerk gibt dem schwerfällig wirkenden Tier eine erstaunliche Beweglichkeit und kann ihn recht temperamentvoll sich austoben lassen.

Bei einer Schulterhöhe von 40 bis 45 cm ist der Gewichtsspielraum mit 16 bis 33 kg erheblich, erwünscht sind 20 kg für Hündinnen und 22,5 kg für Rüden.

Eine echte Bulldogge im Kleinformat ist der *Bully,* die *Französische Bulldogge* (Abb. S. 245/2). Sie ist kein Zwerghund im eigentlichen Sinn, sondern von untersetzter, gedrungener Gestalt mit starken Knochen und gut bemuskelten Läufen. Immerhin ist sie klein genug, um überall ihren Platz zu finden, und genügsam in allen ihren Ansprüchen. Vor allem ist sie kein Kläffer. Die Rüden zeigen den Bulldoggentyp stärker ausgeprägt als die zierlicheren Hündinnen, die einen etwas längeren Rücken haben dürfen, der für das Züchten vorteilhafter ist. Wie bei der Englischen Bulldogge geht die breite, tiefe Brust bei leicht aufgezogenem Bauch in einen schmaleren, lendenwärts ansteigenden Karpfenrücken über. Die muskulösen Hinterläufe sollen etwas höher sein als die breit gestellten, geraden Vorderbeine, die Pfoten derb mit kräftigen Zehen. Die tief angesetzte kurze Rute ist dick an der Wurzel. Korkenzieher- und Knotenruten sind häufig. Der breite, eckige Kopf mit flachem Schädel und Stirnfurche hat eine äußerst stark verkürzte Nase mit fast rechtwinkligem Stop mit großen offenen Nasenlöchern. Durch die kurzen Nasengänge kann es leicht zu hörbaren Atemgeräuschen kommen. Auch beim Bully dürfen weder Zähne noch Zunge blitzen, das heißt bei geschlossenen Lefzen sichtbar sein. Charakteristisch sind die großen, an der Spitze abgerundeten Fledermausohren, die aufrecht getragen werden und so weit auseinanderstehen, daß sie den Kopfausdruck beherrschen. Die Haut am Kopf liegt lose faltig auf, am Körper ist sie eher dick, so daß trotz des feinen kurzen Haares die Französische Bulldogge gar nicht empfindlich ist. Die Farbe ist dunkel gestromt oder gescheckt, rein weiße Hunde müssen dunkle Lefzen und Lidränder haben. Fehlerhaft bei allen Farben sind helle Augen, pigmentlose Stellen an den Lefzen oder dem Nasenspiegel, Kehlwamme und schlechtes Gangwerk.

Durch sein originelles verträgliches Wesen ist der Bully ein Hund für jeden Menschen, der ihn an seinem Leben teilnehmen lassen will. Sehr anpassungsfähig, fügt er sich in jede Umgebung ein und tobt sein Temperament und seine Spiellust notfalls auf engem Raum aus, wenn niemand längere Spaziergänge mit ihm unternehmen kann. Er ist ein bequemer, aber kein langweiliger Hund und spielt geduldig mit den Kindern seiner Familie. Sein liebenswürdiges Benehmen darf aber nicht täuschen: gegen Fremde kann er recht unangenehm werden, wenn sie unberechtigt das Haus oder Grundstück betreten. Seine Wachsamkeit ist gut ausgeprägt, auch wenn sie nicht lautstark und lange demonstriert wird. Daß auch diese kleinen Bulldoggen halten, was ihre Zähne packen, mußte vor einigen Jahren ein kleines Mädchen schmerzhaft erfahren. In Abwesenheit der Züchterin trat es zur Futterzeit mit der Aushilfsbetreuerin zu mehreren Bullies in den Zwinger. Durch dieses Zusammentreffen mehrerer Faktoren wurde das Kind von den sonst friedlichen Hunden übel zugerichtet.

Junge Bullies sind ganz bezaubernd, man sollte sie so jung zu sich holen, daß man nicht um den Reiz ihrer Kindheit kommt. Ihre Zucht ist nicht einfach, da durch ein enges, oft auch verwachsenes Becken mit Wurfschwierigkeiten gerechnet werden muß. An die Zucht sollte sich nur wagen, wer in kurzer Zeit sachverständige Hilfe hinzuholen kann.

Schulterhöhe 35 bis 40 cm, Gewicht 7 bis 14 kg, erwünscht 11 kg für Rüden und 10 kg für Hündinnen.

Als schlankeres Gegenstück zum Bully könnte man den *Mops* (Abb. S. 245/3) ansehen. Doch stammt er nicht von den alten Bulldoggen ab, sondern wurde wahrscheinlich aus China erst relativ spät eingeführt. 1543 brachte ein türkischer Flottenverband den kleinen Hund zusammen mit anderen Geschenken nach Toulon, später führten holländische Seeleute Möpse über die baltischen Häfen nach Westeuropa ein. Die weite Landstrecke aus ihrer fernöstlichen Heimat hatten sie als

Sennen-, Treib- und Schäferhunde. 1 Appenzeller Sennenhund, 2 Entlebucher Sennenhund, 3 Berner Sennenhund, 4 Großer Schweizer Sennenhund, 5 Rottweiler, 6 Deutscher Schäferhund, 7 Groenendael, 8 Welsh Corgi, 9 Briard, 10 Sheltie (Shetland Sheepdog), 11 Collie

1
2
3
4
5
6
7
8
9
10
11

1
2
3
4
5
6
7
8
9
10
11
12
13
14

Schoßhunde von Tartaren zu Pferd zurückgelegt. In der orangegelben holländischen Nationalfarbe in den Niederlanden, als Schoßhund am englischen Königshof und als Tröster einsamer Damen war er jahrhundertelang überall zu Hause. Napoleon gestattete seinem Mops »*Monsieur Fortuné*« alles und freute sich, wenn dieser den Kammerherren an die Waden und den Damen zwischen die Röcke fuhr. Doch plötzlich war es aus mit der Beliebtheit des ehemals so verwöhnten Hundes. Königin Victoria konnte 1855 in ganz England keinen mehr auftreiben. Man glaubte ihn schon ausgestorben, da erlebt er in der Gegenwart einen neuen Aufschwung. Den hat er auch verdient, denn über die lange Schoßhundzeit hinweg hat er sich seinen klaren Hundeverstand bewahrt. Mit seiner Hilfe hat sich einer der wenigen Möpse über Krieg und Nachkriegszeit gerettet. »*Raudi*« lief viele Kilometer weit in die Eppendorfer Krankenhausküche, um seine Rundungen nicht zu verlieren. 15 Jahre alt und noch mopsfidel verunglückte er tödlich.

Der Mops ist kein eigentlicher Schoßhund, sondern ein recht stabiler kleiner Begleithund, der durch seine geraden, gut unter den Leib gestellten Läufe und seinen strammen, geraden Rücken ausdauernd laufen kann. Alles Extreme anderer doggenartiger Hunde fehlt ihm. Der gedrungene stämmige Körperbau ist nicht plump, die Schultern sollen gut anliegen. Bei breiter Front soll sich der Rücken nicht stark verjüngen. Gut geschlossene Katzenpfoten sollen immer dunkle Nägel besitzen. Der kurze, dicke Hals hat reichlich Kehlwamme, der Kopf ist rund und groß, die kurze Schnauze ist gerade und abgestumpft, nicht aufgebogen. Das dunkle, runde Auge ist sehr groß und eher vorstehend, das kleine schwarze Knopfohr ist dünn und nach vorn überfallend. Die glatte Rute wird möglichst doppelt geringelt über dem Rücken getragen. Das Haar ist kurz, dicht und weich glänzend. Der Mops ist immer einfarbig, ohne weiße Abzeichen, silbergrau, sandfarben mit schwarzer Gesichtsmaske und Aalstrich oder ganz schwarz.

Der kleine Hund ist anspruchslos und robust, seine Erziehung und Haltung bereitet nicht die geringsten Schwierigkeiten. Mehr noch als

Bracken, Lauf- und Schweißhunde. 1 Dalmatiner, 2 Deutsche Bracke, 3 Bayrischer Gebirgsschweißhund, 4 Bloodhound, 5 Hannoverscher Schweißhund, 6 Schweizer Laufhund, 7 Foxhound, 8 Beagle, 9 Dachsbracke, 10 Berner Niederlaufhund, 11 Basset, 12 Kurzhaarteckel, 13 Langhaarteckel, 14 Rauhhaarteckel der Bully ist er ein Hund für jeden, denn er muß nicht unbedingt viel laufen, kann es aber. Er ist gesund und kann ein hohes Alter erreichen, wenn nur eine Bedingung erfüllt ist: Er darf nicht überfüttert werden. Das geschieht bei einem gedrungen gebauten Hund leichter als bei einem von Natur aus schlanken.

Die Schulterhöhe darf 32 cm, das Gewicht 7 kg nicht überschreiten.

Hirtenhunde

Nahe verwandt mit den Doggen und meist auch von gleicher Abstammung sind die Hirten- und die Sennenhunde. Die Aufgabe der Hirtenhunde liegt im Schutz der Herden vor menschlichen und tierischen Räubern. Daher sind sie durchweg mindestens mittelgroß und von kräftigem Körperbau, um den Angreifern genügend Masse entgegenzusetzen. Als reine Arbeitshunde zeigen sie keine extremen Körperformen oder Proportionen. Sie besitzen entweder ein üppiges Fell oder ausgeprägtes Zotthaar, das sie nicht nur vor allen Witterungseinflüssen, sondern vor allem vor den Zähnen ihrer Gegner schützt. Um sie nachts von Wölfen unterscheiden zu können, wird die weiße Farbe bevorzugt. Von den unzähligen geografischen Rassen haben nur wenige Eingang in die Liebhaberzucht gefunden und sind zu echten Haushunden geworden. Andere Rassen sind reine Gebrauchshunde geblieben, die vom Schäfer am Strick geführt und nur bei Gefahr losgelassen werden. Ihre Zucht richtet sich weniger nach äußeren Merkmalen als nach der Gebrauchstüchtigkeit.

Die beiden großen *Ungarischen Hirtenhunde* Komondor und Kuvasz gehören zwei getrennten Rassen an, wenn sie auch die gleiche Funktion als Beschützer gegen großes Raubwild wie Wölfe und Bären ausübten. Daneben wurde der *Kuvasz* (Abb. S. 246/4) am ungarischen Königshof für Hofjagden auf Rot- und Schwarzwild gehalten. Später war er allgemein als Wachhund über das ganze Land verbreitet. Bei uns ist der große weiße Hund nicht selten zu sehen, er fällt überall durch seine imposante Erscheinung mit dem schneeweißen, leicht gewellten üppigen, wenn auch nicht langen Haar auf. Am Kopf und an der Vorderseite der Läufe ist er kurz, an der Rute buschig behaart.

Seine Pflege ist nicht aufwendig und macht den Hund salonfähig. Als Schutz- und Begleithund hat sich der Kuvasz viele Freunde erworben, denn er bietet auch ohne weitere Ausbildung einen guten Schutz. Es muß ihm eine sorgfältige Erziehung schon in der Jugend zuteil werden, da nur mit ihr ein so großes, kräftiges Tier zu beherrschen ist.

Der eher lange Kopf hat nur geringen Stop, die Schnauze verjüngt sich allmählich und ist stumpf abgeschnitten. Die fest schließenden Lippen bedecken straff das Scheren- oder Zangengebiß, ihr Pigment ist dunkel. Die hoch angesetzten V-förmigen, hängenden Ohren stehen leicht vom Kopf ab. Die mittelgroßen Augen sollen möglichst dunkel sein, Lidränder und Nase immer tiefschwarz. Da das Nasenpigment sich erst einige Tage nach der Geburt ausfärbt, schieben die Kuvasz-Züchter die nötige Reduzierung der meist recht starken Würfe solange hinaus. Der große kräftige Körper ist harmonisch gebaut. Im Interesse der Erhaltung einer uneingeschränkten Gebrauchstüchtigkeit sollte der Kuvasz nicht zu sehr auf Größe gezüchtet werden, da sonst, wie auch beim Bernhardiner, leicht die Grenzen der Leistungsfähigkeit überschritten werden. Die Schulterhöhe beträgt für Hündinnen mindestens 60 cm, für Rüden 65 bis 75 cm und darüber. Auch größere Tiere sind bekannt. So erreichte *Axel vom Zollerhof* mit 81 cm Doggengröße. Mit 2 1/2 Jahren wog er 60 kg. Die meisten anderen Kuvasz müssen mit 35 bis 45 kg zufrieden sein.

Den *Komondor* (Abb. 246/5) sieht man seltener als Begleiter von Tierfreunden. Das ist kein Wunder, denn durch seinen Haarpanzer ist er kein Hund für die Wohnung. Vom Wesen her schließt er sich nicht weniger an den Menschen an als andere Rassen. Sein weißes Zotthaar verfilzt dermaßen, daß kein Wolfsgebiß die Haut erreicht. Vom Kopf bis zur Rute ist er gleichlang verhangen, und man kann die Form des Kopfes nur ahnen. Vorn und hinten ist oft nicht auf den ersten Blick zu unterscheiden. Alles absterbende Haar bleibt im Fell hängen und verfilzt zu großen, mehrere Zentimeter dicken Placken. Für die Puszta ist dies eine ideale Behaarung, denn der Komondor sah nie ein Dach über dem Kopf und bekam selbst seine Jungen im Freien. Für die Liebhaberzucht praktischer sind die Komondore mit dem schnürenartigen Zotthaar, weil sie sich wenigstens soweit sauberhalten lassen, daß die Haut erreichbar ist, sei es, um nötigenfalls Insektenpulver zu verteilen oder auch nur, um mehr Luft an den eigentlichen Hund herankommen zu lassen. Die Schnüre wie das verfilzte Zotthaar, die Pusztabehaarung, werden von der Unterwolle gebildet und sind Veranlagungssache. Unerwünscht sind »zerkämmte« Komondore, doch das sich immer wieder verfilzende Haar läßt sich ohnehin meist nur für Stunden auseinanderbringen. Nie darf ein zotthaariger Hund geschoren werden, denn es dauert mindestens fünf Jahre bis die bodenlange Behaarung voll ausgebildet ist. Die bei der Herde arbeitenden Hunde müssen allerhand Wolle beim Durchstreifen durch Dornensträucher lassen, so daß sie meist weniger üppig behangen sind als ihre städtischen Brüder. Das Haar läßt sich verspinnen und zu Kleidungsstücken verarbeiten, die kaum kaputtzukriegen sind.

Was aus dem Komondorsäugling werden wird, sieht man schon früh. Die glatthaarigen Welpen bekommen breite Platten, die kraushaarigeren eher Schnüre. Die Komondorkinder sind lebhaft und lange verspielt, die erwachsenen Tiere werden zuverlässige und scharfe Wächter und Schutzhunde.

Schulterhöhe 60 bis 75 cm, Hündinnen sollen mindestens 55 cm hoch sein. Je größer, desto geschätzter sind diese Hunde.

Puli und *Pumi,* die anderen »Ungarischen Hirtenhunde«, werden ihrer Zugehörigkeit nach bei den Schäferhunden aufgeführt. Züchter und Hundeklubs betreuen sie mit Kuvasz, Komondor und Pyrenäenhund zusammen.

Es gehört ein geschulter Blick dazu, um den Kuvasz vom *Pyrenäenhund* (Abb. S. 246/3) zu unterscheiden. Doch ist der aus den Pyrenäen stammende Hirtenhund noch stämmiger mit etwas derberem Kopf. Während der Kuvasz rein weiß sein muß, darf der Pyrenäenhund um Behänge, Augen und Rutenansatz »Dachshaar«-farbene Flecken haben. Meist ist auch er reinweiß. In Deutschland ist der Pyrenäenhund sehr selten, im Gegensatz zu den USA, wo seine Zucht einen großen Aufschwung genommen hat. Schulterhöhe mindestens 65 cm.

Es ist mehr oder weniger Glückssache und Zufall, welche anderen *Hirtenhunde* aus ihrer ländlichen Abgeschiedenheit in die Hand des Liebhaberzüchters geraten. Je weiter im Osten die Schläge beheimatet sind, desto geringer wird ihre Aussicht, im städtischen Hundesport eine Rolle zu spielen. Am bekanntesten in Westeuropa, wenn auch noch nicht in Deutschland, ist der italienische *Bergamasker Hirten-*

hund (Abb. S. 246/6), ein urwüchsiger, zotthaariger Bursche. Er kommt in allen möglichen Grauschattierungen vor, aber nicht in Weiß, so daß er nicht mit dem Komondor verwechselt werden kann.

Dem Pyrenäenhund ähnlich ist der weiße *Maremmenhund* der zentralitalienischen Abruzzen mit einem Eisbärkopf. Seine Hinterläufe sind häufig recht steil gestellt, wie bei den ebenfalls weißen osteuropäischen Hirtenhunden. Von sicher abgrenzbaren Rassen ist schwer zu sprechen. Die Hunde werden nicht nach äußeren Merkmalen, sondern nur nach ihrer Gebrauchsqualität gezüchtet. Dabei auftretende und sich dann weitervererbende Familien- und Stammeseigentümlichkeiten waren wohl mehr zufällig. *Tatra-Hunde, Liptaks* und die verschiedenen *Oftscharka*-Schläge sind solche Gebrauchshunde größeren Wuchses. Interessant ist der *Kurdische Steppenhund* mit seiner besonders stelzigen Beinstellung. Seine Ohren werden gestutzt, um angreifenden Wölfen kein Angriffsziel zu bieten.

Sennen- und Treibhunde

Von der Abstammung und auch vom Äußeren her können die Sennen- und Treibhunde ihre Doggenverwandtschaft nicht leugnen. Da sie aber in der Schweiz und in Süddeutschland in weniger von Großwild gefährdeten Gegenden verwendet wurden, schlossen sie sich mehr dem Menschen an, denn ein stark ausgeprägter Schutztrieb war nicht mehr nötig. Durch die Eigenarten der Landschaft mußten sie sich dafür intensiver darum kümmern, daß ihre Herden auf den ihnen vorgeschriebenen Wegen und Weiden blieben. Schon früh bildete sich die überall auf der Welt geübte Arbeitsteilung heraus: die kleineren Hunde trieben und hüteten die Herden, die großen dienten dem Schutz und der Bewachung.

Bei aller Stämmigkeit sind die Sennen- und Treibhunde lebhaft, beweglich und leicht zu erziehen. Durch ihre Intelligenz können sie gut unterscheiden, wann Schärfe angebracht ist und wann nicht. Sie »denken« erst, bevor sie beißen.

Bis ins Altertum läßt sich der *Rottweiler* (Abb. S. 263/5) zurückverfolgen. Immer war er ein geschätzter Arbeitshund, der im Laufe seiner Geschichte manche Berufsumschulung mit Erfolg bestand.

Schwäbische Ritter schätzten den mit den römischen Truppen ins Land gekommenen kräftigen Hund so sehr für die Jagd auf wilde Bären, daß die Zahl der Rottweiler sich stark vergrößerte. Weil es aber im Schlafzimmer der hohen Herrn und überall auf den Fürstenhöfen auch von den *»edlen Doggen«*, den Ahnen der Deutschen Dogge, wimmelte, wurden die Bärenhunde auf dem Lande bei Bauern und Hirten einquartiert. Gesetze regelten die ausreichende Fleischfütterung der großen Tiere, und schwere Strafen waren angedroht, wenn die Hunde nicht in bester Verfassung zur Jagdgesellschaft gebracht wurden. Die armen Bauern, die selbst kaum einen Bruchteil des Fleisches im Topf hatten, das der Rottweiler in die Schüssel bekommen mußte, benutzten ihn dafür als eigene Arbeitskraft, zum Viehtreiben und Wagenziehen. Als es mit der Bärenjagd vorbei war, blieben die Hunde als Herden- und Metzgerhunde bei dieser Tätigkeit. Durch ihre gehörige Körperkraft trieben sie die Viehtransporte sicher über Land und wurden mit den stärksten Bullen fertig. Noch mehr Verantwortung trugen sie auf dem Rückmarsch, denn im breiten Halsband war ihnen die Kasse anvertraut. Sie ließen weder Räuber heran noch vertranken sie das Geld in der Kneipe. Sammelplatz und Markt für die Herden war das württembergische Städtchen Rottweil, das den Hunden den Namen gab. Als die Viehtransporte mit der Eisenbahn schneller voran gebracht wurden, sattelte der Rottweiler wieder um. Diesmal waren es Hamburger Polizeibeamte, die noch rechtzeitig seine Vielseitigkeit entdeckten, denn die Zucht war so zurückgegangen, daß in der Patenstadt nur noch eine einzige Hündin aufzutreiben war. 1910 wurde der Rottweiler als vierte Diensthundrasse anerkannt und eingesetzt. Bei seiner Kompaktheit steht er den anderen Polizeihundrassen an Gewandtheit nicht nach, bringt aber mehr Wucht und Gewicht mit. Dadurch wird er zum besonders gefürchteten Wach- und Schutzhund. Im Haus ist er ruhig und gutmütig gegen Kinder. Er ist sauber und braucht zur Bewegung am besten täglich eine halbe Stunde ruhigen, mittelschnellen mäßigen Trab neben dem Fahrrad. Als Ziehhund wird er heute kaum mehr eingesetzt, nachdem er lange Zeit den Metzger-Lieferwagen gezogen hat. Das kurze, derbe Stockhaar mit reichlich Unterwolle gibt ihm keinen schlechteren Kälteschutz als manches Langhaarfell. Die Farbe ist immer schwarz mit rotbraunen Abzeichen an Fang, Brust, Läufen und über den Augen. Der breite Kopf mit ausgeprägtem Stirnabsatz und korrektem Scherengebiß sitzt auf einem aufrechten starken Hals, der breite Rumpf mit strammem Rücken endet in die waagrecht getragene kurze Stummelrute. Die Schulterhöhe des Rüden liegt zwischen 60 und 68 cm, sein Gewicht zwischen 50 und 60 kg, Hündinnen sind entsprechend kleiner.

Die Schweizer Nachkommen der alten Metzgerhunde, die *Schweizer Sennenhunde,* haben sich vor gut 150 Jahren in vier Sennenhundrassen gegliedert. Allen eigen ist das Zeichnungsmuster des schwarzen Felles mit rostroten Abzeichen (Brand), weißer Schnauze und Blesse, weißer Brust, Pfoten und Rutenspitze. Weißer Nackenring und Halsfleck sind gestattet. Der Kopf ist leichter und trockener als bei den Doggen und beim Rottweiler, der Körper kräftig gedrungen mit gut gewinkelten Läufen und dreieckigem Hängeohr.

Derb-stockhaarig, ist der *Große Schweizer Sennenhund* (Abb. S. 263/4) mit 60 bis 70 cm Schulterhöhe ein kräftiger Gebrauchshund, der sich als Begleit- und Wachhund, als Zughund und bei der Armee bestens bewährt. Zuchtziel ist ein ausdauerndes federndes Gangwerk, das ihn im Schritt und im Trab besser als jedes andere Tier im bergigen Gelände Wagen von angemessener Größe ziehen läßt. Auf den Almen schützt er Frauen und Kinder so gründlich, daß er keine Berührung durch Fremde zuläßt – getanzt werden darf in seiner Gegenwart mit seiner Herrin schon gar nicht.

Kaum kleiner, aber durch sein reiches schlichtes Langhaar ein auffallend schönes Tier, hat der *Berner Sennenhund* (*Dürrbächler,* Abb. S. 263/3) auch außerhalb seiner Schweizer Heimat viele Freunde gefunden. Er ist dabei, vom ländlichen Zug- und Gebrauchshund zum angenehmen ruhigen Begleithund zu werden, der den Kindern ein liebenswürdiger und geduldiger Spielkamerad ist. In der Wuchsform gleicht er dem Großen Schweizer Sennenhund; wie er, trägt er die Rute lang und gerade hängend.

Der mittelgroße kurzhaarige *Appenzeller Sennenhund* (Abb. S. 263/1) ist ein wendiger und ausdauernder Treib- und Herdenhund, wie man keinen besseren findet. Er arbeitet völlig selbständig, treibt das Vieh zum Melken und sucht versprengte Tiere. Er jagt nicht und ist so verträglich, daß auf den Viehmärkten bei 40 bis 50 Hunden alles auch ohne Leine ganz friedlich zugeht. Der Hundeforscher und Maler Strebel wunderte sich über die vielen kastrierten Hunde auf diesen

Märkten. Ihm wurde geantwortet, das würde die Tiere beim Haus halten und fetter werden lassen. Damals – das ist noch keine hundert Jahre her – soll man die Tiere noch gegessen haben. Und *Hundefett* galt seit jeher als Mittel gegen Schwindsucht, eine Annahme, die die moderne Medizin als Aberglauben abtut. Der Appenzeller ist sehr gelehrig und sieht mit seiner auf dem Rücken getragenen gerollten Rute lustig aus. Außerhalb der Schweiz sieht man ihn selten. Schulterhöhe 48 bis 58 cm.

Auch die kleinste der vier Schweizer Sennenhundrassen, der 40 bis 50 cm hohe *Entlebucher Sennenhund* (Abb. S. 263/2), ist kaum außerhalb der Schweiz anzutreffen. Er gleicht dem Appenzeller, von dem er sich außer in der geringeren Größe durch eine angeborene Stummelrute unterscheidet. Er ist ein sehr gelehriger kleiner Mehrzweckhund, der es wegen der fehlenden Jagdpassion wert wäre, eine weitere Verbreitung als Wachhund zu finden.

Von den übrigen Treibhunden wurde nur der in Flandern und Nordfrankreich gezüchtete Schlag, der *Bouvier des Flandres,* in die Sportzucht übernommen und auf Ausstellungen herausgebracht. In Deutschland ist er so gut wie unbekannt, doch das kann sich von einem Tag zum anderen ändern, wenn der struppige Hund auch von deutschen Hundefreunden entdeckt wird. In seiner Heimat ist er längst vom ländlichen Viehtreiber zum Schutz- und Polizeihund befördert worden und wird in der internationalen Liste der Diensthunde von der FCI (Fédération Cynologique Internationale) geführt. Die Ohren werden zum aufrechtstehenden Dreieck gestutzt, auch die Rute auf 10 cm gekürzt. Die Farben des rauhhaarig-zerzausten Hundes: braune, graue und Pfeffer-und-Salz-Töne. Schulterhöhe etwa 60 cm.

Schäferhunde

Die große Zahl der Schäferhundrassen entspricht ihrer Bedeutung, die sie als Gehilfen der Hirten hatten. Schäferhunde sind gestreckter und schmaler, mit längerem und schmalerem Schädel als Hirten- und Treibhunde. Sie sind eine Gruppe für sich und leisten auch als reine Hütehunde, meist von Schafen, eine andersartige Tätigkeit, bei der weniger Kraft als Ausdauer, Gewandtheit und selbständiges Handeln gefragt sind. Zum Schutz der Herden wurden in Gegenden mit großem Raubwild die Hirtenhunde am Strick mitgeführt. Die Schäferhunde dagegen liefen immer frei, sie trugen oft ganz allein die Verantwortung. Lange Jahrhunderte lebten sie recht unbeachtet auf dem Lande, bis sich erst spät, aber um so gründlicher der Hundesport ihrer annahm.

Obwohl der *Deutsche Schäferhund* (Abb. S. 263/6 und S. 317) bereits im 7. Jahrhundert in alemannischen Gesetzen erwähnt wird, tauchten erst 1882 zwei Schäferhunde in Hannover auf einer Ausstellung auf. Bis 1899 waren es im ganzen nur zehn, die sich auf allen deutschen Ausstellungen zeigten, während die Zahl der Deutschen Doggen und St. Bernhardshunde auf jeder einzelnen Schau über Hundert betrug. Das geringe Ansehen, das die Schäfer wegen ihrer als Teufelskunst verrufenen Arzneikunde und wegen der oft nebenbei betriebenen »unehrlichen« Abdeckerei genossen, wurde auch auf ihre Hunde übertragen. Erst als sich Rittmeister von Stephanitz der Rasse annahm und 1899 den Verein für Deutsche Schäferhunde gründete, begann ein unvergleichlicher Aufstieg. 1901 wurde das erste Preishüten durchgeführt und im gleichen Jahr die Verwendung im Polizeidienst angeregt. Heute stellt der Deutsche Schäferhund nicht nur bei weitem die meisten Polizeihunde in Deutschland, er ist hier auch der am häufigsten gehaltene Haushund überhaupt. Damit nicht genug, der »SV« – der »Verein für deutsche Schäferhunde« – ist die größte Züchterorganisation für eine einzige Hunderasse auf der ganzen Welt.

Über 42 000 Deutsche Schäferhunde nahmen aktiv an beiden Weltkriegen teil. Sie waren so unvergleichlich in ihren Leistungen, daß seitdem überallhin in der Welt, wo Heereshunde gebraucht werden, die Deutschen Schäferhunde geholt werden. Der berühmteste Schäferhund war *»Rintintin«*. Als Welpe war er kurz vor Ende des ersten Weltkrieges von dem amerikanischen Fliegerleutnant Lee Duncan in einem verfallenen Unterstand gefunden worden. Er benannte ihn nach einer französischen Glückspuppe und einem Schlager und nahm ihn mit nach Amerika. Dort machte Rintintin eine märchenhafte Karriere in Hollywood mit einer Wochengage von 500 Dollar. Der erste Film »Ruf des Nordens« spielte bereits eine Viertelmillion Dollar ein. Nach einer langen Starlaufbahn starb Rintintin, bis heute unvergessen, im Alter von 14 Jahren in Hollywood.

Ein Tier, das so intelligent und durch so viele Generationen auf Leistung gezüchtet ist, läßt sich nahezu überall einsetzen, als Fährtenhund, im Lawinensuchdienst, als Blindenführhund, als Begleiter von Wachleuten und in vielen Spezialfällen. Es muß aber, mehr noch als andere Rassen, eine Aufgabe und eine vorzügliche Ausbildung erhalten. Ein Schäferhund ist zu schade, um nur irgendwo herumzuliegen, er würde verkümmern, ließe man seine geistigen Fähigkeiten ungenutzt. Auch wer ihn nur zur eigenen Freude hält, bildet ihn am besten auf dem Übungsplatz des Vereins aus. Er kann dann die Schutzhundprüfungen I bis III oder die Prüfung als Fährtenhund ablegen. Der Schäferhund ist ein Männerhund, ein Tier mit seiner Schärfe ist nichts für eine weiche Damenhand.

Das Äußere hat sich in den Jahren der Hochzüchtung recht verändert. Der langgestreckte, kräftige Hund mit dem glänzenden Stockhaar, den natürlichen Stehohren und der langen, buschig behaarten Rute soll möglichst nicht über 60 cm hoch sein. Großer Wert wird auf strammen Rücken und gutes Gangwerk gelegt. Den heranwachsenden Schäferhund läßt man daher viel im Trab laufen, weniger galoppieren. Der Junghund stellt die Ohren erst mit vollendetem Zahnwechsel sicher auf, solange kann die Spitze noch vornüber kippen. Die beliebteste Färbung ist Gelb mit schwarzem Sattel. Es gibt aber auch schwarze, graue, rotbraune, wolfsfarbene, seltener weiße Schäferhunde mit dunklen Platten.

Neben den beliebten stockhaarigen Schäferhunden kommen selten rauhhaarige mit Bart vor und der länger behaarte *Altdeutsche Schäferhund*. Nur bei ihm ist die reinweiße Farbe erlaubt.

Die drei Schläge der *deutschen Hütehunde* kann man wirklich nur bei der Schafherde antreffen. Sie sind geblieben, was sie seit Jahrhunderten waren, Helfer der Hirten, die nur nach ihren Hüteleistungen beurteilt werden.

Am größten von ihnen und recht gestreckt ist der *Pommersche Hütehund*, ein schlicht langhaarig weißes Tier mit kleinen dreieckigen, in der Erregung etwas angehobenen Hängeohren.

Wenig kleiner und gedrungener ist der *Schafpudel*, ein zotthaariger Hund mit etwas schwereren Behängen, meistens reinweiß, aber auch gelegentlich von anderer Farbe.

Vielleicht der häufigste bei der Schafherde laufende Hund ist der

Hütespitz oder *Schäferspitz*. Mittelgroß und gedrungen mit kleinen Stehohren mit abgerundeter Spitze, unterscheidet er sich von den echten Spitzen durch die stumpfere Schnauze ohne Stop und die abwärts getragene Rute. Sein straffes Stockhaar bildet am Hals eine üppige Mähne, beliebteste Farbe ist weiß, aber auch gelbe Abzeichen sind erlaubt.

Zu den *Englischen Schäferhunden* gehört der *Bobtail* (Abb. S. 246/7 und 301). »*Old English Sheepdog*« ist die offizielle Bezeichnung dieses zottigen Tieres, doch der kurze Name Bobtail ist einfacher und setzt sich mehr durch. Die Welpen werden meist nur mit einem winzigen Schwanzstummel geboren. Ursprünglich kupierte man allen englischen Sheepdogs die Schwänze, doch dann züchtete man vorwiegend mit den Hunden weiter, die diese Prozedur nicht nötig hatten. Denn für stummelschwänzige Viehtreiberhunde brauchte keine Steuer gezahlt zu werden. Sie sollten angeblich weniger wendig sein und dadurch nicht zum Wildern neigen. Die verbreitete Meinung, daß der Bobtail aus einer Kreuzung mit zottigen kontinentalen Hirtenhunden entstanden sei, kann nicht bewiesen werden. Wie bei vielen alten Gebrauchsrassen sind die überlieferten Unterlagen dürftig. Der Bobtail gilt als ein besonders unempfindlicher und gutmütiger Hüte- und Treibhund und wird daher heute oft seinem schottischen Vetter – dem Collie – vorgezogen. Diese Gutmütigkeit hat ihm auch unter den städtischen Hundefreunden viele Anhänger verschafft, denn er ist ein leicht erziehbarer, liebevoller Familienhund, ruhig im Haus und geduldig gegen Kinder, dabei ein zuverlässiger Wächter. Wie alle Schäferhunde, ist er sehr intelligent und anpassungsfähig. Mit seiner Schulterhöhe von ungefähr 56 cm ist er weniger groß als ihn sein reiches Haar erscheinen läßt. Seine alten Züchter wollten ihn nicht zu groß, um Futter zu sparen und weil die kleineren Tiere ausdauernder sind als die Übergrößen. Das zottige Haar ist nicht gekräuselt, verfilzt daher nicht. Es darf, ja es soll sogar fleißig gebürstet werden, auch gegen den Strich. Nur einen zu engen Kamm darf man nicht nehmen, um die Unterwolle zu schonen. Der große, eckige Kopf mit ausgeprägtem Stirnabsatz ist so gut vom Haar verhangen, daß die Augen wie durch einen Vorhang blicken. Auch die kleinen Hängeohren verschwinden ganz im Fell. Alle Schattierungen von Grau und Blaumeliert (bluemerle) kommen vor, mit oder ohne weiße Abzeichen.

Die Nase ist immer schwarz, das Auge darf bei blauen Tieren heller, ein sogenanntes Glasauge sein. Fehlerhaft sind gelbe und braune Felltöne und ein langer, schmaler Kopf.

Noch vor seinem deutschen Kollegen schaffte der *Collie*, der *schottische Schäferhund* (Abb. S. 263/11), den Sprung zum Modehund. Damit war eine erstaunliche Wandlung im Äußeren verbunden. Wir können auch genau verfolgen, wie es dazu kam. Die ersten Vorfahren kamen aus Island, im 16. Jahrhundert sollen sie in Schottland sehr zahlreich gewesen sein. Wie die auch heute noch bei der Herde arbeitenden Tiere, waren sie damals alle derber im Haar, gedrungener im Körperbau und mit viel breiterem, ursprünglicherem Schädel. Durch Einkreuzen von Gordonsettern und schließlich sogar von russischen Windhunden wurden die Collies schmaler, mit schwebendem Gang und bekamen ihr typisches Gesicht mit gerader Profillinie und einem sehr schmalen, langen Schädel, der dem des Barsoi so sehr ähnelt. Diese äußerliche Veredelung berührte aber das Temperament und Wesen nicht. Auch die modernen eleganten Collies besitzen noch die Urwüchsigkeit, fast Wildheit ihrer Väter, die im rauhen Klima des schottischen Hochlandes nahezu selbständig große Herden hüteten. Eine alte Geschichte erzählt von einem solchen *»Island dog«*, der seine Schafe 30 Meilen weit hütete. Als der Besitzer die Herde an einen Käufer in der Nähe dieser Weidegründe verkaufte, wurde abgemacht, daß der Hund gut gefüttert und zu seinem Herrn zurückgeschickt werden sollte. Dem sparsamen Schotten gefiel aber das kluge Tier so gut, daß er es festhielt, um es an sich zu gewöhnen. Doch ein Collie läßt sich ungern zwingen. Er machte sich nach einigen Tagen frei und ging auf den Heimweg – nicht ohne seine Schafe wieder mitzubringen.

Der Schottische Schäferhund ist ein Individualist geblieben, ein Tier für den Menschen, der einen Freund und Partner sucht. Natürlich läßt er sich erziehen wie jeder Hund, er muß auch erzogen werden, doch braucht er Freiheit, viel Bewegung und etwas Eigenleben. Dann kann er auch auf anderen Gebieten Höchstleistungen vollbringen, wie eine Colliehündin, die im ersten Weltkrieg die meisten Auszeichnungen von allen Sanitätshunden erhielt.

Das dichte, möglichst harte Haar mit reichlich Unterwolle braucht regelmäßige Pflege – dazu gehören neben Bürste und weitzinkigem

Kamm viel Luft und Bewegung. Die hängende Rute mit leicht aufgebogener Spitze darf nicht über dem Rücken getragen werden. Seine drei Farbschläge sind *Gold-sable* (Goldbraun), *Tricolor* (Schwarz-rot und weiß) und *Bluemerle* (Taubenblau, schwarzmarmoriert mit braunen und weißen Abzeichen). Die reiche Halsmähne sollte weiß sein. Auch Brust, Pfoten und Rutenspitze sind meistens weiß. Das Auge ist dunkel, nur beim Bluemerle Collie ist das hellblaue *»Glasauge«* erlaubt. Durch den schlanken Körperbau wiegt der 51 bis 61 cm hohe Hund nur 18 bis 30 kg.

Die kleinen Ohren werden in der Ruhe zurückgelegt, sonst aufrecht mit überkippender Spitze nach vorn gerichtet. Sie dürfen weder zu schwer noch spitz aufgerichtet sein.

Der kurzhaarige Collie unterscheidet sich nur durch das dichte, ganz kurze Haar vom langhaarigen. Er wurde seit jeher dort vorgezogen, wo das Klima weniger rauh ist. Als Haus- und Begleithund ist er wenig, in Deutschland gar nicht verbreitet.

Der *Bearded Collie* mit kleinem Bärtchen ist nur eine Spielart des kurzhaarigen.

Die kleinere Ausgabe des Collie, der *Sheltie* genannte Schäferhund der Shetlandinseln (*Shetland Sheepdog*, Abb. S. 263/10), hütet in seiner Heimat die Zwergschafe. Durch das Fehlen von andersrassigen Einkreuzungen ist er etwas ursprünglicher geblieben mit eher fuchsartigem Gesichtsausdruck. Er ist ein Kleinhund mit allen Vorzügen seines großen Bruders. Mit 30 bis 35 cm Schulterhöhe ist er auch für die Stadt geeignet.

Der kleine *Welsh Corgi* (Abb. S. 263/8) war als Schäferhund den Waliser Farmern schon vor tausend Jahren bekannt. Woher er eigentlich kam, weiß man nicht. Immerhin war er sehr geschätzt, denn die Gesetze Howels des Guten, des Königs von Südwales (er regierte 943–950), sahen Strafen für Diebstahl oder Tötung eines *Corgis* vor, die dem Wert eines Stieres entsprachen. Seine fehlende Höhe mußte er durch Schlauheit und Energie ausgleichen. Zum Unterschied von anderen Schäferhunden arbeitet er als *Fesselbeißer*. Er setzt sich bei Ponys und Rindern durch, indem er sie in die Beine kneift.

Bis 1928 waren die Corgis nur in Wales bekannt. Durch königliche Protektion wurde er zu einem der englischen Lieblingshunde. Denn seit ihrem ersten Corgi, den sie als Kind von ihrem Vater bekommen hatte, sind es die bevorzugten Begleithunde der englischen Königin Elisabeth II. geblieben. In Deutschland wird der Corgi langsam bekannter. Er fügt sich überall ein, ist unempfindlich und genügsam, ruhig, leicht zu erziehen, doch sehr wachsam und selbstbewußt. Der Corgi paßt aufs Land wie in die Großstadt. Seine Pflege beansprucht kaum Zeit. Das kurze bis mittellange Stockhaar liegt glatt an. Breite, große Stehohren beherrschen den fuchsartigen Kopf. Der kurze Hals und der lange Rumpf werden von sehr kurzen, stämmigen Beinen getragen.

Zwei Schläge werden unabhängig voneinander gezüchtet; sie sollen auch verschiedenen Ursprungs sein. Der *Cardiganshire Welsh Corgi* soll der ältere sein, er ist länger im Rücken, auch größer und schwerer mit mäßig langer Rute. Alle Farben außer Reinweiß sind erlaubt. Der *Pembrokeshire Welsh Corgi* kommt *schwanzlos,* höchstens mit einem Stummelschwanz auf die Welt. Er ist einfarbig rot, schwarzrot, rehbraun, *sable* (braungrau), einfarbig oder mit weißen Abzeichen an Kopf, Hals und Brust. Schulterhöhe bis 30 cm, Gewicht 9 bis 12,7 kg.

Obwohl er vom Klub der Ungarischen Hirtenhunde betreut wird, ist der *Puli* (Abb. S. 246/8) ein Schäferhund, dem das Hüten der Herde zukommt. Temperament, Gewandtheit und Mut gehörten zu seinem Beruf, denn er hatte es nicht nur mit Schafen, sondern auch mit Pferden und Rindern zu tun und mußte die Stiere von den übrigen Rindern getrennt halten. Durch Sprung und Festbeißen in den Nüstern, dem einzig empfindlichen Körperteil der ihm weit überlegenen Tiere, mußte er sich Respekt verschaffen. Mißlang ihm das, so konnte es ihm selbst an den Kragen gehen.

Obwohl das verfilzte Zotthaar dem des Komondors gleicht, sind die beiden nicht miteinander verwandt. Der Puli dürfte aus dem Innern Asiens, wahrscheinlich aus Tibet, stammen. Bei uns ist der originelle, knapp mittelgroße Hund ein lebhafter, liebenswürdiger Hausgenosse. Er hat sich auch bei den Hirten beliebt gemacht, weil seine natürliche Veranlagung zum Hüten nur geringer Anleitung bedarf. Die kleinen Pulis kommen pechschwarz auf die Welt, das erwünschte Grau oder Rötlichschwarz erscheint recht spät, oft erst im zweiten Lebensjahr. Der Puli darf nie geschoren werden, denn es dauert ohnehin viele Jahre, bis das Haar in langen Strähnen oder Platten das ganze Tier gleichmäßig bedeckt. Bei der Hündin wird durch das Werfen und die Aufzucht der Jungen das ganze Fell abgehaart. Deshalb hatte der Hamburger Pulizwinger »vom Trautenfels« mehrere Jahre lang auf Nachzucht aus seinen besten Hundedamen verzichtet, um sie 1956 zur Weltsieger-Ausstellung mit einer wirklich Aufsehen erregenden Haarfülle vorzustellen.

Um die Pulis für eine Haltung in der Wohnung erträglich zu machen, reißt man in geduldvoller Prozedur schon beim Junghund das Haar von der Spitze der sich bildenden Zotten so auf, daß sich statt der großen Haarplacken gleichmäßig dicke Schnüre bilden. Ein so gepflegtes Tier kann mit einer Bürste vorsichtig entstaubt werden, die Schnüre dürfen jedoch nie ausgekämmt werden. Auch für den Hund selbst ist diese Behaarung angenehmer als die großplackige Pusztabehaarung, weil wenigstens etwas Luft bis zur Haut dringen kann. Ein so stark behaartes Tier darf nicht im geheizten Raum schlafen. Es muß aber immer eine Unterlage zum Liegen haben. Schlafen auf Zementboden würde auch bei ihm Rheumatismus und Nierenkrankheiten hervorrufen, auch das Haar würde abbrechen.

Vom kurzen Kopf mit geringem Stop und den V-förmigen Behängen ist wenig zu sehen. Der Puli versteht es, durch den Vorhang vor seinen Augen die Welt zu beobachten. Die Rute wird hängend oder über dem Rücken getragen, angeborener Stummelschwanz kommt vor. Die Schulterhöhe beträgt 40 bis 45 cm für Rüden, 35 bis 40 cm für Hündinnen, das Gewicht 8 bis 17 kg. Grobe Fehler sind offenes Haar, langer, schmaler Kopf, Hasenpfoten, Scheckung und weiße Abzeichen.

Sehr nahe verwandt mit dem Puli ist der *Pumi*. Er ist etwas größer und lebhafter und vor allem durch seine Neigung zum Bellen lauter als der Puli. Er wird nur wenig von Hundeliebhabern gehalten. Der Hals ist eleganter, das Haar meist kürzer, der Schwanz wird kupiert. Die aufrechtstehenden, an der Spitze gekippten Ohren geben ihm ein lustiges Aussehen. Schulterhöhe 40 bis 50 cm.

Die Schäferhundrassen unserer westlichen Nachbarn sind bei uns noch rechte Raritäten. In ihren Heimatländern haben sie sich wie der Deutsche Schäferhund ihren Platz als Wach- und Begleithunde errungen. So dürfte es nur eine Frage der Zeit, vielleicht auch des Zufalls sein, bis sie auch auf unseren Straßen zu sehen sind.

Die *Belgischen Schäferhunde* ähneln dem Deutschen Schäferhund sind aber kürzer im Rücken. Nach der Behaarung unterscheidet man den tiefschwarzen, langstockhaarigen *Groenendal* (Abb. S. 263/7), den langstockhaarigen rot-schwarzgewolkten *Tervueren* mit seiner schwarzen Maske, den kurzstockhaarigen *Malinois;* er ist gelb mit schwarzer Maske und leicht gewolkt, und den gelben, rauhhaarigen *Laeken*

Von den *französischen Schäferhunden* haben sich die originellen aussehenden am stärksten durchgesetzt. Besonders beliebt wurde der *Briard* (Abb. S. 263/9), der Schäferhund von Brie. Durch sein langes gewelltes *»Ziegenhaar«* mit starkem Bart und gut behaarten Stehohren die auch gestutzt sein können, zeigt er fast Hirtenhundtyp. Im Körperbau ist er als echter Schäferhund beweglicher und mit 56 bis 68 cm Schulterhöhe nicht ganz so groß wie die Hirtenhunde. Wenn außer weiß auch alle Farben erlaubt sind, so werden doch die dunklen Töne vorgezogen. Sein französischer Name: *Berger de Brie.*

Wegen seines längeren und weicheren Haares wird der *Pyrenäen-Schäferhund* als aparter Haushund gern gehalten. Auch er hat Bart und stehende Ohren, eine lange kupierte oder Stummel-Rute. Seine Farbe ist Fahlrot oder Grau mit weißen Flecken an Brust und Pfoten.

Ein kurzhaariger Schäferhund mit kupierten Ohren und langer Hängerute ist der *Bauceron (Berger de Beauce).* Seine Farben: Schwarz, Schwarz mit Brand, Rot, Grau. Schulterhöhe 61 bis 70 cm.

Reine Arbeitshunde und nicht in Liebhaberhand sind die *Australischen Schäferhunde:* der höhere leichte, stockhaarige *Kelpie*-Schlag und der kleine, zotthaarige *Barb*-Schlag.

Bracken, Lauf- und Schweißhunde

Die *Jagdhunde* im engeren Sinn, die hängeohrigen Rassen, gehen auf den mitteleuropäischen *Aschenhund, Canis familiaris intermedius Woldrich,* zurück. Er hat sich höchstwahrscheinlich aus dem Hund der Bronzezeit vor 8000 Jahren entwickelt, der als vierbeiniges Mädchen

Vorstehhunde. 1 Pointer, 2 Englischer Setter, 3 Irish Setter, 4 Gordon-Setter, 5 Weimaraner, 6 Deutsch Kurzhaar, 7 Deutsch Drahthaar, 8 Deutsch Langhaar, 9 Kleiner Münsterländer, 10 Großer Münsterländer

1
2
3
4
5
6
7
8
9
10

1
2
3
4
5
6
7
8
9
10
11
12
13
14
15
16
17
18
19

für alles mit einer neuen Schafrasse bei Ausgrabungen in der Oase Anau südöstlich des Kaspischen Meeres auftauchte. Er ist auch der Urahn der Schäferhunde. Verwandtschaftliche Bande zu den auf Sicht hetztenden Windhunden, die damals meist stehohrig waren, werden vermutet. Im alten Ägypten gab es schon 1000 Jahre vor den ersten mitteleuropäischen Jagdhunden ganz ähnliche hängeohrige Rassen. Es ist durchaus möglich, daß sich an mehreren Stellen der Welt hängeohrige, mit der Nase die Fährte des Wildes haltende *Jagd- und Laufhundrassen* gleichzeitig entwickelten.

Schon frühzeitig bildete sich die bewährte Arbeitsteilung auf der Jagd heraus. Die jagenden Rassen hielten die Fährte lauthals und ausdauernd, bis das Wild ermattete. Dann traten die schnelleren *Hetzhunde* in Aktion, die mit Hilfe ihrer Augen dem Wild auf den Fersen blieben. Lautgeben war bei ihnen nicht nötig, denn die Jäger folgten ihnen zu Pferde auf diesem letzten, kürzeren Teil der Jagd. Für den Hundefreund sind die Jagdhunde von unterschiedlichstem Interesse. Als Haus- und Begleithunde eignen sich einige Rassen vorzüglich, andere wieder nicht im geringsten. Es kommt ganz darauf an, welcher Hund das Glück (oder auch Pech) hatte, als Modehund stärker in das Blickfeld der Sportzüchter zu geraten. Dann wurde bei der Zucht die größte Bedeutung der Anpassungsfähigkeit an das menschliche Leben beigemessen. Die jagdlichen Qualitäten mußten naturgemäß darunter leiden. Deshalb sind Rassen von Mode-Jagdhunden, wie zum Beispiel die Bassets, für die Jagd nicht mehr unbedingt brauchbar. Wenn sie dadurch auch ihrer ursprünglichen Aufgabe beraubt wurden, so handelten sie sich doch einen ganz entscheidenden Vorteil ein: Sie laufen nicht mehr Gefahr auszusterben. Für den städtischen Hundefreund sind dies ideale Hausgenossen. Die reinen *Jagdgebrauchshunde* gehören dagegen besser in Jägerhand.

Stammvater der meisten mit der Nase jagenden Hunde ist die alte *Keltenbracke, Canis segusius.* Dieser lateinische Name ist bis heute in

Stöber- und Apportierhunde, Pudel und Pudelartige. 1 Wachtelhund, 2 Golden Retriever, 3 Springer Spaniel, 4 Labrador Retriever, 5 Cocker Spaniel, 6 Clumber Spaniel, 7 Amerikanischer Cocker, 8 Cavalier King Charles Spaniel, 9 Toyspaniel (King Charles), 10 Papillon, 11 Peking Palasthund, 12 Japan Chin, 13 Großpudel (Standardschur), 14 Kleinpudel (Karakulschur), 15 Zwergpudel (Modeschur), 16 Tibetspaniel, 17 Bologneser, 18 Malteser, 19 Lhasa Apso, 20 Shi Tzu

Segugio, dem Namen für den italienischen Laufhund, erhalten geblieben. Die Bezeichnung *Bracke* ist erst 200 Jahre alt; sie entstand aus den Kosenamen »Berachio« = kleiner Bär oder »barmbacco« = Schoßhund. Die ursprüngliche *Meutenjagd* mit Bracken kann heute kaum mehr ausgeübt werden. Denn zu ihr benötigt man ausgedehnte Niederwildreviere, wie sie selten zur Verfügung stehen. Wesentlicher dürfte sein, daß die modernen Jäger die *Treibjagd* vorziehen, bei der Aussicht auf eine größere Strecke, also auf mehr erlegte Hasen besteht.

Für das Wild ist die *Brackenjagd* eine sehr schonende Art der Bejagung. Die Schützen werden am Stand angestellt und müssen warten bis die jagende Meute den Hasen vor die Flinte treibt. Da sich alle Hunde auf ein einziges Stück Wild konzentrieren, kann jeweils nur ein Schütze zu Schuß kommen. Das Wild kommt aber mit Sicherheit zur Strecke; es wird nicht krank geschossen, ohne gefunden zu werden und alle anderen Tiere bleiben verschont. Für den Jäger ist allerdings die aus der Brackenjagd entstandene *Parforcejagd* abwechslungsreicher. Diese Art mit der Meute zu jagen hat in England und Frankreich besonders viele Anhänger gefunden. Sie ist heute eher ein Höhepunkt des Reitsports als echte Jagd.

Aus den alten »*Wildbodenhunden*« – der Name besagt, daß mit der Nase auf dem Boden das Wild aufgespürt wird – entwickelten sich die Laufhunde, die Schweißhunde und die niederläufigen Bracken, deren bekannteste Vertreter die Teckel sind. Die eigentlichen Bracken sind in ihrer Heimat nur noch in wenigen Resten erhalten. Dagegen läßt sich auch nichts unternehmen, denn als reine Meutenjagdhunde gehören sie ausschließlich in die Hand des Jägers, der sie ihrer Veranlagung entsprechend halten und führen kann.

Die schlanken *Deutschen Bracken* (Abb. S. 264/2) sind von gestrecktem Rechteckformat mit trockenem Kopf ohne viel Stirnabsatz und mit langen Behängen. Sie sind etwa 40 cm hoch, kurzhaarig oder kurzstockhaarig. Nach ihren Verbreitungsgebieten unterscheidet man die dreifarbige *Holzbracke* oder *Westfälische Bracke,* auch *Sauerländer* oder *Olper Bracke* genannt. Einfarbig oder mit wenig weißen Abzeichen sind die kräftigen *Holsteiner Bracken* die Stammeltern der skandinavischen Stöver-Hunde geworden. Es war früher üblich, ihnen die Anfangsbuchstaben des Herrn oder des Gutes ins Fell zu brennen, da die Hunde mehrerer Besitzer in einer Meute jagten. Auch die *Haid-*

bracke oder *Hannoversche Bracke* lebt nur noch in umgezüchteten Nachkommen weiter, vor allem im *Hannoverschen Schweißhund.* Sie ist rötlich mit weißer Blesse und Halsring. Schwarz mit gelben Marken und weißen Abzeichen ist (oder war?) die zierliche *Steinbracke* der Ruhrgegend.

Die österreichische *Brandlbracke,* schwarz mit rotem Brand, ist als Schweißhund und meist auch mannscharfer Begleiter des Gebirgsjägers weniger vom Aussterben bedroht als die deutschen Rassen. Nahe mit ihr verwandt ist die *Tiroler Bracke,* bei der auch rote Färbung und weiße Abzeichen vorkommen. Dagegen dürfte die rauhhaarige *Keltenbracke* in den letzten Jahrzehnten ausgestorben sein.

Ob die *Dachsbracke* (Abb. S. 264/9) als eine Übergangsform zum Teckel oder eine Kreuzung mit ihm anzusehen ist, muß offen bleiben. Der wie ein großer, hochläufiger Teckel aussehende Hund hat seine Anhänger vorwiegend unter den Gebirgsjägern, die ihn wegen seiner mittellangen geraden Läufe und seiner Wendigkeit als kleinen Gebrauchshund schätzen. In die Hand der Liebhaber ist er nur wenig gelangt. Wer ihn auf der Straße sieht, wird ihn kaum richtig einstufen.

Mit besonderer Liebe hatten sich die Schweizer Hundesportler der *Schweizer Laufhunde* angenommen und sie dadurch nicht nur bekannter werden lassen als viele andere verwandte Brackenabkömmlinge, sondern auch ihren zahlenmäßigen Bestand gesichert. Das ist kein Wunder, handelt es sich doch um besonders elegante Tiere von schlankem Körperbau, die das Wild stundenlang lautjagend verfolgen können. Der tief hinten angesetzte lange Behang wird gefaltet getragen, das dichte kurzhaarige (selten stockhaarige) Fell liegt ohne Wamme straff an. Ihr Übergang von den derberen ursprünglichen Rassen ist im schwereren Schlag des *Jura-Laufhundes,* dem *»St. Hubert«,* noch vorhanden. Dieser bedächtige intelligente Hund wird gern als Schweißhund eingesetzt. Er ist, wie auch sein leichterer Vetter, einfarbig rot oder schwarz mit gelbroten Abzeichen, ein weißer Fleck auf der Brust ist erlaubt. Weiß mit gelben oder roten Platten sind die eigentlichen *Schweizer Laufhunde* (Abb. S. 264/6), Blauschimmel mit schwarzen Platten die *Luzerner Laufhunde* und dreifarbig, Weiß mit Schwarz und Rotgelb, die *Berner Laufhunde.*

Aus diesen Rassen wurden tiefer gestellte vielseitig verwendbare Jagdhunde von kräftigem Körperbau und 30 bis 38 cm Schulterhöhe gezüchtet. Ihre Farbvarianten entsprechen denen der höher gestellten Rassen und werden entsprechend als *Jura-Niederlaufhund, Schweizer Niederlaufhund, Luzerner* und *Berner Niederlaufhund* (Abb. Seite 264/10) benannt.

Wie die Schweizer Laufhunde, sind die *Französischen Bracken* die nächsten und direkten Nachkommen des alten *Bracco celticus*. Sie werden in ihrer Heimat nicht als *»braques«* bezeichnet, sondern einfach als »chien« oder *»chien courrant«*, also als Hund schlechthin oder als Laufhund. Ihre Blütezeit erlebten sie unter Ludwig XV. Doch dann ging es ihnen als den Aristokraten unter den Hunden an den Kragen. Während der Französischen Revolution wurden sie von den Bauern getötet, wo sie nur entdeckt werden konnten. Nur ganz wenige Tiere, die durch entstellende Verstümmelungen ihrer Schönheit beraubt worden waren, konnten dem Massaker entgehen. Aus diesen Resten wurden dann Stämme gezogen, die die höfischen Ahnen an Schönheit noch übertrafen. Heute gibt es sieben kurzhaarige große Rassen mit zwei rauhhaarigen Schlägen, sechs kleinere und leichtere, aber immer noch hochläufige Rassen mit drei Rauhhaarformen und vier niederläufige Bassetrassen. Daneben existieren als eigene Züchtungen Laufhunde, die mit englischen Hunden vermischt wurden.

Von den großen Laufhunden ist der *St.-Hubert-Hund* der bekannteste. Den Römern war er als *»Belgischer Hund«* bekannt. 698 übernahm die Benediktinerabtei St. Hubert die alten heidnischen Kulthunde mit aller jagdlicher Überlieferung. 1000 Jahre lang stellten die Mönche dem französischen Königshof die Elitehunde. In dieser Zeit wurden sie Stammväter vieler europäischer Lauf- und Schweißhunde, nicht zuletzt auch des englischen Bloodhounds. Der St.-Hubert-Hund ist derber und gedrungener als die meisten anderen französischen Laufhunde, gut mittelgroß mit sehr langen, gefalteten Behängen und loser Haut an Stirn, Backen und Lefzen. Das kurze Haar ist schwarzrot oder rot bis gelbrot. Die Feinheit seiner Nase ist unübertroffen. Vom Charakter her ist er verträglich, anpassungsfähig und feinfühlig und – wie könnte es bei einer solch exquisiten Abstammung anders sein – sehr klug.

Mit 50 bis 56 cm Schulterhöhe sind die *Kleinen Französischen Bracken* immer noch recht ansehnliche Tiere. Zu klein durften sie auch nicht sein, denn das Jagen neben dem berittenen Jagdtroß stellt an sie ziemliche Anforderungen. Eine der zauberhaftesten Rassen ist der *Porzellanhund (Chien Porcelaine)*, elegant und bei einer Größe von 53 bis 58 cm doch fast zierlich, mit feinem glänzendem schneeweißem Fell mit orangefarbenen Flecken.

Bereits im 14. Jahrhundert werden die *Bassets* erwähnt, niederläufige französische Jagdhunde, die in Meuten und einzeln gehalten wurden. Heute ist der Basset (Abb. S. 264/11 und 227) dabei, ein Modehund zu werden. Er kommt nicht auf dem direkten Weg aus seiner französischen Heimat zu uns, sondern aus England, und auf diesem Weg wurde sein Name in *Basset Hound* anglisiert. Zur Jagd sind die modernen Tiere mit schwerem Körper auf kurzen, kräftigen, häufig auch krummen Läufen jedoch kaum mehr einzusetzen. Ihre Besitzer loben die »träge Lebendigkeit«, die zusammen mit dem geringen Laufbedürfnis und einem verträglichen Charakter den Basset auch wirklich zu einem leicht zu haltenden Begleiter des Stadtmenschen machen. Sein kurzes Haar beansprucht wenig Pflege, seine Konstitution ist recht robust. Wenn er erst mehr gezüchtet wird, kann er sogar zu einem »Anfängerhund« werden. Der lange Schädel mit faltiger Haut und tiefangesetzten Behängen, den großen Augen mit dem etwas herabhängenden unteren Augenlid gibt ihm ein melancholisch-gutmütiges Aussehen. Der Hals soll ohne oder mit geringer Wamme in den langen Rücken mit leicht aufgezogener Lendenpartie übergehen. Die derbe Haut mit dem kurzen aber nicht feinen Haar bildet auch an den Läufen ein bis zwei Falten. Schulterhöhe 26 bis 36 cm; Farben Weiß mit Gelbrot oder Weiß mit Gelbrot und Schwarz.

Neben dem *Normannischen Basset* werden in ihrer Heimat noch weitere kurz- und auch rauhhaarige Bassetrassen gezüchtet und neben der Jagd auch als Haushunde von liebenswürdigem Wesen gehalten.

Besonders elegant wirkt der *Segugio*, der einzige italienische Laufhund. Das harte, kurze Haar liegt straff auf der trockenen Muskulatur auf, die feinen Ohren sind wie bei allen Laufhunden so lang, daß sie bis zur Nasenspitze reichen. Schulterhöhe 48 bis 58 cm; Farben Mattbraun, Mattschwarz oder Dreifarbig.

Schon lange hat sich der *Dalmatiner* (Abb. S. 264/1) von der Jagd zurückgezogen. Er verlor die Jagdpassion, behielt jedoch sein Bewegungsbedürfnis als Laufhund. Obwohl er – soweit es die Überlieferung erkennen läßt – praktisch ohne Einkreuzungen gezüchtet wird, hat er viele Namen bekommen: *Bengalische Bracke, Türkischer, Italienischer* oder *Französischer Hund* und schließlich vor hundert Jahren in England *coach-dog*. Auf 4000 Jahre alten griechischen und ägyptischen Abbildungen sind Hunde dargestellt, die dem Dalmatiner gleichen, und ganz ähnliche Hunde jagten noch vor 100 Jahren in der Meute in Indien. Im Mittelalter waren sie in Italien so sehr beliebt, daß sie als Verkörperung des Katholizismus in englischen Karikaturen erschienen. Vom Laufhund wechselten sie dort in das Fach des Vorstehhundes hinüber. Und in Dalmatien wurden sie als »Kriegshunde« an der Grenze gegen türkische Übergriffe eingesetzt. Bei dieser Vielseitigkeit und dem auffallenden Äußeren waren sie auch bevorzugte *Zirkushunde*. In ihrer englischen Zeit wurden sie so ausschließlich neben Pferd und Wagen geführt, daß ihnen noch immer die Liebe zum Pferd eingeboren ist. Freiwillig begleiteten sie die Wagen über Strekken, die man ihnen zwangsweise nie zumuten würde. Wer ihnen genügend Auslauf bieten kann, der findet im Dalmatiner einen idealen Hausgenossen, äußerst sauber, angenehm im Wesen, intelligent und anpassungsfähig. Dalmatinerbabies sind bei der Geburt ganz weiß. Nach 14 Tagen tritt die erste Zeichnung auf. Sie kann sich im ersten Lebenshalbjahr noch ändern. Je heller das Hundekind nach der Geburt ist, desto besser wird es als erwachsener Hund aussehen. Jeder Farbfleck, mit Ausnahme eines dunklen Ohr- oder Lidsaums, wächst sich zu einer fehlerhaften Platte aus. Erwünscht sind beim ausgefärbten Tier 2 bis 3 cm große runde schwarze oder braune Flecken auf weißem Grund. Auch die Behänge sollen gefleckt und nicht ausgefärbt sein. Das kurz behaarte Fell liegt fest an, die hochangesetzten Behänge von mittlerer Größe werden am Kopf anliegend, also nicht gefaltet, getragen. Schulterhöhe 50 bis 60 cm; Gewicht etwa 20 bis 25 kg.

Die weniger dicht besiedelten skandinavischen Länder bieten den *Skandinavischen Laufhunden* noch ausreichenden Arbeitsraum. Die ausgestorbenen *deutschen Bracken* leben in diesen Rassen weiter. Der Name *Stövare* bezeichnet jedoch keinen Stöber-, sondern einen ausdauernden Laufhund. Unter Zuführung der russischen *Harlekinbrakke* entstanden der norwegische getigerte *Dunker,* in Schweden der schwarzbraune *Smaland Stövare,* der *Hamilton Stövare* und der *Schiller Stövare,* in Finnland die *Finnenbracke*. Mit meist 50 bis 60 cm Schulterhöhe sind es mittelgroße, schlanke Hunde, mit allen guten

Haushundeigenschaften. Niederläufig ist mit 32 bis 40 cm Schulterhöhe die *Schwedische Dachsbracke,* der *Drever.*

Die im Herbst stattfindenden Hubertusjagden stellen mit ihren rotberockten Reitern und der großen Hundemeute ein eindrucksvolles Schauspiel dar, das Fernsehen und Zeitschriften sich nicht entgehen lassen. Auf diese Weise werden die *englischen Laufhunde* bekannt, sonst bekäme sie kaum ein unbeteiligter Hundefreund zu Gesicht. Denn die letzten *Parforce-Meuten* werden nur zu diesen *Schleppjagden* und nicht als Familienhunde gehalten. Eine richtige Jagd ist es gar nicht mehr, die dabei aufgezogen wird; die Spur wird künstlich vom Menschen gelegt und die »Beute« ist nichts als ein toter *Fuchsschwanz.* Die Begeisterung und der Einsatz von Hunden wie Reitern aber ist so echt wie nur irgend etwas sein kann. Immerhin hat diese Jagdart eine bis ins 6. Jahrhundert zurückgehende Geschichte. Sie verfeinerte sich vor allem in Frankreich zur »Königlichen Jagd«. Heute ist sie eine fast ausschließlich englische Angelegenheit.

Englisch geht es auch bei den in anderen Ländern gehaltenen Foxhunts, den Fuchsjagden mit den *Foxhounds* (Abb. S. 264/7), zu. Die Anordnungen werden mit englischen Ausdrücken gegeben, wenn zum Beispiel die Rüden, die *»hounds«*, von den *»ladies«* und den *»pups«* getrennt werden sollen. Die Foxhoundmeute ist nur äußerlich eine Einheit durch das sich gleichende Aussehen der kräftigen, ein-, zwei- oder dreifarbigen Tiere. Sie besteht aus intelligenten Einzelwesen, die nicht nur ihren eigenen Namen, sondern auch den ihrer Meutengefährten kennen. Dadurch können auf der Jagd die anderen Hunde zu einem bestimmten, gerade Laut gebenden Tier hindirigiert werden. Um die Entwicklung in Freiheit und doch in der Nähe des Menschen zu fördern, werden seit dem Mittelalter die Junghunde zu Bauern in Pflege gegeben. Ihre Eingliederung in die Meute wird feierlich nach festgelegten Zeremonien durchgeführt. Die heute gehaltenen Meuten sind nicht mehr Eigentum eines Einzelbesitzers, sondern eines Schleppjagdvereins. Der kurzhaarige Hund ist wohlproportioniert, mit nicht zu großem Behang und in der Erregung aufrecht getragener Rute. Er ist temperamentvoll und hart und – als Voraussetzung zur Meutenhaltung – sehr verträglich. Schulterhöhe um 58 bis 60 cm. Gewicht 30 bis 40 kg.

Kleiner und nur um 40 cm hoch ist der *Beagle* (Abb. S. 264/8), ein alter Hasen-Meutehund. Er sieht aus wie ein kleiner, gedrungener Foxhound mit kräftigem Hals, der etwas Wamme zeigen darf, mit längerem Behang und aufrechter, aber nicht über dem Rücken gerollter Rute. Wie der Foxhound, besitzt er eine vorzügliche Nase und lockeren Spurlaut, jagt jedoch weniger schnell. Wegen seines sanften, anhänglichen Wesens ist er ein angenehmer Haus- und Familienhund. In Amerika hat er sich so beliebt gemacht, daß er einer der meistgehaltenen Hunde geworden ist. Wie auch bei anderen Rassen hat sich dadurch sein Aussehen etwas verändert. Die »Amerikanisierung« hat den Beagle leichter und eleganter und etwas stupsnasig werden lassen.

Von den anderen englischen Laufhunden ist der *Otterhound* außerhalb seiner Heimat zwar wenig bekannt, sein Blut fließt aber in vielen der größeren Terrierrassen. Der große zotthaarige Hund ist ein Spezialist im Wasser, die kräftige, lange Rute wirkt als Ruder, und Schwimmhäute zwischen den Zehen verstärken die Schwimmfähigkeit. Schulterhöhe 60 bis 66 cm, Gewicht 30 bis 35 kg.

Die besten der Bracken wurden in früheren Zeiten ausgezeichnet; sie wurden zu *»Leithunden«* befördert. Diese allein machten die Fährte des Wildes aus, auf die dann die ganze Brackenmeute angesetzt wurde. Wurde die Fährte im Eifer der Jagd »überjagt« und ging verloren, so mußte der Leithund sie wiederfinden, während das Gros der anderen Hunde abwartete. Vom frei jagenden *Kopfhund* der Meute wurde er später am *»Leitseil«* aus bestem Hanf oder langen Ziegenbockhaaren, noch später dann am Lederriemen geführt, um noch sicherer und bedächtiger ein ganz bestimmtes Stück Wild aus der Vielzahl der Fährten herauszufinden. Hohe Strafen waren in den alten Germanengesetzen, dem Sachsen- wie dem Frankenspiegel, auf Diebstahl oder Tötung eines solchen Tieres ausgesetzt. Als die Jagdsitten sich änderten und das Erlegen des Wildes mit Feuerwaffen üblich wurde, war ein sicherer Schweißhund nötig, der das angeschossene Stück nachsuchte, das heißt vom Anschuß aus die Wundfährte ausarbeitete, und seinen Herrn sicher zu ihm führte.

Am Hannoverschen Jägerhof züchtete man aus der alten Leitbracke mit dem Blut der alten Keltenbracke, dem St.-Hubert-Hund, und der leichteren Haidbracke den *Hannoverschen Schweißhund* (Abb. S. 264/5). Er wird auch heute noch überall in seiner Heimat an verschiedenen Stellen gehalten und steht als Helfer in aussichtslos erscheinenden Fällen allen Jägern zur Verfügung. Wenn die übrigen Jagdhunde versagt haben, findet er oft noch nach Tagen und auf der von anderen Hunden mit ihren Führern vertrampelten Fährte zum Wild. Der starkknochige kurzhaarige rote Hund, meist mit dunkler Maske, besitzt noch die *»St.-Hubert-Gesichtsfalten«*, starke Lefzen und lange, unten abgerundete Behänge. Schulterhöhe etwa 60 cm.

Da diese schweren *»Hirschhunde«* für das Hochgebirge wenig geeignet waren, wurde ihnen das Blut der leichteren *Gebirgsbracken* eingekreuzt und der *Bayrische Gebirgsschweißhund* (Abb. S. 264/3) geschaffen. Er gleicht dem Hannoveraner, ist aber mit höchstens 50 cm Schulterhöhe für Rüden und 45 cm für Hündinnen wesentlich leichter. Der Gegend entsprechend, kann er auch weniger am Riemen geführt werden, sondern muß im unwegsamen Gelände frei suchen und stellen. Seine Ausbildung ist lang und sorgfältig; er darf von der Welpenzeit an seinen Jäger nur angeleint begleiten. Die alten Hirschmänner hielten ihre Schweißhunde erst nach drei Ausbildungsjahren für so »riemenfest«, das heißt so sicher am Schweißriemen, daß sie ihnen die *freie »Hatz«* erlaubten. Denn die erste freie Arbeit muß unbedingt zum Erfolg führen, auch wenn sie viele Stunden dauert.

Alle Merkmale des St.-Hubert-Hundes sind in verstärktem Maße beim *Bloodhound* (Abb. S. 264/4) wiederzufinden. Der lange schmale Schädel ist von loser, faltiger Haut umgeben, die unteren Augenlider hängen herab, so daß die rote Bindehaut sichtbar wird, die Lefzen hängen bis 5 cm über die Mundwinkel, die Halshaut bildet eine lose Wamme. Am Eindruckvollsten sind die überaus langen, dünnen und tief angesetzten Behänge, die in zwei Falten etwas nach vorn fallen. Die wörtliche Übersetzung des Namens sollte nicht Bluthund lauten, sondern eher Schweißhund. Das äußerst feinnasige Tier wurde ursprünglich als Meutehund und Leit- und Schweißhund gehalten. Da seine Nasenleistung aber so sehr die vergleichbarer Rassen übertraf, wurde er schon seit 1066 auch zum Aufspüren von Menschen herangezogen, deren Spuren viel schneller verflüchtigen als die Fährte des Hochwildes. Ein feinnasiger Hund war in diesen Zeiten die beste Kriminalpolizei und die einzige Hilfe, gestohlenes Gut wiederzubeschaffen. Als Wachhund eignet sich der sanftmütige Bloodhound weniger; er gibt nur auf der Fährte Laut. Das Verfolgen einer drei bis vier Stunden alten Menschenspur gehört zum Normalpensum eines ausgebildeten Bloodhounds. Bei unseren normalen Jagdhunden rechnen wir damit, daß nach zwei bis vier Stunden nichts mehr von der menschlichen Witterung auf künstlichen Schweißfährten übrigbleibt. Ein Bloodhound hat sogar eine 13 Stunden alte Spur eines Mannes ausgearbeitet.

Sein Ruf hat durch das Gerücht, er wäre zur Sklavenjagd abgerichtet worden, so sehr gelitten, daß er trotz aller seiner Qualitäten heute nicht mehr entsprechend eingesetzt wird. Dabei ist er ein sanftmütiger, liebevoller Hausgenosse, der an Schärfe den meisten Gebrauchshundrassen weit nachsteht. Schulterhöhe 60 bis 70 cm, Gewicht 40 bis 45 kg und auch mehr.

Der *Teckel, Dachshund* oder *Dackel* ist eine rein deutsche Rasse, die über die Dachsbracke von den alten Bracken abstammt. Weiter als bis ins 16. Jahrhundert reicht sein Stammbaum nicht zurück. Die Freude an der Jagd unter der Erde, auf Fuchs und Dachs, kam wohl erst zu dieser Zeit auf. Seit den frühesten Berichten kennt man auch die drei Haararten Kurzhaar, Rauhhaar und Langhaar. Wahrscheinlich ging es aber bei den beiden letzteren nicht ganz ohne Einkreuzung anderer Rassen bereits in früheren Jahrhunderten, der vorkynologischen Zeit, ohne genaue Stammbuchführung. Vor allem wird der Rauhhaarteckel durch Terrier- und Schnauzerblut mitgeformt worden sein, denn 1811 wird der »rauchhaarige Dächsel« als »weniger kurzbeinig und schief« als der glatthaarige beschrieben. Extrem kurze und krumme Vorderbeine waren jedoch nur um die letzte Jahrhundertwende das ausgesprochene Schönheitsbild für einen Dachshund. Zum Laufen und Stöbern waren sie denkbar ungeeignet. Daher hat es immer geradbeinige Teckel gegeben und nach den Auswüchsen der »Fliegenden-Blätter«-Zeit werden sie auch als Rassemerkmal gefordert. Der Bodenabstand soll ein Drittel der Schulterhöhe betragen. Auch von dem überlangen und oft durchhängenden Rücken ist man einer besseren Beweglichkeit wegen abgekommen.

Die Hauptcharaktermerkmale, Schärfe und Eigenwilligkeit, werden ebenfalls bereits in den frühesten Berichten erwähnt. Diese Eigenschaften, gepaart mit Intelligenz, waren und sind für einen so kleinen Jagdhund auch unentbehrlich, wenn er tief in der Erde einem überlegenen Gegner gegenübersteht und kein Jäger ihm so schnell zu Hilfe kommen kann. Die Abrichtung des Erdhundes besteht ja auch nicht in einer Dressur, sondern in der Entwicklung und Förderung seiner angewölften Eigenschaften. Daß dabei die drolligen kleinen Kerle mehr im Forsthaus als im Zwinger gehalten wurden, förderte ihre Schlauheit und Wachsamkeit. Noch heute ist in der gemischten Meute des Jägers oder des städtischen Hundeliebhabers der Teckel meist der Tonangebende. Ein besseres Wachgespann als eine Teckelhündin und ein Rüde einer größeren Rasse ist gar nicht denkbar. Der aufmerksame, scharfe, kleine Hund erkennt sehr schnell, daß ihm die Kraft seines starken Gefährten bedingungslos zur Verfügung steht. Natürlich kann man sein Dackeltier ebenso gut erziehen wie irgendeinen anderen Hund. Aber etwas mehr Mühe und Konsequenz muß dazu schon aufgewendet werden. Denn der Teckel hat zu allen Zeiten sein Herrchen zur antiautoritären Erziehung bekehrt – und wird es wohl auch noch tun, wenn dieses Schlagwort längst wieder aus der Kindererziehung verschwunden sein wird. Damit sich seine Wesenseigenschaften richtig entfalten können, darf das Dackelkind nicht seine ganze Kindheit im Zwinger verbringen. Das bekommt einem Hundeindividualisten noch weniger als anderen Tieren. Auch die Naturschärfe ist keine günstige Voraussetzung zur Massenhaltung. Wer sich einen richtigen, echten Dackel wünscht, der sollte ihn auch entsprechend sorgfältig aus einer individuell geführten Zucht auswählen. Ein solch selbstbewußtes Tier ist kein Kinderspielzeug. Es liebt und bewacht die Sprößlinge seines Frauchens mit ganzer Hingabe, läßt sich aber trotzdem nicht unbedingt alles von ihnen gefallen. Der auf dem Land gehaltene Teckel bedarf eines wachsamen Auges. Als richtiger Jagdhund sucht er sich gern sein Vergnügen auf eigene Faust und holt sich nicht selten zur Unterstützung den Nachbarshund zum Wildern. Ein solches Paar kann viel Unruhe ins Revier bringen.

Für den Jäger ist der Teckel ein kleiner All-round-Hund. Neben der *Erdjagd* bewährt er sich sehr als spurlauter *Stöberhund,* dessen großer Vorteil sein langsames Jagen ist. Er beunruhigt das Wild weniger als andere Rassen und jagt nicht über alle Grenzen. Auf Treibjagden findet er beschossene Tiere auch im dichtesten Gestrüpp und in Drainagerohren, die für andere Hunde undurchdringlich sind. Besondere Glanzleistungen zeigt er nach entsprechender Ausbildung auf Schweißprüfungen unter großer Konkurrenz, wo er selbst noch die 48 Stunden alte Schweißfährte ausarbeitet. Schärfe, Spurlaut und feine

Nase sind jedoch Eigenschaften, die sich zumeist dominant vererben. Nur wenn auf ihre Erhaltung geachtet und mit jagdlich guten Hunden gezüchtet wird, bleiben sie auch dem Familienhund erhalten. Aus manchen Zuchten sind sie zum Teil verschwunden, denn neben dem Deutschen Schäferhund ist der Teckel seit vielen Jahrzehnten, ja fast seit hundert Jahren, der erklärte Liebling nicht nur der Bayern. In England, den USA und Frankreich gehört er ebenfalls zu den Favoriten. Allerdings wird dort wie in alten Zeiten der Kurzhaarteckel bevorzugt, während in Deutschland der rote Langhaarteckel alle anderen Schläge zusammen weit übertrifft.

Alle drei Haararten werden für sich gezüchtet. Der *Kurzhaarteckel* (Abb. S. 264/12) ist meistens rein rot oder schwarzrot, selten auch braunrot, das heißt schokoladenbraun mit rotem Brand und brauner Nase, und Tigerfarben. Aus Rauhhaarzuchten gefallene Kurzhaarige sind oft auch saufarben. Graue und weiße Teckel sind leider ausgestorben. Ihre Zucht war auch nicht leicht. Das Haar soll kurz, aber nicht zu fein sein, der Bauch und die Behänge gut behaart.

Der *Rauhhaarteckel* (Abb. S. 264/14) wird in einer Mischfarbe, also saufarben, bevorzugt, sonst kommen alle Farben des Kurzhaarteckels vor. Sein Haar soll hart sein und gut anliegen, nicht lockig oder offen, es darf weder getrimmt noch sonstwie verändert werden. Von der Ferne gesehen, soll der Rauhhaar- dem Kurzhaarteckel bis auf den ausgebildeten Bart und die Augenbrauenbüschel gleichen. Die Behänge sind kurz behaart.

Der *Langhaarteckel* (Abb. S. 264/13) erscheint neben rot auch gelegentlich in Schwarzrot, selten in einer der anderen erlaubten Farben oder auch rot mit schwarzer Stromung. Das schlichte weiche Langhaar ist nicht zu üppig, es verlängert sich an der Unterseite des Körpers, am Hals, den Behängen und bildet an der Rute eine Fahne. Die Läufe sollen nicht zu üppig behaart sein. – Weiße Abzeichen an der Brust sind bei allen Haararten und Farben als Brackenerbe erlaubt, wenn auch nicht gerade erwünscht.

Der Teckel ist im allgemeinen ein sehr robuster Hund, der wenig zu Krankheiten neigt. Als besonders guter Futterverwerter weiß er sein rechtes Maß beim Futtern nicht zu finden. Er muß von Jugend an gebremst werden. Durch wiederholtes Überladen des Magens beim Jungtier kann die schlanke Linie fürs ganze Leben verdorben und die Brust tonnenförmig erweitert werden. Solange die kurzen Läufe in den Bändern noch nicht gefestigt sind, ist die Vorderhand vor jeder Überanstrengung zu bewahren, sonst entwickelt sich eine *»lose Schulter«* und der Brustkorb hängt unschön im Schultergürtel. Diesen Fehler verursacht auch das sogenannte *Geschirr*, das manche Dackelhalter für besonders schonsam für ihren an der Leine zerrenden Waldi halten. Es verdirbt jedoch oft die ganze Figur. Um das Abwärtsspringen zu verhüten, sollte das Dackeltier nicht vor seinem ersten Geburtstag auf Couch und Sessel sitzen. Ebenso ungünstig für die Schulterpartie ist *Treppenlauf*, vor allem abwärts. Dabei klemmt man das Hundekind besser unter den Arm.

Eine Spezialkrankheit besonders des langrückigen Teckels ist die *»Teckellähme«*. Es ist dies ein Sammelbegriff für Erkrankungen des Rückens und der Hinterhand von ganz verschiedenem Ursprung. Die rheumatische Form ist meistens sicher zu heilen. Dies gelingt auch bei Bandscheibenvorfall bei rechtzeitiger Behandlung und sorgfältiger Pflege. Ungünstiger sind die Aussichten, wenn durch Verknöcherung der Wirbelsäule Nerven so eingeengt werden, daß eine Querschnittlähmung auch Blase und Darm blockiert. Auf jeden Fall sollte bei den ersten Anzeichen einer Bewegungsbehinderung der Hinterbeine der Tierarzt um Rat gefragt werden. Eigenartigerweise befällt jede Form der Erkrankung bevorzugt Tiere von vier bis fünf Jahren und verschwindet nach der Ausheilung meist für immer.

Das Gewicht des Normalteckels darf 9 kg nicht überschreiten. 6 bis 7 kg ist das beste Gewicht des schlanken Tieres. *Zwergteckel* dürfen nur bis 35 cm Brustumfang haben, was meistens einem Gewicht von 3,5 bis 4,5 kg entspricht.

Noch kleiner sind die *Kaninchenteckel* mit höchstens 30 cm Brustumfang und meist 3 kg und weniger Gewicht. Sie sollen so klein sein, daß sie in Kaninchenröhren einschlüpfen können. Im Aussehen sollen sie ihren größeren Vettern gleichen. Rein physiologisch sind gewisse Abweichungen nicht ganz zu vermeiden. Denn die Natur hat für kleinere Tiere ein relativ größeres Auge und Gehirn vorgesehen, dafür leichtere Knochen. Im Temperament stehen die Teckelknirpse nicht im geringsten zurück. Das bedeutet, daß Frauchen bei ihnen nicht nur noch sorgfältiger auf die Erhaltung der Figur achten, sondern auch ihren Bewegungsdrang, vor allem auf der Jagd, zügeln muß.

Nicht ohne Grund trugen die alten Zwergteckelzüchter ihre Hunde immer im Rucksack zum Fuchsbau. Allgemeine Fehler: Vor- oder Unterbiß, Knickrute, abgesetzte Brust, »Knicken« der Vorderhand, lose Schultern, Senkrücken, watschelnder Gang, Lederenden am Behang u. a.

Vorstehhunde

Der höchste Grad der Selbstbeherrschung bei Hunden wird von den Vorstehhunden verlangt. Mit hoher Nase suchen sie das Feldrevier nach kleinem Haar- und Federwild ab, um regungslos zu verharren, wenn sie »gefunden« haben, wie es in der Waidmannssprache heißt. So hat der Jäger Zeit, auf schußgerechte Entfernung heranzukommen. Läuft das Wild in der Zwischenzeit weiter, muß der Hund langsam nachziehen, das heißt, immer in gleicher Entfernung bleiben. Die einmalige Stellung des Vorstehens ist faszinierend, auch für den Jäger. Der Hund bleibt plötzlich bewegungslos mitten im Lauf stehen, oft noch mit angehobener Vorderhand, nur Nasenflügel und Kiefer sind in leichter Bewegung, der ganze Körper zittert oft vor Erregung. Dieses feste, viele Minuten andauernde *Vorstehen* ist das Ergebnis einer langen Entwicklung. Es ist ganz von selbst entstanden und durch entsprechende Zuchtwahl zu höchster Vollendung gebracht worden. Bereits die alten Jagdschriftsteller der Griechen und Römer, so Xenophon und Plinius II., haben es beschrieben. Da sie mit dieser Eigenschaft nichts anzufangen wußten, bewerteten sie sie als Fehler. Seit wann die Jäger Nutzen aus ihr ziehen, ist schwer zu sagen. Der Schwabenspiegel erwähnt 1291 den »*Hapuchhund*«, der durch Aufsuchen und Vorstehen der Hühner und Wachteln den beizenden Habicht unterstützte. Vor dem Aufkommen der Feuerwaffen pflegte man das Federwild mit Netzen zu fangen, zu »*Tyrassieren*«. Dazu abgerichtete Stöberhunde und Spaniel zeigten das Wild durch Vorstehen und Vorliegen an und wurden zusammen mit ihm durch die Netze überdeckt, aus denen man die Vögel dann in Reusen und Fangnetze trieb. Wie stark die Anlage angeboren ist, zeigt schon der Welpe, der bereits mit wenigen Wochen die Spatzen an seiner Futterschüssel vorsteht. Steht ein Hund vor, so verharrt nicht selten auch sein Jagdgefährte bewegungslos, er *»sekundiert«*. Und doch muß jeder junge Vorstehhund durch eine lange, mühevolle Ausbildung, bis er reif ist, auf der Jugendsuche der gestrengen Prüfungskommission vorgestellt zu werden. Dabei darf er nicht »sitzenbleiben«. Schon im ersten Frühjahr nach seiner Geburt muß der Junghund seine Veranlagung beweisein und auf der Herbstzuchtprüfung wenige Monate später sein ganzes Können zeigen. Viel Arbeit für Herrn und Hund geht dem Erfolg voraus, das Abführen ist eine große Kunst, die nicht ohne Zwang möglich ist. Immer aber müssen Lob und Belohnung überwiegen, soll das Tier zu Höchstleistungen erzogen werden. Das Alter der Jagdhunde rechnet man nicht nach Jahren, sondern nach der Arbeit. Der Hund ist *»im dritten Feld«* besagt, daß er im dritten Arbeitsjahr steht. Da bei solchen Leistungszuchten in jeder Generation strenge Auslese nach jagdlichem Können getrieben wird, sind die Vorstehhunde im allgemeinen nur etwas für den Jäger. Nur einige Rassen fanden Eingang in die Liebhaberzucht, zum Beispiel der Irish Setter und in Amerika der Weimaraner.

Der Vorstehhund in der höchsten Vollendung ist der englische *Pointer* (Abb. S. 281/1). Sein Blut ist zur Aufbesserung wohl nahezu in alle anderen Rassen eingezüchtet worden. Er selbst ist aus dem ausgestorbenen schwereren Spanischen Pointer durch Einzüchten des temperamentvollen Foxhounds leichter und feuriger gezüchtet worden. Am erstaunlichsten aber ist, daß die Feinheit der Nase Schritt gehalten hat mit der ungeheuren Schnelligkeit, mit der der Pointer das Feld absucht. Seine englischen Besitzer verwenden ihn ausschließlich zum Auffinden der Hühner, während alle anderen Jagdfächer, einschließlich des Apportierens selbst der Hühner, von anderen Rassen besorgt werden. Die Pointer waren ihren Besitzern immer die wertvollsten Jagdhunde und erhielten den bevorzugten Platz an der Seite ihres Herrn. Bereits der erste englische Pointer *»Dash«* aus der Paarung mit einem Foxhound soll 1795 für 120 Guineen und ein Faß Madeirawein von seinem Züchter Colonel Thornton an Sir R. Hill verkauft worden sein. Sogar an den Rückkaufpreis – 50 Guineen – hatte man gedacht, falls das wertvolle Tier jagduntüchtig werden sollte. Dieser Fall trat mit einem Beinbruch schon im nächsten Frühjahr ein. Und 1868 wurden für den siebenjährigen *»Drake«*, den unvergleichlichen Sieger des Shrewsbury Field-Trials 150 englische Pfund bezahlt. Auch heute gehört ein geprüfter Vorstehhund zu den teuersten Hunden, da man neben dem Tier selbst ja auch noch die lange Ausbildung bezahlen muß.

Der Pointer ist ein eleganter und muskulöser, trockener Hund mit dünnem, dichten und glänzendem Haar. Der gestreckte Kopf hat flache Jochbögen, eine breite Stirn mit Stirnfurche, durch die die Augenbogen plastisch hervortreten, der Fang ist lang, breit, stumpf und rechteckig, gut gegen den Schädelteil abgesetzt, wodurch der charakteristische Pointerausdruck kommt. Die Lefzen sind gut entwickelt. Die dünnen, seidigen Behänge sind mäßig hoch angesetzt, die Enden laufen in abgerundete Spitzen aus, die Adern treten hervor. Die lange, unkupierte Rute soll auch in der Erregung nur in sanfter Kurve getragen werden. Zu starke Behaarung an ihr wäre ein Fehler. Am beliebtesten sind Hunde mit weißer Grundfarbe und schwarzen, braunen, orangefarbenen oder gelben Platten und Tupfen. Schulterhöhe etwa 60 bis 65 cm.

Die halblang und seidenweich behaarten *Setter* sind als Rasse älter als die Pointer. Sie haben sich zu Zeiten der Jagd mit dem Netz aus Spaniels entwickelt und ihren Namen vom »*Vorsitzen*« bzw. *Vorliegen* bekommen. Sie ähneln bis auf die Behaarung dem Pointer, ohne daß die Grenze vom Fang zum Gehirnschädel so klar modelliert ist. Das schlichte Haar erreicht seine größte Länge an den Behängen, der Rückseite der Läufe, der Unterseite und an der Rute als Fahne. Am pointerähnlichsten in der Art der Suche ist der *Englische Setter* (Abb. Seite 281/2) von weißer Grundfarbe mit schwarzen, braunen oder gelben Tupfen (auch schwarzen und gelben Tupfen gleichzeitig). Hunde mit größeren Flecken oder Platten sind weniger erwünscht. Im ganzen etwas kräftiger und gedrungener ist der schwarzrote *Gordon-Setter* (Abb. S. 281/4). Seine Lefzen sind weniger stark ausgeprägt. Durch seine bedächtigere Art zu arbeiten, läßt er sich auch auf der Fährte abführen. Er liebt die Wasserarbeit und ist ein sicherer *Verlorenbringer*. Im Wesen ist er sehr anhänglich und leicht zu erziehen, so daß er sich, bei ausreichender Bewegung, durchaus als Begleithund eignet. Schulterhöhe 55 bis 62 cm.

Der reinrote *Irish Setter* (Abb. S. 281/3) ist wegen seiner Eleganz

Podenco Ibicenco (Pharaonenhund), darunter Wachtelhund mit Fasan

und seines angenehmen, unkomplizierten Wesens zu einem der beliebtesten Damenhunde geworden. Da er auch gegen falsche Behandlung nicht protestiert, bekommt er leider häufig nicht die zu seiner Entwicklung nötige Bewegung in der Jugend. Daher sieht man so oft zwar äußerst elegante, aber überschmale Setter, die Zweifel aufkommen lassen, ob sie allein von der Kondition her eine Feldsuche durchhalten könnten. Der richtig trainierte Setter ist einer der schönsten Hunde und als einer der am leichtesten erziehbaren hat er seine starke Beliebtheit voll verdient. Schulterhöhe 55 bis 65 cm.

Wahre Alleskönner sind die *Deutschen Vorstehhunde*. Sie sind ja meistens die einzigen Hunde ihres jagenden Herrn und müssen mit Ausnahme der Bauarbeit, zu der sie nun beim besten Willen nicht imstande sind, alles tun, wozu in anderen Ländern, besonders in England, mehrere Rassen zuständig sind. Neben ihrer eigentlichen Aufgabe, dem Vorstehen, müssen sie apportieren, auch Enten aus Schilf und tiefem Wasser. Dabei zeigen sie eine solche Passion, daß sie selbst bei größter Kälte und Frost in Flüsse springen, sobald nur ein Schuß gefallen ist. Sie sind auf der Schweißfährte ausgebildet und müssen auch in Dickungen stöbern, wenn kein anderer Hund zur Verfügung steht. Schärfe gegenüber dem Fuchs und wildernden Katzen setzt man ebenso voraus wie die Verteidigung ihres Herrn gegen Wilderer. Und alles das soll der Hund im Laufe seiner ersten anderthalb Lebensjahre beherrschen lernen. In neuester Zeit hat man sich dazu auch technische Hilfsmittel herangeholt, *Funkgeräte,* die am Halsband befestigt werden, Geräte, die dem falsch reagierenden Hund schwache Stromstöße versetzen können und die altbewährte lange Leine, die über verschiedene Rollen gezogen wird. Ob sie eine nennenswerte Bedeutung erlangen werden, ist doch recht zweifelhaft. Allenfalls können sie untergeordnete Hilfen sein, denn die Hauptsache bei der Abrichtung bleibt wie in ältesten Zeiten der enge Kontakt zwischen Ausbilder und vierbeinigem Lehrling, das Eingehen auf das Wesen des Tieres und viel Lob und Liebe. Die passionierten Hundeführer opfern wirklich ihre ganze Freizeit den Hunden, deren Anwesenheit nicht selten in jedem Winkel des Hauses bemerkbar ist. Der normale Jäger in der Stadt, der nicht täglich Gelegenheit hat, seinen Junghund zu führen, überläßt

Bobtail, darunter links Peking Palasthund, rechts Papillon

diese mühevolle Arbeit besser einem erfahrenen Hundeführer, der bessere Leistungen herausholt.

Weitaus am häufigsten werden heute bei uns die Vorstehhundrassen Deutsch-Drahthaar und Deutsch-Kurzhaar geführt. Beides sind kraftvolle Hunde, die im Äußeren ahnen lassen, wieviel Kraft und Ausdauer in ihnen steckt. Im Unterschied zum Pointer besitzen sie eine *Ramsnase,* das heißt, ihr Nasenrücken ist leicht gewölbt. Ihr Stirnabsatz ist weniger ausgeprägt, der Fang weniger eckig mit mäßig ausgebildeten Lefzen. Die Rute wird schon seit vielen hundert Jahren gestutzt. Der *Deutsch-Kurzhaar* (Abb. S. 281/6) ist als Rasse sehr alt und selbständig entstanden. Er galt lange bevor man seine etwas massige, »grobzellige« Statur durch Pointerblut eleganter formte, als hochintelligenter Herrenhund. Der regierende Graf zu Lippe ließ 1718 bis 1724 seinen Vorstehhund nur von seiner Seite, um ihn mehrmals wöchentlich mit geheimer Briefpost an den Hof von Paderborn zu senden. Für die Haltung im Hause ist der kurzhaarige Vorstehhund entschieden geeignet.

Wegen seines derberen Haares und seiner ungeheuren Robustheit wird der *Deutsch-Drahthaar* (Abb. S. 281/7) von den Jägern am liebsten geführt. Die Jägersfrau sieht ihn allerdings lieber im Zwinger als in der Wohnstube. Er ist ein solcher Draufgänger in Dickungen, Schilfgelände und im Wasser, daß in der Wohnung unter seinem Schritt die Teppiche durch die Gegend fliegen. Einmal Gelerntes beherrscht er sein Leben lang. Bewunderung verdient, daß er bei allem Temperament und aller Härte bedingungslos gehorcht. Sein Haar ist hart, mittellang und drahtig, es soll gut anliegen, um Wasser nicht auf die Haut dringen zu lassen. Bart und Augenbrauen sind knapp mittelstark. Wie der Deutsch-Kurzhaar, wird er in allen Mischungen von Braun und Weiß gezüchtet, vorwiegend gedeckt einfarbig braun oder als Braunschimmel oder -tiger, weniger gern auffallend hell. Schulterhöhe beider Rassen 60 bis 70 cm, Gewicht 25 bis 35 kg.

Die anderen rauhhaarigen Deutschen Vorstehhunde unterscheiden sich vom Deutsch-Drahthaar durch ihre etwas andersartige Haarbeschaffenheit. Das 4 cm lange Haar des *Deutsch-Stichelhaar* ist borstenartig und weniger geschlossen anliegend. Der *Griffon* mit seinem Büschel- oder *»Kokosmattenhaar«* ist namentlich auch am Kopf zottiger und reicher behaart. Mittellanges, hartes Drahthaar mit gutem

Bart trägt der *Pudelpointer,* ein Nachkomme des alten Jagdpudels. An unsere heutigen Pudel erinnert nichts an ihm. Da nur mit streng geprüften Hunden gezüchtet wird, ist der Pudelpointer nicht der schlechteste Vorstehhund.

Seit Beginn der Vorstehhundzucht wird der *Deutsch-Langhaar* (Abb. S. 281/8) rein gezogen. Seine besondere Liebe gilt dem Stöbern in Moor und Schilf. Im Körperbau gleicht er den anderen Deutschen Vorstehhunden. Sein mäßig langes Haar ist kurz am Kopf und üppiger an der Unterseite und an der nicht oder nur wenig kupierten Rute. Er ist immer braun oder braunweiß. Schulterhöhe 60 bis 70 cm.

Ihm ähnelt der *Große Münsterländer* (Abb. S. 281/10), eine alte bodenständige Rasse, die aber immer nur in Verbindung mit Schwarz, als Schwarzschimmel oder Schecke, gezüchtet wird. Mit 55 bis 65 cm ist er fast ebenso groß wie der Deutsch-Langhaar.

Der kleinste deutsche Vorstehhund ist der *Kleine Münsterländer* (Abb. S. 281/9), bei dem wieder die braune Farbe in Verbindung mit Weiß vorkommt. Er ist der ideale Vorstehhund für die Waldreviere, in denen die Hühnerjagd eine untergeordnete Rolle spielt. Auch er liebt das Wasser, wenn er auch für schwieriges Schilfgelände wegen seiner geringeren Größe, 44 bis 56 cm Schulterhöhe, nicht so geeignet ist. Dafür ist er aber äußerst wendig und zäh und wie seine größeren Vettern ein Alleskönner. Sein Entdecker für die Weiterzucht in der neueren Zeit, ein Bruder des Dichters Löns, stiftete Verwirrung, indem er ihn *»Heidewachtel«* nannte. So treten immer Verwechslungen mit dem Deutschen Wachtelhund auf, einem Stöberhund, der auf Seite 304 beschrieben ist.

Älter als die anderen Vorstehhunde dürfte der silbergraue *Weimaraner* (Abb. S. 281/5) sein. In seiner Heimat wird er kaum mehr geführt. Dafür hat er sich rechtzeitig vor dem Aussterben ins Lager der Begleithunde gerettet und ist heute in den USA aus einigen durch Besatzungssoldaten mitgebrachten deutschen Hunden zu einem bestechend schönen Modehund geworden. Er ist ein elegant-kräftiger Jagdhund mit mäßig überfallenden Lefzen. Die hochangesetzten schmalen Behänge sind länger als bei anderen Jagdhunden und enden in einer gleichmäßigen Rundung. Die Augen sind bernsteinfarben, die Nase hellbraun. Unter den kurzhaarigen Schlägen gab es schon immer länger behaarte Tiere. Diese werden jetzt als Langhaarschlag rein weitergezüchtet. Die Rute wird bei den kurzhaarigen Weimaranern stärker, bei den langhaarigen nur ganz wenig kupiert. Schulterhöhe 56 bis 74 cm.

Mehr als ein Dutzend Vorstehhundrassen werden auch heute noch in Frankreich gezüchtet. Die kurzhaarigen nennt man *»braques«*, die langhaarigen *»epagneuls«* und die drahthaarigen *»griffons«*.

Auch in den meisten anderen europäischen Ländern werden Vorstehhunde bodenständig gehalten. Man bekommt sie außerhalb ihrer Heimat selten zu Gesicht. Von ihnen hat der *Magyar Vizsla* (Abb. S. 336/1) aus Ungarn die meiste Aussicht, einen weiteren Freundeskreis zu finden. Er ist ein schlanker, dunkelsemmelgelber kurzhaariger Vorstehhund mit ziemlich langen Behängen. Größe und Format ähnlich dem Deutsch-Kurzhaar.

Stöber- und Apportierhunde und ihre Zwergformen

Den *Stöberhunden* fällt die Aufgabe zu, das Wild in Dickungen und überall dort aufzuspüren, wo es der Jäger nicht sehen kann, und es ihm vor die Flinte zu treiben. Sie müssen sowohl mit tiefer Nase auf der Spur suchen, als auch mit hoher Nase direkt Witterung aufnehmen und spurlaut hinter Hase und Fuchs auch über längere Strecken jagen. Ihr Arbeitsgebiet ist uralt, noch vor den Kreuzzügen mußten sie den Beizvögeln das Wild aufscheuchen und es für die Windhundjagden auf die freie Fläche bringen.

In Deutschland besitzen wir nur einen reinen Stöberhund, den *Wachtelhund* (Abb. S. 282/1 und 299). Der knapp mittelgroße langhaarige Hund ist als Mehrzweckgebrauchshund für Waldjagden gezüchtet worden, wo kein Vorstehhund benötigt wird. Seine besondere Liebe gilt der Arbeit im Wasser. Sehr brauchbar ist er als Schweißhund im Gebirge, von sicherem, langanhaltendem Spurlaut und großer Raubwildschärfe. Um auch Hasen herantragen zu können, muß der 40 bis 50 cm hohe Hund von kräftiger Statur sein. Der Kopf ist trocken mit schwachen Lefzen, der breite, hoch angesetzte Behang nicht zu lang. Die gut befederte Rute wird um ein Drittel bis zur Hälfte gestutzt, um ein Wundschlagen an den Bäumen zu verhindern. Das leicht gewellte Haar darf nicht zu fein oder gar seidig sein. Die

Farben sind einfarbig Braun ohne viel Weiß, Braunschimmel oder Brauntiger.

Von den englischen *Spaniels* wird nicht umsonst der *Cocker-Spaniel* (Abb. S. 282/5 und 209), der kleinste in der Reihe, auf der ganzen Welt als einer der beliebtesten Haushunde gehalten. In seiner langen Geschichte hatte er als Stöber- und kleiner Wasserhund nie Schärfe nötig. Kampfhunde fehlen in seiner Ahnenreihe und zur Raubwildbekämpfung hielten seine Herren die scharfen Terrier. In seiner Heimat arbeitete er immer im Team, zunächst mit den Beizvögeln, vor allem den schnellen Falken, dann mit anderen Jagdhundrassen, so daß Anpassungsfähigkeit, Aufmerksamkeit und Verträglichkeit schon immer sein Wesen bestimmten. Er war nur Helfer, die Beute brachten meistens die anderen Jagdgenossen. So ist es verständlich, eigentlich selbstverständlich, daß ein so leicht lenkbares und bei aller Friedfertigkeit nicht ängstliches oder unterwürfiges Tier sich die Herzen aller Hundebesitzer eroberte. Er bringt auch dem nachgiebigsten Frauchen keine Probleme, paßt sich der Familie mit Kindern an und stellt bei aller Lauffreude keine übertriebenen Ansprüche an die Zeit seines Herrn. Dabei wird er auch heute noch als Stöber- und kleiner Apportierhund gern verwendet. Das mittellange schlichte Haar erfordert einige, jedoch keine übertriebene Pflege. Den zunächst recht kurz behaarten Spanielkindern wächst im dritten Monat ein wolligeres Fell, das sich im zweiten Halbjahr in Beschaffenheit, Glanz und Farbe zu seiner späteren Schönheit entwickelt. Es darf nie geschoren werden, denn danach wächst sich die Unterwolle zu stark aus, das Fell verliert seine Eleganz. Neben dem regelmäßigen Kämmen ist das Ausziehen der überflüssigen und »reifen«, also lose sitzenden Wollhaare mit den Fingern wichtig. Wenn man sich täglich nur 10 bis 15 Minuten mit seinem Cocker befaßt, kann auf einen regelmäßigen Friseurbesuch verzichtet werden. So gut Baden in natürlichem Gewässer (wenn es sauber ist!) dem Fell bekommt, so überflüssig ist das häufige Seifenbad, das das Fell nur flatterig werden läßt. Das lange, seidige Haar der Behänge braucht sorgsamste Pflege. Es darf vor allem nie in die Futterschüssel hängen. Besondere hohe und schmale Schüsseln für Langohrhunde kann man kaufen, besser ist aber eine trockene Fütterung und Vermeidung aller breiigen Kost. Unbedingt müssen jede Woche die Gehörgänge gesäubert und inspiziert werden, wie auf Seite 104 beschrieben. Denn nur wenn die bei langohrigen Hunden nicht seltenen Ohrerkrankungen rechtzeitig erkannt und behandelt werden, sind sie schnell und billig zu beheben. Der gestreckte Kopf mit gleichmäßig breitem, tiefem Fang zeigt einen deutlichen Stirnabsatz und eine ausgeprägte Furche zwischen den Augenbögen. Die Jochbögen sind schmal, die Backen trocken, so daß der Kopf dadurch lang und elegant erscheint, obwohl er kräftig ist. Die Augenlider müssen gut geschlossen sein, damit beim Stöbern keine Fremdkörper die Bindehaut reizen können. Die tiefangesetzten Behänge erscheinen durch das reiche Haar länger als sie sind. Der nicht zu lange Rücken wird von kräftigen Beinen getragen, die tief angesetzte Rute setzt die Rückenlinie fort, sie wird nicht zu kurz kupiert. Es kommen alle bei Jagdhund gebräuchlichen Farben vor. Einfarbige Cocker sollen kein Weiß zeigen. Daneben gibt es Schimmel und Schecken. Schulterhöhe höchstens 41 cm, Gewicht 11,5 bis 13,75 kg.

Zu einer eigenen Rasse hat sich der *Amerikanische Cocker* (Abb. S. 282/7) entwickelt. 1943 wurde sein eigener Standard genehmigt. Er ist mit 10 bis 12 kg Gewicht etwas leichter, der Stop ist etwas ausgeprägter, die Oberlinie des Fanges verläuft ganz gerade ohne Andeutung einer Ramsnase, das Haar wird besonders üppig getragen. Die Behänge sind an der Basis viel schmaler als unten; sie werden weit hinten getragen.

Zu den weiteren englischen Spaniels gehört der etwas größere *Springer-Spaniel* (Abb. S. 282/3), ein sehr feinnasiger Jagdgebrauchshund, der auch größeres Wild apportieren kann. Vom Cocker unterscheidet er sich nur durch die größere Schulterhöhe von 45 bis 52 cm und etwas höher angesetzte Behänge. Seine Farben sind immer Schekken oder Schimmel, Weiß mit Schwarz, Braun oder Gelb. Seine Wesenseigenschaften sind die gleichen, trotzdem hat er in Deutschland außerhalb der Jagdverwendung wenig Verbreitung gefunden. Sein Walliser Vetter ist der *Welsh-Springer-Spaniel* mit etwas kleineren Behängen und immer Weiß mit Rot.

Keine reinen Stöberhunde mehr, sondern sogenannte *Buschierhunde* sind die schwereren Spanielrassen *Clumber* (Abb. S. 282/6), *Sussex-* und *Field-Spaniel*. Mit ihrem gedrungeneren Körperbau werden sie nur zur kurzen Suche unter der Flinte und zum Apportieren verwendet. Sie brauchen daher auch nicht unbedingt spurlaut zu sein. Dafür müssen sie einen verläßlichen Gehorsam aufweisen, damit sie das Wild nicht zu früh herausstoßen. Sie müssen sich auf Befehl sofort niederlegen. Es sind reine Spezialisten, die nur in England geführt werden. Der Clumber-Spaniel ist reinweiß mit gelben bis orangefarbenen Zeichen, massigem Schädel, 42 bis 45 cm hoch und 17 bis 32 kg schwer. Rein goldfarben ist der 37 bis 40 cm hohe und 17 bis 22 kg schwere Sussex-Spaniel. Sein mäßig langer, breiter Schädel sitzt auf kurzem Hals mit betonter Behaarung. Durch Cockerblut weniger kompakt, ist der Field-Spaniel etwa 45 cm hoch und 16 bis 24 kg schwer. Er ist meist schwarz, daneben leberfarben, golden, rot, rötlichgrau und schwarz mit Brand.

Der *Irische Wasserspaniel* ist eine sehr alte Rasse, ein ausgesprochener Wasserhund mit viel Setterblut. Er ist gelockt, fast wie der Pudel, aber ohne Wolle, an Gesicht und Fang ganz kurz behaart. Die lange, leicht gebogene Rute trägt nur am Ansatz lockiges Haar, danach ist sie ganz glatt. Mit 50 bis 56 cm Schulterhöhe ist er ziemlich hoch auf den Läufen. Seine Farbe entspricht der dunkler Leber.

Reine *Apportierhunde* für die Arbeit nach dem Schuß am Niederwild, also den Hühnern, Hasen und Kaninchen, wurden nur von den sportlichen Engländern gezüchtet. Sie mußten das beschossene Wild suchen und so zart bringen, daß keine Feder gekrümmt wurde. Für den Jagdablauf bringt ihr Einsatz ganz entschieden Vorteile, wenn diese Arbeit nicht auch noch den ohnedies weit und temperamentvoll suchenden Vorstehhunden zugemutet wird. Sie sind die Gewähr dafür, daß auch nicht eines der beschossenen Tiere ungefunden zugrunde geht, verludert wie der Jäger sagt, oder sich längere Zeit an den Folgen der »Bleivergiftung« quälen muß. Nach englischem Jagdbrauch läßt man die Vorstehhunde nicht apportieren, da man der Meinung ist, sie würden dadurch für ihr eigentliches Fach verdorben. Deshalb wurden zu ihrer Entlastung die *Retriever* gezüchtet.

Am bekanntesten außerhalb der englischen Insel wurde der *Labrador-Retriever* (Abb. S. 282/4), ein großer, schwarzer, kurz und sehr dicht behaarter Hund, der Mitte des vorigen Jahrhunderts mit Fischerbooten von der Halbinsel Labrador nach England gelangte. Er gefiel den Jägern wegen seiner Wasserfreude und unfehlbaren Bringlust so sehr, daß sie ihn planmäßig züchteten. Seine Ausdauer, Größe und Kraft sind auch dem schwierigsten Schilfgelände gewachsen. Scotland

Yard hat ihn mit Erfolg als *Spürhund für Marihuana* eingesetzt. Sein Äußeres ist auf reine Zweckmäßigkeit eingerichtet, ohne jedes schmückende Beiwerk. Nicht zu große dreieckige Behänge sind relativ hoch am breiten langen Schädel angesetzt, Hals, Rumpf und Läufe sind kräftig, ebenso die lange, gut behaarte Rute. Schulterhöhe 57 bis 62 cm, Gewicht 27 bis 37 kg.

Ein besonders schönes Tier ist der *Golden-Retriever* (Abb. Seite 282/2) mit seinem leicht gewellten, goldfarbenen knappen Langhaar. Ihm hat man an Rassen alles eingezüchtet, was gut und brauchbar erschien, neben Setter- und Spanielblut soll Lord Tweedmouth sogar einen kaukasischen Schäferhund seiner Zucht einverleibt haben, der ihm in einem Zirkus in Brighton aufgefallen war.

Weniger bekannt sind der glatt-langhaarige *Flat coated Retriever,* der seinem Stammvater, dem Neufundländer, ähnelt, nur durch Zuführung von Setterblut wesentlich leichter geworden ist, und der kraushaarige, schwarze *Curly coated Retriever,* der aus der Kreuzung Neufundländer und Irischer Wasserspaniel entstanden ist und diesem in der Behaarung sehr ähnlich sieht.

So wie der Zweitwagen der Ehefrau als eine Miniausgabe vom Renommierschlitten des Gatten erscheint, so legten sich die Ritersfrauen im Mittelalter ihre kleineren Zweithunde zu. Ans Haus gebunden, wie sie waren, konnten sie ihre vierbeinigen Lieblinge nicht von weit her holen. Wenn sie nicht darauf warten wollten, daß der Eheliebste ein lebendiges Reiseandenken von seinen Kriegs- und Kreuzzügen anbrachte, mußten sie auf die am Hofe gehaltenen Jagdhunde zurückgreifen. Das taten sie auch und dabei wählten sie die – durch Erbänderung – klein und im Äußeren babyhaft gebliebenen Tiere aus. Auf diese Weise entstanden vorwiegend die *Kleinformen der Spanielrassen,* die ohnehin ein anschmiegsames Wesen mitbrachten. Diese *Jagdhundabkömmlinge* waren immer etwas Exklusives, sie fanden kaum Verbreitung außerhalb der Fürstenhöfe und Adelshäuser. Daß dieser Kleinwuchs bis hin zur Verzwergung keine Folge einer Degeneration ist, beweisen die Hündchen durch ihre gute Gesundheit, ihre Lebhaftigkeit und nicht zuletzt dadurch, daß sie sich immerhin gut tausend Jahre ebenso quicklebendig erhalten haben wie ihre größeren Vettern.

Der größte der Kleinen ist der *Cavalier-King-Charles-Spaniel* (Abb.

S. 282/8). Er ähnelt noch recht dem Cocker-Spaniel und ist mit 5 bis 9 kg Gewicht kein Zwerg, sondern ein kleiner Begleithund, der selbst längste Spaziergänge mit Begeisterung durchhält. Er ist recht hochläufig und lang seidig behaart. Sein flacher Schädel ist ohne jede Neigung zum Apfelkopf durch einen Stirnabsatz von der nur 4 cm langen Schnauze abgesetzt. Das Gebiß ist, wie bei den Rassen der Normalform, ein Scherengebiß, das mit normaler Hundekost einschließlich Kalbsknochen und kleineren Hundekuchen fertig wird. Die großen runden Augen stehen weit auseinander, die langen Behänge sind gut befranst, die Rute wird gekürzt. Ihre Jagdpassion haben sie noch nicht abgelegt, und in ihrer englischen Heimat dürfen sie auch noch gelegentlich mit zum Stöbern. Für den modernen Stadtmenschen sind es die angenehmsten Begleiter. Sie sind verträglich, leicht erziehbar und bellen so wenig, daß man sie in der hellhörigsten Neubauwohnung kaum bemerkt. Am häufigsten werden sie bei uns in der sogenannten *»Blenheim«-Färbung* gezogen, Weiß mit kastanienroten Platten, mit regelmäßiger Kopfzeichnung, die einen roten »Spot« in der Mitte der Blesse zeigt. Die anderen Farben entsprechen dem Toyspaniel.

Mit dem Cavalier-Spaniel dürfen die *Zwerg-* oder *Toyspaniels* (Abb. S. 282/9) nicht verwechselt werden. Hat man beide Rassen auf einer Ausstellung erst einmal nebeneinander gesehen, dann ist das ohnehin kaum mehr möglich. Denn die Toys sind wirkliche Spielzeughunde, aber nur ein Vergnügen für Erwachsene. Die Cavaliere dagegen kann man gern auch einem Kind in die Hand geben. Die Zwergspaniels sind gar nicht so englisch wie die Namen für ihre verschiedenen Haararten. Sie sind zunächst auf dem Kontinent entstanden, dann aber mit Begeisterung vom englischen Königshaus gezüchtet worden. Zu einer jagdlichen Nasenleistung sind sie nicht mehr fähig. Die kurze Nase ist eingezogen und scharf vom stark gewölbten Schädel abgesetzt. Der breite Unterkiefer ist aufgebogen, die Zähne sollen sich noch berühren und so ein *»Reibegebiß«* bilden. Sie sollen jedoch nicht bei geschlossenem Fang zu sehen sein. Das reiche seidige Haar darf leicht gewellt sein. Bei höchstens 32 cm Schulterhöhe wiegen die Toys 3 bis 5 kg. Verwirrend ist die Benennung ihrer Farbspielarten. Nach ihren früheren königlichen Züchtern heißen die schwarzen mit roten Abzeichen *King Charles Spaniels* (ohne Cavalier!). Der einfarbig rote Schlag wird *Ruby* genannt, der weiß-rote *Blenheim* und der dreifarbige, Weiß mit Schwarz und Rot, *Prince Charles.* Untereinander verpaart werden dürfen nur jeweils zwei Farbschläge, die mit Weiß und die ohne Weiß.

Dem *Papillon,* dem *Schmetterlingshündchen* (Abb. S. 282/10 und S. 300), sieht man nicht an, daß er ebenfalls zu dieser Verwandtschaft gezählt wird. Diese dürfte auch etwas weitläufiger sein und sich mehr auf die seltenere hängeohrige Form erstrecken. Der Schmetterlingsausdruck kommt aber gerade von den großen, breiten Stehohren, die wirklich Schmetterlingsflügeln gleichen. Madame de Pompadour und Marie Antoinette führten das Hündchen am französischen Hof aus Belgien ein. Über den wahren Ursprungsort wird gerätselt. Spanische Soldaten brachten den Papillon im 15. Jahrhundert in die Niederlande. Ob er aber in Spanien entstanden oder gar ein Mitbringsel aus Mexiko war, ist schwer zu sagen. Alles an dem Tier ist zierlich, die Knochen recht fein, der kleine, leicht gerundete Schädel geht mit Stop in eine kurze, sich stark verjüngende Schnauze über. Das füllige glänzende Langhaar mißt am Rücken 7,5 cm und an der hochangesetzten Rute sogar 15 cm. Die Rute wird hängend oder in der Erregung über dem Rücken getragen. Eine auf dem Rücken liegende Ringelrute oder Unterwolle sind als Zeichen von Spitzeinkreuzungen höchst unerwünscht. An Farben ist alles erlaubt, gutes Pigment an Nase, Lippen und Augen wird gewünscht. Die Schulterhöhe ist höchstens 28 cm, das Gewicht am liebsten unter 2,5 kg. Zur Zucht allerdings nimmt man lieber Hündinnen an der oberen Grenze von 4,5 kg. Trotz aller Winzigkeit ist der Papillon lebhaft und wirkt gar nicht zerbrechlich. Er ist ein selbstbewußter kleiner Kerl, kein Kläffer, aber doch recht wachsam.

Waren die Zwerghunde immer die Liebhaberei der Könige, so galten die beiden ostasiatischen Rassen als kaiserliche Spezialitäten. Vom chinesischen *Peking-Palasthund* (Abb. S. 282/11 und 300) kennen wir die Geschichte recht gut, obwohl sie 2000 Jahre alt ist. Verändert hat sich in dieser langen Zeitspanne kaum etwas – bis in die jüngere Geschichte. Grausame Strafen, von denen die Todesstrafe nicht die härteste war, konnten bis 1860 verhüten, daß die kaiserlichen Schoßhündchen in weniger erlauchte Hände gelangten. Menschliche Ammen nährten die Hundebabies, bis sie groß genug waren, sich an Wachtelbrüsten, Haifischflossen und Schnepfenlebern gütlich zu tun. Krankheiten wurden mit dem gereinigten Fett des Schneeleoparden, mit Rhinoceroshornspänen und durch Ansetzen gescheckter – und daher seltener – Blutegel kuriert. Für die Palasthündchen war nichts zu teuer und die Kaiserin badete sie eigenhändig. Natürlich ist die Herkunft eines solchen Geschöpfes sagenumwoben. Es soll einer Paarung eines mutigen Löwen mit einem klugen Affen entstammen und von beiden Eltern die besten Eigenschaften besitzen. Sollte der Peking-Palasthund doch alle »fremden Teufel«, die Europäer, beißen, wann immer sie in den kaiserlichen Palast eindrangen. Nach einer anderen Legende verwandelte ein böser Zauberer eine chinesische Prinzessin in eine Lotosblume und einen Prinzen in ein Eichhörnchen. Buddha selbst vereinte die Verwunschenen, aus deren Paarung der *Pekinese* entstand. Kann eine edlere Abstammung vorstellbar sein? 1860 erbat sich der englische General Dunne nach längerem Chinaaufenthalt einen Palasthund. Die Bitte wurde ihm zwar offiziell abgeschlagen. Doch als der General an Bord seines Schiffes gehen wollte, drückte ihm ein Unbekannter ein Körbchen in die Hand. Und darin lag Lootie, ein bezauberndes zartes Hundemädchen. Ein kostbareres Geschenk hätte er seiner Queen Victoria nicht mitbringen können. 12 Jahre lang führte die Pekinesendame ein standesgemäßes Leben am englischen Königshof. Die nächsten vier Palasthunde kamen zwar im gleichen Jahr, aber unter traurigeren Umständen aus den Mauern der »verbotenen Stadt«. Vor der Plünderung des Palastes waren alle Hunde getötet worden, bis auf die vier, die sich verkrochen hatten. Sie hatten Glück, daß es hundeliebende Engländer waren, die sie fanden. Doch erst Jahrzehnte später gelang die Zucht der wertvollen Tiere außerhalb ihrer kaiserlichen Umgebung. Denn es gehört mehr Geschick dazu als bei anderen Hunderassen. Die Geburt ist nicht einfach und wird von den Züchtern wie eine Menschenentbindung vorbereitet. Hat der rundköpfige Knirps dann aber den Engpaß des mütterlichen Beckens geschafft, dann hat er auch bereits die schlimmste Gefahr überstanden. Pekinesen sind sehr robust und langlebig. Kälte macht ihnen gar nichts aus, sie stolzieren auch im Herbst und Winter lieber durch ihren Garten, als hinter dem Ofen zu liegen. Als kurzschnäuzige Tiere dürfen sie dagegen nie im Auto in der Sonne stehen, auch nicht, wenn die Scheiben etwas offen sind. Das verschwenderisch üppige Haar mit dichter Unterwolle und langem, abstehendem Deckhaar verlangt regelmäßige Pflege, es darf selbstverständlich nie geschoren werden. Auch auf die Zähne in dem breiten Kiefer sollte man achten und alle harte Kost vermeiden. Damit der Gang des niedrig gestellten, starkknochigen Hundes seine eigenartig rollende Bewegung behält, sind die Krallen regelmäßig zu inspizieren und bei Bedarf zu kürzen. Der Pekinese ist eine ausgesprochene Persönlichkeit mit Intelligenz und Mut und verdient einen Herrn, der diese Qualitäten auch zu schätzen weiß. Beliebteste Farbe ist Gelb mit dunkler Maske, daneben sind alle anderen Farben und Scheckzeichnungen erlaubt. Größe 15 bis 25 cm, Gewicht bis 6 kg. Kleinste Hündchen heißen *»Ärmelhunde«*, weil sie im Ärmel getragen wurden, zur Farbe des Kleides passend.

Viel stiller war es von jeher um den *Japan Chin* (Abb. S. 282/12), und auch nach seinem Bekanntwerden in Europa wurde er längst nicht so beliebt wie sein chinesischer Verwandter. Dabei kennen die frühen Hundeschriftsteller um die Jahrhundertwende den *»Japanischen Spaniel«* viel besser als den Pekinesen. Vielleicht liegt es daran, daß der kleine Luxushund der vornehmen Japanerinnen zu wertvoll war, um auf der Straße zu laufen. Seine Besitzerinnen trugen den Chin, dessen Name mit »Kostbarkeit« übersetzt wird, in ihren Gewänder mit sich. Je kleiner er war, desto beliebter war er. Durch die Zurückhaltung seiner Herrinnen ist es niemals so recht klar geworden, ob er mit dem Peking-Palasthund verwandt ist oder nicht. Im japanischen Altertum wurde er abgebildet und besungen und gehörte zu den heiligen Tieren. Buddha selbst soll ihn erschaffen haben. Das erste nach Deutschland eingeführte Pärchen war 1880 ein Geschenk der japanischen Kaiserin an die deutsche Kaiserin Augusta. Die Zucht klappte aber nicht, da die Chins in Japan nur vegetarisch ernährt wurden. Wer heute eine solche kleine »Kostbarkeit« in sein Haus holt, sollte solche Experimente der Ernährung besser nicht versuchen. Eine gut ausgewählte gemischte Hundekost dürfte auch diesem Tier bekömmlicher sein. Ohne den Japan-Chin-Kindern die Näschen breit drücken zu müssen, wie die Legende behauptet, entwickelt sich ihr Köpfchen rund mit kaum wahrnehmbarem Nasenrücken und aufwärts gebogener Schnauze. Die Lefzen sollen so dicht an die Nase anschließen, daß der Eindruck eines Kissens entsteht. Das nur 2 bis 4 kg leichte Tierchen steht recht hoch auf zierlichen geraden Läufen, die Körperlänge soll der Körperhöhe gleichen. Durch das reiche Haar an Brust und Hinterteil und Rute wirkt es länger als es ist. Die Farbe ist Weiß mit schwarzen oder rotgelben Platten.

Wenn auch der *Tibetspaniel* (Abb. S. 282/16) den wenigsten Hundeliebhabern je über den Weg laufen wird, so ist er doch wert, erwähnt zu werden. Er ist das Bindeglied zwischen den europäischen und den ostasiatischen Zwergspaniels und sieht aus wie ein etwas daneben geratener Pekinese mit zu langem Fang und zu kurzem Haar. Er ist ein wachsamer, ja mißtrauischer kleiner Kerl, der in den Klöstern seiner Heimat als »*Bethund*« sehr abgeschlossen gehalten wird. Die wenigen Exemplare, die über Indien nach England kamen, werden hoffentlich diese alte Rasse erhalten, selbst wenn sie in ihrer Heimat zusammen mit den tibetischen Klöstern vom Erdboden verschwinden sollte. Gewicht 2,5 bis 7 kg.

Der »ganz mit Haaren Bedeckte« lautet die wörtliche Übersetzung des *Lhasa Apso* (Abb. S. 282/19). Sein dichtes, nicht zu feines Doppelhaar, langes, hängendes Deckhaar mit reichlich Unterwolle, ist für ihn in seiner rauhen Heimat kein Luxus, sondern eine Notwendigkeit. Die Tibetaner nennen ihn *Seng Kyi,* den »kleinen Löwen Tibets« und bringen ihn in Verbindung mit Buddha, dessen Begleiter Löwenhündchen gewesen sein sollen. Sie genossen eine nahezu religiöse Verehrung und wurden nie verkauft. Einen Lhasa Apso als Geschenk zu erhalten war ein Zeichen ganz besonderer Hochachtung, er sollte dem Beschenkten Glück bringen. Die Apsos waren keine Schoßhündchen, sondern die Wächter innerhalb der Behausung, die mit besonders feinem Gehör und mit sicherem Gespür Fremde von Familienangehörigen und Freunden unterscheiden konnten, lange bevor sie in unmittelbarer Nähe waren. Durch die politischen Unruhen in Tibet kamen die lebhaften und anspruchslosen Hunde häufiger als vorher nach Europa. Daß sie zunehmend Freunde gewinnen, verdanken sie ihrer Liebenswürdigkeit und vielleicht auch ihrer Robustheit, die sie zu angenehmen und unkomplizierten Hausgenossen machen. Durch ihre Intelligenz wird ihre Wachsamkeit nicht lästig. Der Rücken ist länger als die Schulterhöhe, die Rute wird geringelt über dem Rücken oder seitlich getragen. Die Schnauzenlänge beträgt ein Viertel bis ein Drittel der Gesamtlänge des Schädels, normal ist ein Scherengebiß, Vorbiß ist erlaubt. Die hängenden Ohren sind stark befranst, die kleinen Katzenpfoten an geraden Läufen dicht von Haaren verdeckt. Gold- oder Löwenfarbe wird vorgezogen, doch sind viele andere Farben, auch Schekkung erlaubt. Schulterhöhe 25 bis 28 cm.

Aus Lhasa Apso-Hunden, die der Dalai Lama seit dem 17. Jahrhundert dem Kaiser von China zu schenken pflegte, entstand der *Shi Tzu* (Abb. S. 282/20). Da diese Tiere immer sehr selten waren, kam es gelegentlich zu Einkreuzung mit Peking Palasthunden. Diese chinesisch-tibetanische Rasse ist seit 1890 in England bekannt. Sie hat viel Ähnlichkeit mit dem Lhasa Apso, doch die Schnauze ist, als Pekinesenerbteil, viel kürzer. An Farben ist alles erlaubt, sehr beliebt ist eine weiße Blesse und weiße Rutenspitze. Auch der Shi Tzu ist kein eigentlicher Schoßhund. Seine Haltung bereitet keinerlei Schwierigkeiten, sein Wesen begeistert alle seine Besitzer. Er ist so gutmütig und lebhaft, daß er als ein Tier für Kinder empfohlen wird. In der Praxis allerdings dürfte eine solche Rarität für Kinder zu teuer sein. Schulterhöhe 25 bis 28 cm.

Pudel und Pudelartige

Wer den Pudel kennt, der liebt ihn. So muß es geradezu unverständlich erscheinen, daß erst die hohe Politik bemüht werden mußte, um ihn so beliebt zu machen wie er es verdient. Und das kam so: Bis zum Ende des zweiten Weltkrieges gab es für den Pudel nur die Standardschur, die dem Hund hinten alles an Wolle abschor, was vorn zuviel blieb. Da versuchten es einige Damen von Bühne und Film einmal anders. Sie nahmen die Wolle an den Ohren, an Hals und Rumpf und auch die lustige Schwanzquaste ab, beließen Bart, Schopf und alles Haar an den Beinen bis über die Krallen. Das Ganze hieß dann nach dem Persianerlieferanten »*Karakulschur*« (Abb. S. 282/14). Um sie anerkannt zu kriegen, wurden die Größen des Dritten Reiches, Goebbels und Himmler, bemüht. Vergebens. Der viele Wirbel tat der Verbreitung der Rasse gut, der Pudel vermehrte sich nach dem Krieg, was seine Hündinnen nur hergaben. Und viele Leute wurden reich dabei. Wie so oft im Leben, hat man heute zu einem Kompromiß gefunden, und die meisten Pudel laufen stolz und gepflegt in der »Mode-Schur« (Abb. S. 282/15) an der Seite ihres Frauchens. Die langen Behänge sind wieder reich behaart, der gepflegte Bart steht nur an den Lefzen, die zierlichen

Füße werden wieder glatt getragen und schleppen keinen Schmutz mehr von der Straße in die Wohnung. Selbst die Schwanzquaste erlebt ihre Auferstehung. Nur Hals und Rücken werden kurz gehalten und gehen allmählich in die Wolle der Läufe über. Dies ist für den Hund eine sehr angenehme Frisur, vor allem wenn Frauchen die Länge des Haares nach der Jahreszeit bemißt. Mäntelchen und Pullover sind völlig überflüssig. Denn trotz der äußerst starken Vermehrung, die keiner Tierart gut bekommt, hat der Pudel noch nicht ganz »vergessen«, daß er als Jagd- und Wasserhund geschaffen wurde. Um den üppig behaarten Tieren das Schwimmen zu erleichtern, nahm man ihnen schon vor vielen Jahrhunderten das wasseransaugende Fell vom Hinterteil – bei manchen stark behaarten Wasserhunden tut man das heute noch. Nachdem die moderne Schur sich durchgesetzt hat, ohne das Pudelaussehen völlig zu verändern, sieht man nur noch auf Ausstellungen die bizarre Standardschur (Abb. S. 282/13). Gar nicht mehr bekommt man den *Schnürenpudel* zu sehen, weil seine Sauberhaltung und Pflege beinahe eine Lebensaufgabe ist. Bei ihm wurde die stehengebliebene Wolle nicht sorgfältig ausgekämmt, sondern höchstens mit den Fingern gelockert. Die spiralig wachsenden Haare drehen sich so ineinander, daß ausfallendes Haar hängen bleibt. So wachsen im Laufe der Jahre die Schnüre bis auf den Boden. Solche Prachtexemplare wurden nur aus der Hand mit Fleisch gefüttert, damit sie sich nicht bekleckerten. Diese Schnürenpudel durften gar nicht geschoren werden, weil sonst die zu stark wuchernde Unterwolle zu Placken verfilzte. Nicht aus jedem Pudel kann ein Schnürenpudel werden, aber jeder Schnürenpudel läßt sich zum *Wollpudel* umfrisieren.

Pudelartige Hunde erscheinen schon auf ägyptischen Reliefs. Sie sind wohl nur entfernte Verwandte, die aus dem gleichen Stamm hervorgegangen sind, der dann die zotthaarigen Schäferhunde und die Bracken und anderen Jagdhunde herausbildete. Intelligent und leicht abzurichten ist diese ganze Hundegruppe. Der Pudel aber hat von allen guten Eigenschaften eine ganz gehörige Portion mitbekommen. Vor 500 Jahren schon wurde er, geschoren und abgerichtet, von Schaustellern vorgeführt. Die Geschichte, daß der eingefangene Pudel im Wagen des Hundefängers still abwartend beobachtete, wie die Tür geöffnet wurde, und es kurz darauf selbst fertig brachte, sie aufzumachen und mit seinen Mitgefangenen die Freiheit wieder zu gewinnen, braucht kein Märchen zu sein. Denn der Pudel beobachtet gut und denkt mehr als die meisten anderen Vierbeiner. Mein eigener Pudel erfand in diesen Tagen ein besonderes Spiel. Er legte einen Apfel auf einen zusammengeschobenen Teppich und hob diesen an. Damit ich auch nicht an Zufall glauben konnte, rollte er auf diese Weise den Apfel dreimal hintereinander durch die Gegend. Einen solchen Werkzeuggebrauch aus eigenem Antrieb traut die Tierpsychologie sonst nur den hochentwickelten Menschenaffen zu.

Seine immer noch wachsende Beliebtheit hat gute Gründe. Auch ein gar nicht erzogener Pudel ist ein angenehmerer Hausgenosse als viele andere temperamentvolle Hunde. Er kann ruhig abwarten bis Frauchen Zeit zum Spazierengehen hat, um sich beim ersten Anzeichen um so ausgelassener darüber zu freuen. Das Zusammenleben mit ihm bringt wirklich nur Freude, auf Machtproben mit dem eigenen Herrn ist er gar nicht aus. Daß er jedoch kein Feigling ist, beweist er beim Bewachen seines Eigentums und beim Zusammentreffen mit anderen Hunden. Dabei ist er nie derjenige, der eine Rauferei anfängt. Großpudel lassen sich leicht zum Schutzhund erziehen und für eine blinde junge Frau bildeten wir ein liebenswürdiges Pudeltier zum zuverlässigen Führhund aus. Solange man selbst keinen Pudel gepflegt hat, hält man die Lobeshymnen auf seine Sauberkeit für übertrieben. Sein wenig fetthaltiges Fell nimmt weniger Schmutz an als ein normales Kurzhaar, so daß keine Spuren auf Polstermöbeln zurückbleiben. Einfaches Abbrausen mit warmem Wasser genügt auch nach einem Spaziergang bei Regenwetter und kann, da es dem Fell kein Fett entzieht, beliebig oft wiederholt werden, sofern der Hund, gut abfrottiert, im zugfreien Raum trocknen kann. Die monatliche Schur überläßt man zweckmäßigerweise dem Hundefriseur, dem dieses Geschäft mit elektrischen Schermaschinen schnell von der Hand geht. Für einen einzigen Pudel lohnt sich die private Anschaffung eines solchen Apparates kaum. Bürstet und kämmt man täglich, so ist die Haarpflege in wenigen Minuten erledigt. Die langbehaarten Behänge sollen auch zwischen den Friseurbesuchen gereinigt und kontrolliert werden, die Gehörgänge müssen sauber und frei von Haaren sein, damit sich kein »*Ohrzwang*« entwickeln kann. Beim Pudelkind frisiert man schon mit

Zwei Barsoi, darunter zwei junge Deutsche Schäferhunde

1
2
3
4
5
6
7
8
9
10

acht Wochen das Köpfchen und allmählich auch den übrigen Körper, damit nicht auf einmal zuviel Wolle entfernt wird, was beim Junghund eher zu Erkältungskrankheiten führen kann als beim abgehärteten ausgewachsenen Tier.

Pudel gibt es in drei Größen (Abb. S. 282/13–15): den *Groß-* oder *Königspudel* mit 45 bis 60 cm, den *Klein-* oder *Mittelpudel* mit 35 bis 45 cm und den *Zwergpudel* mit weniger als 35 cm Schulterhöhe. Die Bezeichnungen »*Minipudel*« oder »*Toypudel*« sind inoffiziell und unnötig. Die ursprünglichen Farben rein Schwarz, Weiß oder Braun sind, besonders bei den beiden kleinen Schlägen, um weitere Farbschattierungen erweitert worden. Sehr beliebt ist der *Silberpudel,* der dunkel geboren wird und sich erst allmählich ausfärbt, seltener sind der *Apricotpudel* und die *Schecken.* Beim Pudelkauf kann man hereinfallen wie bei kaum einer anderen Rasse. Denn dem kleinen Wollknäuel sieht man nicht ohne weiteres an, zu welcher Größe es sich auszuwachsen entschließt. Am sichersten geht der Käufer, wenn er direkt vom Züchter oder über den Klub kauft.

Durch die Zwergpudel sind die anderen Schoßhündchen etwas vernachlässigt worden. Dabei handelt es sich beim *Malteser* (Abb. S. 282/18) und seinen Verwandten um Rassen, die schon im Altertum geliebt und verhätschelt und als »*Comforter*«, als lebende Wärmflaschen, mit ins Bett genommen wurden. Als gutes Mittel gegen Magenschmerzen empfahl sie Plinius, womit er zweifellos recht hatte. Denn so ein »Hauch von Hund«, von Eichhörnchengröße, wie er ihn beschreibt, ist mit seiner *Körpertemperatur* von 38,5° C in solchen Fällen recht angenehm. Daß die Hündchen nach mehrmaligem Auflegen selbst krank wurden und starben, dürfte von Plinius denn doch wohl etwas leichtfertig behauptet worden sein. Der Malteser kommt aus dem Mittelmeerraum, wenn auch nicht direkt aus Malta, das früher ebenso Melita hieß wie eine Insel vor der dalmatinischen Küste. Mit der Bezeichnung *Melitae* ist er im zehnten vorchristlichen Jahrhundert auf einer athenischen Vase abgebildet. Das kleine, langrückige Tier ist nicht zu zierlich gebaut, der breite, abgerundete Kopf hat eine kurze

Windhunde. 1 Barsoi, 2 Podenco Ibicenco (Pharaonenhund), 3 Windspiel, 4 Saluki, 5 Slughi, 6 Whippet, 7 Afghanischer Windhund, 8 Greyhound, 9 Schottischer Hirschhund (Deerhound), 10 Irischer Wolfshund spitze Schnauze mit aufeinander passenden, schwachen Zähnen, die hochangesetzten Ohren hängen herab. Das rein weiße Haar ist weich, auf dem Rücken gescheitelt und reicht fast bis auf den Boden, die Haut ist rosig, die Nase tiefschwarz, die Lippenränder sind dunkel. Das feine Haar ist sorgfältig zu pflegen, täglich sollten die Augen ausgewischt werden, da Tränenbildung das Haar um die Augen verfärbt. Da es reine Haushündchen sind, dürfen sie in der Wohnung nicht zu warm gehalten werden, sonst wird das Fell nicht dicht genug. Die Krallen an den länglichen Hasenpfoten arbeiten sich nie genügend ab, so daß Frauchen immer nachhelfen muß. Zucker und Süßigkeiten müssen auf jeden Fall vermieden werden, es sind tote Kalorien ohne lebenswichtige Stoffe, die die kleinen Tiere nur fett werden lassen. Die Zucht der höchstens 3 kg schweren und 24 cm hohen Malteser ist nicht leicht, die Haltung dagegen ohne große Probleme. Allerdings sind sie weder Anfänger- noch Kinderhunde.

Etwas schwerer und höher ist der *Bologneser* (Abb. S. 282/17), der sein gelocktes, nicht unbedingt reinweißes Haar wohl Pudeleinschlag verdankt. Halb geschoren, bekamen diese Hunde den Namen *»Löwenhündchen«*. Vor knapp 200 Jahren galt es als schick, sie auf den Armen mit sich zu tragen und manche Dame »hielt mehr auf den Bologneser als auf ihr Kind«. Er darf bis 30 cm hoch und 5 kg schwer werden. Weitere Namen für die Maltesergruppe sind: *Bichon, Havaneser* und *Angorahündchen*.

Windhunde

Trotz aller äußerlichen Ähnlichkeit müssen die Windhunde in zwei verschiedene Gruppen getrennt werden. Denn die heute lebenden Rassen sind zum Teil nur über den Wolf miteinander verwandt. Den alten Kulturen des vorderen Orients verdanken wir unser gutes Wissen über die südliche Windhundgruppe mit ihrer vieltausendjährigen Tradition. Sicher sind die nördlichen Windhundrassen nicht weniger alt, doch hatten sie nicht das Glück, Kulturkreisen anzugehören, deren Ausdrucksmittel in Stein gemeißelt allenfalls der modernsten Umweltverschmutzung zum Opfer fallen können. Die nordischen Kulturen verwendeten für ihre Denkmäler Holz, dessen Lebensdauer begrenzt ist. Sicher ist, daß die Römer mächtig große Hunde aus Irland nach Rom in den Zirkus brachten und daß die Kelten Windhunde zur Wolfsjagd besaßen.

Alle Windhundrassen sind etwas sehr Exklusives. Sie unterscheiden sich nicht nur im Aussehen von den anderen Hunden, sondern auch in ihrem ganzen Verhalten. Das Sehen spielt bei ihnen die bedeutendste Rolle; sie jagen mit den Augen. Nur so kann ihre ungeheure Schnelligkeit zur Beute führen. Bei der Erziehung des Windhundes muß der Hundeliebhaber manches vergessen, was sich bei anderen Rassen bewährt hat. Der Windhund verträgt keinerlei Zwang. Er läßt sich zwar erziehen und gehorcht seinem Herrn, an dem er mit großer Liebe hängt. Doch alles, was er tut, geschieht aus freiem Willen. Nur wer beim Hund diese absolute Partnerschaft akzeptiert, darf sich den Kauf eines Windhundes überlegen.

Die Spanischen Hundeexperten bitten wir um Nachsicht, daß der Podenco auf Seite 299 unter den Windhunden seinen Platz zugewiesen bekommt. Er ist zwar kein richtiger Windhund, sondern ein Laufhund, der sich vornehmlich mit der Nase orientiert. Weil er aber der Gruppe der südlichen Windhunde näher zu stehen scheint als unseren Jagdhundrassen, bleibt es bei der bisher gebräuchlichen Einordnung.

Die stärksten nordischen Wildarten, Hirsche und Wölfe, konnten nur mit ganz großen, starken Windhunden erjagt werden. Dem rauhen Klima angepaßt, war auch das Haar dieser riesigen *Nördlichen Windhunde* rauh und drahtig. Durch die nach Schottland einwandernden irischen Kelten wurden zwei sich ähnelnde Rassen entwickelt, der Irische Wolfshund und der Schottische Hirschhund, deren Blut in mancher anderen europäischen Rasse, vor allem bei der Deutschen Dogge, unverkennbare Spuren hinterlassen hat. Auch umgekehrt wurde, um die erwünschte Kraft zu erzielen, dem Windhund Doggenblut zugeführt.

So ist die größte Hunderasse, der *Irische Wolfshund* (Abb. S. 318/10), nicht erst zu Renommierzwecken auf die beachtliche Höhe von 90, ja 95 cm Schulterhöhe gebracht worden. Genau wie sie heute aussehen, so wurden sie schon im 3. Jahrhundert von Gratius beschrieben. Ob allerdings die Höhe von vier englischen Fuß, das sind 1,22 m, wie die Wolfshunde des 18. Jahrhunderts beschrieben wurden, für einen Hund erreichbar sind, ist kaum zu glauben. Das wäre die Höhe eines jährigen Kalbes. Immerhin nannten die Berichter der Vorzeit die Stärke der Läufe »wie die eines Fohlens«. Der *größte Hund der Welt*, der *Caragh Chieftain op De Dreef*, maß im Jünglingsalter von 15 Monaten 95 cm bei 72 kg Gewicht. Er wuchs noch fleißig weiter. Sein Zwingergenosse *Sandfort Fingal* biß einem ausgewachsenen Schäferhund ein Vorderbein beim Ellenbogen so gründlich ab, daß auch nicht die kleinste Fellverbindung erhalten blieb. Die *Wolfshunde* sind aber keine Bestien, sondern im Hause so sanfte Familienmitglieder, daß sie angeblich weniger umstoßen als eine Katze. Wie alle Windhunde, kläffen sie nicht, sind aber sicherste Wachhunde für Individualisten. Sie brauchen viel Bewegung, besonders in der Jugend, und eine entsprechende Ernährung mit viel Fingerspitzengefühl. Der Rükken des Irischen Wolfshundes ist weniger gebogen als der anderer Windhunde, der Bauch weniger stark aufgezogen. Das rauhe, harte Haar ist meistens grau, gelblich oder rot, auch schwarz, gestromt oder weiß. Mindesthöhe für Rüden 79 cm, für Hündinnen 71 cm.

Mit dem *Scottish Deerhound*, dem *Schottischen Hirschhund* (Abb. S. 318/9), sollen noch vor hundert Jahren in Schottland große Jagden auf den Hirsch abgehalten worden sein, in den englischen Kolonien auch noch vor wenigen Jahrzehnten. Man erkennt die Verwandtschaft zum Irischen Wolfshund. Jedoch ist der Hirschhund im ganzen leichter, der Rücken mehr bogenförmig und die Lendenpartie aufgezogen. Schwere Deerhounds und leichtere Wolfhounds sind, ihrer nahen Verwandtschaft entsprechend, gar nicht so leicht zu unterscheiden. Denn die Farben des harten Rauhhaares sind die gleichen, die Größe ebenfalls beträchtlich und mit 78 bis 90 cm für Rüden und 70 bis 82 für Hündinnen kaum geringer.

Die Entwicklung des kurzhaarigen *Greyhounds* (Abb. S. 318/8 und S. 227) verlief in den letzten anderthalb Jahrhunderten in umgekehrter Richtung: Aus dem kräftigen, etwas derben Jagdwindhund wurde ein eleganter *Rennhund*, das Rückgrat des englischen Hundesports. Das Zusehen und Wetten bei den *Hunderennen* wurde ein wichtiges Volksvergnügen, die Haltung der Rennställe eine kostspielige Angelegenheit. 100 bis 150 Hunde werden in ihnen von einem Heer von Betreuern und Trainern aufs Beste versorgt und fit gemacht. Die Umsätze dieser Spitzenzwinger erreichen sechsstellige Summen. Die gestoppte *Geschwindigkeit* auf der Kurvenbahn beträgt 17,5 m in der

Sekunde, das sind 63 Stundenkilometer. Auf gerader Strecke werden bei einer Fluchtweite von 5 bis 7 m 66 Stundenkilometer erreicht. Daß der Rennwindhund begeistert an seinem Job hängt, beweist er immer wieder. Kann er sich auf dem Rennplatz losreißen, dann saust er seine Privatrunde über die Strecke, auch ohne Konkurrenz und ohne den künstlichen Hasen, der als Attrappe elektrisch vor dem Feld der Hunde hergezogen wird. Aus der Zeit, in der dies noch im Handbetrieb und daher nicht immer schnell genug geschah, stammt die Sitte, den Rennhunden knapp sitzende Maulkörbe umzubinden, damit es nicht zu gefährlichen Raufereien kommen konnte.

An der trockenen Figur des Greyhounds ist wirklich alles eingespart, was nicht zur schnellen Fortbewegung dient. Der lange, schmale Kopf geht über den langen, leicht gewölbten Hals harmonisch in die tiefe, breite Brust über, die Linie des gewölbten Rückens setzt sich in der langen, am Ende hakenförmig gebogenen Rute und den sehr kräftig bemuskelten Hinterläufen fort. Die parallel stehenden Läufe stehen in der Hinterhand weit auseinander und nach hinten, »viel Boden deckend«, ermöglichen sie den raumgreifenden *Renngalopp*. Das Haar muß so kurz sein, daß die einzelnen Muskelgruppen sich deutlich abzeichnen. Der Greyhound ist ein angenehmer Begleithund für den Kenner, ruhig und gutmütig im Hause und auf der Straße, leidenschaftlich und ehrgeizig beim Rennen und auf der Jagd. Er stellt nur eine Bedingung an seinen Herrn: Gelegenheit, seine Rennlust zu stillen. Er bellt kaum und ist als Wachhund wenig geeignet. Er wird in vielen, meist kräftigen Farben gezüchtet, meist Schwarz, Grau oder Gestromt, auch mit ausgedehnten weißen Abzeichen. Nur rein weiße Hunde sind nicht erwünscht, man hält sie für weniger kräftig. Da die Größe und das Gewicht wenig Einfluß auf die Schnelligkeit haben, ist man damit großzügig. Mittelwert sind 63,5 cm bzw. 27 (18 bis 36) kg.

Als »Rennpferd des kleinen Mannes« wurde der *Whippet* (Abb. S. 318/6) gezüchtet, eine kleinere Ausgabe des Greyhounds. Die Bergarbeiter im Norden Englands züchteten ihn, um ihrer Wettlust nachzugeben. Sie verzichteten lieber selbst auf den Sonntagsbraten, wenn nur ihre Hunde ausreichende Fleischportionen bekamen. Um die schmalen Vorräte zu ergänzen, gingen Herr und Hund auch fleißig wildern. Einkreuzungen der kurzhaarigen Terrierrassen gaben dem

Whippet das Temperament. Durch rauhhaarige Terrier entstand ein rauhhaariger Schlag, der jedoch wenig gezüchtet wird. In Deutschland, wo Windhundrennen im kleinen Stil von Besitzern einzelner Tiere und nicht von großen Zwingern beschickt werden, läuft der Whippet ebenfalls seine Rennen. Wer die Zeit, die bei anderen Rassen für die Haarpflege aufgewendet wird, mit dem Whippet zum Training verwendet, kann sich kaum einen idealeren Haushund vorstellen. Der Whippet hängt mit großer Liebe an seinem Frauchen, dessen Wünsche er freiwillig erfüllt. Gegen Befehle und harte Worte ist er allergisch. An Strafen darf man bei ihm nicht einmal denken. Gegen Fremde ist er äußerst zurückhaltend, einem neuen Herrn schließt er sich nur schwer an, es sei denn, er kommt aus der falschen endlich in die richtige, windhundgerechte Hand. Das äußerst kurze, dichte Haar wird am schönsten, wenn es mit einem Lederhandschuh mit dem Haarstrich massiert wird. Ist der Whippet in Bewegung, kann er auch im Winter ohne Mäntelchen auf die Straße. In der Kälte zu stehen oder gar vor Geschäften angebunden zu werden, verträgt er auch »angezogen« nicht. Beim Whippet sollte man sich die Mühe machen, nicht aus der Dose zu füttern, sondern zu zwei Dritteln rohes Fleisch und Innerei, im Winter und bei starker Rennbeanspruchung etwas Fett, zu einem Drittel feinere Hundekuchen, Obst und rohes Gemüse, wenn er mag, keine Knochen, sondern je nach Alter und Bewegung Kalkpräparate, keine Milch und keine breiförmige Nahrung. Wie im ganzen Wesen äußert der Whippet auch beim Futtern seinen Eigenwillen. Meine Hündin, die das Fleisch nur angebraten mochte, fraß mit größter Hingebung rohe Kartoffeln und Steckrüben. Der Whippet kommt in allen Farben vor, einfarbig oder als Schecke, beliebt sind sehr helle Töne. Schulterhöhe 40 bis 50 cm (Rüden) bzw. bis 47 cm (Hündinnen), möglichst um 45 cm. Gewicht 8 bis 10 kg.

Daß die *südlichen Windhunde* in einer solchen Rassenvielfalt vorhanden sind, verdanken sie nicht zuletzt dem Klima. Auf trockenem, heißen Sandboden muß auch die beste Hundenase versagen, da helfen zum Verfolgen des Wildes allein die Augen. Die bei der Sichthetze erzielte hohe Geschwindigkeit war sehr nötig, weil auch das Wild auf den freien Flächen besonders schnell flüchtete. Den sichersten Erfolg brachte schon im Altertum das Jagen mit gemischten Meuten. Mit der Nase suchende Laufhunde stöberten das Wild auf und verfolgten es bis auf die freie Ebene. Dort traten dann die bei den Pferden gehaltenen Windhunde in Aktion, die nun den etwas ermüdeten Huftieren zu Leibe rücken konnten. Denn mit einer *Geschwindigkeit* von 70 km in der Stunde liefen die schnellsten Antilopen den Windhunden sonst gerade noch davon.

Der *Podenco Ibicenco,* der *Pharaonenhund* oder *Ibizahund* wird auch als *Balearischer Windhund* bezeichnet (Abb. S. 318/2 und 299). Er steht den Windhunden sehr nahe, ist aber ein Laufhund, der den altägyptischen aufs Haar gleicht. Es ist ein Wesen, das aus 4000 Jahre alten Abbildungen entsprungen zu sein scheint, groß und mit Stehohren, mit kegelförmigem Kopf und mit einem geraden Rücken mit abfallender Kruppe, der sich von dem des echten Windhundes unterscheidet. Vor allem aber ist er ein echter Jagdhund, der mit der Nase arbeitet. Er jagt alles Wild, vom Kaninchen bis zum Wildschwein, ist sehr intelligent und besitzt ein erstaunlich gutes Gehör. Seine normale Bewegung ist ein zögernder Trott. Bemerkenswert ist sein Springvermögen. Er springt aus dem Stand über hohe Hindernisse. Die Podenco-Züchter lehnen jede Einkreuzung von Windhund- vor allem Greyhound-Blut ab, weil der besondere Charakter der Rasse, Springvermögen, Gehör, Nasenleistung und Intelligenz, darunter leidet. Das ist der Gewinn an Schnelligkeit nicht wert, ist ihre Meinung. Farbe: Rot, Gelb oder Braun, einfarbig oder mit Weiß, Größe 54 bis 70 cm. Außer kurzhaarigen kommen auch rauhhaarige Tiere vor.

Nicht mit dem Ibizahund verwechselt werden darf der *Galgo,* der spanische Windhund, ein sehr großer echter kurzhaariger Windhund.

Direkt vom altägyptischen *Tesem* soll der *Slughi* (Abb. S. 318/5) abstammen, der *Arabische Windhund.* In seinen verschiedenen Typen gilt er von Nordafrika bis Syrien als das edelste Wesen neben dem Pferd. »Möge dein Pfeil so schnell fliegen, wie der Slughi rasch ist«, sagt ein arabisches Sprichwort. Nie wird der Slughi von seinem Herrn als *»Kelb«* = einfach Hund bezeichnet. Er ist *»el hor«,* der Noble, und darf als einziges Tier das Zelt betreten. Er lernt, auf dem Pferd zu sitzen und bleibt bei der *Gazellenjagd* neben seinem Herrn solange im Sattel, bis Pferd und Wild ermüden. Dann wird er zur weiteren Verfolgung zu Boden gelassen. Die Araber ziehen ihre Slughis mit größter Sorgfalt auf. Bis zu einem Jahr erhalten sie Schafsmilch, die

Kraft und Ausdauer gibt. Danach bekommen sie Habichte als Futter, von denen sie Mut und Schnelligkeit erhalten sollen. Sein Haar ist kurz, dicht und weich, es soll sandfarben sein. Schulterhöhe 60 bis 70 cm, Gewicht um 32 kg.

Der *Persische Windhund,* der *Saluki* (Abb. S. 318/4), ist nach einem alten Ausspruch »kein Hund, er ist ein Geschenk Allahs zu unserem Nutzen und zu unserer Freude gegeben«. In seiner Heimat teilt er das Lager seines Herrn und bei der Verteilung des Bratens soll nach der Überlieferung folgende Reihenfolge eingehalten werden: dem Herrn, dem Saluki, der Frau. In Europa hat er seine ersten Besitzer mit entsprechenden Tischmanieren überrascht. »Er frißt sehr langsam mit einer gewissen Feierlichkeit, als wolle er es recht genießen. Am liebsten frißt er Beefsteaks, Leberpastete und andere Leckerbissen.« Während man bei uns den zierlicheren Typ des Saluki züchtet, den *Gazellenhund,* gibt es in seiner Heimat für die Jagd auf Wildesel den schwereren »*Eselsaluki*«. Die Turkmenen lassen ihre Salukis möglichst nicht die Hühnerdiebe verfolgen, aus Angst vor böswilligen Verletzungen an den feinen Läufen der wertvollen Hunde. Ein solches Tier mit jahrtausendealter Geschichte und höchster Wertschätzung ist etwas ganz Besonderes für einen Herrn, der diese vierbeinige Kostbarkeit zu würdigen versteht. Zu seinem Glück sind seine europäischen Züchter so von ihm fasziniert, daß sie die Käufer ihrer Jungtiere sorgsam prüfen – nicht nur nach dem Geldbeutel. Die Behaarung des Salukis ist kurz und glatt, langes Seidenhaar ziert die breiten Hängeohren und die Rute, die Läufe sind kurz befedert und behost. Der Rücken ist nur leicht gewölbt, die Augen sollen träumerisch blicken. Farbe meist hell, aber auch schwarz und dreifarbig. Schulterhöhe 50 bis 70 cm, meist 55 bis 65 cm.

Der *Afghanische Windhund* (Abb. S. 318/7 und 335) hat in der Arche Noah das Hundegeschlecht vertreten, behaupten seine afghanischen Züchter. Sein Wert war groß und übertraf den eines guten Reitpferdes und erst recht den einiger Frauen.

Ohne ihre Hunde hätten die Jäger- und Hirtenstämme des innerasiatischen Hochlandes kaum existieren können. Paarweise jagten die gazellenschnellen Windhunde ihr Wild, der Rüde sprang der Gazelle an die Kehle, die Hündin faßte sie an den Hinterläufen. Im Gebirge hetzten und fingen sie Bergziegen, sie kämpften gegen Bär und Wolf und töteten sogar den gefährlichen Leoparden. Und nachts bewachten sie Zelte und Herden. Das lange Haar machte sie unempfindlich gegen Kälte und Hitze. Bei strengster Strafe war es verboten, ein solches Tier ins Ausland auszuführen. Trotz aller Bemühungen der hundeliebenden Engländer dauerte es bis 1926, bevor die Afghanischen Windhunde in England gezüchtet werden konnten und erst 1931 kam das erste dieser apart behaarten Tiere nach Deutschland. Sie fanden so viele Liebhaber, daß sie auf manchen Hundeausstellungen zu den meist vertretenen Schönheiten zählen. Die Pflege seines üppigen Felles und sein Bewegungsbedürfnis machen ihn nicht gerade zu einem bequemen Hund. Sein bezauberndes Wesen begeistert aber seine Freunde immer wieder. Zurückhaltend gegen fremde Menschen und Hunde, liebt er seine Familie heiß und innig. Er gibt und fordert viel Zärtlichkeit und zeigt neben ruhiger Zurückhaltung überschäumende Lebenslust, ja Wildheit beim tobenden Spiel. Das kurz behaarte Gesicht bildet einen starken Kontrast zur üppigen Behaarung des ganzen Körpers einschließlich der langen Ohren. Der am Ende geringelte, mäßig befranste Schwanz wird in der Erregung lustig getragen. Bemerkenswert sind die für den *Gebirgshund* wichtigen großen Füße. Der Afghane kommt von Reinweiß bis Schwarz mit Brand vor, Schulterhöhe 62 bis 72 cm, Gewicht etwa 25 bis 33 kg.

Der kleinste der Windhunde, das *Windspiel* (Abb. S. 318/3), wurde von den alten Ägyptern als Begleiter der Göttin Isis als heilig verehrt. In einem Pharaonengrab fand man eine vorzüglich erhaltene Mumie dieses kleinen kurzhaarigen Hundes. Von seinen vielen königlichen Liebhabern war Kleopatra eine der berühmtesten. Sie brachte ihren Sklaven höchstpersönlich bei, wie ihre Lieblinge zu pflegen waren. Die im Krieg mit Kleopatra siegreichen römischen Heerführer brachten ihren Damen die kleinen Hunde als Geschenke mit, daher galten die Windspiele lange Zeit als italienische Rasse. Wohin die zierlichen Tiere auch kamen, sie wurden überall begeistert aufgenommen und verhätschelt. Und doch steckte noch so viel Jagdlust in ihnen, daß sie sich in Frankreich und Deutschland bei der Kaninchenjagd und der Jagd mit dem Beizvogel bewährten. Unzählig sind die Geschichten um Friedrich den Großen und seine Windspiele. Nie trennte er sich von seinem Lieblingstier, das mit in seinem Bett schlief, an der Tafel neben ihm saß und nur von seiner Hand gefüttert werden durfte. Selbst in der Schlacht ließ er es nicht von seiner Seite. Auf dem Jägerhof, dem königlichen Hundezwinger, überwachte er selbst die Zucht der meist 50 bis 80 Hunde, wählte die Besten aus, die seinem Leibjäger zur Erziehung übergeben wurden und von denen er wieder die Auswahl seiner persönlichen Begleithunde traf. Sein letzter Liebling, *Alkmene,* wog ausgewachsen nur vier Pfund, gerade so wenig, wie der schwer unter der Gicht leidende König noch zu tragen vermochte. Sie saß an seinem Sterbelager.

So temperamentvoll sind die kleinen Hunde, daß sie kein normales Halsband um ihren zierlichen Hals tragen dürfen. Für sie ist das besonders breite Hetzhundhalsband noch wichtiger als für die anderen Windhunde. Vor Freude können sie so springen, daß sich schon mancher dabei die grazilen Beinchen gebrochen hat. So dünn ihre Haut und so fein ihr Haar ist, bedeutet ihr Zittern nicht unbedingt, daß sie frieren; es kann auch von Spannung und Jagdfieber herrühren. Bei richtiger Haltung und Fütterung bleibt das Windspiel graziös und beweglich bis ins hohe Alter, meist auch bei bester Gesundheit. Wie allen Windhunden, entfernt man auch ihm kurz nach der Geburt die hochstehenden Daumenkrallen der Vorderläufe, die beim schnellen Laufen eher hinderlich sind und sogar zu Verletzungen führen können. Für den erfahrenen Hundefreund ist das Windspiel ein passender Hausgenosse für die »alten Tage«. In eine Familie mit Kindern paßt er so wenig wie zu einem Anhänger der autoritären Erziehung. Der schmale Kopf mit seitlich nur leicht gewölbtem Schädel soll wenig Stirnabsatz zeigen, die kleinen Ohren werden nach rückwärts getragen. Die dünne Rute wird häufig zwischen die Beine geklemmt, ohne daß dies ein Zeichen von Ängstlichkeit sein muß. Die langen Hasenpfoten tragen meist helle Krallen. Schulterhöhe möglichst nicht über 35 cm, Gewicht bis 3,5 kg, bei Zuchthündinnen auch bis 4 kg.

Der *Russische Windhund,* der *Barosi* (Abb. S. 318/1 und 317), wird zu den südlichen Windhunden gestellt, obwohl er viel wahrscheinlicher von einer nordischen Wolfsrasse abstammt. Einmalig ist sein langer, ungemein schmaler Kopf mit dem *Ramsprofil* und mandelförmigen, nahe zusammenstehenden Augen. Auch sein gewelltes oder großgelocktes Haar, am Hals und der Rute besonders reich, gibt es kaum bei einer anderen Rasse. Barsoi, Jagd und Adel gehörten in Rußland viele Jahrhunderte lang untrennbar zusammen. Eine der ersten Barsoiabbildungen auf einem Fresko der Kathedrale in Kiew aus dem 11. Jahrhundert zeigt den Hund auf der Hirschjagd. Seine eigentliche Aufgabe war die Jagd auf den Wolf. Dafür wurden die Barsois einzeln in der Arena geschult und ausgelesen, denn nicht jedes Tier war dem harten Kampf gewachsen. In der *Swora,* der Koppel aus zwei Rüden und einer Hündin, wurden sie dann in den Kampf geschickt und mußten die sehr großen nordischen Wölfe einholen und festhalten, bis der berittene Jäger das Raubwild erledigte. Um robuste, ausdauernde Tiere für die Winterjagd heranzubilden, lebten die Barsois auch im kalten russischen Winter in offenen Ställen und wurden mehrmals täglich ausgiebig in Bewegung gebracht. Im Sommer mußten sie jeden Tag baden. Von den meist starken Würfen beließ man der Mutter nur vier, höchstens fünf Welpen, die so lange wie möglich gesäugt wurden, damit besonders kräftige Jungtiere heranwuchsen. Für den erwachsenen Hund galten Hafermehl, Pferdefleisch und Vollmilch, im Winter mit einer Fettzulage, als beste Ernährung – das Ergebnis jahrhundertelanger Erfahrung. Die größten Zuchten benötigten ein ganzes Dorf Leibeigener zur Betreuung. 500 Windhunde, keine Herde, sondern ein halbes Tausend einzeln ausgebildeter Individuen, besaß Großfürst Nikolaus Nikolajewitsch und damit nicht nur die meisten, sondern auch die besten Barsois, bessere noch als der Zar. Es war ein Ereignis, wenn die schönsten der edlen Tiere vor bevorzugten Gästen durch die Halle geführt wurden. Unter 1000 Rubel wäre kein Barsoi zu haben gewesen und dafür wurde nur guter Durchschnitt abgegeben. Die Elite war für Geld nicht zu haben. Und so mancher Großgrundbesitzer hat Teile seines Gutes für einen Spitzenhund eingetauscht. Solche märchenhaft anmutenden Wertschätzungen sind heute, nur hundert Jahre später, auch nicht mehr annähernd denkbar. Wenn diese herrliche Rasse nicht aussterben soll, kann sie sich nur als aufwendiger Luxushund halten. Der Barsoi, der mehr Schärfe besitzt als andere Windhundrassen, ist im Gegensatz zu ihnen auch ein guter Wächter. Er würde es verdienen, wenn diese Qualitäten von verständigen Besitzern öfter bei ihm gefragt wären. Schulterhöhe mindestens 70 cm für Rüden, 65 für Hündinnen, selten 82 cm und mehr. Farbe: rein Weiß, Weiß mit Gelb, Orange, Rot, Gestromt oder Grau.

Schon Kolumbus hat von dem *Chihuahua* berichtet, dem kleinen *Aztekenhund* (Abb. S. 336/5), den er in Mexiko vorgefunden hatte. Die Indianer liebten ihn als Bettwärmer sehr und setzten ihn nach seinem Tod in Tempeln und Gräbern bei. Lange Zeit war dann nichts mehr von dem Hündchen zu hören, bis der Aufschwung kam, der es zu einem der beliebtesten Hunde Nordamerikas werden ließ. Bei uns werden auf Ausstellungen und in illustrierten Zeitschriften nur die Miniaturausgaben der Rasse gezeigt, die Leichtgewichte von anderthalb und zwei Pfund, die dann – sicher nicht zu ihrem Vergnügen – auch noch in irgendein Stielglas gezwängt wurden. Wenn man auch möglichst kleine Tiere wünscht, so wiegt die Mehrzahl doch zwischen 2 und 3 kg; Zuchthündinnen dürfen auch schwerer sein.

Der meistens kurzhaarige Hund entspricht im Knochenbau etwa unserem Zwergpinscher, er ist gar nicht so überzart und zerbrechlich, sondern, wenn er nur darf, ein temperamentvoller Ratten- und Mäusejäger. Er ist mutig und wachsam, gar nicht anfällig gegen Krankheiten oder andere Unpäßlichkeiten und ein guter Futterverwerter. Große, nach den Seiten abstehende Ohren und volle, aber nicht vorstehende Augen sitzen auf dem runden Apfelkopf mit der leicht zugespitzten Nase. Der Körper ist kräftig und muskulös, bei der Rute ist man großzügig. Sie darf fehlen, eine Stummelrute sein, bogen- oder ringförmig getragen werden. Nur nach unten hängen soll sie nicht. An Farben ist alles erlaubt. Das Haar ist immer dicht; das Fell kann kurz oder langhaarig sein.

Einer der Chihuahua-Vorväter, der *Techichi,* der heilige Hund der Azteken, kommt heute noch vereinzelt in Mexiko vor. Er ist einer der kleinsten Hunde und zeigt gewisse Mopsähnlichkeit.

Nicht verwechselt werden darf der Chihuahua mit einer anderen, angeblich mexikanischen Rasse, dem *Mexikanischen Nackthund.* Die Azteken sollen diese Tiere regelrecht mit Mehlbrei gemästet haben. Heute sind die Nackthunde nirgends seltener als in Mexiko – die Mexikaner selbst nannten sie immer *»Chinesische Hunde«*. Seitdem im 16. Jahrhundert chinesische Teeschiffe die Nackthunde in verschiedene Länder brachten, sind sie näher bekannt. Doch über ihren Ursprung rätselt man immer noch; er könnte auch in Afrika liegen.

Der Mexikanische Nackthund ist ein Tier von Terriergröße, 6,75 bis 9 kg schwer. Wenig Haar wächst nur von der Schädelmitte bis zwischen die Augen und an der Schwanzspitze. Die übrige Haut ist völlig haarlos, noch nackter als die des Menschen und seidenweich. Als Ersatz für das wärmende Haarkleid ist beim Nackthund eine *Körpertemperatur* von 40° C normal, also um anderthalb Grad höher als wir es bei unseren Hunden gewöhnt sind. Der Hund ist so temperamentvoll, daß er sich überall die nötige Bewegung verschafft. Seine Wünsche und Meinungen äußert er durch Jaulen und Winseln, denn bellen kann er nicht.

Beim ganz ähnlichen nackten *Chinesischen Schopfhund* (*Chinese Crested Dog,* Abb. S. 336/7) ist auf dem Scheitel Haarschopf erwünscht, sonst hat er höchstens an der Schwanzspitze und zwischen den Zehen vereinzelte Haare. Mit 2 bis 6,75 kg Gewicht ist er wesentlich kleiner als der Mexikaner.

Ein »Neu-Amerikaner«, der *Fila Brasileiro,* kehrt allmählich ins Land seiner Vorväter zurück. Der große kurzhaarige, meist rote Hund ist ein Nachkomme von Doggen und Schweißhunden, die Spanier und Portugiesen nach Mittelamerika brachten. Auf den großen Farmen hat er sich als Treibhund der Herden, als Haus- und Wachhund und als Jagdhund bewährt.

Er hat nichts zu tun mit dem *Fila da Terceira,* einem etwa 58 cm hohen und dabei über 50 kg schweren, also sehr gedrungenen Wachhund der Azoren. Er stammt von portugiesischen Doggen ab. Als sein nächster Verwandter wird der *Rafeiro do Alentejo* angesehen, ein großer Hirtenhund Portugals, der als Schutzhund geschätzt wird und als Wachhund gefürchtet ist.

Interessante afrikanische Nackthunde sind der *Abessinische Sandhund* und der etwas größere *Elefantenhund,* die zum Teil noch zur Jagd auf Antilopen verwendet werden.

Erst in diesem Jahrhundert hat man im Gebiet des Kongo eine vielleicht sehr alte Hunderasse entdeckt und in England und Amerika salonfähig gemacht, den *Basenji* (Abb. S. 336/3). Seine neuen Freunde halten ihn für einen direkten Nachkommen stehohriger altägyptischer Hunde, und das ist durchaus möglich. In seiner Heimat wurde er zur Jagd mitgeführt und mußte allerhand Raubzeug, vor allem Ratten, in den Siedlungen kurzhalten. Er bringt eine für den lärmgeplagten Großstädter angenehme Eigenschaft mit: Er kann nicht bellen. Er ist ein mittelgroßer, kurzhaariger Hund mit weicher, lockerer Haut und senkrechten Falten zwischen den Stehohren. Die hochangesetzte Rute liegt, ein oder zwei Ringe bildend, seitlich der Kruppe an. Eigenartig ist der leichte, geworfene Trab, der dem Basenji seine Ausdauer verleiht. Er ist rötlich, schwarz oder schwarzloh jeweils mit weißer Brust, Pfoten und Rutenspitze.

Verwandt mit ihm sind weitere afrikanische Rassen, die als *Schensihunde* zusammengefaßt werden und von denen vielleicht noch mancher Eingang in die Sportzucht finden wird.

Dem Basenji sieht der *Batakspitz* (Abb. S. 336/8) aus Sumatra ähnlich, der lange bekannt aber kaum eingeführt worden ist. Er ist ein lustig aussehender Haushund, der geschickt die Leitern zu den Pfahlbauhütten erklettert. Er hängt sehr an den Frauen, deren Kleider er beim Baden bewacht. Als fleißige Wächter sollte er sich vor gefährlichen Menschen in sicherer Entfernung halten, da die Battakbevölkerung mit dem Gebrauch ihrer Wurfwaffen schnell bei der Hand war. Vom Rüden heißt es, daß er die Sitte des Beinchenhebens nicht mitmacht.

Vorwiegend aus großen britischen Windhunden entstand der australische *Känguruhhund,* 70 cm hoch und 35 kg schwer, für die Känguruhjagd im australischen Busch. Er kam bisher nur einmal – 1864 – nach Europa.

Einzige anerkannte südafrikanische Hunderasse ist der interessante *Rhodesian Ridgeback* (Abb. S. 336/2), ein großer kurzhaariger Hund mit mittellangen Behängen und Hängerute. Bemerkenswert ist die Haarrichtung seiner Rückenhaare, die genau umgekehrt wie normal von der Rute zum Nacken verläuft. Der weizenfarbene oder rote einfarbige Hund verbindet die feine Nase der von den europäischen Ansiedlern mitgebrachten Jagdhunde mit dem Temperament der ursprünglichen halbwilden Eingeborenenhunde. In Meuten wurden sie zur Jagd auf Großwild, sogar auf Löwen, eingesetzt. Schulterhöhe 60 bis 67,5 cm, Gewicht um 34 kg für Rüden, 30 kg für Hündinnen.

Die zweite südafrikanische Rasse, der *Redbonehound* hat nur europäische Ahnen und keinen Rückenstreifen. Auch er ist ein vielgehaltener großer roter kurzhaariger Jagdhund, daneben Wach- und Begleithund der Farmer. Er besitzt einen etwas schweren Kopf und lange Behänge, die von den Bloodhound-Ahnen stammen.

Von den uralten Japanischen Spitzen, den *Nippon Inu,* kam erstmalig 1937 ein Paar nach England. Es gehörte zur Rasse der *Akita Inu,* 50 bis 60 cm hohen, kräftigen Tieren, die vorwiegend zur Hirsch- und Wildschweinjagd eingesetzt werden. Als Haus- und Begleithunde, aber auch im Armeedienst sind sie in ihrer Heimat so geschätzt, daß viele Briefmarken ihr Bild tragen. Ihr größerer Vetter, der *Shishi Inu,* wird im Gebirge zur Bärenjagd verwendet, früher war er sogar Kampfhund. Kleiner ist der *Shiba Inu,* der nicht wie die anderen Inu einen Ringelschwanz, sondern einen angeborenen oder gestutzten Mutzschwanz trägt.

Die *Tibetdogge* (Abb. S. 336/6), erstmalig 1121 v. Chr. erwähnt und als vier Fuß hoch beschrieben, deren Blut in so vielen Hunderassen fließt, lebt noch immer. Zu Ehren Alexanders des Großen wurde sie zur Löwenhatz vorgeführt, Marco Polo beschrieb sie als eselgroß. Zwei Tibetdoggen bewachten eine Herde von mehreren Hundert Yaks und hielten ihr Bären, Wölfe und Leoparden fern. Die Tibetdogge soll in jedem Herbst unruhig werden, wenn die Zeit gekommen ist, zu der die Herden auf die wärmere, die indische Seite des Himalaja getrieben wurden. Es ist ein mächtiger, schwerknochiger Hund mit kräftigem Kopf und breiter Schnauze. Die Bindehaut der kleinen Augen ist etwas sichtbar. Er besitzt langes Stockhaar mit reichlich Unterwolle, die über dem Rücken getragene Rute ist besonders üppig behaart. Farben: Schwarz mit Abzeichen, Rot, Dunkelschwarzbraun. Schulterhöhe heute 56 bis 78 cm, früher gab es zweifellos weit größere Tibetdoggen.

Erst in neuester Zeit wurden die im Orient halbwild in der Nähe des Menschen lebenden *Pariahunde* (Abb. S. 336/4) von R. und R. Menzel näher untersucht und gezüchtet. Dabei zeigte es sich, daß vier Wuchstypen von Pariahunden nebeneinander und unvermischt existieren, eine schwere Form, die Hirtenhundähnlichkeit zeigt, zwei Mittelformen und eine windhundähnliche leichte Form. Ohne Zutun des Menschen und vor allem ohne Einkreuzen fremder, europäischer Rassen demonstrieren die Pariahunde, wie vor Jahrtausenden die Rassengruppen entstanden sein können. Sie zeigen aber auch, wie damals die Gewöhnung an den Menschen und die Zähmung vor sich gegangen sein mag. Je nach den Erfahrungen, die der freilebende Pariahund mit dem Menschen macht, kann er völlig gezähmt und zur Arbeit als Schutzhund oder als Wachhund verwendet werden. Ebenso aber kann er völlig verwildern. Einmal an den Menschen gewöhnt und in seinem Hause lebend, ist er schließlich bald im Benehmen von einem europäischen Rassehund nicht zu unterscheiden. Die im engen Kontakt zum Menschen gezüchteten Nachkommen werden zu echten Haushunden. Die Hundekunde kann aus in diesen uralten und doch so wenig bekannten Hunden noch manche Erkenntnis erwarten. Als erster ist der *Canaan Dog*, ein mittelgroßer, kurzhaariger Hund mit Collieähnlichkeit als Rasse herausgestellt worden. An weiteren Bemühungen des Menschen wird es liegen, noch andere dieser interessanten Hunde näher an sich zu binden. Und vielleicht ist der Tag nicht fern, an dem auch in unseren Straßen die Enkel dieser Pariahunde neugewonnene Freunde begleiten, vielleicht als die Modehunde von morgen.

Afghanischer Windhund, darunter Finnenspitz

1
2
3
4
5
6
7
8
9

Anhang

Fachausdrücke

Abgesetzte Brust = mit einem Knick verlaufender Übergang der Brust- zur Bauchlinie
Absetzen = von der Mutter entwöhnen
Abzeichen = andersfarbige Flecken im Fell
Anschlagen = Laut geben
Apfelkopf = stark gewölbter Gehirnschädel
Aufnehmen = Spur oder Fährte annehmen; nach dem Deckakt: befruchtet sein
Behang = Hängeohren
Belegen = Decken, begatten lassen
Blut = edle Abstammung, Ausdruck für Verwandtschaftliche Beziehung
Brand = bestimmte Zeichnung, z. B. rote Abzeichen bei schwarzen Hunden
Diensthundrassen = zum Dienst bei Polizei, Zoll und Bahn anerkannte Rassen. In Deutschland: Deutscher Schäferhund, Airdale-Terrier, Dobermannpinscher, Rottweiler, Boxer, Riesenschnauzer und Hovawart. In anderen Ländern sind es z. T. andere, einheimische Rassen.
Domestikation = Haustierwerdung
Fahne = lange Haare an der Unterseite der Rute
Fang = Schnauzenpartie

Sonstige Hunde. 1. Magyar Vizsla, 2 Ridgeback, 3 Basenji, 4 Pariahund, 5 Chihuahua, 6 Tibetdogge, 7 Chinesischer Schopfhund, 8 Batakspitz, 9 Wolf

Faßbeinig = o-beinige Stellung der Hinterläufe

Feder = Haarfranse an der Hinterseite der Läufe bei langhaarigen Hunden

Flüchtig = waidmännischer Ausdruck für schnell

Gestromt = schwarze Querstreifen über der Körperfarbe

Glasauge = helles Auge, pigmentlose Regenbogenhaut

Hasenpfote = lange, flache Pfote

Hose = lange Haare an der Hinterseite der Oberschenkel

Karpfenrücken = nach oben gewölbter Rücken

Katzenpfote = kurze, geschlossene Pfote

Kippohr = nach vorn überfallende Ohrspitze

Knicken = fehlerhafte Stellung der Vorderhand beim Teckel

Knickrute = meist angeborene Knickung bei einer sonst geraden Rute durch Wirbeldeformation. Bei den meisten Rassen ein grober Fehler.

Knopfohr = hoch angesetztes, ganz nach vorn fallendes Ohr

Körung = Auswahl von Zuchttieren

Kryptorchismus = Zurückbleiben eines oder beider Hoden in der Bauchhöhle, zuchtausschließender Fehler

Kruppe = letztes Ende des Rückens, von den Ledenwirbeln bis zum Rutenansatz

Kuhhessig = fehlerhafte Stellung der Hinterhand, Sprunggelenke liegen zu nahe zusammen, Knie zeigen nach außen

Kupieren = Stutzen der Rute und der Ohren

Kynologie = Wissenschaft vom Hund

Lauf = Bein

Laufzeit = Hitze, Zeit, in der die Hündin begattet werden kann

Lautgeben = bellen

Lefzen = überhängende Lippen

Linienzucht = Paarungsart innerhalb der Rasse

Lose Schultern = lockere, vom Körper abstehende Schultern

Lösen = von der Leine lösen oder Kot absetzen

Losung = Kot

Markenfarbig = andere Bezeichnung für lohfarbige Abzeichen

Musterung zum Kriegsdienst = Prüfung, bei der es vor allem auf die sogenannte Wesensfestigkeit ankommt, d. h. daß der Hund bei Geräuschen nicht zusammenzuckt, bei Scheinangriffen keine Angst zeigt, gesund und ohne behindernde Fehler ist.

Mutzschwanz = Stummelrute
Nachhand = Hinterhand
Nachsuche = Ausarbeiten der Schweißfährte des angeschossenen Wildes
Nachziehen = waidmännischer Ausdruck für Folgen des Vorstehhundes, wenn das vorgestandene Federwild läuft
Nässen = Urin lassen
Offenes Auge = unteres Augenlid schließt nicht dicht am Augapfel
Offene Pfote = Pfote mit gespreizten Zehen
Ohrenzwang = Bezeichnung für die Entzündung des äußeren Gehörganges
Polizeihundrassen s. u. Diensthundrassen.
Ramsnase = nach oben gebogener Nasenrücken
Rückschlag = Auftreten von Eigenschaften zurückliegender Generationen
Rüde = männlicher Hund; altdeutsch: große jagende Hunde
Rute = Schwanz; auch männliches Glied
Scherengebiß = normaler Zahnschluß
Schnalle = Geschlechtsteil der Hündin
Schnüren = Gangart, bei der die Läufe hintereinander in einer Linie gesetzt werden
Schränken = Gangart mit schräg nebeneinander gesetzten Läufen
Schutzhundprüfungen I bis III = drei getrennte Prüfungen, die von allen Rassen absolviert werden können, gleichgültig ob es sich um eine Diensthundrasse handelt oder nicht oder ob sich der Hund in Privathand oder im öffentlichen Dienst befindet.
Schweiß = waidmännische Bezeichnung für Blut
Sichtlaut = Lautgeben beim Anblick von Wild
Spurlaut = Lautgeben auf der Witterung von Wild
Stockmaß = Schulterhöhe, mit dem Stock gemessen
Stop = Stirnabsatz
Tanzmeisterstellung = (»Französische Stellung«) = auswärts gedrehte Vorderläufe, meist infolge von Bänderschwäche
Tätowieren = Kennzeichnen durch Einstechen einer Nummer ins Ohr
Telegonie = Fernzeugung, irrtümliche Annahme des Einflusses einer vorhergehenden Trächtigkeit
Tonnenbrust = runde, aufgetriebene Brustform

Tragzeit = Trächtigkeitsdauer
Trimmen = Rupfen des rauhhaarigen Hundes
Trocken = dünne Haut auf fettarmem Unterhautbindegewebe
Überbaut = höchster Punkt der Hinterhand ist höher als der Widerrist
Überbeißer = veraltete Bezeichnung für Vorbeißen
Unterbiß = Gebißfehler bei zu kurzem Unterkiefer
Vogelbrust = zu stark ausgeprägte Vorbrust
Vorbiß = Vorstehen des Unterkiefers
Vorderhand = Vorderbeine
Vorliegen = Verbellen des Fuchses oder Dachses bei der Bauarbeit
Vorstehen = Wild durch Stillstehen anzeigen
Wamme = faltige Kehlhaut
Welfen = wölfen = werfen = gebären
Welpe = junger Hund
Widerrist = höchster Punkt der Schulter
Wolfsklauen = Afterklauen, überzählige Zehen der Hinterläufe
Zangengebiß = Gebißstellung mit genau aufeinandertreffenden Schneidezähnen
Zeichnung = Haarfarbe

Hundejahre

Wieviel Menschenjahre sind die Hundejahre?

Hundealter	Menschenalter	Hundealter	Menschenalter
1/2	12	11	68
1	18	12	72
2	28	13	76
3	34	14	80
4	39	15	84
5	44	16	88
6	48	17	92
7	52	18	96
8	56	19	100
9	60	20	104
10	64		

Eine Hundegeneration darf mit zwei Jahren berechnet werden.

Gewichtszunahme der Welpen bis zu einem Jahr
Normale wöchentliche Zunahme in Gramm

Rassengröße	1. Woche	2. Woche	3. Woche	4. Woche	5. Woche
Sehr groß	300–600	400–800	400–800	500–1000	750–1500
Groß	250–450	300–700	400–700	400– 800	500– 900
Mittelgroß	200–350	200–400	200–400	300– 450	400– 600
Klein	150–250	150–250	150–250	150– 250	150– 400
Zwerge	50–200	60–200	60–200	60– 200	70– 200

Rassengröße	6. Woche	7. Woche	8. Woche	9. Woche
Sehr groß	1000–1500	1000–1500	1000–2000	1000–2000
Groß	500–1000	500–1000	600–1000	600–1000
Mittelgroß	400– 600	400– 600	300– 600	300– 600
Klein	150– 400	150– 400	150– 400	150– 400
Zwerge	70– 200	70– 200	70– 200	70– 200

Durchschnittliche monatliche Zunahme in Gramm

Rassengröße	1.	2.	3.	4.	5.	6.	7.	8.	9.
					Monat				
Sehr groß	2750	5000	7000	6000	6000	5000	3000	3000	3000
Groß	2000	3250	3500	3500	3000	2750	2500	1750	1500
Mittelgroß	1500	2000	2250	2000	1500	1000	1000	750	750
Klein	1000	1250	1250	1250	1000	600	600	400	400
Zwerge	550	600	600	500	500	250	150	100	100

Rassengröße	2	3	4	5	6	9	12
	Durchschnittliches Gewicht in % des Endgewichtes im Alter von … Monaten						
Sehr groß	17	30	40	55	65	85	90
Groß	20	33	45	60	70	85	90
Mittelgroß	24	40	50	60	70	90	95
Klein	30	40	55	65	75	90	100
Zwerge	36	50	66	75	85	95	100
Teckel	36	55	75	80	85	95	100

Hunde-Ernährungstabellen

Täglicher Eiweiß- und Kalorienbedarf bei Mensch und Hund bei leichter Arbeit

	Gewicht	Eiweiß (mind.)		Kalorien	
Mensch	55 – 70 kg	55 – 70 g		2100 – 2900	
Hund		erwachsen	jung	erwachsen	jung
	2 kg	12	20	220	400
	4,5 kg	20	40	415	830
	7 kg	28	56	550	1100
	15 kg	60	120	1050	2000
	30 kg	100	200	2000	4000
	50 kg	150	300	3250	–

Eiweiß-, Fett- und Kaloriengehalt einiger Nahrungsmittel
(Mittelwerte je 100 g)

	Eiweiß	Fett	Kalorien
F l e i s c h u n d t i e r i s c h e P r o d u k t e			
Blutwurst	15	35	374
Butter	0,6	81	716
Ei, mittelgroß	6	5	85
(Angabe pro Stück = etwa 50 g)			

Emmentalerkäse	29	31	404
Hähnchen	22	3	116
Hering	19	6–12	136
Huhn	20	11	185
Kalbfleisch	20	11	181
Kalbsherz	15	7	134
Kalbsleber	19	5	141
Kalbslunge	13,3	1,6	98
Kuhmilch	3,3	4	64
Magermilchpulver	36	1	359
Magermilchquark	17,2	0,6	90
Niere	15	8	140
Pansen (ohne Fett)	19	2	100
Rindfleisch	17	21	222
Rindsleber	20	4	136
Schellfisch	17	0	74
Schmalz	0	100	884
Schweinefleisch (mittelfett)	18	15	224
Schweineherz	17	5	120
Schweinelunge	11,7	5,8	122
Vollmilchpulver	26	27	496
Pflanzliche Produkte			
Äpfel	0	0	58
Bananen	1	0	94
Brot	9	3	260
Haferflocken	13	8	385
Hundeflocken	13	9	390
Hundekuchen	20	4	350
Hundemischfutter (trocken)	24	4	430
Karotten	1	0	40
Kornflakes	8	0,7	359
Reis	7	1,5	354
Schokolade	6	34	542
Weizenkeime	25	10	389
Zucker	0	0	387

Ernährungsvorschläge für den erwachsenen Hund

Gewicht d. Hundes			
2 kg	100 g Fleisch I 30 g Hundekuchen	50 g Fleisch I 20 g Cornflakes 1/8 l Milch	1 Ei 20 g Hundeflocken 15 g Hundekuchen
4,5 kg	125 g Fleisch I 50 g Haferflocken 1/8 l Milch	100 g Fleisch II 50 g Brot 150 g Karotten	1 Ei 50 g Reis 50 g Hundekuchen
7 kg	250 g Fleisch I 75 g Brot 1/8 l Milch	125 g Fleisch II 90 g Reis	125 g Hering 70 g Haferflocken 35 g Hundekuchen
15 kg	250 g Fleisch II 100 g Reis 1/8 l Milch	250 g Hering 180 g Haferflocken	375 g Fleisch I+II 100 g Hundeflocken
30 kg	500 g Fleisch II 200 g Reis 75 g Hundekuchen	500 g Schellfisch 350 g Haferflocken	375 g Fleisch II 200 g Haferflocken 1/4 l Milch 100 g Brot
50 kg	750 g Fleisch (I)+II 500 g Haferflocken	500 g Hering 250 g Reis 500 g Hundekuchen	500 g Fleisch II 500 g Brot 1/2 l Milch 150 g Hundekuchen

Fleisch I besteht aus: Pansen ohne Fett, Lunge, Leber, Herz, Niere, Kaninchen- und Hähnchenfleisch ohne jedes Fett, Pferdefleisch
Fleisch II besteht aus: Pansen und andere Innereien und Schlachtabfälle mit etwa 15 % Fett, mittelfettes Rind-, Schweine- und Geflügelfleisch

	Zum Zunehmen	Zum langsamen Abnehmen ohne zu Hungern	
	125 g Fleisch I 30 g Haferflocken 1/8 l Milch	125 g Kabeljau 15 g Hundeflocken	100 g Lunge 20 g Hundekuchen
100 g Mischfutter (trocken)	100 g Fleisch II 50 g Haferflocken 1/4 l Milch	125 g Fleisch I 2 Scheiben Knäckebrot 1/4 l Magermilch	200 g Kabeljau 50 g Hunde-Kuchen
150 g Mischfutter	250 g Fleisch II 75 g Haferflocken 1/8 l Milch	250 g Lunge 50 g Hundeflocken	200 g Fisch 50 g Reis
250 g Mischfutter	250 g Fleisch II 150 g Haferflocken 100 g Hundekuchen 1/4 l Milch	300 g Fleisch I 100 g Brot 100 g Karotten	150 g Fisch 100 g Reis 1/4 l Magermilch
500 g Mischfutter	500 g Fleisch II 350 g Haferflocken 1/4 l Milch 125 g Hundekuchen	500 g Fisch 125 g Reis 1/4 l Milch 50 g Brot	625 g Fleisch I+II 150 g Hundekuchen
750 g Mischfutter	750 g Fleisch II 500 g Haferflocken 1/4 l Milch 125 g Hundekuchen	750 g Fisch 250 g Reis 1/2 l Milch 100 g Brot	1000 g Lunge 300 g Haferflocken

Getreideprodukte wie Reis und Flocken sind trocken gewogen, daher beträgt ihr Gewichtsanteil teilweise weniger als ein Drittel der Futtermenge

Hundeklubs

Zuchtberatung und Welpenvermittlung

Dachorganisation für die Bundesrepublik:
Verband für das Deutsche Hundewesen e. V. – VDH
46 Dortmund, Schwanenstraße 30, Ruf 02 31 / 52 32 60 und 52 12 60

Dachorganisation für die Schweiz:
Schweizerische Kynologische Gesellschaft
CH 3001 Bern 1, Spitalgasse 14

Dachorganisation für Österreich:
Österreichischer Kynologenverband
Wien V II, Karl-Schweighofer-Gasse 3

Beagle:

Vereinigung der Meutehalter (Beagle) im Deutschen Reiter- und Fahrer-Verband – Zuchtbuchstelle: Dr. H. H. Martens, 24 Lübeck, Holstenstr. 17

Basset-Hound:

Zuchtbuchstelle des Bassethound-Club von Deutschland e. V.
Ulla Kliebenstein, 6602 Dudweiler, Hofweg 24, Tel. 0 68 97 / 7 41 72

Bayerischer Gebirgsschweißhund

Klub für Bayerische Gebirgsschweißhunde 1912 e. V. –
Zuchtbuchstelle: Oberförster Fritz Ernst, 8211 Schleching/Obb., Austr. 33

Belgische Schäferhunde:

(Groenendael, Tervueren)
Zuchtbuchstelle: Kurt Stoupa, 8901 Horgau, Tel. 0 82 94 / 5 13

Bernhardiner:

Zuchtbuchstelle: Wolfgang Ruß,
8 München 50, Ferchenbachstr. 102,
Tel. 08 11 / 14 46 13

Bordeauxdoggen und Mastiffs:

Zuchtbuchstelle: M. Pufahl,
69 Heidelberg-Schlierbach, Schloß-Wolfsbrunnenweg 58,
Tel. 0 62 21 / 2 24 06

Boxer:

Boxer-Klub e. V. – Zuchtbuchstelle –
8 München 60, Veldener Straße 66,
Tel. 08 11 / 56 86 72

Britische Hütehunde (Collie, Sheltie, Bobtail, Welsh-Corgi):

Zuchtbuchstelle: Willi Römpert,
6831 Reilingen,
Hockenheimer Str. 76
Tel. 0 62 05 / 5 62

Bullterrier:

Zuchtbuchstelle: Herta Gödker,
3 Hannover, Vogelsang 27

Chow-Chow:

Zuchtbuchstelle: Frl. Jenny Mezger,
69 Heidelberg, Wielandtstr. 30,
Tel. 0 62 21 / 4 40 36

Dachsbracke:

Verein Dachsbracke – Zuchtstelle:
Oberförster Schmidt, 8391 Finsterau

Dalmatiner:

Zuchtbuchstelle: Siegfried Bräuning,
698 Wertheim, Untern Neuberg 13,
Tel. 0 93 42 / 66 05

Deutsche Bracke:

Deutscher Bracken-Club E. V. Sitz Olpe/Westf. – Zuchtbuchstelle: W. Zeppenfeld, 596 Olpe, Am Gallenberg

Deutsche Doggen:

Zuchtbuchstelle: Winfried Nouc,
51 Aachen, Templergraben 16,
Tel. 02 41 / 2 39 34

Deutsch-Drahthaar:

Verein-Deutsch-Drahthaar E. V. –
Zuchtbuchstelle: Th. Tomaszewski,
23 Kiel-Kronshagen, Domänenweg 2

Deutsche Jagdterrier:

Zuchtbuchstelle: W. Bierwirth,
3441 Langenhain, Tel. 0 56 51 / 53 80

Deutsch-Kurzhaar:

Deutsch-Kurzhaar-Verband –
Zuchtbuchstelle: Fr. Kläffling,
1 Berlin 19, Spreetalallee 1

Deutsch-Langhaar:

Deutsch-Langhaar-Verband –
Zuchtbuchstelle: R. Schmeda,
296 Aurich, Mühlenweg 16

Deutsche Schäferhunde:

Verein für deutsche Schäferhunde e. V. – Zuchtbuchstelle: H. Kremhelmer, 89 Augsburg 5, Beim Schnarrbrunnen 4, Tel. 08 21 / 2 50 35

Deutsche Spitze:

Zuchtbuchstelle: Hansjörg Puschacher, 7250 Leonberg, Oberer Schützenrain 16

Deutscher Wachtelhund:

Verein für Deutsche Wachtelhunde gegr. 1903 e. V. – Zuchtbuchstelle: S. D. Franz Fürst zu Waldburg, 7967 Bad Waldsee

Dobermann:

Zuchtbuchstelle: Christian Weber, 422 Dinslaken, Fuchsstr. 79

Fila Brasileiro:

Zuchtberater: Josef Weichselgärtner, 8 München 19, Rohanstr. 69, Tel. 08 11 / 17 36 13

Foxterrier:

Zuchtbuchstelle: Axel Möhrke, 46 Dortmund-Kley, Dorneystr. 65/67, Tel. 02 31 / 6 58 12

Französische Bulldoggen:

Zuchtbuchstelle: Frau Irene Rave, 2 Hamburg, Gaiserstr. 5 Tel. 04 11 / 7 65 84 66

Griffon:

Griffon-Club E. V. Sitz Worms – Zuchtbuchstelle: Frau P. Pohl, 5 Köln-Rath, Forsbacher Str. 27

Großer schwarz-weißer Münsterländer:

Verein für große schwarz-weiße Münsterländer Vorstehhunde E. V. – Zuchtbuchstelle: W. Wardemann, 4222 Friedrichsfeld, Poststr. 62

Hannoverscher Schweißhund:

Verein Hirschmann zur Zucht und Führung des Hannoverschen Schweißhundes – Vorsitzender: Oberforstmeister H. Wallmann, 335 Seelzerthurm üb. Kreiensen

Hovawart-Hunde:

Zuchtbuchstelle: Heinz Radam, 2 Hamburg 33, Morgensternweg 8/I, Tel. 04 11 / 6 91 88 11

Jagdspaniel:

Zuchtbuchstelle: Armin Mandler, 6301 Heuchelheim-Gieben, Rodheimer Str. 2, Tel. 06 41 / 79 11 19

Japan-Chin-, Peking-Palasthunde und Toy-Spaniel:

Zuchtbuchstelle: Otto Borner, 6507 Ingelheim, Am Lenneberg 20 Tel. 0 61 32 / 30 45

Kleiner Münsterländer:

Verein für Kleine Münsterländer Vorstehhunde E. V. – Zuchtbuchstelle: H. Eggerts, 2 Hamburg 50, Von-Sauer-Str. 28

Kleinhundrassen (Bichon-frisé, Bologneser, Cavalier-King-Charles Spaniel, Chihuahua, Havaneser, Löwchen, Malteser, Möpse, Schipperke, Shih-Tzu und Zwerggriffon):

Zuchtbuchstelle: L. von Lippa, 8651 Guttenberg über Kulmbach

Kromfohrländer:

Zuchtbuchstelle: Frau Ilse Schleifenbaum, 59 Siegen, Fichtenhang 6, Tel. 02 71 / 5 50 48

Leonberger:

Zuchtbuchstelle: Robert Beutelspacher, 725 Leonberg, Lenauweg 3, Tel. 0 71 52 / 2 47 63

Neufundländer und Landseer:

Zuchtbuchstelle: Heinz Ippen, 5253 Lindlar, Brungerstr. 19

Nordische Hunde (Finnenspitz, Akita Inu, Alaska Malamut, Karelischer Bärenhund, Samojede, Sibirischer Husky)

Richard Alexander, 6830 Schwetzingen, Hockenheimer Landstraße 3, Tel. 0 62 02 / 47 35

Pinscher und Schnauzer:

Pinscher-Schnauzer-Klub E. V., Zuchtbuchstelle: Heinz Höller, 5174 Siersdorf, Heinrich-Franken-Str. 10, Tel. 0 24 64 / 72 94

Pointer und Setter:

Zuchtbuchstelle: Frau H. Platzer, 8 München 71, Echterstr. 8, Tel. 08 11 / 79 57 45

Pudel:

Zuchtbuchstelle: Willi Lotz, 2371 Schülp b. Rendsburg, Parkstr. 3, Tel. 0 43 31 / 25 71

Pudelpointer:

Verein Pudelpointer E. V. – Zuchtbuchstelle: W. Albrecht, 8832 Weißenburg/Bay., Rosenstr. 5

Retriever:

Deutscher Retrieverklub e. V., Dr. Wilh. Heraeus, 645 Hanau, Philippsruher Allee Nr. 15, Tel. 0 61 81 / 36 04 18

Rottweiler:

Zuchtbuchstelle: Frau J. Rieble, 7 Stuttgart W., Traubenstr. 58, Tel. 07 11 / 62 13 21

Schweizer Sennenhunde:

Zuchtbuchstelle: Annemarie Heinzmann, 8091 Griesstätt, Hochholz

Stichelhaar:

Club Stichelhaar – Zuchtbuchstelle: R. Bünting, 2941 Spekendorf 81 über Ogenbargen/Ostfriesland

Teckel – Dackel – Dachshunde:

Deutscher Teckelklub E. V. – Zuchtbuchstelle: 41 Duisburg, Prinzenstr. 38, Tel. 0 21 31 / 33 02 15

Tiroler Bracken:

Deutscher Brackenverein E. V. (Verein für Brandl-, Tiroler- und Steirische Hochgebirgsbracken) – Zuchtbuchstelle: L. Denk, 8171 Jachenau üb. Lenggries

Weimaraner:

Zuchtbuchstelle: Kurt-Heinz Rathert, 499 Fiestel, Kreis Lübbecke, Tel. 0 57 43 / 133

Windhundrassen (Afghanen, Barsoi, Italienische Windspiele, Whippet, Greyhound, Saluki):

Zuchtbuchstelle: Frau Christi Plum, 506 Gensberg, Saaler Str. 84, Tel. 0 22 04 / 24 06

Terrierrassen:

Zuchtbuchstelle: W. Vahle – Klub für Terrier E. V., 6092 Kelsterbach, Schöne Aussicht 9, Tel. 0 61 07 / 23 65

Tibetanische Hunderassen (Lhasa-Apso, Tibet-Spaniel und Tibet-Terrier):

Zuchtberatung: W. Nouc, 51 Aachen, Templer Graben 16, Tel. 02 41 / 2 39 34

Ungarische Hirtenhunde (Kuvasz, Puli, Pumi, Pyrenäenhunde):

Zuchtbuchstelle: Frau Martha Schleu, 1 Berlin 62, Salzburger Straße 10, Tel. 03 11 / 7 82 15 61

Alle nicht genannten Rassen:

Verband für das Deutsche Hundewesen, 46 Dortmund, Schwanenstr. 30, Tel. 02 31 / 52 12 60 und 52 32 60

Register

Auf Abbildungen wird in Kursivschrift hingewiesen.